60歳からの日本百名山

坂本朝彦

はじめに

近年登山ブームは過熱気味で、どの山に登っても山頂は中高年登山者で溢れている。更にその傾向は若者たちの間にまで広がりを見せ始めている。

かくいう私も、定年後に山登りにのめり込んだ一人である。独身時代以降、永らく遠ざかっていた山登りを再開し、地図とコンパスを片手に近在の里山めぐりから始めることになった。

そんな折、友人に誘われて私が住む岐阜県各務原市に拠点を置く「山遊会」という登山同好会に籍を置き、事務局として月例山行のお手伝いを始めた。一部のベテランを除き、メンバーのほとんどが中高年の初心者集団であったが、一部メンバーの希望で登った富士山を手始めに「日本百名山めぐり」が始まった。年を追うごとに会員の体力や技能も向上し、２００３年には一部メンバーで北海道の山行を計画するまでになり、フェリーにマイカーを積んでの山行旅行を敢行した。

こうした山行旅行を北海道、東北、九州と遠隔地から順次行っているうちに、私自身の「日本百名山全山制覇」の夢が次第に膨らんでいった。その矢先の２０１１年8月、あろうことか右膝の手術で37日間の入院治療を余儀なくされ、その年の山行計画は中断せざるを得なくなった。

入院の前年ぐらいから、「日本百名山登頂の記録」をまとめる夢を抱き始めていて、何としても山登りは再開したかった。しかし、10月初めの退院時には、膝関節は何とか曲げられる程度で、歩行も思うに任せず、山登りもこれまでか……と思われた。しかし、夢の実現のためにリハビリに励んだ結果、翌年春には膝も正常に曲がるようになり、5月には完治とまではいかないが「日本百名山めぐり」を再開することができるまでに回復した。

私たちのグループには、他にも、数年前に胸にペースメーカーを埋め込む手術をした女性もいるが、彼女も山に登りたい一心で、今も一緒に百名山めぐりに参加している。また、百山を巡る間には、道迷いや、悪天候による足止めなど、いろいろなハプニングもあったが、適切な判断での行動が事故を未然に防いだと思う。山行に当たっては、日頃からトレーニングに励み、自らの体力に合わせた計画で挑めば、たとえ日本百名山級の山でも登り続けることは可能である。

私は、この入院を機に「日本百名山登頂の記録」の構想をまとめ、編集作業を始めることになった。

なお、本書に掲載した地図は、国土地理院5万分の1地形図及び2万5千分の1地形図を利用した。また、掲載した高山植物名などは、「山渓ハンディ図鑑」（山と渓谷社編）及び『日本の高山植物』（山崎敬編・平凡社）などを参考にしたが、植物の名前に適当でないものや間違いがありましたら、著者の知識の浅さに免じてご勘弁を願いたい。山行時期によっては、すでに花の季節が済んだ山もあり、全山において出合った花々を掲載できなかったことをご了承ください。

全山登頂にかけた期間は、２０００年７月の富士山から２０１３年９月の四阿山まで13年と２か月間。以前登った山も登り直し、目標としていた75歳までに「日本百名山」を全山制覇できたことの幸運に感謝するとともに、同行メンバーの協力と、陰で支えてくれた妻に心からの感謝を捧げる。また、この登頂記録が日本百名山を目指している皆さんの一助になれば幸なことと思っている。単独行も良いですが、グループで楽しみながら次々と制覇する醍醐味はまた格別です。皆さんもぜひ仲間と共に味わってみてはいかがでしょうか。

なお本書刊行準備中の２０１４年９月27日には御嶽山山頂で水蒸気爆発があり、山頂付近にいた多くの登山者の内、死者57名、行方不明者６名を出す戦後最大の山岳遭難事故が起きた。不運にも亡くなられた遭難者のご冥福を祈るとともに、ご遺族に対し哀悼の意を表します。

坂本　朝彦

羅臼岳から知床半島の山並みを望む

北海道

日本最後の秘境と呼ばれる知床半島中央部に位置する羅臼岳山頂は、累々と積みあがった玄武岩に覆われ、半島先端へと延びる尾根と、右の海上に意外な近さで浮かぶ国後島の島影が印象に残る。

1 利《り》尻《しり》岳《だけ》（利《り》尻《しり》山《さん》）1721m（南峰）

標高差◉1499m　登頂日◉2003・7・6
ルート図◉5万分の1地形図「利尻島」　参加者◉12名

長官山からピラミダルな利尻山を望む

利尻岳山行は、第一回北海道遠征シリーズとして、同行メンバー12名という大所帯で敢行した。フェリーで小樽に着き、大雪山の旭日岳へ登頂後、礼文島観光を経て利尻島へ移動した。

早朝4時、**鴛泊《おしどまり》港**近くの民宿から宿の主人が運転する大型バンに乗り込み出発する。5分ほどで3キロ離れた**利尻北麓野営場**に到着する。

登山口から利尻山山頂までの標高差は1500m。日頃の山行でこれだけの標高差を登ることはあまり多くない。そのため、1ヶ月前に、乗鞍岳の子ノ原高原から奥千町ヶ原まで、同じ程度の標高差での予備山行をして備えてきた。その結果、少し時間をかければ、途中でリタイアすることもなく、全員揃って登頂が可能と確信できた。軽いウォーミングアップをして**登山口**を出発する。

野営地を抜けて登山道を行くと、程なく甘露泉に出る。そのまま通過してポン山との分岐を右折し、ツルアジサイが幹に絡まる針葉樹林帯の緩やかな道を行く。

5合目付近からミヤマハンノキ、ダケカンバなどが茂る上り坂になり、前を行くグループのスピードが落ちる。そのグループの後ろについて進むと、6合目下の**第一見晴台**に出た。

とりあえず大人数のグループを追い抜き、一段上の**6合目テラス**まで上り一息つく。目の前には利尻山頂が姿を現し、振り返ると麓の鴛泊港や、少し離れた海上には礼文島の島影も浮かぶ。広大な展望を眺めて朝食のおにぎりをほおばる。

6合目から 間近に礼文島を望む

すばらしい景色の中で、ゆっくりと朝食をとりたいところだが、さっき追い抜いたグループが来る前に再び尾根に取り付き先を急ぐ。

エゾノハクサンイチゲ、イワギキョウ、ノコギリソウ、エゾカンゾウなどが咲く道を1時間と少し上り詰めると、尾根上に見えていた**長官山**のピークについた。

利尻山頂は一段と間近に迫り、そのピラミダルな姿に圧倒される。後から来るグループに少し水をあけたので、朝食の残りのおにぎりをほおばり、初めて少し永めの休憩をとる。

長官山から少し下って草原の平坦な道を行く。花の見ごろを迎えたウコンウツギに混ざり、チシマヒョウタンボクが一対になった暗紅紫色の花を咲かせる。再び尾根に戻ると携帯トイレ用ブースが設置された避難小屋が建つ。この辺りから9合目にかけては多くの高山植物が迎えてくれる。エゾイソツツジ、エゾツツジ、チシマオドリコソウなど数えきれ

大山神社が祀られた利尻山頂

ロープを握りザラ場に挑む

ないほどの、利尻ならではの花々に目を奪われながら行くと、「ここからが正念場」と書かれた標識が立つ9合目の広場に出る。

この先はロープが張られたザラ場の急登だ。立ち休みで水分補給をし、気力を振り絞り再び山頂へと急坂を行く。ロープを握り、滑りやすい足元を踏ん張りながら上りきると、右から沓形コースが合流する沓形分岐に出る。沓形分岐からは、山頂に立つ人影を眺めて玄武岩の岩場を30分ほど辿ると大山神社の小さな社が祀られた**利尻山山頂**に到着した。

あまり広くない岩場の山頂からは360度の大展望が広がる。稚内から礼文島へ向かうフェリーが洋上に白い航跡を引いて進む。礼文島の奥には、オホーツクの海が広がりサハリンへと続く。

大山神社の前で、最果ての百名山の登頂を祝して記念写真を撮る。360度の展望が拡がる山頂から、遮るもののない展望を思う存分に楽しむ。

下山は往路を辿り、途中の7合目で休憩をとり、登山口の北麓野営場へ下山した。

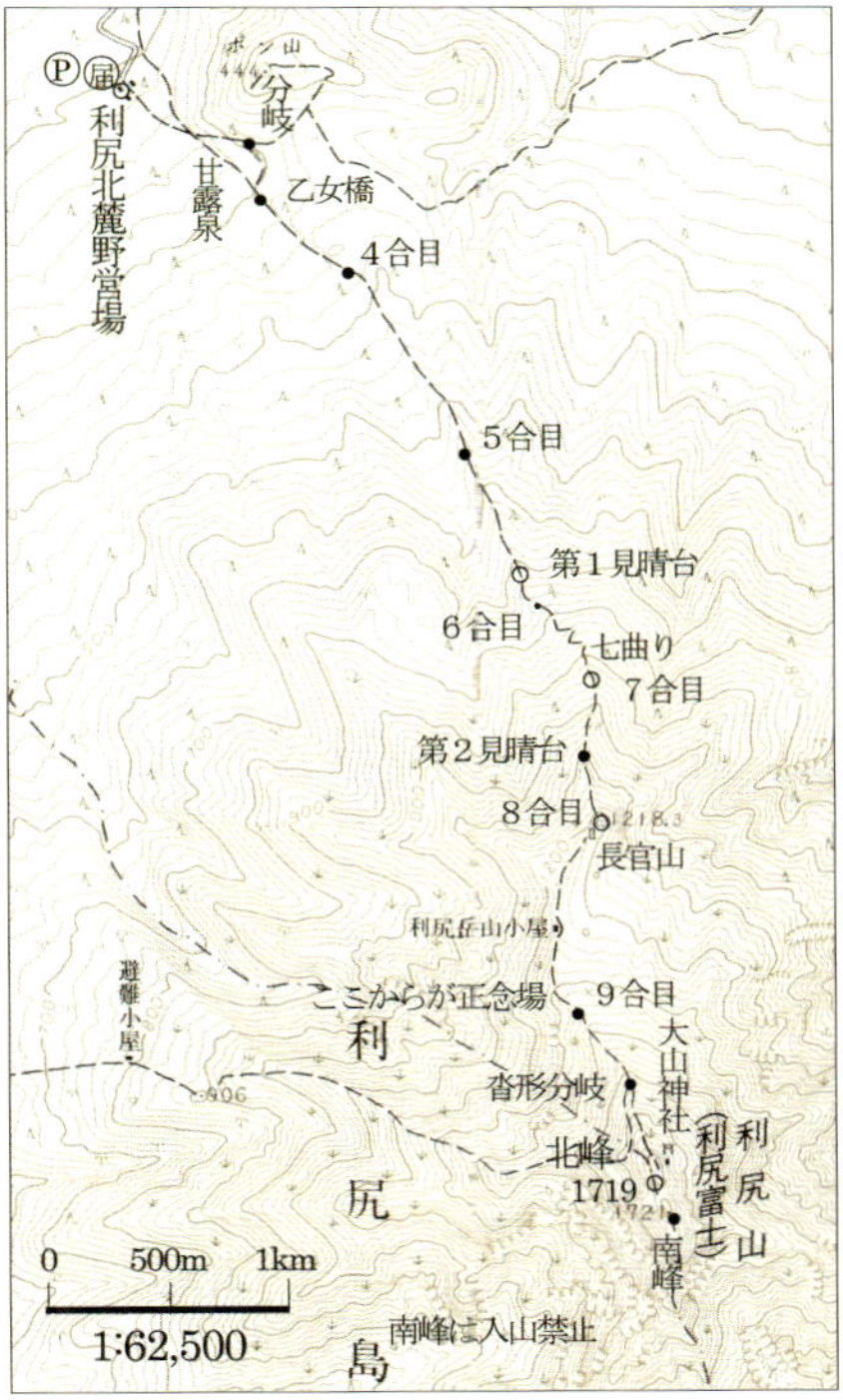

利尻山頂の大山神社前で
（前列左から二人目が筆者）

歩程◉9時間15分　11・2km

H=220m		H=720m		H=1218.3m		H=1719m		H=1100m		H=220m
登山口	⇒	6合目テラス	⇒	長官山	⇒	利尻岳（北峰）	⇒	7合目	⇒	登山口
4:15	2.8k	5:55～6:05	1.2k	7:15~7:30	1.6k	9:25~9:55	1.9k	12:35~13:00	3.7k	14:50

ヒグマの生息地を抜け　国後島を見下ろす頂へ

2 羅《ら》臼《うす》岳《だけ》　1661m

標高差◉1431m　登頂日◉2004・7・7
ルート図◉5万分の1地形図「羅臼」　参加者◉12名

熊から食料を守る“フードロッカー”の脇を抜けて羅臼岳山頂へ

　朝5時15分**ホテル地の涯**の建物右側からまわりこみ登山口へ向かう。露天風呂つきの自炊宿泊施設木下小屋の前を通り、2～3分で登山案内図と入山届ポストが備わった**登山口**につく。入山届を出して登山道に入り、小さな祠の前を過ぎて羅臼岳から北西に延びる尾根の北斜面に取り付く。

　霧の中を雨具を着用しての急登は、いくら北海道とはいえ体中から汗が噴き出す。標高が上がるにつれ霧雨も上がった。ウェアー調整で雨具を脱ぐと涼しい外気が心地よい。元気を取り戻して山腹を登り、尾根先端に出る。ミズナラ、イチイ、トドマツの混合林を登り詰め、尾根の南側をトラバースして尾根上のオホーツク展望に出る。

　尾根をしばらく進むと「ヒグマ出没多発区間」の注意標識が立つ。登山道付近のアリの巣を狙って出没するらしい。ラジオを鳴らし、時々笛を吹きながら通過して**岩峰**で朝食休憩をとる。

　「ヒグマ出没多発区間」を過ぎて急坂を登ると、積雪と強風でオブジェのように捻じ曲げられたダケカンバの尾根を進む。年中水が涸れない水場の**弥三吉水**を抜け、さらにダケカンバのトンネルを抜けてゆくと、初めての平地が広がる**極楽平**に出た。

　極楽平の平坦な道が過ぎると、一転、厳しい**仙人坂**だ。淡黄色の花を一面につけたウコンウツギの群落をぬけ、**銀冷水**の水場に出る。標識はヒグマにかじられ、近くの土の上には付けられて間もない15センチほどの〝ヒグマの足跡〟が残る。

　一昨日、斜里岳でのヒグマらしい動物臭といい、この足跡といい、正にヒグマの生活圏の真っ只中にいることを実感。

　銀冷水を離れ羽衣峠を過ぎると、年中消えることのない万年雪が残る**大沢雪渓**に出る。雪渓に残る踏み跡を辿り、中間地点にある岩場を越えたところで休憩をとる。

　岩場上部の雪渓は傾斜が強く、下部にある岩場を考えると、雪渓の上を登ることは危険が多い。雪渓左の灌木の中に付けられた踏み跡を辿り危険箇所を迂回する。

　上部の緩い傾斜の雪渓を過ぎると、雪解けの跡に咲くエゾコザクラソウが淡い紅紫色の花をつけ、エゾノツガザクラ、アオノツガザクラ、ヒメイソツツジが群落を作り、一面の花畑が広がる。

　いつの間にか霧は晴れて雲ひ

万年雪が残る大沢雪渓を登る

羅臼岳山頂から 根室海峡を挟んで浮かぶ国後島を望む

とつない青空の下、羅臼岳と三ツ峰との稜線鞍部に広がる**羅臼平**に出た。羅臼平は野営場になっていて、食料を目当てにやってくるヒグマの被害を防ぐため、ステンレス製の〝フードロッカー〟が置かれていた。

野営場からハイマツ帯を抜け、累積した玄武岩の間を行くと**岩清水**に着いた。イワヒゲやチシマクモマグサが張り付いた玄武岩の断層からは清水が滲み出している。ペットボトルに受けて飲むと冷たい清水が渇いた喉に心地よい。

清水が岩からしみ出す 岩清水

岩清水から山頂までは玄武岩の巨岩の間を行く。

見上げると不安定な巨岩があちこちに……。思わず足音を忍ばせたくなるような気持ちで、巨岩の間をすり抜けてゆくと**羅臼岳山頂**に着いた。玄武岩に嵌めこまれた二等三角点にタッチし、山頂からの展望を楽しむ。

山頂から北東方向に知床半島が延びていて、その右側に根室海峡を挟んで〝悲願の北方四島〟のひとつ国後島が、意外な近さで島影を見せる。

山頂は昼食をとるには少し狭い。十分に展望を楽しんだ後、羅臼平まで下る。折しも、羅臼平にはＮＨＫの「北海道の自然」を紹介する番組の撮影スタッフのテントが張られていた。

撮影上の話などを聞きながら、彼らとの交流会を兼ねて昼食をとり、充実した気持ちで往路を辿り、ホテル地の涯へ下山した。

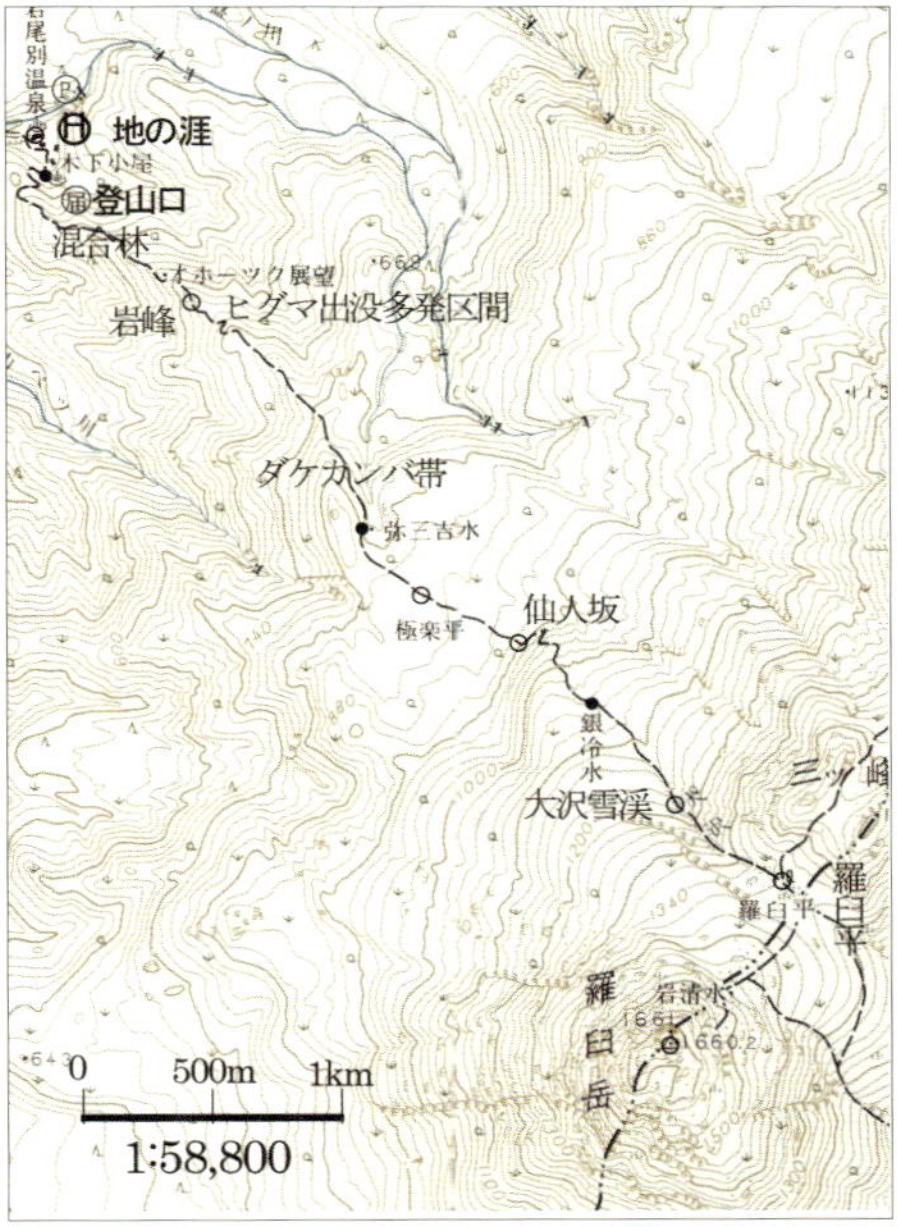

岩に嵌めこまれた三角点

歩程◉ 7時間20分　12.6km

標高	地点	時刻	距離
H=230m	ホテル地の涯	5:15	⇒ 0.1k
H=235m	登山口	5:20	⇒ 1.1k
H=560m	岩峰	6:05~6:25	⇒ 1.1k
H=780m	弥三吉水	6:45	⇒ 1.0k
H=910m	仙人坂	7:20~7:30	⇒ 1.2k
H=1230m	大沢雪渓	8:15~8:20	⇒ 0.8k
H=1350m	羅臼平	8:50~9:10	⇒ 1.0k
H=1661m	羅臼岳	10:15~10:45	⇒ 1.0k
H=1350m	羅臼平	11:30~12:30	⇒ 2.9k
H=835m	極楽平	13:35~13:45	⇒ 2.4k
H=230m	ホテル地の涯	15:10	

八つの滝が連続する一の沢を上る

3 斜《しゃ》里《り》岳《だけ》 1547m

標高差◉877m 登頂日◉2004・7・5
ルート図◉5万分の1地形図「斜里岳」 参加者◉12名

熊見峠近くから斜里岳を振り返る

第二回北海道遠征の二山目は**斜里岳**を目指す。昨夜宿泊した**清里町**の民宿を6時過ぎに出発し、特産のジャガイモ畑の中に延びる道道857号線を南下する。5キロほど先で左折し3キロほどで斜里岳登山口のバス停に出るが、実際の登山口はここから8キロほど未舗装の林道を進んだ先にある。車体の振動に耐えながら、林道終点にある**清岳荘駐車場**に辿りついた。

身支度を整えて、清岳荘横の**登山口**の掲示板前に集まり注意事項を確認する。熊の出没情報は今のところなし。入山届けを提出し登山道に入り、ヒメマイズルソウやウコンウツギの花が咲く道を沢へ向かって下る。

このコースは一の沢に沿って渡渉を繰り返す沢登りだが、飛び石伝いで足を濡らすこともない。この時期、適度に安定した水量の沢を、コースを確認しながら渡渉を繰り返す。沢には雪渓も残り、掲示板の注意書きにあった踏み抜きにも注意が必要だ。

7~8回の渡渉を繰り返し仙人洞の標識を過ぎ、登山口から45分でコンクリートの小屋跡が残る**下二股**に着き小休止をとる。

下二股からは、〝水蓮の滝〟から始まって、名のついたものだけでも8つの滝が連なる。それらの滝を眺めながら沢の渡渉を繰り返すと、ひときわ立派な**〝羽衣の滝〟**が現れた。

渡渉を繰り返し 一の沢を上り詰める

〝羽衣の滝〟を左から巻いて滝の上に出ると、安山岩の一枚岩の上を谷川が滑り落ちる。沢の左岸から右岸へ渡ると、道は谷から離れてアポイヤマブキショウマやヤマガラシが咲く山腹に出る。

再び沢へ下ると〝万丈の滝〟である。滝の上は7合目のクサリ場になり、樹木のトンネルの中をクサリに掴まり、一人ずつ急坂を越える。

次第に沢の幅も狭くなると〝見晴の滝〟を過ぎ、**〝七重の滝〟**で一息つく。このあたりになると日当たりも良くなり、ウコンウツギの株が多くなる。マルバシモツケの群生の中にはチシマフウロやエゾノレイジンソウがひっそりと咲いていた。

〝霊華の滝〟〝竜神の滝〟と過ぎて右に熊見峠への道を分けると**上二股**である。あたりは明るくなりオオバナノエンレイソウやヒメイチゲなどの高山植物が多く群生する。谷川は伏流となり、登山道は次第に傾斜を強める。

「胸突き八丁」の標識を過ぎ、掘割のような登山道が終り、安山

馬の背から斜里岳山頂を望む

馬の背から 安山岩のガラ場を下る

岩のジグザグ道が延びる。コース最大の難所を上りきり**馬の背**に出ると、前方の斜里岳山頂に立つ人影もはっきりと見て取れる。

ミヤマキンバイやチングルマが咲く馬の背で、少し永めの休憩をとり最後の急登に備える。

山頂との間にあるピークの南斜面には、エゾツツジが花をつけ大振りなオオヨツバシオガマやミヤマオダマキなどの高山植物が群生する。

鞍部へ下り5分ほど上り返すと**斜里岳**の頂上に立った。山頂から北に斜里から網走にかけての平野とオホーツク海が拡がり、北東には知床半島を望む。

３６０度の展望を十分楽しみ、山頂東の広場に移り、二等三角点近くに腰を下ろし昼食をとる。

下山は、馬の背から安山岩のガラ場を下り、上二股から左へ熊見峠に向かう。分岐を左折すると、すぐに動物臭が強くなった。

ヒグマの臭いの可能性が高い。笛を吹き、大声で話しながらその場を離れる。雪渓が残る沢を下り、上り返してハイマツ帯の明るい尾根に出る。振り返ると斜里岳が聳えていた。

熊見峠からの展望を十分に楽しんだあと、樹林帯を下二股へ急降下する。下二股からは、往路と同じ一の谷の渡渉を繰り返し、清岳荘横の登山口へ戻った。

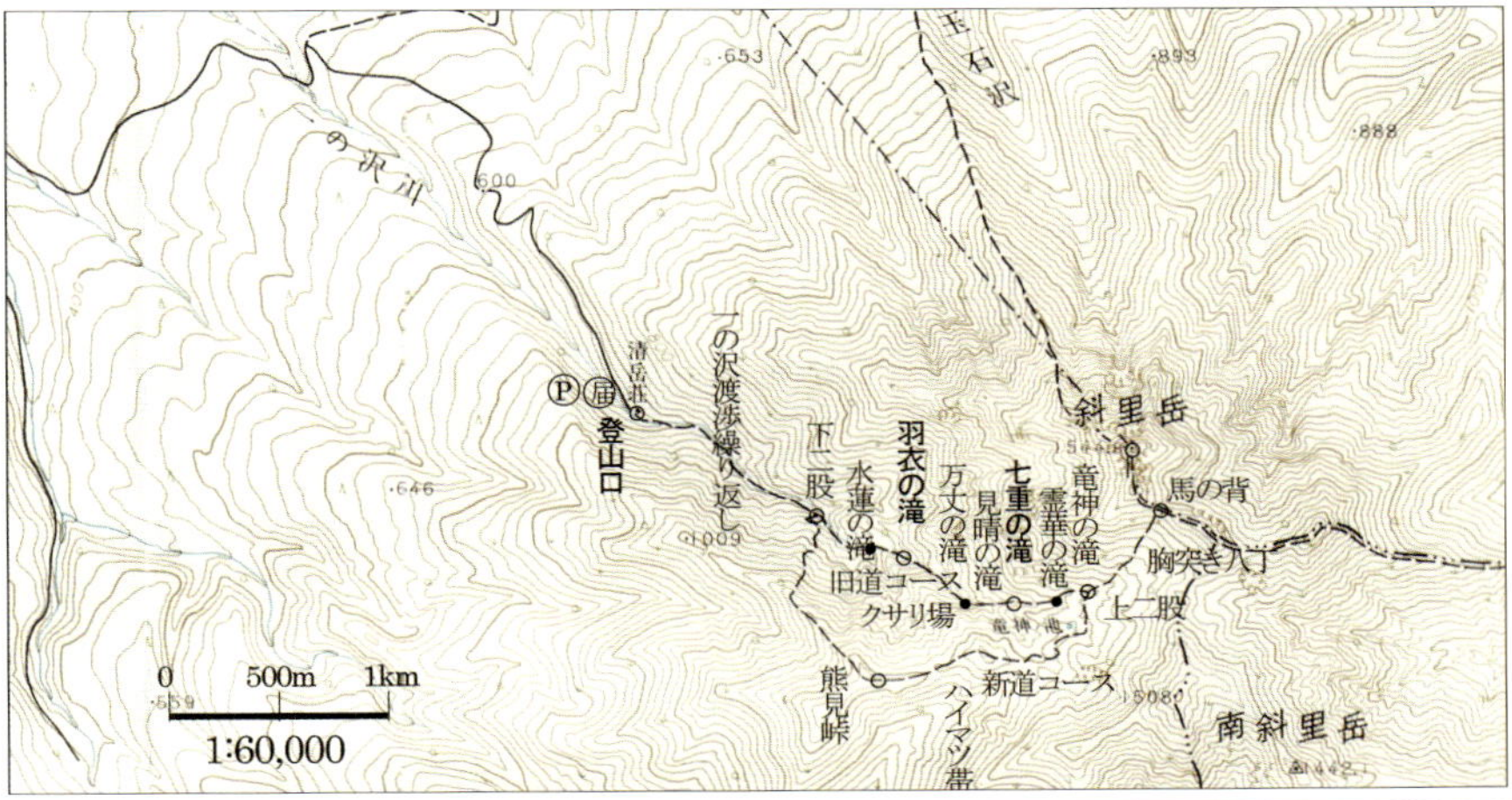

歩程◉ 6 時間 45 分　7.6km

H=670m		H=845m		H=980m		H=1150m		H=1230m		H=1480m
登山口	⇒	下二股	⇒	羽衣の滝	⇒	七重の滝	⇒	上二股	⇒	馬の背
7:10	1.1k	7:55~8:05	0.5k	8:40~8:45	0.5k	9:30~9:35	0.3k	10:05	0.5k	10:40~10:55

	H=1547m		H=1230m		H=1230m		H=845m		H=670m
⇒	斜里岳	⇒	上二股	⇒	熊見峠	⇒	下二股	⇒	登山口
0.3k	11:20~12:20	0.8k	13:10	1.3k	13:50~14:05	1.2k	14:50	1.1k	15:45

活火山の山腹に拡がる　可憐なメアカンフスマの群落

4 阿《あ》寒《かん》岳《だけ》（雌《め》阿《あ》寒《かん》岳《だけ》）　1499m

標高差◉789m　登頂日◉2004・7・4
ルート図◉5万分の1地形図「上足寄」「阿寒湖」　参加者◉12名

オンネトーから望む雌阿寒岳　(右は阿寒富士)

　2003年の第一回北海道遠征シリーズに続き、同じメンバー12名で、2年続きで第二回目の北海道遠征にやってきた。前夜、フェリーで**苫小牧東港**に着き、石勝樹海ロードと呼ばれる国道274号線で日勝峠を越え、道東自動車道を経て夜半に登山口のある**雌阿寒温泉**の駐車場に着いた。

　駐車場の車中で2時間ほどぐっすりと眠り、車外が明るくなった4時に目を覚ます。先ずは登山口を確認するため道道を100mほど戻ると、カラマツ林の中に**雌阿寒岳登山口**の標識が立っていた。

　途中のコンビニで調達した食料で朝食をとり、身支度を整え、先ほど確認した登山口へ向かう。

　すっかり明るくなった道を行くと、路肩には1mを越しそうな大きなアキタブキが生えていた。

　雌阿寒岳登山口を入るとカラマツの幹から幹へ注連縄が張られていて、その下をくぐり林の中へ延びる登山道を行く。

　木の根が絡み合った平坦な道が続き、やがて次第に緩やかな傾斜の山腹の道へと変わる。ゴゼンタチバナが咲き、咲き残ったハクサンシャクナゲが咲き、イソツツジが白い球状の花を枝一杯につける。ハイマツのトンネルを抜け、4合目を過ぎると火山礫の急登が続き、やがて**5合目**付近からは山腹の巻き道になり左へ展望が開ける。

　ここで休憩をとり、遠く日高山地から大雪山系までの大展望を楽しむ。

　巻き道はすぐに終わり、6合目からは山頂へ向かって再び急登が続く。雌阿寒岳の山頂部を望む尾根の岩陰にはイワブクロの淡紅紫色の花が咲き、マルバシモツケが白い花を咲かせる。

　ハイマツの稜線の奥には、麓のオンネトーがエメラルドグリーンの神秘的な湖水を湛え、その色の美しさに思わず立ち止まり感嘆の声を上げる。

山腹からは道東から道央への展望が拡がる

　次第に活火山らしい様相を見せ始めた**7合目**で二度目の休憩を撮る。ここから山頂までは火山灰混じりの安山岩礫の急登である。8合目近くになると、雌阿寒岳の名を冠したメアカンフスマやメアカンキンバイの群生が見られるようになる。

　9合目に上がると、右に雌阿寒岳の火口を望む。

　火口壁は噴火のときの姿そのままに、険しい溶岩の壁が聳え、岩壁の所々で、今も轟音とともに白い水蒸気を吹き上げている。やがて左に白い噴煙を上げる火口原が広がり、その奥に見える阿寒湖畔のわきには、遠く雄阿寒岳が姿を見せる。

火口の縁に沿って上り詰めると、石積みの上に方位盤が設けられた**雌阿寒岳山頂**に着いた。

山頂からの景観は、雌阿寒岳という優しさを想いおこす名前からは想像もできないほどの荒々しさである。それに引き換え雄阿寒岳は端正な姿で阿寒湖の脇に静かに立ち、雄大な動と静のコントラストを見せ、名前の付け方が逆な感じを抱かせる。山頂の南には、阿寒富士がすり鉢を伏せたような端正な姿で白い噴煙の中に立ち、若い火山の姿を見せる。

雌阿寒岳は1998年11月9日に水蒸気爆発を起こし、一時、入山が禁止されていたという正真正銘の活火山なのである。

山頂標識で記念写真を撮りあい、しばらくの間、大地の鼓動が聞こえる雌阿寒岳の山頂からの景観を十分に楽しむ。

20分の山頂滞在で、再びメアカンフスマの群生地を下り、登山口へ下山した。

噴煙の奥に 阿寒湖と雄阿寒岳を望む

メアカンフスマの群生地を下る

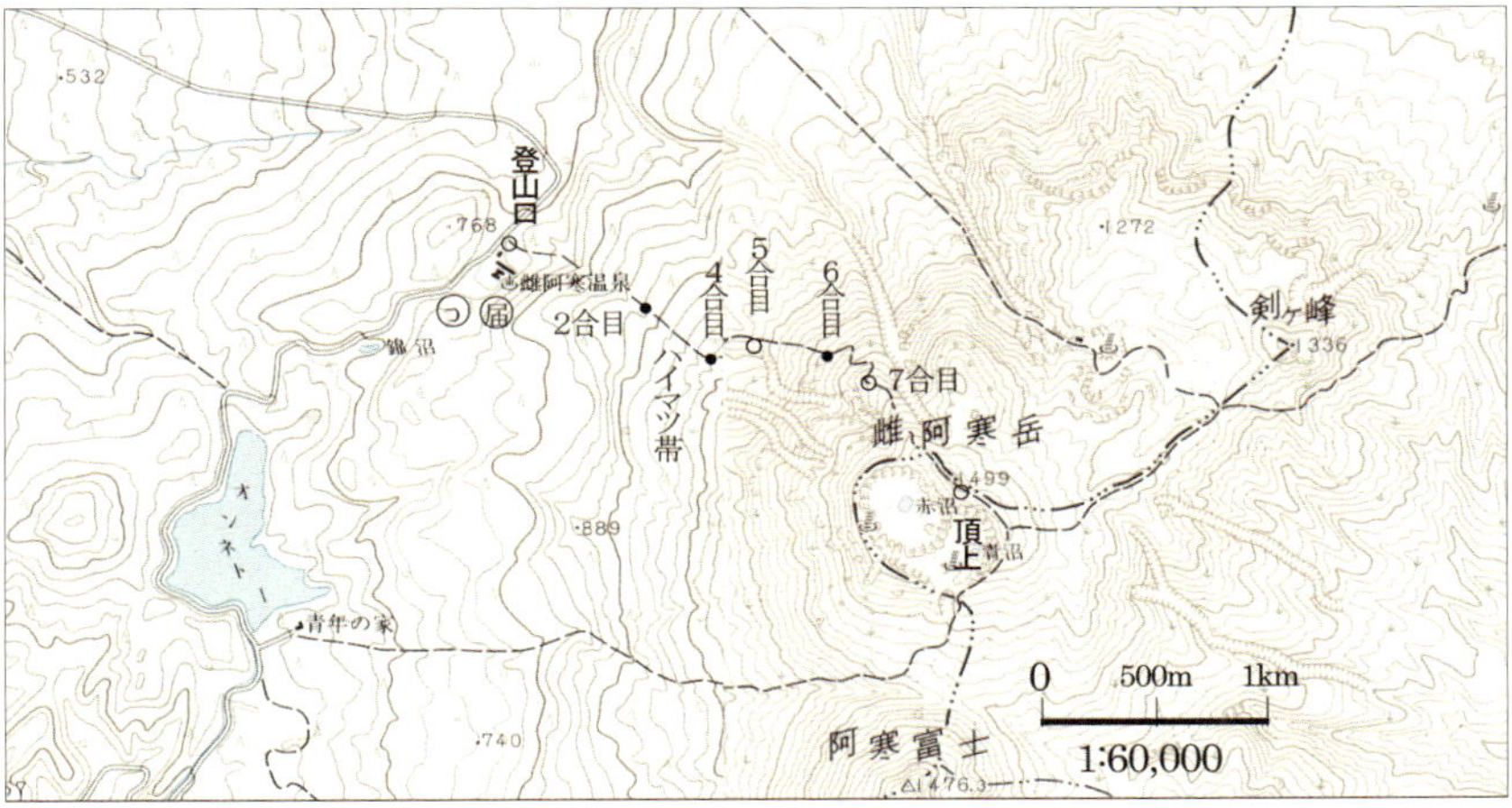

歩程◉ 4時間10分　5.0km

H=710m		H=1080m		H=1280m		H=1499m		H=1280m		H=710m
登山口	⇒	**5合目**	⇒	**7合目**	⇒	**雌阿寒岳**	⇒	**7合目**	⇒	**登山口**
5:40	1.5k	6:20~6:30	0.5k	7:15~7:25	0.5k	8:05~8:25	0.5k	9:05~9:20	2.0k	10:45

植物群落が拡がる 北海道の屋根

5 大雪山《だいせつざん》（旭岳《あさひだけ》） 2290m

標高差◉690m 登頂日◉2003・7・3
ルート図◉5万分の1地形図「旭岳」 参加者◉12名

9合目からなだらかな火口壁の旭岳山頂を望む

　第一回北海道遠征の一山目として、**大雪山の旭岳**へ登ることになった。新潟港から日本海フェリーに乗り、早朝4時半に**小樽港**へ上陸。**小樽IC**から札樽自動車道に入り、道央自動車道へと繋いで**旭川鷹栖IC**を下りる。道道をつないで9時半に**旭岳温泉**の駐車場に着いた。

　駐車場から眺める旭岳は、厚いガスにすっぽりと包まれている。身支度を整えて、旭岳ロープウエイの**旭岳駅**へと向かう。駅内はウィークディのためか乗客の列もなく、予想に反して閑散としている。101名乗りの大きなゴンドラは、われわれの他にはわずかな乗客を乗せて出発し、10分間の空中散歩で**姿見駅**に到着した。

　姿見駅では、高山植物保護パトロール員の女性から、姿見駅から姿見ノ池にかけて群生する高山植物群の説明と注意事項を聞く。

　山頂へ向かうものには、携帯トイレの配布を受けて姿見駅を出る。駅前には大きな雪渓が広がり、高山植物の宝庫〝姿見園地〟が保護管理されている。旭岳山頂を目指すわれわれは右へコースをとり、ロープが張られた遊歩道を行く。

姿見駅前に拡がる大雪渓

園地内に群生する チングルマ

　遊歩道沿いには、厳しい寒さで矮小化したキバナシャクナゲ、ナナカマドなどの木々とエゾイソツツジが枝いっぱいに花をつける。それらの木々の間を、エゾノツガザクラ、ジムカデ、チングルマ、イワブクロ、ミツバオーレンなどの高山植物が大群生地を形成する。

　遊歩道から花々をカメラに収めながら20分で、残雪が水面を覆う火口跡にできた**姿見ノ池**に着いた。池のわきには避難小屋の石室が建ち、池の手前に立つ標識の横にはベンチが置かれている。

　観光客の立ち入りができるのはここまで、道は本格的な登山道となり、群落を作っていた高山植物も次第に姿を見せなくなる。6合目あたりまでは赤茶けた安山岩、それから上は黒い色をした玄武岩の火山砂礫に覆われた道が続く。

　あたりはすっかりガスに覆われて視界が利かないが、登山道の左側は大きな谷になっていて、ところどころの噴気孔から噴煙が上がっているはずである。8合目付近からは強烈な硫黄臭が鼻を

旭川空港近くから眺めた大雪山系（右端のピークが旭岳）

ついた。

金庫岩をトラバースして左へ回り込むと9合目の標識に出る。登山ルートはSの字にカーブして山頂へと続く。山頂との間は風化した火口跡のくぼ地になり、砂礫の間に高山植物が咲いていた。9合目からは気流の関係なのか流れるガスも薄くなり、山頂に立つ標識を眺めると、ひと登りで一等三角点が設けられた**旭岳山頂**に到着した。

念願の大雪山の主峰である旭岳への登頂は感慨もひとしおだが、生憎、山頂は濃いガスが流れ、その合間を狙って記念写真を撮る。25分間の山頂滞在で、**8合目**まで下り昼食をとる。

下山は姿見ノ池から右折する。上りに見ることができなかった〝姿見園地〟の高山植物群落を反時計回りに巡る。

園地内一面に咲く高山植物は、それぞれの群落が他では見ることができないほどの大規模群落である。高山植物の観察を十分に堪能し、姿見駅から旭岳駅へと戻った。

翌日は、利尻岳登頂のため稚内へと向かう途中、旭川空港近くで、車窓から雄大な大雪山系を望むことができた。

ガスの切れ間を縫って山頂標識に集まり記念写真を撮る

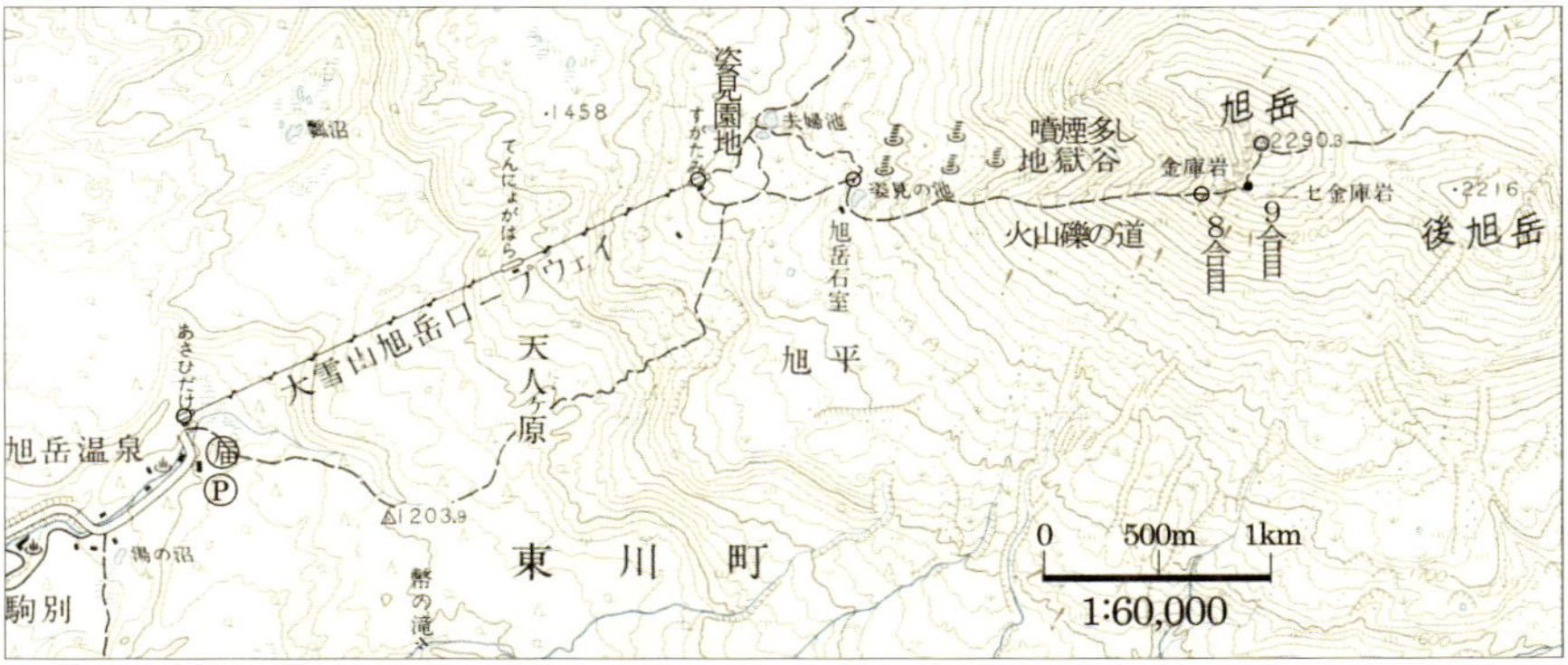

歩程◉ 3時間35分　5.5km

H=1100m		H=1600m		H=1680m		H=2290.3m		H=2080m
旭岳駅	＝ロープウェイ＝	**姿見駅**	⇒	**姿見ノ池**	⇒	**旭岳**	⇒	**8合目**
10:00		10:10~10:20	0.7k	10:40	2.0k	12:15~12:40	0.7k	13:00~13:25

	H=1680m		H=1600m		H=1100m
⇒	**姿見ノ池**	⇒	**姿見駅**	＝ロープウェイ＝	**旭岳駅**
1.3k	14:20	0.8k	14:45~15:00		15:10

夏季も残雪が多い。時間に余裕を

6 トムラウシ（トムラウシ山《やま》）2141m

標高差◉ 1176m　登頂日◉ 2010・7・4
ルート図◉5万分の1地形図「旭岳」「十勝川上流」　参加者◉6名

前トム平からトムラウシ山を望む

　2004年以来6年ぶりの北海道遠征である。今回は、このあと十勝岳、後方羊蹄山、幌尻岳と、都合4山を巡る11日間の長丁場である。従って、参加メンバーも、私を除いては前半組と後半組に分かれての参加となった。

　前半組男性2名、女性4名のメンバーは、前夜8時半に**苫小牧東港**に着き、夜道を4時間ほどかけ、その道々でエゾジカ、キタキツネ、クロテンなどに出会いながら、ここ**短縮登山口**についた。

　2時間半ほど、車の中で仮眠をとり、早朝3時40分登山口を出発した。北海道の夜明けは早い、3時半になると明るさが戻ってくる。ヘッドランプを使わなくても十分に行動できる明るさだ。駐車場から、笹が切り開かれた平坦な登山道を進む。あたりはどんどん明るくなり、白い花が咲いたようにマタタビが樹木に絡みついていた。

　20分ほどで左からトムラウシ温泉コースを合わせると、道は傾斜を強めていく。足元には安山岩質の人頭大ほどの礫が木の根と絡み合って積み重なり歩きにくい。尾根を右から回りこむように**カムイ天上**の標識に出た。

　2003年から谷沿いの旧道は廃止となり、尾根沿いに新道ができていた。キバナシャクナゲの咲く標識で5分間の立ち休みを取り、左の新道へ入る。

　火山灰地に設けられた新道は、雪解け水を含んでぬかるみが続く。ぬかるみが終ると、枝につけられたテープを頼りに雪原を辿る。しかし、季節は確実に進んでいて、ナナカマドが芽吹き、ブナの原生林も新緑に覆われていた。

　雪原を抜け、巻道を辿る。道は谷への急な下り坂になり、ダブルストックで踏ん張りながら慎重に下る。**こまどり沢**は全面が雪渓に覆われ、残雪の下から雪解けの水音が威勢良く聞こえてくる。

　登山口から3時間、雪渓上の倒木に腰を下ろし、昨夜コンビニで調達したおにぎりで朝食をとる。

　30分ほどで朝食を終えて再び行動開始。沢を横切り前トム平へ向い、先行者の足跡を辿り大雪渓を上って行く。

　しばらくして先行者の足跡が見えなくなり、前トム平への分岐を見落したことに気がつく。少し戻ると小さな尾根の先端に分岐標識があった。20分ほどのロスである。

　分岐を入るとガラ場を横切り尾根に取り付く。ハイマツの間に多くの花々が咲く**前トム平**についた。お花畑に囲まれた格好の休憩

シャーベット状の残雪を踏んで雪原を横切る

前トム平に群生する チシマキンレイカ

場所で一息つく。

前トム平を出て溶岩の間を辿り、谷に広がる大雪渓を横切る。このあたりは**トムラウシ公園**と呼ばれ、チングルマ、キバナシャクナゲなどの群生地が拡がる。また、お花畑とは対照的に険しい溶岩が屹立し、その溶岩の奥にトムラウシの頂上を望む。

トムラウシ公園から40分、十勝連峰への三叉路を右折する。更に20分で岩山の上に設けられた一等三角点にタッチし、7時間40分にわたる健闘の結果**トムラウシ山頂**に到達した。

山頂一帯は玄武岩質の溶岩に覆われ、北には、昨年の遭難事故現場となった北沼が、雪渓に覆われて望まれた。

相変わらずのガスで展望の利かない山頂で昼食をとり、正午丁度に、最後に登ってきた若者に声を架けて山頂を後にする。

再びトムラウシ公園を快調に下っていると、後方から緊迫した声が……。戻ってみると、同行のK氏が、よろけたはずみに枯れ木に手を突っ込み、右手に怪我をした。何はともあれ応急処置で血止めをして下山を続ける。

大雪渓を怪我人が転倒しないように慎重に下っていると、最後に山頂へ上がってきた先ほどの男性が、登山道の血痕を見て声をかけてきた。彼は医療関係者で、下山後に**トムラウシ温泉**で彼の診療を受けることになった。

そんなこんなで、予定を1時間半ほど超過したものの、不幸中の幸、大事には至らず登山口へ下山することができた。

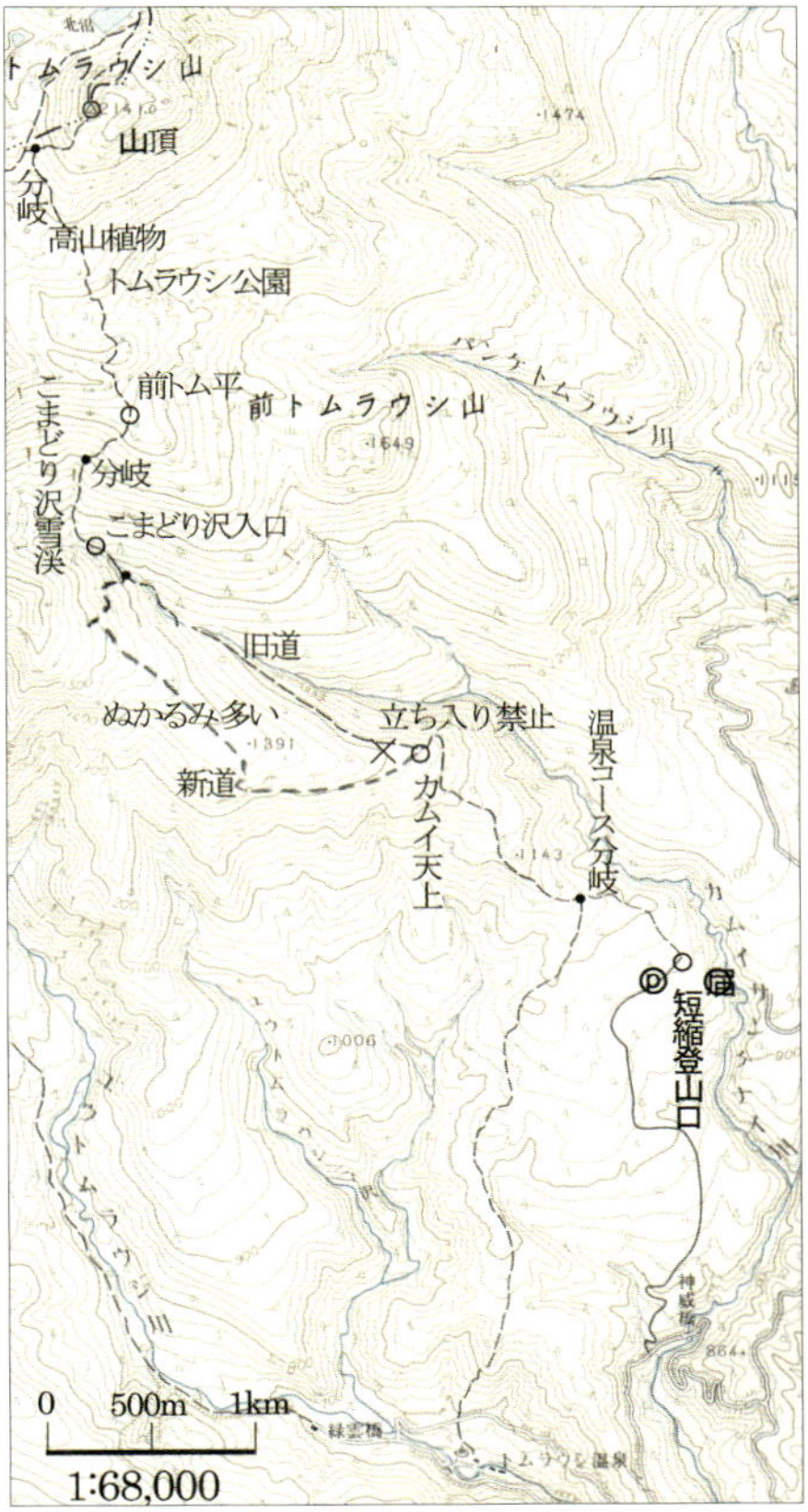

玄武岩の巨岩に覆われたトムラウシ山頂で昼食

歩程◉ 12 時間 20 分　17.8km

H=965m		H=1270m		H=1400m		H=1730m		H=2141m
短縮登山口	⇒	**カムイ天上**	⇒	**こまどり沢入口**	⇒	**前トム平**	⇒	**トムラウシ山**
3:40	2.1k	4:55~5:00	3.0k	6:45~7:15	1.5k	8:40~8:50	2.3k	11:25~12:00

	H=1730m		H=1270m		H=965m
⇒	**前トム平**	⇒	**カムイ天上**	⇒	**短縮登山口**
2.3k	14:00~14:10	4.5k	16:20	2.1k	17:30

昭和初期の火砕流跡を今も留める活火山

7 十勝岳《とかちだけ》 2077m

標高差◉1141m　登頂日◉2010・7・6
ルート図◉5万分の1地形図「十勝岳」　参加者◉5名

山頂の北東方向から望む 十勝岳

　トムラウシ登頂から、観光で1日休養をとり、二山目の**十勝岳**を目指す。今回、ともに行動していたK氏は、トムラウシでの怪我の治療のため、十勝岳登頂を断念して5名での出発となった。

　昨夜宿泊した**白金温泉**から10分ほどで**望岳台登山口**へ到着した。標高930mにある登山口周辺の景色は、大きな樹木もなく荒涼としている。十勝岳は現在も活発な火山活動を続ける活火山で、近年では1923（大正15年）年の大正大噴火以降も、度重なる噴火を続けているからである。

　ビジターハウス前の駐車場に車を止め、身支度を整えて駐車場右奥にある登山口を入る。以前あったスキーリフトは取り払われていて、火山弾やスコリア（火山礫）が降り積もった台地の広い登山道を行く。登山道の左には「**望岳台**」と書かれた目印のような大きなケルンが積まれている。

　スコリア台地には、火山礫地に最初に根付くというオンタデが生え、ミネヤナギやイソツツジなどの丈の低い植物だけが生えている。登山道わきには直径50センチほどもある火山弾が転がり、こんなのが飛んできたらと思うと背筋が寒くなる。

スコリア台地が拡がる「望岳台」から出発

　雲ノ平分岐まで来ると、ガスが濃くなり雨粒も混じり、急いで雨具をつける。分岐から5分ほどで避難小屋の前を通り、コースは左へ沢を横切る。ガレ場を直登すると、所々にミヤマキンバイが黄色の花をつける。道は砂礫の急坂となり、ガレ場の中をジグザグに上り詰めてゆく。

　右の大雪渓には、今も溶けだした〝溶融硫黄〟が雪の上に流れ出ている。左側は昭和噴火口が大きく口をあけているが、濃いガスが立ち込めていて視界が利かない。

　火山礫ばかりの斜面にオンタデの仲間のオヤマソバが、白い小さな花房を付けている。

　やがてガスの中から**昭和噴火口**の標識が現れ、展望の利かないガスの中で小休止をとる。この昭和噴火口は1962（昭和37）年6月29日に死者5名を出す大爆発を起こした噴火口である。

　ここからは、なだらかなスコリアの尾根が続く。尾根は緩やかに右へカーブをしながら少し下り、十勝岳頂上へ向かって最後の登りが始まる。右側は大正噴火で出現した溶融硫黄沼の崩壊跡が広がる。

　この硫黄沼の出現以降に十勝岳は活動期に入り、1926年5月に大規模な噴火が発生した。発生した火山泥流、火山弾・スコリア流が美瑛川・富良野川を一気に下

大正噴火でできた"溶融硫黄沼跡"

二度目の十勝岳登頂で万歳をする女性たち

り、25分で25㎞離れた上富良野市街に達し、死者144名・負傷者260名という膨大な人的被害を出す大惨事となったという。

その〝溶融硫黄沼跡〟を右に見ながら最後の上りに取り付く。ガスの中にぼんやりと見えていた山頂が次第に近くなり、風化した玄武岩が積み重なった**十勝岳山頂**に着いた。

晴れていればすばらしい展望だろうが、濃いガスでまったく何も見えない。ガスの中でコンビニ弁当の昼食をとり、50分の滞在で山頂を後にする。

少しガスが晴れてきた山腹をジグザグに下ってゆくとイワヒゲの大群落が広がる。こんなに花が咲いていたのかな……と考えているうち、コースを間違えていることに気がつき地図を出して確認する。

山頂で下山方向を間違え、美瑛岳方面へ30分ほど下り**鋸岳**まで来ていた。再び50分ほどかけて、ガスが晴れ始めた山頂を目指して登り返す。

一度目の下山開始から1時間25分後、二度目の十勝岳山頂に戻る。山頂で万歳三唱をして原点復帰の喜びを表す。すでにガスが薄くなっていた山頂で、望岳台への下山口を探すと、黄色のペンキで大きく書かれた標識が見つかった。

ガスの中での安易なコース取りを反省し、下山を開始する。登りに見た溶融硫黄沼跡や昭和噴火口を経て、無事に望岳台登山口へ下山した。

歩程◉ 7時間45分　13.4km

H=930m 望岳台登山口 7:50 ⇒ 2.0k ⇒ H=1225m 雲ノ平分岐 8:50~8:55 ⇒ 1.6k ⇒ H=1720m 昭和噴火口 10:25~10:30 ⇒ 1.6k ⇒ H=2077m 十勝岳 11:40~12:30 ⇒ 1.5k ⇒ H=1900m 鋸 岳 13:05 ⇒ 1.5k ⇒

H=2077m 十勝岳 14:00 ⇒ 3.2k ⇒ H=1260m 避難小屋 15:45~15:55 ⇒ 2.0k ⇒ H=930m 望岳台登山口 16:45

雨後の糠平川遡上は増水に注意

8 幌尻岳《ほろしりだけ》 2052m

標高差◉1552m 登頂日◉2010・7・9〜11
ルート図◉5万分の1地形図「幌尻岳」 参加者◉1名

北カールの奥 幌尻岳山頂はガスの中

幌尻岳は、額平川の渡渉の繰り返しがメンバーに敬遠され、百名山中で唯一、筆者が単独で登ることになった山である。

前日宿泊したニセコ温泉から出発し、途中、JR洞爺駅で函館方面へ観光旅行に向かう3名と別れる。道央自動車道・日高自動車道と乗り継ぎ、**富川IC**を出て国道237号線で**振内**に入る。そこから未舗装の林道を1時間ほど、額平川沿いの**林道終点**までやってきたのは正午前だった。駐車場は満車に近く、幌尻岳の人気の程がうかがえる。

駐車場を出ると、一般車の通行が規制された林道を行く。ダム取水口までは4・5km、2時間の道のりだ。途中のコンビニで仕入れてきたサンドウィッチをほおばりながら額平川沿いの右岸を行く。

山腹に露出している岩肌を見ると、泥岩質の変成岩だ。幌尻岳を含む日高山脈は1300万年前の造山活動によってできたという。岩が堅い分、額平川は狭くて深い渓谷を削りだしている。

ダム取水施設

2時間弱の林道歩きで北海道電力の**ダム取水施設**に着いた。ここから糠平川の徒渉が始まる。履いてきたズボンの膝から下を外して沢靴に履き替え、登山靴はビニール袋に入れてリュックに納め徒渉の準備をする。

歩き始めは、谷にせり出した右岸の岩場を越える。次いで岩に張られたクサリを握り、水辺近くを巻いて過ぎる。第一の難関を無事に過ぎると、しばらくは右岸の樹林に延びる踏み跡を辿る。

5分ほどで最初の渡渉が始まる。水深は膝から太ももまであり、水の冷たさにはすぐに慣れた。渡渉地点では対岸の岩や木の枝に赤テープがつけられている。右岸から左岸、再び右岸へと1時間ほどで、右岸の〝四の沢〟から落ちる見事な滝の前を過ぎ、左岸の裾を巻いたルートを辿る。

対岸のテープを目印に徒渉

再び右岸に戻ると数メートルある岩壁が行く手を阻み、ロープを握って越える。川底の石には川のりが付着し、沢靴を履いていても滑りやすい。

谷が狭まり、右岸は切り立った崖となり、左岸沿いを辿る。再び右岸に渡り、ニリンソウの群生する湿地を抜けると最後の渡渉点となり、対岸に目指す**幌尻山荘**が見えてきた。

山荘前のテーブルでは、大勢の登山者がビールなどを飲んで歓談し、自炊の準備を始める人もある。受付を済まして持ち物は床下の荷物置き場に納めると、今夜の寝場所を指定された。縦に半折にした毛布が与えられ、その範囲が寝場所となる。管理人からビールを買い、おにぎりで夕食をとり、早々と寝袋に入り、山荘の長い夜を過ごす。

翌朝は3時半に起床。出発前に朝食をとり、雨具と非常食をサブザッ

ガスに包まれた 山頂標識

増水の翌朝 まだ流れが速い谷川へ

クに入れて山頂を目指す。

山荘前から左へ**登山口**を入ると急登が始まる。トカチキスミレなどの花々に励まされ、50分ほどで尾根に取り付く。尾根越しの風がエゾゼンテイカを揺らす急な尾根を上り詰めて行くと、このコース唯一の水場"**命ノ水**"の表示が現れる。

ダケカンバがハイマツに変わり、北カールの尾根を行く。数万年前に氷河が削ったカールの斜面は高山植物の宝庫である。ハクサンイチゲやチングルマが群生し、矮小化したハクサンシャクナゲが白い花をつけ、多くの花々に目を奪われる。

尾根から望む山頂は濃いガスに覆われ、姿は見えない。ガスに突入し、ガラ場を上り詰めると、**幌尻岳山頂**標識が現れた。今日の幌尻岳登頂一番乗りである。しかし、雨は本降りとなり、山頂での長居は無用。続いて上ってきた登山者にお願いし、ガスの中で記念写真を撮り、5分間の滞在で山頂をあとにする。

下山の途中で風雨が強まり、登山道を滝のような水が流れ下り、額平川の増水が気になる。幌尻山荘に下山したときには、すでに谷川は増水して渡渉不能になっていた。山荘の管理人にお願いして、鵡川で落ち合う予定になっている観光組のメンバーへ連絡をとり、やむを得ず連泊となる。

三日目の朝は雨も止み、谷川の水量も少し収まった。ガイドを伴った別のグループに追従し、昨日から話し相手になっていた男性二人と共に、来た時よりも流れが速くなっている糠平川を下り、林道終点の駐車場へ戻った。

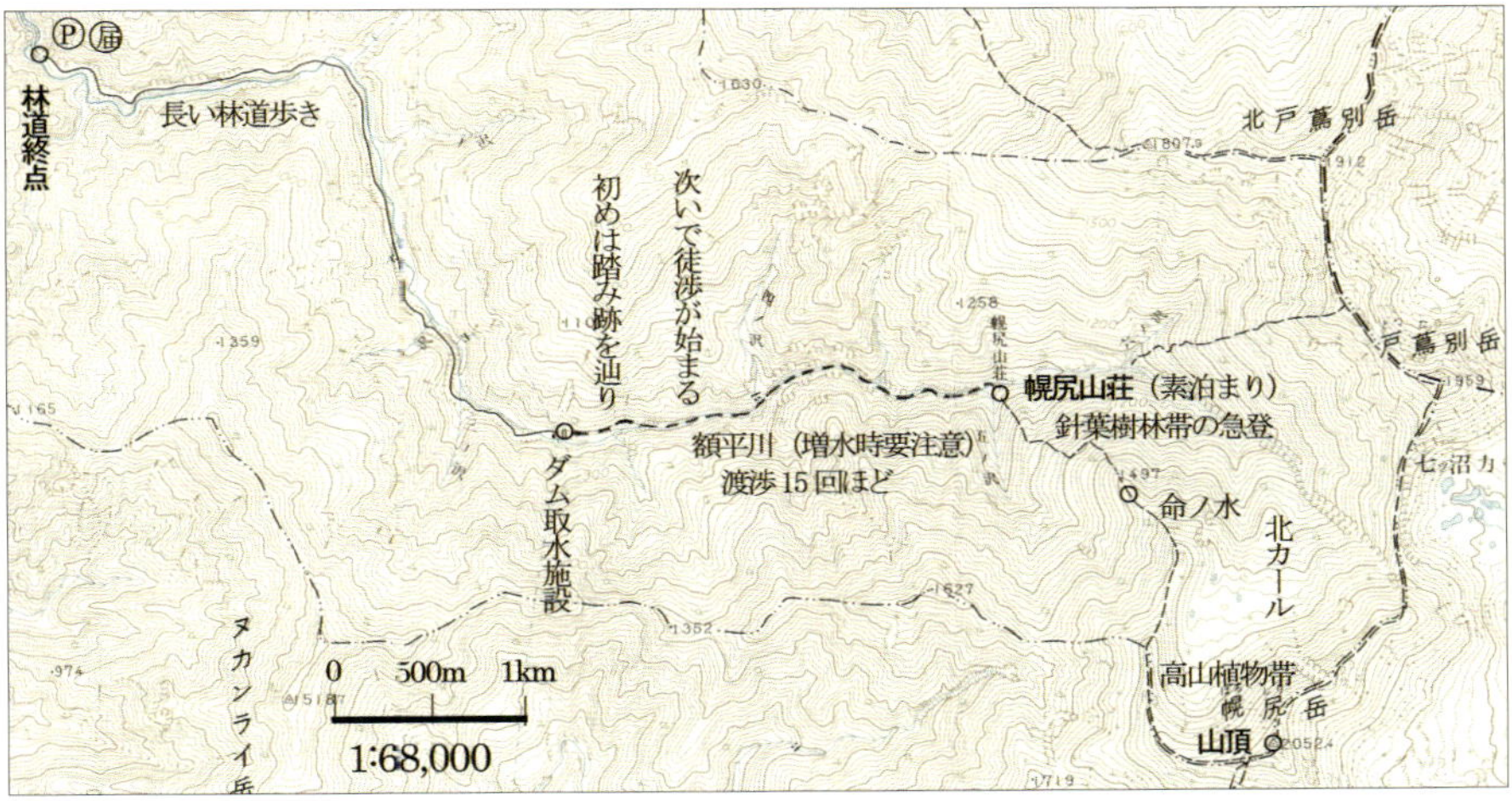

歩程◉ 13時間25分　21.4km

H=500m **林道終点** 12:10 ⇒ 4.5k ⇒ H=750m **ダム取水施設** 14:00~14:15 ⇒ 2.8k ⇒ H=950m **幌尻山荘（泊）** 16:30~4:05 ⇒ 1.5k ⇒ H=1530m **命ノ水** 5:40~5:50 ⇒ 1.9k ⇒ H=2052m **幌尻岳** 7:55~8:00 ⇒ 3.4k ⇒

H=950m **幌尻山荘（泊）** 10:40~6:40 ⇒ 2.8k ⇒ H=750m **ダム取水施設** 8:25 ⇒ 4.5k ⇒ H=500m **林道終点** 9:50

火口周辺の高山植物群が上りの苦労を忘れさせる

9 後方羊蹄山《しりべしやま》 1898m

標高差◉1546m　登頂日◉2010・7・8　参加者◉4名
ルート図◉5万分の1地形図「倶知安」「留寿都」

十勝岳登頂の翌日。新千歳空港で、今回の山行旅行の前半・後半メンバーが引継ぎをする。後半グループは4名で、小樽市街観光を経て**倶知安**へ移動し宿を取る。

倶知安方面から望む後方羊蹄山（2014年7月撮影）

羊蹄山登頂当日は、早朝4時に宿を出る。途中、コンビニで朝食と昼食の弁当を手に入れ、登山口へと向かう。倶知安から国道5号線を15分ほどで羊蹄山入口を左折し、林道を2kmほど進むと**羊蹄山登山口**の駐車場についた。

霧が立ち込める駐車場には、数台の登山者の車が止められている。コンビニで仕入れた弁当で朝食をとり、足元を固めて身支度を整える。霧は晴れそうにないが、5時を少し回ったところで駐車場をあとに登山口を入る。

平坦な針葉樹林の中を進むと、丈の高いウバユリが登山道わきで花をつける。程なく右の山腹に取り付き、つづら折れの道に入り一息つく。

道は溶岩と火山灰が重なり合った急登が続く。**2合目**、**4合目**と1合おきに休憩をとりながら、ゆっくりとしたペースで進む。

2合目あたりからは高山植物が目立ち始め、その中に北海道特有種のエゾノヨロイグサ、エゾアジサイなどが混ざる。5合目までくると霧は雨に替わり、ダケカンバの木陰で雨具をつける。

6合目を過ぎると、花の名山といわれる名前の通り、北海道特有種だけでもエゾイチヤクソウ、チシマキンレイカ、チシマフウロ、サマニヨモギなど、枚挙にいとまがない。

溶岩と火山灰の急登が続く

単調な樹林の登りが続き、**9合目分岐**に出ると展望が開ける。一帯は、天然記念物に指定された高山植物の群生地帯である。分岐を右へ向かうと避難小屋を経て山頂に至る。今回は分岐を左にとり、お花畑を巡りながら、北山を経て山頂を目指す。

ウコンウツギの群落が続き、その間にシラネアオイが混ざり、火山灰地を好むイワブクロが大きな株を作り群生する。火口壁に近づくと、火山礫の間にエゾノマルバシモツケ、ミヤマキンバイ、イワギキョウなども群落を作る。

羊蹄山は、今回の山行の中では高山植物が一番多く、登る前から

火口近くの草原にハクサンチドリの群生

期待した山である。上ってみると、十分期待に応えてくれる花の多さである。

北山のピークを左から巻いて進むと、ピークに設けられた二等三角点に到達した。羊蹄山の山頂…?と思ったが、羊蹄山の標識がない。他の登山者が「もう少し先ですよ」と教えてくれた。

ガスに包まれ数十メートル先が見えない中を、更に10分ほど火口壁を辿ると**後方羊蹄山山頂**に着いた。山頂には大きな岩塊の間に山頂標識が立てられていて、腰を下ろすような広場はない。

晴天ならば、ニセコ山系を見下ろす山頂だが、あたりは濃いガスに包まれていて、まったく展望が利かない。ガスの中、山頂標識で記念写真を撮り、山頂をあとに昼食がとれる場所まで引き返す。

北山近くまで戻り、風当たりの少ない岩陰で昼食をとり、山頂滞在45分で下山を開始する。

依然として濃いガスが立ち込める中を、再び、お花畑を巡り、火山灰の長い山腹を下り、登山口の駐車場へ戻った。

一日中、濃いガスの中での山行だったが、火口周辺の高山植物の多さは、記憶に残る山となった。

霧の中 5時間45分をかけ 羊蹄山山頂に立つ

ガスの中 岩陰で弁当を開く

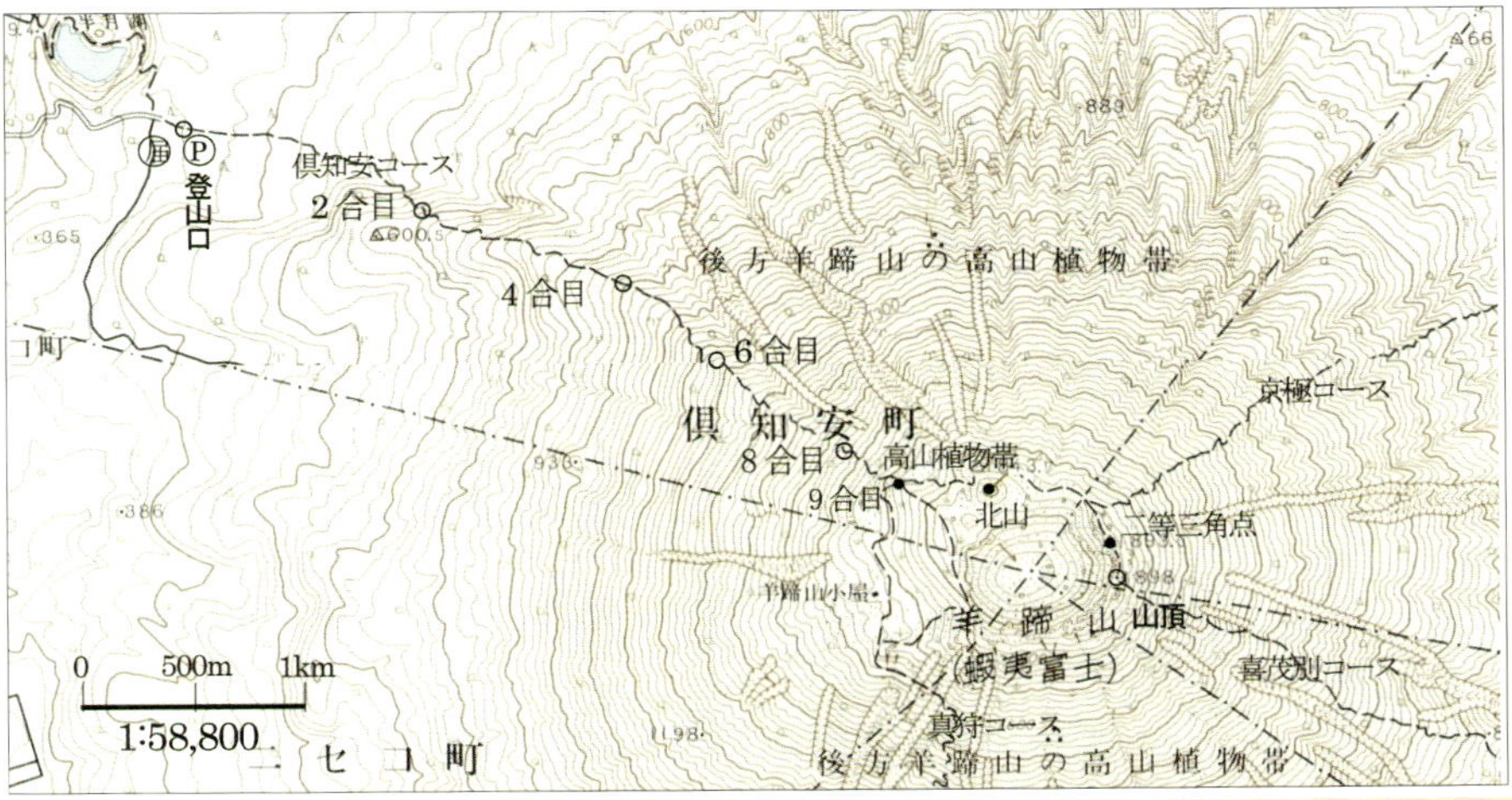

歩程◉ 8時間40分 10.2km

H=350m		H=600m		H=900m		H=1160m		H=1530m		H=1720m
羊蹄山登山口	⇒	**2合目**	⇒	**4合目**	⇒	**6合目**	⇒	**8合目**	⇒	**9合目**
5:05	1.3k	6:00~6:05	0.8k	7:00~7:05	0.7k	7:55~8:05	0.7k	9:15~9:25	0.3k	9:50

	H=1898m		H=1160m		H=900m		H=350m
⇒	**後方羊蹄山**	⇒	**6合目**	⇒	**4合目**	⇒	**羊蹄山登山口**
1.4k	10:50~11:35	2.4k	13:10~13:20	0.7k	13:55~14:00	2.0k	15:15

北海道スナップ集

サロベツ原野に整然と並ぶ巨大風車

礼文島最北端のスコトン岬からトド島を望む

“逆さ利尻富士”が美しいオタトマリ沼

神秘的な湖水を湛える摩周湖

知床八景のひとつオシンコシンの滝

中富良野の田園地帯の奥に十勝岳を望む

御田ガ原から東鳥海へ延びる尾根道

東北

東北には名山と呼ばれる山々が多い。中でも「出羽富士」とも「秋田富士」とも呼ばれ、実質的な東北の最高峰である鳥海山は、浸食の進んだ「西鳥海」と新しい溶岩地形をもつ「東鳥海」からなる複合成層火山である。

二つの火口をつなぐ尾根は、安山岩の敷石が「万里の長城」のように続いていた。

10 岩木山《いわきさん》 1625m

標高差◉375m　登頂日◉2005・7・4
ルート図◉2万5千分の1地形図「岩木山」　参加者◉11名

弘前市郊外から望む岩木山

大鰐弘前ICを出て弘前市へ向かって国道7号線を行くと、前方に目指す**岩木山**が姿を現す。別名を〝津軽富士〟と呼ばれるだけに、弘前市南東部から見る姿は富士山そのものである。

弘前市内へ入り、弘前城の堀に沿って県道3号線を進む。次第に岩木山の姿が大きく迫り、山麓にある岩木山神社前を抜ける。等高線に沿って山麓を4分の1周し、右折して**津軽岩木スカイライン**の料金所ゲートをくぐる。

今回の岩木山登頂に当たっては、岩木山神社コースや岳温泉からのコースも検討したが、何れも旅行日程の関係から難しく、短縮コースとなる8合目駐車場から岩木山頂を目指すことになった。

スカイラインはヘアピンカーブが連続する岩木山の山腹を上り詰めて行く。カーブの数は、〝日光いろは坂〟を上回る64箇所。最後のカーブを曲がって**8合目駐車場**に入る。

広い駐車場には、月曜日ということもあり、数台の車が止められているだけである。車外に出ると、強風が駐車場を吹き抜ける。車の陰で強風を避けながら身支度を整える。

駐車場上の登山口を入る

今回の旅行には参加しているが、足に故障のある家内は駐車場で留守番をすることになり、残りの11名でリフト乗り場の脇から**登山口**を入る。

駐車場の上に〝平和の鐘〟が建ち、ハクサンチドリが咲く道を行き、食堂裏の登山道標識から本格的な登山道となる。

ウコンウツギが淡黄色の花をつける谷沿いの道を行くと、高山植物が次々と顔を見せる。

ユキノシタ科で喘息の薬になるというスダヤクシュが小さな白い花を総状につけ、サワオトギリソウは鮮やかな黄色の花をつける。

天候はもう一つはっきりしない。日本海側から湧き上がるガスが強風とともに吹き付けてくる。

登山口を入って40分ほどで溶岩流が累積した分岐に建つ**鳳鳴ヒュッテ**につき、溶岩の陰で強風を避けて立ち休みをとる。

この鳳鳴ヒュッテは1964（昭和39）年1月6日、秋田県立大館鳳鳴高校山岳部の生徒が、厳冬の岩木山へ百沢コースから登頂。下山途中に猛吹雪のために4名が遭難し、その御霊を鎮め、再び悲劇が起こらないことを願って建てられた冬季避難小屋だという。

鳳鳴ヒュッテを過ぎると尾根越

鳳鳴ヒュッテ前で風を避けて立休み

の風が一段と強くなり、飛ばされないように帽子は脱ぎ、髪の毛を逆立てながら稜線の岩場を行く。ガスの切れ間から一瞬日本海が望まれたが、すぐにガスに覆われて乳白色の世界に戻る。

岩場を過ぎて穏やかになった道を左から回り込むように行くと、玄武岩の巨岩が累々と重なり合う**岩木山山頂**に着いた。山頂には避難小屋が建ち、岩木山神社奥宮が祀られている。

神社近くには石を積み上げコンクリートで固めたモニュメントが建ち、〝平和の鐘〟が吊るされていた。岩木神社奥宮に参拝し、一等三角点にタッチする。続いて、モニュメントの〝平和の鐘〟を、皆で鳴らして東北シリーズ最初の登頂を祝す。

岩木山で旧暦8月1日に行われる例大祭「お山参詣」は、津軽地方最大の豊作祈願祭で、多くの人々が深夜に山頂登拝し、ご来光を拝むという。

岩木山神社奥宮

ガスが流れる山頂モニュメントで

山頂モニュメントで記念写真を撮り、相変わらずガスが流れる山頂から周囲を展望する。ガスの切れ間に陸奥湾や下北半島が望まれ、周囲の山並みが姿を現す。あれが八甲田山、あの先が陸奥湾かと、山頂からの雄大な景観を思う存分に楽しむ。

山頂を流れるガスは一向に晴れる様子もなく、山頂滞在40分で下山開始。鳳鳴ヒュッテ付近の巨岩が累積する岩場を、強風に注意して慎重に下る。

ヒュッテの裏側には5～7月が開花期のタカネザクラが満開の花をつけ、北海道や中部以北に生育するミヤマヤナギが硬い花穂を出していた。

8合目近くではヤマガラシやフキノトウが咲き残る雪渓を経て、駐車場へ下山した。

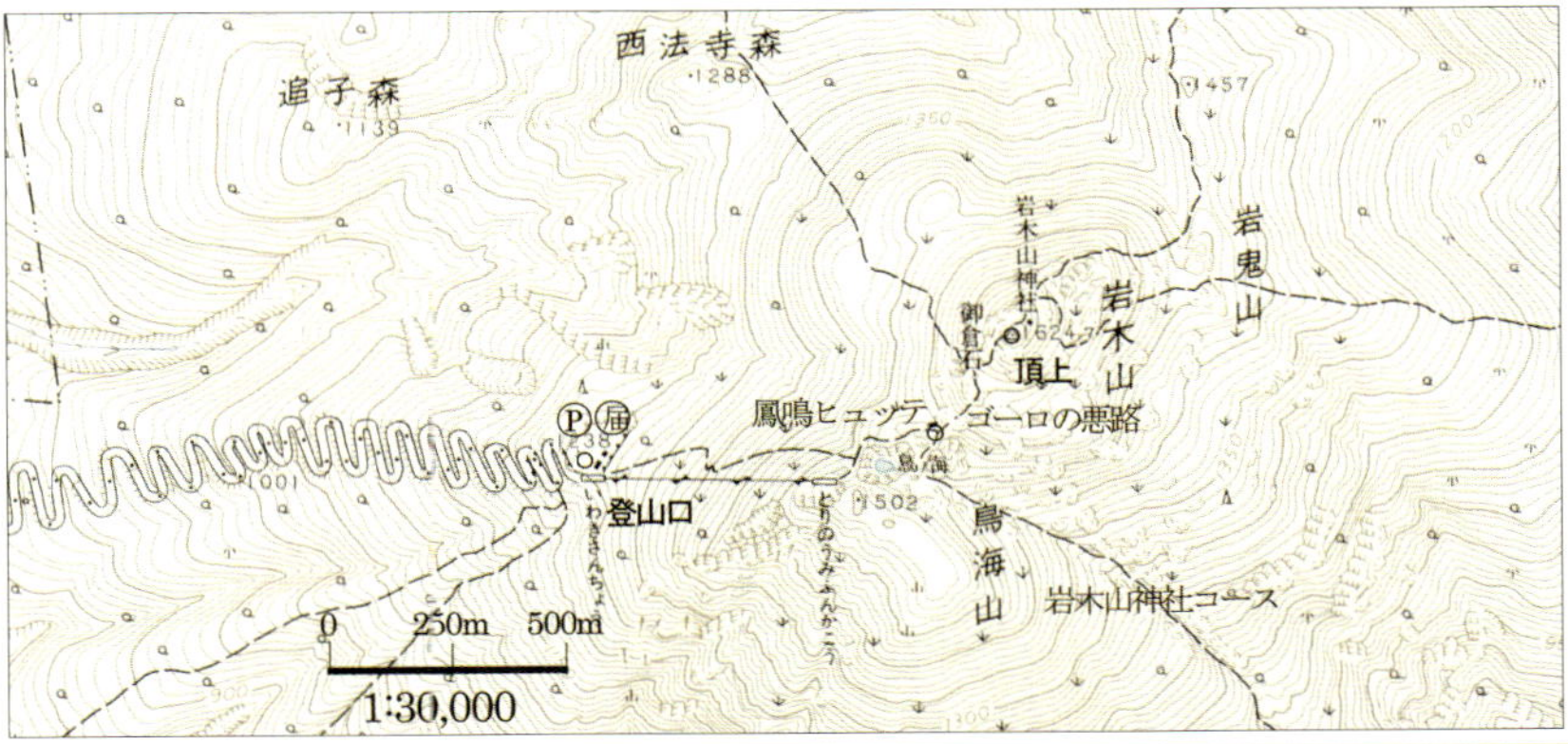

歩程◉ 2時間05分　2.4km								
H=1250m		H=1440m		H=1624.7m		H=1440m		H=1250m
8合目駐車場	⇒	鳳鳴ヒュッテ	⇒	岩木山	⇒	鳳鳴ヒュッテ	⇒	8合目駐車場
10:55	0.8k	11:35~11:40	0.4k	12:05~12:45	0.4k	13:05	0.8k	13:45

エメラルドグリーンに輝く〝絶景〟の下毛無岱湿原

11 八甲田山《はっこうださん》 1584m

標高差◉674m　登頂日◉2009・7・4

ルート図◉5万分の1地形図「八甲田山」　参加者◉7名

仙人岱から望む八甲田山の主峰 大岳

昨夜は、〝ヒバ千人風呂〟で有名な**酸ヶ湯温泉旅館**に宿泊した。下山後に福島県まで移動する予定があり、早朝の出発となった。

雨具を付け、宿で準備してもらった朝食弁当をリュックに詰めて5時15分に宿を出る。旅館前のロータリー左にあるトイレの横から階段を登る。

平坦な林地を行くと、いったん道路に出る。東北大学高山植物研究所の建物が建ち、その手前に大きな駐車場が設けられている。道はすぐに道路から離れて、大岳まで4kmと書かれた標識が立つ**酸ヶ湯登山口**を入る。

ダケカンバの林に入り、しばらく行くと左に荒涼とした広場が現れる。ここは、ある日突然に硫化ガスが噴出し、一夜にして草木が立ち枯れたというところである。このことは、八甲田山が今も火山活動を継続している証でもある。

ダケカンバの林を抜けると視界が広がり、タニウツギが桃紅色の花をつける。硫黄臭が鼻をつき、火山岩が累々と重なる**地獄湯の沢**が荒涼とした景観を見せる。

巨岩の間を抜けて湯の沢の合流点を過ぎると、ウラジロヨウラクやウスノキなどが花をつける。過去に硫黄採掘をしていたという、草木の生えない硫気地熱地帯を上り地獄湯の沢を渡渉する。

地獄湯の沢を離れハイマツの山腹を直登すると、ハイマツの中にはイブキゼリモドキが咲き、ミヤマヤナギが白い綿毛に包まれ、コケモモも白い花をつける。ミヤマザクラが咲く登山道を、残雪を踏んで上って行くと**仙人岱**に出た。

湿地に設けられた木道の奥には、八甲田連峰の主峰大岳がなだらかな山容を見せる。木道の脇には、仙人岱の湿原が消失しつつあるという注意標識が立つ。雪渓の雪解け跡にはヒナザクラ、チングルマ、コウメバチソウなどが咲く。大岳に取り付く前に雪渓の脇で休憩をとり、宿で作ってもらった大きなおにぎりで朝食をとる。

朝食後、雪渓を横切り大岳の山腹に取り付く。アオモリトドマツの樹林に入り急登が始まる。森林限界を抜けると展望が開け、右手に小岳と高田大岳が姿を見せる。

崩落を防ぐため、岩石を金網で包んだ石組みが続き、その間にミヤマオダマキやハッコウダシオガマが群生する。爆裂火口に水が溜まった鏡沼を過ぎ、小さな祠を左に見送ると八甲田山の主峰**大岳山頂**に着いた。

金網で抑えた石組の中を上る

一等三角点にタッチして360度の大展望を楽しむ。山頂からは晴天ならば太平洋と日本海を同時に眺めることができるという。山頂は平坦で、周りを迷い込み防止の柵で囲まれた、可なり広い広場になっている。山頂標識で記念写真を撮り、山頂からの展望を楽しみ、北へ下山コースを下る。

ハイマツの中を下り、**大岳鞍部避難小屋**前の分岐を過ぎ、左へアオモリトドマツの樹林を下る。

傾斜が緩やかになり木道を行くと、ミズバショウの群生地が広がる。ロープウエイからの道を右から併せ、一面のワタスゲを眺めながら進み、木道わきに設けられた**上毛無岱展望台**についた。

一息ついて、ハクサンシャクナゲの咲く木道を行く。長い木製の階段を下り始めると、眼下に**下毛無岱湿原**が広がり、エメラルドグリーンの宝石をちりばめたような地溏の美しさに感動する。

地溏の間に延びる木道は左へカーブしながら樹林に入る。木立の中でいくつかの階段を下り、城ヶ倉温泉への道を右に分ける。程なく急な湯坂を下り、酸ヶ湯温泉旅館に戻ってきた。

大岳山頂の一等三角点にタッチ

地溏が宝石のように散りばめられた 下毛無岱湿原

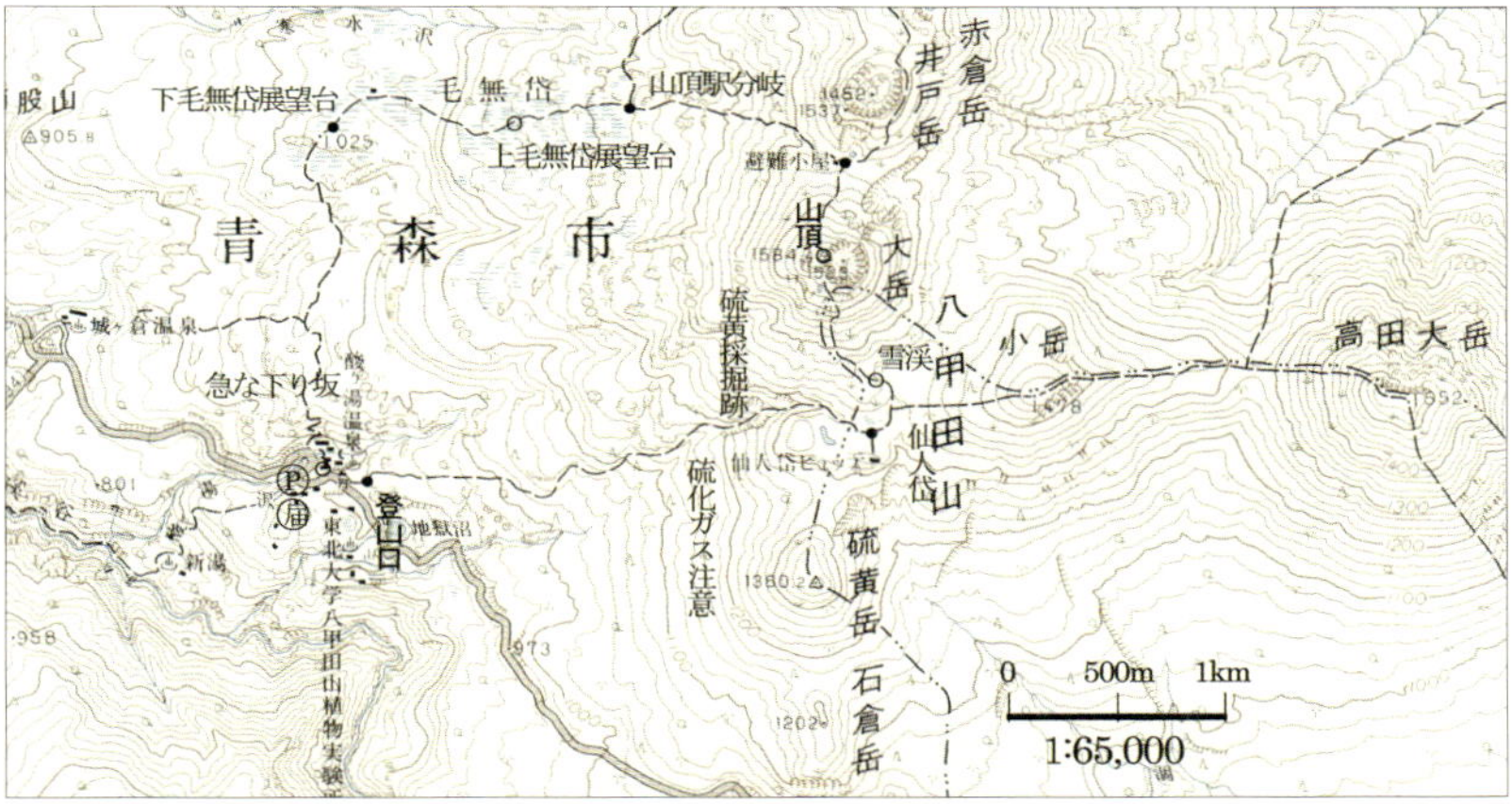

歩程◉ 4時間55分 9.2km

H=910m **酸ヶ湯温泉** 5:15 ⇒ 3.0k ⇒ H=1300m **仙人岱** 7:05 ⇒ 0.3k ⇒ H=1340m **雪渓** 7:15~7:35 ⇒ 0.9k ⇒ H=1584.4m **大岳（八甲田山）** 8:15~8:30 ⇒ 0.6k ⇒ H=1425m **大岳鞍部避難小屋** 8:50

⇒ 1.4k ⇒ H=1300m **上毛無岱** 9:20~9:25 ⇒ 0.9k ⇒ H=1040m **下毛無岱** 10:00 ⇒ 2.1k ⇒ H=910m **酸ヶ湯温泉** 10:50

１２　八《はち》幡《まん》平《たい》　１６１３ｍ

標高差◉８３ｍ　登頂日◉２００５・７・６
ルート図◉５万分の１地形図「八幡平」　参加者◉11名

湿原の中の小高い丘が八幡平の頂上だった

八幡平へは、小雨降る十和田湖畔からの出発となった。当初の計画では、茶臼岳登山口からの入山になっていたが、生憎の雨である。松尾八幡平ＩＣから入る予定を変更し、**鹿角八幡平ＩＣ**から国道３４１号線に入る。**トロコ**から左折して県道23号線に入り、大沼湿原と後生掛温泉を巡り八幡平へ入ることになった。

大沼湿原では、湿原に設けられた木道からハクサンシャクナゲやエゾゼンテイカなどの花々を楽しみ、5キロほど離れた**後生掛温泉**へ移動する。

後生掛温泉入口に立てられた案内板によると、隣接する自然研究路には噴気孔、沸騰泉、湯沼、吹上泉、マッドポット（泥つぼ）、泥火山などが、1キロほどの範囲内に集まっているという。

自然研究路に入ると、地元の民話にある、本妻（モトメ）と妾妻（オナナメ）との悲話にまつわる〝オナメ・モトメ〟の沸騰泉が最初に現れた。植物も東北地方に多いガクウラジロヨウラクが淡紅色の花をつけ、硫化ガスに強いといわれるイソツツジも多く咲いている。〝大湯沼〟をはじめ数多くの地獄巡りを終えて、今日の目的地八幡平へと向かう。

標高が上がるとガスが濃くなり、いつしか霧から雨へと変わっていた。後生掛から15分ほどで、標高１５３０ｍの**見返峠**にある**頂上駐車場**に着いた。

生憎の天気のためか、駐車場に止められている車は数台である。駐車場に隣接した休憩ロッジで昼食をとり、再び雨具を着て準備を整える。

ロッジを出て霧雨が降り続く中、車道を横切り**八幡平登山口**を入る。敷石で舗装された遊歩道は、まさに観光地対応。

遊歩道を緩やかに上って行くと、道の脇にはシナノキンバイとアキタブキがグリーンベルトを作る。分岐を右に取ると、ナナカマドが白い花に水滴を乗せている。ハクサンチドリやイワカガミも雨に濡れながら精一杯に花を開く。次の分岐を左折すると、山並み案内、植物案内、自然探勝路案内図などが並ぶ。

あたりはガスがかかって何も見えないが、案内図によれば、ここから岩手山は言うに及ばず東北の名山が一望できることになっている。目に入るものは近くに咲く花たちだけである。

次第に植生が豊かになりシラネアオイが咲き、春一番に咲くショウジョウバカマがやっと花をつけ、タカネザクラは今が盛りと枝いっぱいに薄紅色の花をつける。それもそのはずで、7月のこの時期になっても、あたりは残雪に覆われたままである。

合羽を着て傘をさして遊歩道を行く

しばらくすると、道の左側に展望台が設けられ、霧の中から湖面が現れる。**ガマ沼**である。これらの沼は、東西に18個ある爆裂火口群に水がたまったもので、八幡平は火山により生成した山である。

展望台を過ぎると、矮小化したオオシラビソが目立ち、草原にはハクサンボウフウが白い花をつける。登山口から35分で、高原のわずかな高みに展望台が設けられた**八幡平頂上**に着いた。

あいにく、強く降り出した雨で展望はまったく利かない。山頂での長居は無用と記念写真だけを撮り、早々に引き返す。

ガマ沼の分岐まで引き返し、分岐を左折して湿原へと緩やかな斜面を下る。右に八幡沼が現れ、左には大きな雪渓が広がる。

再び雨脚が強くなり、雪渓の下方に建つ**避難小屋・稜雲荘**に入り、雨宿りをしながら雨脚が納まるのを待ち休憩をとる。

雨が上がり、避難小屋を出て湿原へと向かう。大雪渓から流れ出す雪解け水と、先ほどまで激しく降った雨とが合わさり、雪渓から湿原へ流れ出す水路の水は勢を増していた。湿原にはチングルマが群落を作り、木道を行くとワタスゲが湿地のあちこちに群生し、ツマトリソウやイワイチョウなども咲いていた。

雨のため、八幡平での花の楽しみは半減したが、快晴の湿原を想い描きながら、**八幡沼**を周回して見返峠の休憩ロッジに戻ってきた。

濡れた衣服を着かえて、八幡平温泉へと向かう。

八幡平頂上には 展望台が建つ

爆裂火口のひとつ“ガマ沼”

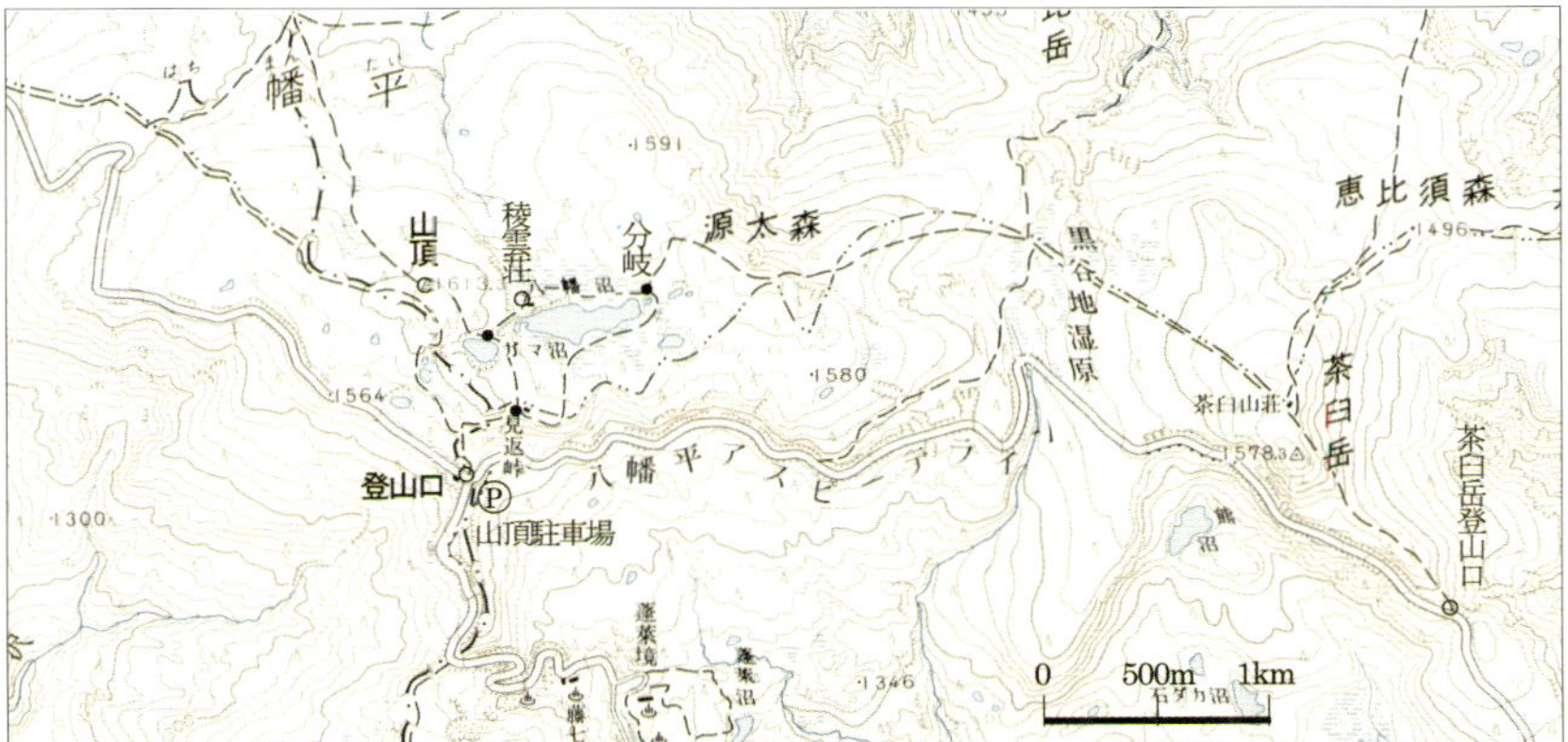

歩程◉ 1時間40分　3.9km

H=1530m		H=1613m		H=1590m		H=1570m		H=1565m		H=1530m
頂上駐車場	⇒	八幡平	⇒	分岐	⇒	稜雲荘	⇒	分岐	⇒	頂上駐車場
13:15	1.1k	13:50~13:55	0.3k	14:00	0.3k	14:10~14:30	0.5k	14:40	1.7k	15:20

火山灰地に咲く豊富な高山植物群

13 岩手山《いわてさん》 2038m

標高差◉1468m　登頂日◉2005・7・7
ルート図◉5万分の1地形図「八幡平」「沼宮内」　参加者◉11名

翌年、南の小岩井牧場から望んだ岩手山（2006年8月1日撮影）

今回の東北山行は、よくよく雨にたたられた山行となった。一山目の岩木山は何とか登頂できたが、二山目の八甲田山は前線の通過による悪天候で中止となり4年後に再挑戦し、三山目の八幡平は雨で大幅なコース変更となった。

そして四山目の**岩手山**も、また雨を避けることはできなかった。今回の計画でメインに位置づけていた岩手山である。前夜、全員で協議を重ねた結果。岩手山は全山火山灰に覆われた山で、谷などもないことから、雨の中での決行と決まった。

朝6時、宿泊した宿を出て焼走り登山口へと向かう。**岩手山焼走り国際交流村**の付帯施設である大きな広場に車を止める。車内で朝食をとり、雨具をつけた完全装備で身支度を調え、道路を挟んだ**焼走り登山口**から登山道へ入る。

焼走り登山口

さすがに緯度が高い岩手県。標高600mなのに、すでにミズナラやブナが茂る樹林帯を進む。江戸時代（1732年）の噴火で溶岩が流れ出したという〝焼走り溶岩流〟の手前で右折し、溶岩流の縁に沿って緩い上りを行く。

左にブナの間から小高く溶岩流が望まれ、黒い色をしたスコリア（軽石状の火山灰砂礫）の道が続く。間断なく降り続いた霧雨も一時止み、フードを脱ぎ汗を拭うと涼しい空気が気持ちよい。

途中で二度ほど休憩をとりながら、ゆっくりとしたペースで樹林帯の山腹をほぼ真っ直ぐに上り詰める。登山口から2時間で樹林帯を抜け出して**第2噴出口**に着いた。黒一色のスコリアに覆われた山腹に紅紫色のコマクサが咲いていた。

一息つき、ダケカンバの樹林帯に入る。ハクサンチドリやベニバナイチヤクソウが雨に濡れる樹林帯が切れると、道は火山灰砂礫の中をトラバース気味に斜上してゆく。両側に張られたロープの内にはコマクサが目立ち始め、やがて、今までに見たことがないほどのコマクサの大群落が拡がり、一同、思わず大歓声を上げる。

コマクサの群落に混ざり、つる性のミヤマハンショウズルも青紫色の花をつけ、ハクサンチドリが紅紫色の花を添えて群落に加わり、三段の花のベルトを形作

コマクサが大群生する砂礫地で一息つく

る。１㎞に及ぶ花の群落が終るとダケカンバの林に入り、**ツルハシ分れ**の分岐に出る。

ここから道は岩の多い急登となる。岩や木の根を掴みながら登りきると、ミヤマカラマツの大群落が迎えてくれた。

ツルハシ分れから１時間ほどで山頂と平笠不動避難小屋への**分岐**に出た。右へ２００ｍほど行くとロッジ風の**平笠不動避難小屋**に着いた。30分ほど休憩をとり、リュックは小屋にデポして身軽になって山頂を目指す。

先ほどの分岐まで戻り、矮小化したオオシラビソとハイマツの間を上る。樹林が途切れ、火山礫の急斜面を上り詰めると、お鉢と呼ばれる山頂外輪山の分岐に出た。

分岐を左へ山頂を目指すが、吹き抜ける強風と濃いガスの中で展望は利かない。右は火口が深く切れ落ちているので、一番高みを辿ってゆくと、ガスの中に**岩手山（薬師岳）山頂**があった。強風にフードを飛ばされそうになりながら、一等三角点にタッチをして登頂を祝す。

山頂は強風が吹き荒れて長居はできず、５分間の滞在で山頂を後にする。強風に背中を押されるように避難小屋へ立ち戻り、登山口へ下山した。

このコース唯一の急登に挑む

風雨が吹き付ける 山頂の一等三角点にタッチ

次の日も、岩手山は姿を見せることはなかった。

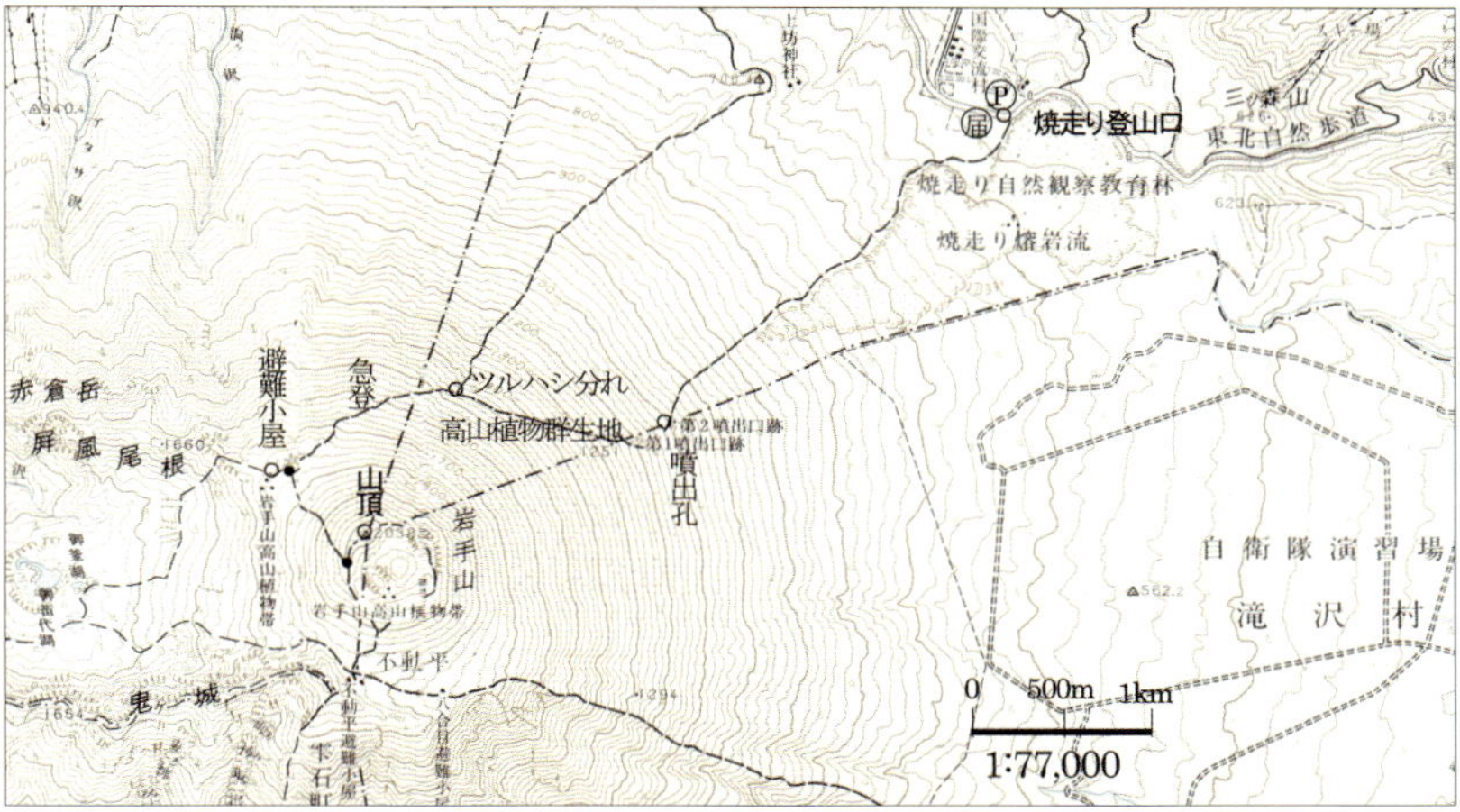

歩程◉ 8 時間 15 分　13.0km

H=570m		H=1100m		H=1480m		H=1760m		H=2038m
焼走り登山口	⇒	**第２噴出口**	⇒	**ツルハシ分れ**	⇒	**平笠不動 避難小屋**	⇒	**岩手山**
6:30	3.4k	8:40~8:50	1.1k	9:45~9:55	1.0k	11:00~11:30	1.0k	2:05~12:10

	H=1760m		H=1480m		H=1100m		H=570m
⇒	**平笠不動 避難小屋**	⇒	**ツルハシ分れ**	⇒	**噴出口**	⇒	**焼走り登山口**
1.0k	12:40~13:20	1.0k	14:00	1.1k	15:10~15:20	3.4k	16:30

蛇紋岩の山腹に咲く早池峰特有種植物群

14 早池峰《はやちね》（早池峰山《はやちねさん》） 1917m

標高差◉867m　登頂日◉2006・7・31
ルート図◉2万5千分の1地形図「早池峰山」　参加者◉10名

小田越から見る早池峰山頂はなだらかな稜線を見せる

花巻を早朝5時に出発し、途中のコンビニで食料を調達して**早池峰**へと向かう。シーズン中の週末は岳PAからマイカー規制があるのだが、幸いにも今日は月曜日で、すんなりと**河原坊登山口**まで入ることができた。

早池峰山は、花の山として余りにも有名である。山全体が非火山性の深成岩である蛇紋岩が隆起して形成され、山頂近くには早池峰山特有のハヤチネウスユキソウやナンブトウウチソウなどの蛇紋岩質を好む花々の群落がある。

上空は青空が広がり天気は申し分ない。ひんやりと肌寒い車外に出て身支度を整え、準備運動を終えて登山口へと向かう。**登山口**にはトイレの他に早池峰総合休憩所が建つ。建物の横を行くと岩手県交通のバス停があり、道はバス停前を真っ直ぐに進み、いったん谷へと下って行く。

道の脇にはウツボグサやタマガワホトトギスが咲き、クガイソウは数段の輪生した葉の上部に青紫の穂先のような花をつける。

谷川に下り、流を渡渉する。幸いに谷川の水位は低いが、蛇紋岩は水に濡れると滑りやすいという。流れの中の岩を選びながら慎重に対岸へと渡る。

先ほど渡渉した谷川へ流れ込むコメガモリ沢に沿って進み、堰堤を過ぎて左岸へ渡る。セリ科のアマニュウの群生地を行き、登山口から40分で最初の休憩をとる。朝は肌寒かったので着すぎていたウェアーを一枚脱ぐと、谷沿いの風が汗ばんだ肌に心地よい。

手がかり足がかりを探して

沢は次第に涸れ沢となり、巨岩の間を上って行く。早池峰特有種のミヤマヤマブキショウマが複総状花序に多くの小さな白い花をつけ、涸れ沢の上方には山頂部の荒々しい岩峰群が望まれる。

高山植物が多くなり、早くも待望のハヤチネウスユキソウが姿を見せる。そのほかにも、早池峰もしくは東北地方特有種のシロバナトウウチソウ、ナンブトラノオなどが次々と顔を見せる。

頭垢離で休憩をとり、前方に立ちはだかる巨岩に備える。花々が一段と多くなり、疲れを癒してくれる。コースは次第に厳しくなり大岩の間を上り、ロープに身体を預けてコメガモリ沢上部の難所を過ぎる。山腹には〝打石〟や〝千丈ヶ岩〟などが屹立し、風化に強い蛇紋岩の岩稜帯に入る。

やがてクサリ場を過ぎると、傾斜も緩やかになり、ハヤチネウスユキソウの群落が拡がる。頂上直下の巨岩の間を上りきると**早池**

山頂には 早池峰神社が建つ

御田植場の木道を行く

峰山頂へ出た。

山頂には避難小屋が建ち、早池峰神社奥宮が祀られている。一等三角点にタッチし、神社をバックに記念写真を撮る。三角点のある山頂から少し西には、休憩ポイントの広場があり、北西方向の雲海上に岩手山を望みながら昼食をとる。

下山は小田越コースを下る。避難小屋前から岩場を急降下すると、**御田植場**と呼ばれる平坦地に出る。麓から見上げる限りでは、稜線は岩尾根かと思いきや、広い湿地になっていた。矮小化したアオモリトドマツが庭園の植え込みのように生え、湿地には多くの高山植物が群生していた。

剣ガ峰への道を左に分けると、コースは右へ急な下りとなる。やがて下りコース最大の難所といわれる8合目の天狗ノ滑り岩に出る。大きな丸い一枚岩は大きなボールのようで、下の方が見えない。岩には二段構えの長いハシゴが架けられ、恐怖心と戦いながら、後ろ向きになって下降する。長いハシゴを無事に下り、ハイマツ帯を辿ると、山腹に岩塊が積み上がった**5合目御金蔵**に着き小休止をとる。

5合目を後にキンロバイやバイカラマツが咲く岩礫地を下り、アオモリトドマツやコメツガの樹林帯をぬけると、「国定公園早池峰山」の碑が建てられた**小田越登山口**へ降りた。

小田越からは、林道脇に咲くヤマホトトギスやノビネチドリなどの花々を眺めつつ、河原坊登山口に戻ってきた。

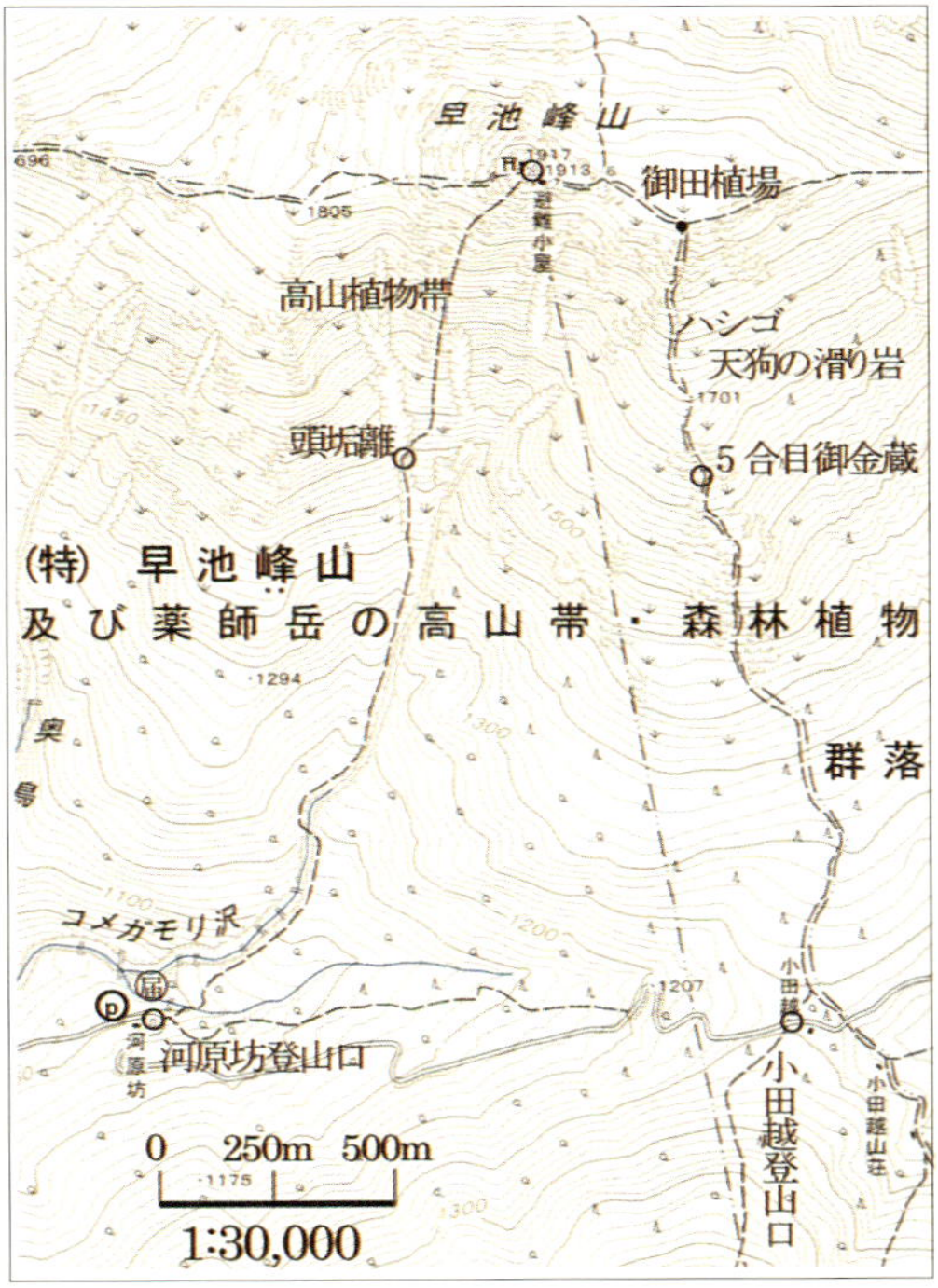

“天狗ノ滑り岩”を下る

歩程◉ 6時間40分　7.3km

H=1050m		H=1440m		H=1917m		H=1600m		H=1420m		H=1050m
河原坊	⇒	頭垢離	⇒	早池峰山	⇒	五合目御金蔵	⇒	小田越	⇒	河原坊
6:40	1.6k	8:45~8:50	1.0k	10:20~11:15	1.0k	12:20~12:25	1.7k	13:45~13:50	2.0k	14:30

玄武岩ドームの山頂から日本海の水平線を望む

15 鳥海山《ちょうかいさん》 2236m

標高差◉1080m　登頂日◉2006・8・2

ルート図◉5万分の1地形図「鳥海山」　参加者◉10名

鳥海山は歩行時間・距離ともに可なり長く、東北では飯豊山と並んで上級者向けの山である。

旧火口内に隆起した新山ドーム 中腹の御室に大物忌神社が建つ

昨夜は早めに床に着いたため、朝3時半には全員起床していて早立ちが可能だ。昨夜宿泊した国民宿舎大平山荘を出て**鉾立登山口**へと向かう。広い駐車場に隣接して宿泊施設が二つほど建っている。肌寒い車外に出ると、日の出前の明るくなった空に鳥海山のシルエットが浮かんでいた。

準備運動を十分に、駐車場奥の登山道案内図脇から**登山口**を入る。観光客用にコンクリート舗装された遊歩道を10分ほど行くと**鉾立展望台**に着いた。展望台からは、深くV字に刻まれた奈曽渓谷の景観が広がり、その奥に鳥海山を望む。

舗装はここで終り、ここからは敷石の尾根道を進む。尾根渡りと呼ばれる岩場を過ぎ、笹原に入ったところで朝から不調を訴えていたS子さんがリタイア。頂上まで連れてゆくのは困難なので、下山して駐車場で待機することになった。

下山するS子さんを見送り、残りの9名は笹原を行く。イワイチョウが咲きハクサンイチゲも白い花をつけ、雪解け後の雪田を好むヒナザクラも白い花を開く。渡りきった雪渓は雪解けが進み、空洞が口をあけていた。雪渓を渡りきると安山岩が広がる**賽ノ河原**に出て、朝食タイムを取る。

雪解けが進み 雪渓の下には空洞が口をあける

賽ノ河原を過ぎると緩やかな登りが続き、矮小化したネコシデやタカネナナカマドの潅木帯に入る。御浜神社の鳥居付近には、ニッコウキスゲの仲間で花柄が短く、変種のゼンテイカが群生する。小屋に近くなるに従いミヤマシャジン、ハクサンシャジン、ダイモンジソウと多くの花々の中に、鳥海山特有種のチョウカイアザミが、くも毛のある大きな頭花を下向きにして咲いていた。

「御浜神社」と書かれた表示が架かる**御浜小屋**に着き、小屋を半周して南に出ると、目の前に鳥海湖がエメラルドグリーンの湖水を湛えていた。

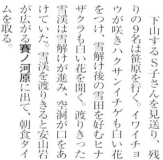

鳥海山は東西二つの火山体から成る複合火山で、鳥海湖は最初にできた西鳥海火山体の火口である。その後火山活動は東へ移り、現在の頂上付近で活発な火山活動が始まり、東鳥海火山体が形成された。

御浜小屋を出て広尾根上のコースを辿る。御田ガ原の標識を過ぎると、凍結破砕作用が生んだ円形砂礫や線状砂礫も見られ、尾根上の敷石道は〝万里の長城〟のように続く。やがて前方に鳥海山を望むと**七五三掛**（しめがけ）の分岐についた。分岐を左折すると外輪山から岩場の急降下が始まり、三点指示を励行しながら慎重に下る。千蛇谷へ下り、外輪山と新山との間に延びるコースへ入る。外輪山の裾をトラバースし、雪渓を渡ると、道は新山の裾に広がる岩礫帯に入り、左の岩峰を仰ぎながら急斜面を登る。

上りきると大物忌神社が祀られた**御室小屋**に到着した。大勢の登山者が三々五々と休憩をしている広場にリュックをデポし、新山の頂上を目指す。鳥海山特有種のチョウカイフスマが群生する広場を通り抜け、岩山に取り付く。

岩に書かれたペンキの矢印を辿り、上りきると一度下り大きな岩の割れ目をくぐる。目の前の玄武岩の岩塊を時計回りに回り込むと、大展望が拡がる**鳥海山（新山）頂上**に立った。山頂からは岩峰の奥に日本海が拡がり、湾曲した水平線が地球の丸みを感じさせた。

玄武岩ドームの頂上は6畳間ほどの狭さ。十分に展望を楽しみ記念写真を撮り、10分ほどの滞在で山頂を後にする。

御室に下って昼食をとり、外輪山を巡るコースを辿り鉾立登山口へ下山した。

新山ドームの下に建つ御室小屋と大物忌神社

玄武岩ドームの鳥海山頂

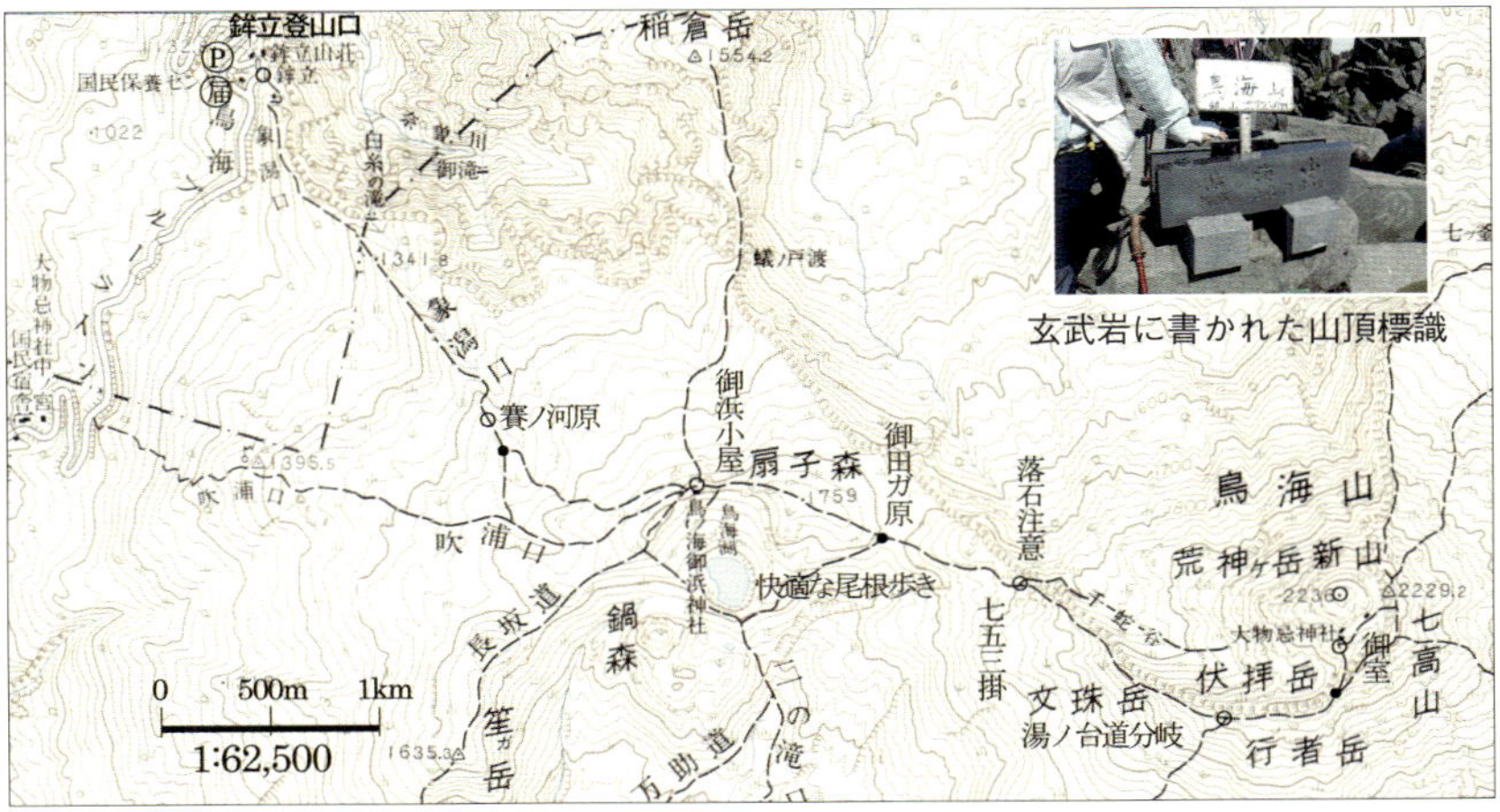

玄武岩に書かれた山頂標識

歩程◉ 8時間 45分　16.0km

H=1156m		H=1535m		H=1693m		H=1150m		H=2147m
鉾立登山口	⇒	**賽ノ河原**	⇒	**御浜小屋**	⇒	**七五三掛**	⇒	**御室小屋**	⇒
4:55	2.5k	6:25~6:50	1.0k	7:15~7:25	0.5k	8:25~8:30	1.7k	10:30~10:35	0.3k
H=2236m		H=2147m		H=2090m		H=1693m		H=1156m
鳥海山（新山）	⇒	**御室小屋**	⇒	**湯ノ台道分岐**	⇒	**御浜小屋**	⇒	**鉾立**
11:05~11:15	0.3k	11:40~12:15	0.8k	12:50~13:00	2.8k	14:45~15:00	1.1k	16:30

出羽三山の一つ。山岳信仰とサマースキーが同居する

16 月《がっ》山《さん》 1984m

標高差◉820m 登頂日◉2006・8・4
ルート図◉5万分の1地形図「月山」 参加者◉10名

姥ガ岳から頂上に薄い雲が流れる月山を望む

早朝5時、昨夜宿泊した**姥沢**の宿舎を出て**月山**を目指す。宿舎前から登山口へ向かって県道を200mほど進み、県道終点の**登山口**を入る。前方の小高いところに建つ姥沢小屋を右に見送り、姥沢に架かる橋を渡り、左上に見える月山リフトの山麓駅へ向かう。

登山口からおよそ5分で、まだ営業時間前の**月山リフト山麓駅**に着いた。登山道は山麓駅から左へ向い、姥沢沿いを登ることになる。リフトの運転開始時間まではまだ間があるので、索道に沿って登る。最初の鉄塔までの間は傾斜がきつく、賑やかだった話題も途切れ、ただ黙々と登ってゆく。

何本目かの鉄塔を過ぎると傾斜は緩やかになる。やがて左への見通しが良くなり、ガスに包まれた姥ガ岳が姿を現す。オクヤマオトギリの群生地を通り抜け、**リフト上駅**についた。

リフト駅の向かいには姥ガ岳休憩所があるが、早朝のためにまだ開いていない。休憩所前の広場に置かれたベンチに腰を下ろし朝食をとる。上空には青空が拡がり申し分のない天気だが、姥ヶ岳は相変わらず濃いガスに包まれている。

今日は姥ヶ岳経由で月山へ登る予定だ。リフト上駅を出て姥ヶ岳への分岐に立つと、「雪渓が多いのでアイゼンの着用を」と注意が促されていた。今回はアイゼンの準備はしていないが、月山はサマースキーのメッカだけに降雪量が半端じゃない。事前調査がやや甘かったか…反省。

姥ヶ岳へ向かって雪渓を行く

木道と丸太の階段の道を行くと、さっそく雪渓に出合う。丸太の登山道は雪渓の下に埋もれ、雪渓上にはコース案内のロープが張られている。

最初の雪渓は雪面を蹴りこみながらクリアーしたが、次に現れた大きな雪渓は雪面が固くしまり、歯が立たない。皆にはその場で待機させルートファインディング。雪渓を大きく迂回するルートを見つけてなんとか越えることができた。

湿り気の多い山腹には、雪解け後一番に花を開くショウジョウバカマやヒナザクラとともにミツバノバイカオウレンがやや太目の花柄の先に白い花をつける。やがてゼンテイカの大群落が拡がり、丸い丘に標識が立った**姥ヶ岳**の頂上についた。

山頂から南には、姥沢登山口の奥に、朝日連峰を望み、北東には、これから登る月山がどっしりとした山容を見せる。

姥ヶ岳山頂は高山植物が咲き競う草原で、木道以外は立ち入り禁止になっている。湿地を好むキンコウカやコウメバチソウの中に、始めて

月山神社下の広場で一息

スキーヤーが集う大雪渓

出合うイワショウブの姿を見つけることができた。

　姥ヶ岳からは月山を眺めながらの尾根歩きが始まる。ミヤマホツツジやハクサンシャクナゲなどの低木が群生する姥ヶ岳南東の山腹を巻いてゆくと、**金姥**の分岐で、左から湯殿山からの道を合わせる。湯殿山は月山、羽黒山とともに出羽三山と呼ばれる山岳信仰の名山である。

　低木帯を進み、紫灯森という小さな丘を越えると、左は田麦川へ落ち込む急斜面で、右は高山植物が群生するなだらかな草原が拡がり、その先にはサマースキーを楽しむ大雪渓が拡がる

　右に大雪渓を見下ろしながら行くと**牛首**で、右から姥沢小屋や上駅からの道を併せる。道は岩混じりの上りになり、足元にタテヤマウツボグサが咲き、マルバシモッケの灌木帯を抜けると山頂台地に出る。頂上小屋の脇を抜け**月山頂上（月山神社）**へ到着する。神社前で記念写真を撮り、神社下広場の草原で休憩をとる。

　昼までに下山予定で昼食はなし。行動食で軽食を取り、山頂滞在1時間で山頂を後にする。

　山頂台地から頂上小屋の脇を抜け灌木帯を下り、牛首から左へ道をとる。サマースキーに興じる人たちを横目に大雪渓を横切る。雪渓を抜けると、草原に延びる木道を辿りリフト上駅に到着した。

　ペアリフトで山麓駅まで下り、正午すぎに姥沢の民宿へ戻る。予約しておいたカレーライスで昼食をとり、次の目的地へと向かった。

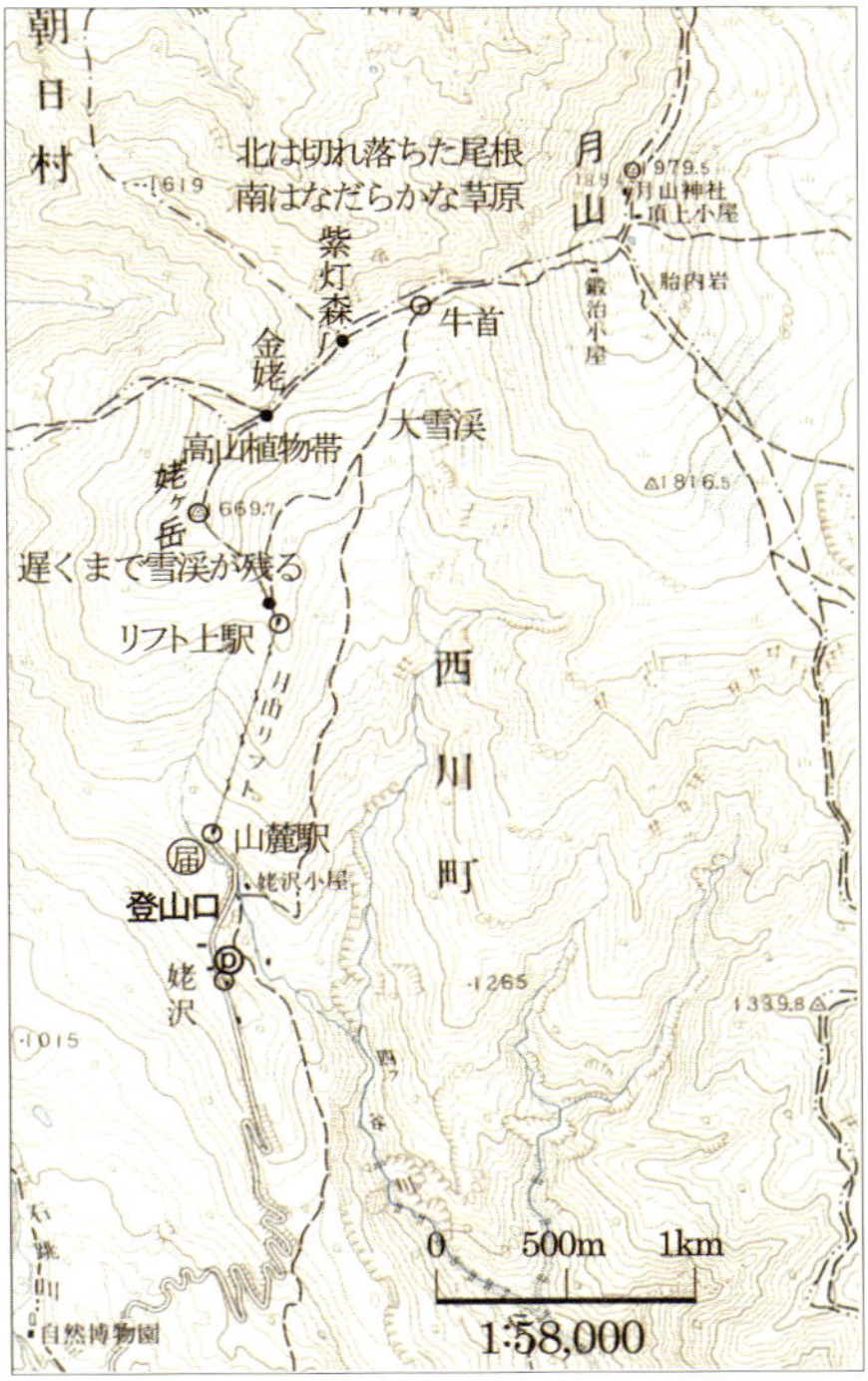

白装束の信者とすれ違い雪渓を下る

歩程◉ 5時間20分　8.0km

H=1160m		H=1510m		H=1669m		H=1697m		H=1984m	
姥沢	⇒	リフト上駅	⇒	姥ヶ岳	⇒	牛首	⇒	月山	⇒
5:00	1.6k	5:50~6:20	0.7k	7:00~7:10	1.3k	7:50	1.2k	9:00~10:00	1.2k

H=1697m		H=1510m		H=1230m		H=1160m
牛首	⇒	リフト上駅	＝月山リフト＝	山麓駅	⇒	姥沢
10:50	1.5k	11:35~11:45		12:00	0.5k	12:10

どこからアタックしても懐の深い東北の奥座敷

17 朝《あさ》日《ひ》岳《だけ》（大《おお》朝《あさ》日《ひ》岳《だけ》） 1870m

標高差◉1468m　登頂日◉2007・8・18
ルート図◉5万分の1地形図「朝日岳」　参加者◉10名

古寺山頂から見た端正な小朝日岳

大朝日岳は、通常、一泊二日の行程になる。日帰りの可能なコースをと、この**古寺鉱泉**からのコースを計画した。

昨夜宿泊した古寺鉱泉朝陽館では、消灯時間の8時には床に就き、ぐっすりと寝ることができた。早朝3時半に起き出し、朝陽館が準備してくれた朝昼2食の弁当をリュックに詰める。

4時50分、ヘッドランプをつけて山荘を出る。古寺川の流れに沿って進み、山荘の裏手で山腹に取り付く。いきなりの急登が始まり、薄暗い樹林の中を黙々と登る。ホツツジが白い花穂をつける枝尾根に上がると少し展望が拡がる。

ヒメコマツの巨木とブナ林の尾根道は、傾斜も緩くて歩きやすい。程なく、そのヒメコマツとブナが合体した〝合体の樹〟が尾根上に現れる。これは成長が早いヒメコマツがブナを取り込んでしまい、まるで一本の樹のようになって生えている。

三沢清水で

ブナの若木の林が続き、新潟以北で見られるマルバキンレイカの生える平坦地を経て、南東に面した山腹をトラバースする。アザミの仲間で高山の砂礫地を好むチャボヤハズトウヒレンが線香花火のような花をつける。このコースには水場が多く花も多い。最初の水場・一服清水で喉を潤し、少し行くと主稜線に出て**ハナヌキ峰分岐**についた。ここで朝食タイムの休憩をとる。

ここからは稜線の登りがきつくなる。尾根上は日当たりが良くなり、赤 白 黄と色とりどりの高山植物が、上りの疲れを忘れさせてくれた。分岐から40分、三沢清水に着いて一息つく。

更に上るとブナ林が途切れ、シラネニンジンやオノエイタドリの花が咲く笹原を行き、**古寺山**の標識に出た。ここは朝日連峰の展望台で、目の前に小朝日岳がすっきりとした三角錐の姿を見せ、右に目を転ずると、大朝日岳は雲の中である。

朝日岳は雲の中（右は中岳）

古寺山をあとに笹原を下り、上り返すと**巻道分岐**に出る。淡い緑色のハナヒリノキが、釣鐘型の花を咲かせる分岐を右折し、小朝日岳を巻くように等高線に沿って

ガスの中から大朝日小屋が現れた

延びる道を行く。やがて小朝日岳から下ってきた道に合流し、風化した花崗岩の道を**熊越**の鞍部へ急降下する。

鞍部から上り返すと各種の高山植物が咲き乱れる笹原に出る。タカネマツムシソウやオヤマリンドウの群生地を抜けて行くと、登山道から少し離れた**銀玉水**の水場で一息つく。

ここからが高山植物の大群生地だ。名前を上げていたらきりがないほど多くの植物が顔を見せ、その中に東北地方特有種のナンブタカネアザミを見つけカメラに収める。

矮小化で丈が低くなったハイマツの中を進むと**大朝日小屋**に着いた。

小屋から山頂までは15分。小屋の前で一息つき、小屋の右手をまわりこみ山頂へ向かう。左のガンガラ沢から湧き上がるガスが、すぐ目前の山頂を覆い隠す。前衛のピークを回り込むと、歩き始めて5時間半、ガスの中に**大朝日岳山頂**が見えてきた。

展望の利かない山頂標識で記念写真を撮り、宿で作ってもらった弁当て昼食をとる。

30分の滞在で山頂を後にすると、心配していた雨が落ちてきた。大朝日小屋まで下り、雨具を着けて尾根を下る。

山頂の方位盤で

巻道分岐から急坂を上り**小朝日岳**に上がると、三角点には旧書体で「円根点」と刻まれていた。

小朝日岳からは往路を辿り、登山口へ下山した。

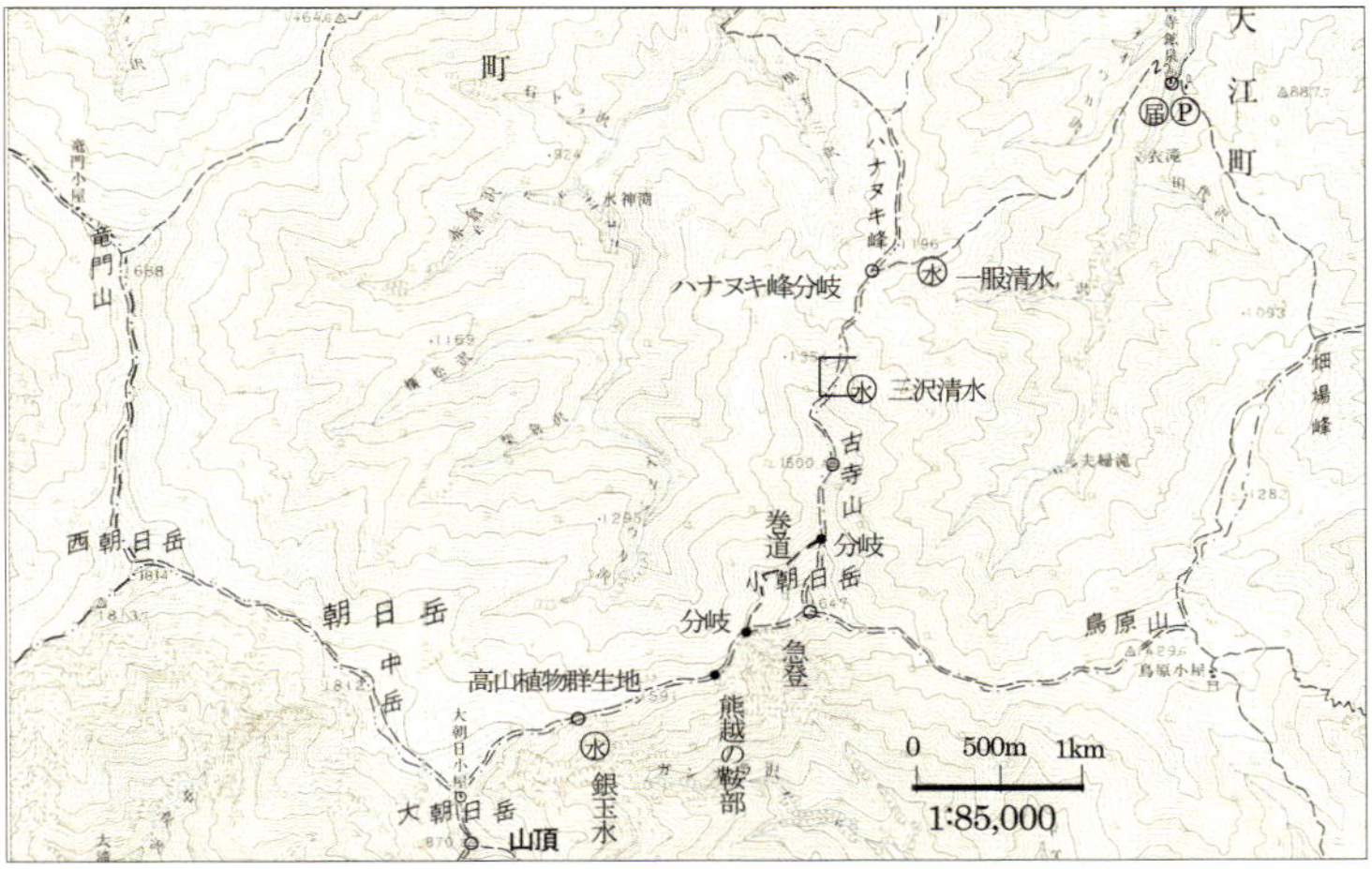

歩程◉ 10 時間 25 分　16.3km

H=680m		H=1130m		H=1501m		H=1550m		H=1480m		H=1630m	
古寺鉱泉	⇒	**ハナヌキ峰分岐**	⇒	**古寺山**	⇒	**巻道分岐**	⇒	**熊越**	⇒	**銀玉水**	⇒
4:50	2.8k	6:35~7:00	1.4k	8:05~8:15	0.7k	8:45	0.8k	9:15	1.0k	10:05~10:10	0.8k

H=1780m		H=1870.3m		H=1647m		H=1130m		H=680m
大朝日小屋	⇒	**大朝日岳**	⇒	**小朝日岳**	⇒	**ハナヌキ峰分岐**	⇒	**古寺鉱泉駐車場**
10:55~11:00	0.3k	11:15~11:45	2.8k	13:45~14:00	2.4k	15:25~15:30	3.1k	16:50

樹氷で名高い蔵王は、また花の山でもある

18 蔵《ざ》王《おう》山《さん》（熊《くま》野《の》岳《だけ》） 1841m

標高差◉510m　登頂日◉2006・7・30
ルート図◉5万分の1地形図「蔵王」　参加者◉10名

このオオシラビソを氷雪が包み、あの蔵王の樹氷は作られる

第二回東北遠征の一山目は**蔵王山**へ上る。刈田登山口から入れば標高差121mと、百名山の中でも三番目に標高差が低い山である。しかし今回は蔵王温泉で前泊し、蔵王ロープウエイを使って山頂を目指すことになった。

蔵王山麓駅から、2003年に輸送力増強を図ったというゴンドラに乗り込む。眼下に広がるスキーゲレンデを眺めながら、7分間の空中散歩で**樹氷高原駅**に着く。山頂線に乗り換え、随時出てゆく18人乗りゴンドラに乗り込む。冬期には蔵王名物の樹氷が立ち並ぶ、オオシラビソの樹林帯を見下ろしながら**蔵王地蔵山頂駅**に着いた。

駅を出るとガスも晴れ、さわやかな高原の風が流れる。駅舎の左手には〝開運の鐘〟が設けられ、わがグループの女性たちがかわるがわる鐘を打ち鳴らして幸運を祈る。

蔵王地蔵山頂駅から地蔵山へ木道を行く

駅前から真っ直ぐ延びる木道は、230年前に建立されたという石のお地蔵様の前に出る。左へ行くと蔵王自然植物園。われわれは右へ地蔵山経由で、蔵王の主峰熊野岳を目指す。石畳の道を行くと15分ほどで主峰の手前にある**地蔵山**に着いた。

次第にガスが濃くなり、途中で雨具をつけて熊野岳を目指す。いろは沼への分岐を過ぎ火山灰地を行くとコマクサが群生し、東北地方の礫の多い草地に生えるシロバナトウウチソウが白い花穂を風になびかせる。なだらかな尾根のあちこちに建てられた石碑の中に、ひときわ大きな石碑があり、旧書体で「仙台二中遭難者供養碑」と刻まれていた。山頂の広い蔵王も、ひとたび濃い霧に包まれると方向を見失う危険をはらんだ山なのである。

地蔵山から1時間弱で、石積みの囲いの中に神社が建つ**熊野岳頂上**に着いた。生憎のガスに包まれ展望は利かない。山頂標識で記念写真を撮り、10分間の滞在で山頂を後にいろは沼へと向かう。来た道を戻り、**いろは沼分岐**を左折して山頂台地を離れ、火山灰地に設けられた石畳を下る。

溶岩流が火山礫を巻き込んで固まった岩の脇を抜けて行くと、

主峰熊野岳に祀られた熊野神社

観松平を望みながら石畳を下る

水性植物を楽しみながら木道を辿る

観松平を望む南斜面には次々と高山植物が顔を見せる。ザオウアザミは白花も混じり、トリアシショウマやネバリノギランが花咲きミヤマガマズミがつぼみをつける。

観松平に入り、五葉松が混在する林を行く。ヨツバヒヨドリやコバギボウシを見るようになると**いろは沼**に着いた。沼にはキンコウカが群生し、サワランが紅紫色の花をつけオオヌマハリイが茎の頭に小さな花穂をつけ、水中に群生する。

いろは沼を抜け、五葉松が多い平坦地を行く。枝振りの良い〝羽衣の松〟を過ぎると、東北の詩人で医学博士でもある斉藤茂吉の歌碑が立っていた。明治・大正から昭和にかけて、日本の医学会・文学界に貢献した人物である。

歌碑を過ぎると道は観松平から下る。濃いガスが流れる草原を下ると、上りに使った山頂線のゴンドラが現れた。

いろは沼から30分足らずで樹氷高原駅に着き、蔵王ロープウェイ山麓線に乗り山麓駅へ戻った。

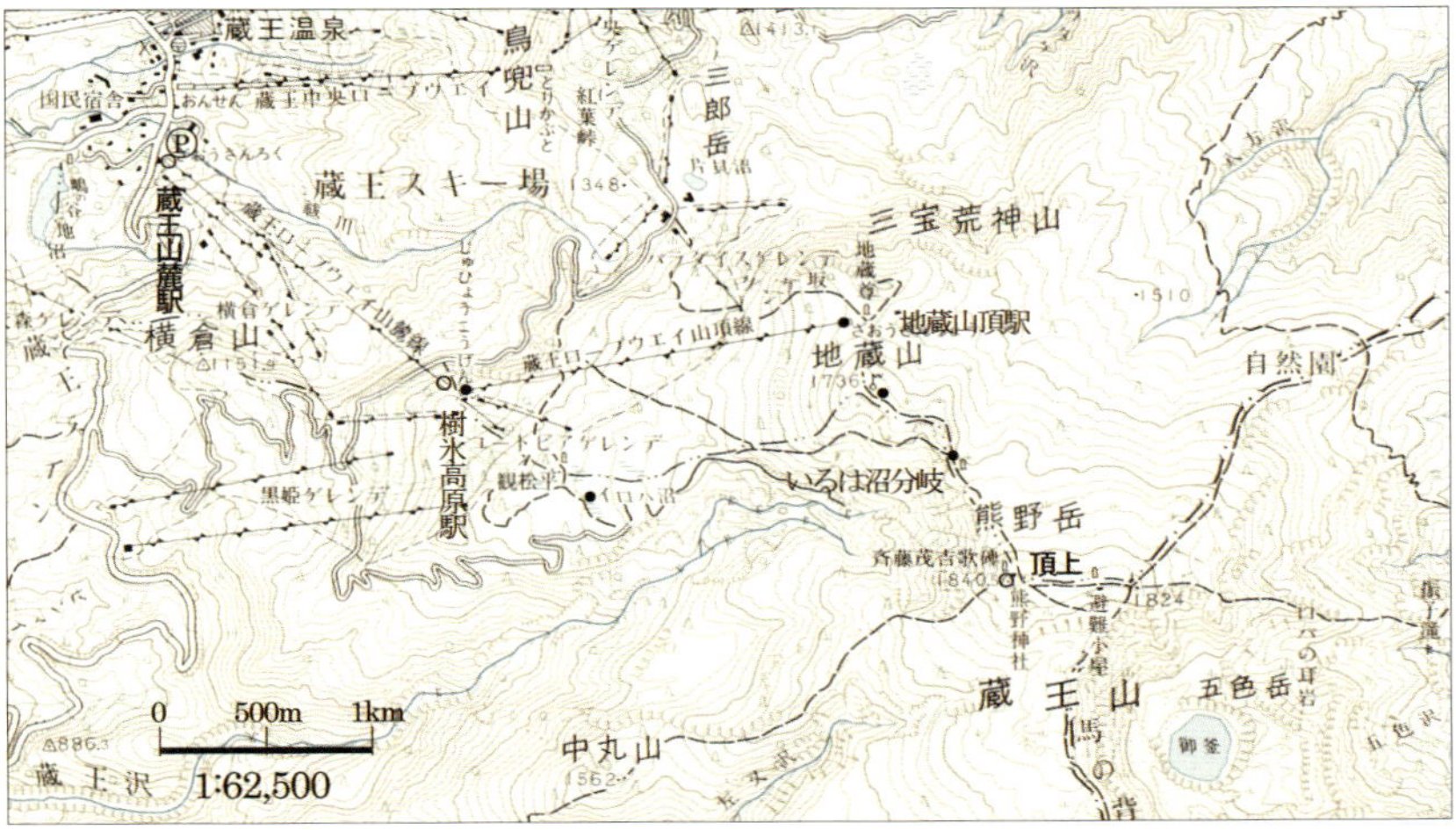

歩程◉ 3 時間 10 分　5.8km

H=855m　H=1331m　H=1660m　H=1736m

蔵王山麓駅 ＝ロープウェイ＝ 樹氷高原駅 ＝ロープウェイ＝ 蔵王地蔵山頂駅 ⇒ 地蔵山 ⇒

8:40　8:47~8:50　9:00　0.5k　9:15　1.8k

H=1841m　H=1700m　H=1470m　H=1331m　H=855m

熊野岳 ⇒ いろは沼分岐 ⇒ いろは沼 ⇒ 樹氷高原駅 ＝ロープウェイ＝ 蔵王山麓駅

10:10~10:20　0.7k　10:45　2.0k　11:55　0.8k　12:20~12:30　12:40

鳥海山と並び称せられる　東北の名山

19 飯豊山《いいでさん》 2105m

標高差◉1505m　登頂日◉2009・9・19~20
ルート図◉5万分の1地形図「飯豊山」「玉庭」「大日岳」「熱塩」
参加者◉5名

展望台から望む飯豊山

東北の数ある名山のうちでも、アプローチの長さは随一の**飯豊山**。今回は山形県飯豊町の大日杉登山口から入った。週末以外は管理人がいなくなる山荘**大日杉小屋**に前泊し、翌朝4時過ぎにヘッドランプをつけて**大日杉登山口**を入る。

左へ展望が開け、これから辿る尾根を望む。今日のコースはNの字を裏返したように、尾根を辿ることになる。

すぐにこのコース最大の難所ザンゲ坂に出る。粘土質の壁に足を踏ん張り、クサリを握って長い坂を攀じ登る。出発から1時間、**長之助清水**でウェアー調整の小休止。すぐに御田の標識に出て標識から左へ向かって進む。出発から2時間、登山道の石に腰を下ろし朝食をとる。

枝尾根上の道は、だまし地蔵を経ていったん滝切合へ下り、再び地蔵岳へと登り返す。ムシカリが赤い実をつけ、アキノキリンソウも余り見たことのない丸い実をつけていた。

登山口近くに建つ大日杉小屋

急坂を登りきると、飯豊山が姿を現し、程なく周りを樹木に囲まれた**地蔵岳**に着いた。

15分ほどの休憩の後、南西に延びる尾根へ向かって山腹を下る。雪解け水の地蔵清水を過ぎると、尾根にはオヤマボクチ、ミヤマコゴメグサ、ツリガネニンジンなど多くの高山植物が花をつける。花に目を奪われながら尾根を1時間ほど辿ると**展望台**に着いた。展望台からは、飯豊山が紅葉の始まった山肌を見せていた。

少し長めの休憩をとり、再び尾根を辿る。道は少しずつ標高を上げ、木々の紅葉もその色を増す。小さな祠を過ぎると、尾根上に小さな庭園のような草地が続く**御坪**を過ぎる。積雪時のトラバース道の分岐を過ぎて直進すると、道は右へ種蒔山を巻いてゆき、**水場**に着いた。

待望の水場で給水し、ウメバチソウが群生する斜面を巻いてゆく。前方に眺める飯豊山の山容が次第に大きくなり、川入コースとの合流点を過ぎる。尾根上に草木の生えない花崗岩砂礫のザラ場が広がり、紅葉の中に**切合小屋**が見えた。

小屋の前には水場が設けられ、谷から引いたホースから水が溢れる。昼食の準備をする間、〝呑ん子〟が小屋に張り出されたビールの文字を目敏く見つけ、飯豊山に向かってうれしそうに乾杯する。

小屋を出て、ハイマツの中を抜け、草履塚の標識を過ぎる。鞍部の姥権現へ向かって、花崗岩の間からマツムシソウが株立ちする斜面を下る。**姥権現**には、立派な乳房を持った尼地蔵が祀られている。グループの女性たちも、尼地蔵の衣の中を確認して感心することしきり……。

鞍部から上り返し、矮小化したミネカエデが生える尾根を行き、**御秘所**と呼ばれる花崗岩の岩場を越える。岩稜帯を過ぎ、イイデリンドウが咲く**御前坂**に出ると、左へ展望が広がる。

万年雪が残る尾根が左に延び、その先に飯豊山がガスの中に聳える。御前坂を登りきり、幕営地を抜けると**本山小屋**に到着した。

宿泊手続きを済まし、リュックをデポして身軽になり、飯豊山頂を目指す。山頂との間にはいくつかのコブが連なり、色づいたナナカマド、ホツツジの中を辿り、**飯豊山頂**の標識についた。

傍らに小さな祠が祀られた山頂は、すっかりガスに包まれ周囲を展望することはできない。一等三角点にタッチし、山頂記念写真を撮り、15分の滞在で風の吹き抜ける飯豊山頂を後にした。

夕食時、持ってきたブランデーでささやかに登頂を祝い、8時の消燈前にシラフにもぐりこんだ。

翌朝、5時半前に小屋を出て、片道13・5キロの往路を辿り、昼過ぎに大日杉登山口へ下山した。

尼地蔵の胸を確認…

ガスに包まれた飯豊山頂で

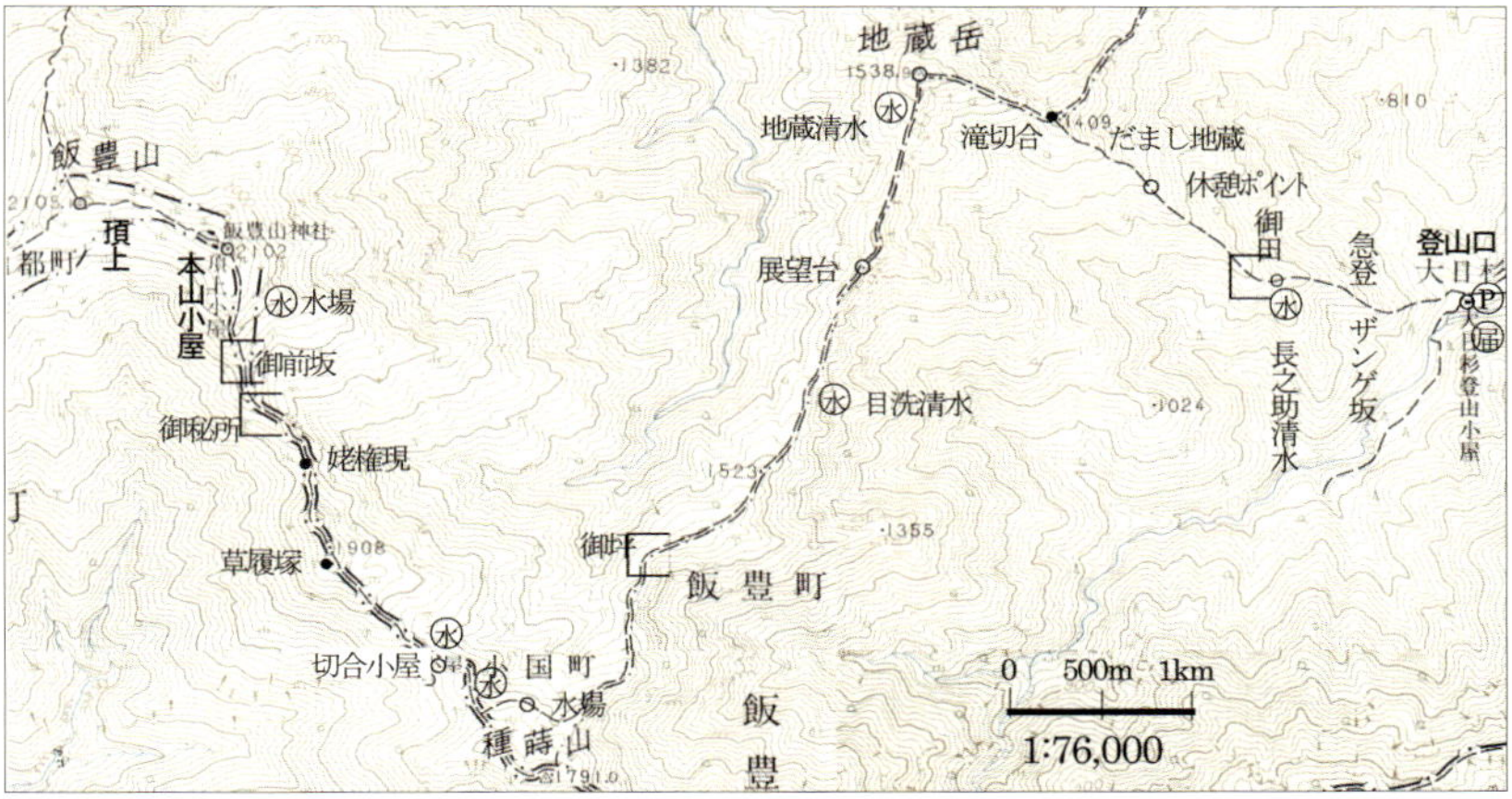

歩程◉ 15 時間 00 分　28.0km

H=600m　**大日杉登山口** 4:10 ⇒ 1.8k ⇒ H=910m　**長之助清水** 5:10~5:20 ⇒ 1.9k ⇒ H=1180m　**休憩ポイント** 6:05~6:25 ⇒ 1.8k ⇒ H=1539m　**地蔵岳** 7:25~7:40 ⇒ 1.2k ⇒ H=1400m　**展望台** 8:35~8:50 ⇒ 2.5k ⇒

H=1710m　**水場** 10:45~10:55 ⇒ 0.8k ⇒ H=1740m　**切合小屋** 11:20~12:15 ⇒ 3.5k ⇒ H=2102m　**本山小屋** 14:15~14:45 ⇒ 0.5k ⇒ H=2105.1m　**飯豊山** 15:15~15:30 ⇒ 0.5k ⇒ H=2102m　**本山小屋（泊）** 15:50~5:25 ⇒ 3.5k ⇒

H=1740m　**切合小屋** 7:05~8:00 ⇒ 3.3k ⇒ H=1740m　**展望台** 9:30~9:40 ⇒ 1.2k ⇒ H=2102m　**地蔵岳** 10:40~10:50 ⇒ 5.5k ⇒ H=600m　**大日杉登山口** 12:50

リフトで北望台からのお手軽登山

20 吾妻山《あづまさん》（西吾妻山《にしあづまさん》）2035m

標高差◉909（439）m　登頂日◉2007・8・20
ルート図◉5万分の1地形図「吾妻山」　参加者◉11名

吾妻山が火山であったことを物語る溶岩ドーム・梵天岩

昨夜は**新高湯温泉**に一軒だけある吾妻屋旅館に宿泊した。夕食後、満天の星空を眺めて床に就いたのに、どうしたことか、明け方には激しい降雨となっていた。床の中で雨音を聞きながら、今日の計画に対する対策を思い巡らす。

出発時間になると雨は上がり、空は明るさを取り戻していた。スパッツをつけて身支度を整え、予定時間を少し遅れて吾妻屋旅館を出る。

明け方の雨で濡れた草を踏んで、駐車場の奥から登山道に入る。道は樹林の中をいきなりの急登である。やがて人手が加えられた岩の道となるが、あまり利用者は多くなさそうだ。

30分ほどでスキーリフトの横に広い駐車場があり、その周囲にペンションや大きな宿泊施設が建つ**天元台**に着いた。

先ずは左の大きな建物〝アルプ天元台〟へ向かい、吾妻屋で注文した昼食弁当を受け取る。はじめは、ここ天元台で宿泊するつもりだったが、このシーズンは宿泊を受けていないということで吾妻屋へ変更したところだ。

スキー用リフトで北望台へ

リフト乗り場へ向かうと、上空には青空も見えてきた。２人乗りのロマンスリフトに乗り、グラススキーを楽しむグループを横目に上って行く。

２本目３本目のリフトを繋いで上って行くと、植生は亜高山帯のコメツガやオオシラビソの混生林に変わり、五名峰展望台がある**北望台**に着いた。

ここから山腹を巻くように急な坂道が続く。カニコウモリの仲間のミミコウモリが小さな白い花をつける樹林を抜ける。やがて森林限界を抜け、大岩のガラ場が広がる**カモシカ展望台**へ出る。西吾妻山を望める場所だが、ガスで展望は利かない。

人形石への分岐を左へ見送る。ミヤマリンドウが群生し、ミヤマアキノキリンソウが黄色の花をつける県境を越えて福島県へ入る。眼下には吾妻山の巨大な火口にできたカルデラが広がり、大凹（おおくぼ）と呼ばれる湿地に木道が延びる。

外輪山からカルデラの湿地へ下り木道を辿る。湿地にはウメバチソウやオニアザミが咲き、チングルマの花穂が風に揺れる。**大凹の湿地**で木道に腰を下ろし草原を眺めながら一息つく。

湿地の木道を渡り終えると**大凹の水場**につく。岩の間から流れ出る冷たい水で喉を潤し、ペットボトルに補給する。水場には北海道や本州北部に生育するタチアザミが、花柄

カモシカ展望台から大凹湿地へ

狭くて展望の利かない西吾妻山山頂で

大凹湿地に延びる木道

の先に上向きに花をつけて群生していた。
水場を過ぎ再び水の流れる岩の間を上り返すと**いろは沼地塘群**で、少し早い時期なら多くの花が見られたお花畑だ。今はわずかにオクヤマオトギリが咲き、ミヤマリンドウが群生していた。

やがて前方に**梵天岩**の溶岩ドームが現れる。ここを通り過ぎると**天狗岩**が立つガラ場を横切る。ガラ場の端には防風・防雪の石が積み上げられた**吾妻神社**が祀られていた。

ガラ場を過ぎて20分。矮小化して丈が低くなったコメツガやオオシラビソの中を行くと、周囲を木々に囲まれ、展望が利かない**西吾妻山**の山頂標識に着いた。三角点もない、8畳一間くらいの狭い山頂で互いに記念写真を撮りあう。

山頂で昼食というわけにもゆかず、山頂滞在15分で吾妻神社が建つガラ場まで戻り、石の上に腰を下ろして昼食をとる。

北望台まで下る途中で雨になり、急いで雨具をつける。リフトで下ってくると、日の光をうけた米沢市街が蜃気楼のように浮かび上がっていた。

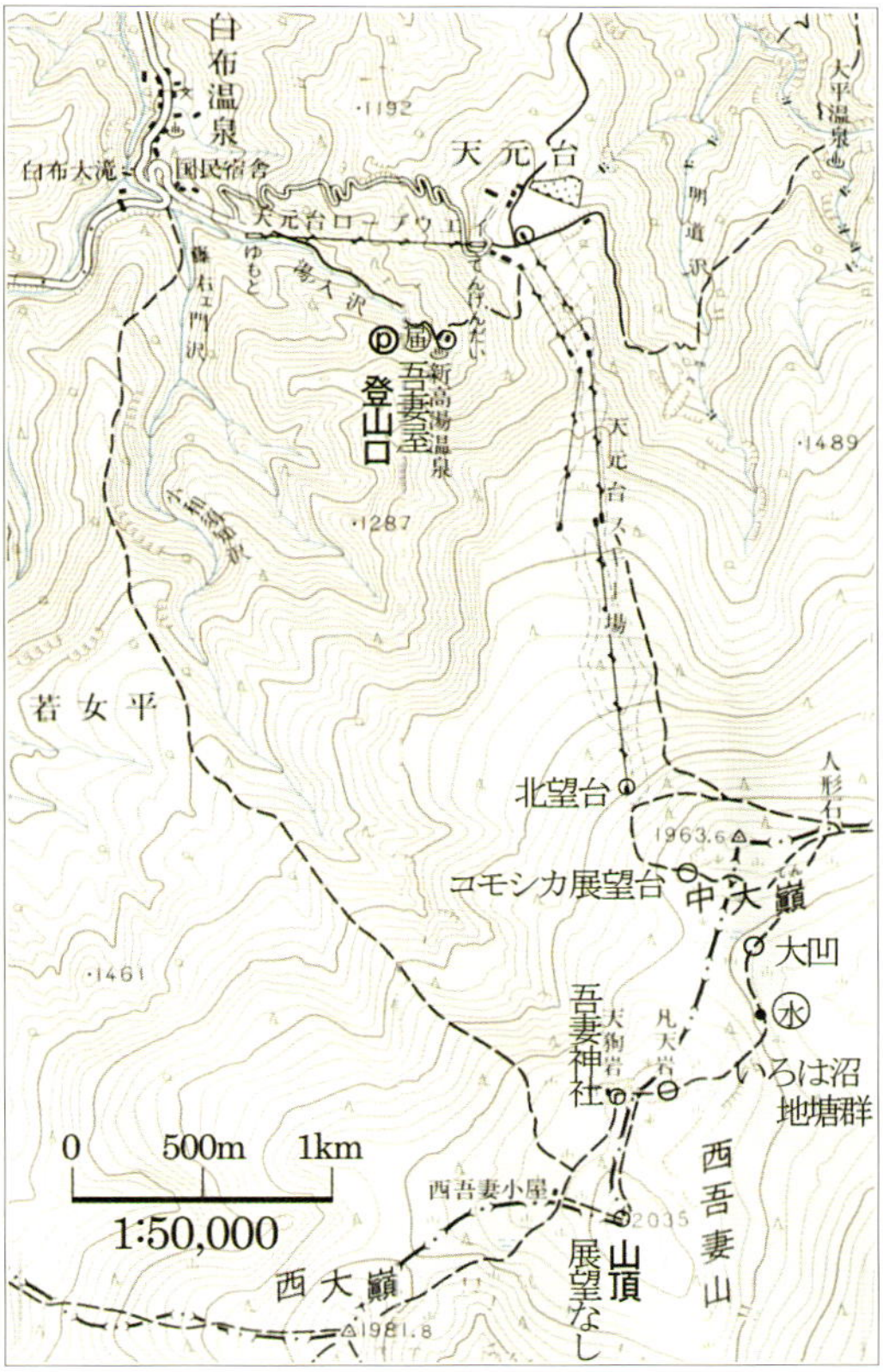

歩程◉ 4 時間 05 分　6.2km

H=1126m 新高湯温泉 8:35 ⇒ 0.5k ⇒ H=1350m 天元台 9:05~9:20 =リフト= H=1820m 北望台 10:00~10:05 ⇒ 0.5k ⇒ H=1930m カモシカ展望台 10:30 ⇒ 0.5k ⇒ H=1880m 大凹の湿地 10:50~11:00 ⇒ 1.0k ⇒ H=2000m 梵天岩 11:35

⇒ 0.6k ⇒ H=2035m 西吾妻山 12:00~12:15 ⇒ 0.5k ⇒ H=2005m 吾妻神社 12:30~12:55 ⇒ 2.1k ⇒ H=1820m 北望台 14:05~14:10 =リフト= H=1350m 天元台 14:50 ⇒ 0.5k ⇒ H=1126m 新高湯温泉 15:15

今も水蒸気爆発を繰り返す活火山

21 安達太良山《あだたらやま》 1700m

標高差◉760m　登頂日◉2007・8・22
ルート図◉5万分の1地形図「二本松」　参加者◉11名

前日、磐梯山へ登頂後、裏磐梯の五色沼などを巡り、二本松市にある**岳温泉**に宿泊した。

濃いガスと強風が吹き抜ける安達太良山山頂ドームで

翌早朝、温泉内を散策すると、〝岳山変事供養観音〟の案内を見つけた。これによると「この岳温泉は歴史が古く、貞観5年（863）に小諸温泉神として記述され、明応5年（1496）ごろより繁盛した。ところが文政7年（1824）豪雨のため鉄山が崩壊し、湯小屋11軒が土砂に押しつぶされ二百数十人が死傷した」ということが記されていた。

さらに近年では1997年9月15日に、沼ノ平を行動中の14名のパーティの内4名が、噴出した硫化ガスにより死亡している。現在も**安達太良山**は**活火山**であり、沼ノ平への入山は禁止されている。

前泊した岳温泉の年金保養センターを出発し、安達太良山の東山腹を上り詰めると、10分ほどで**あだたら高原**の大きな駐車場に着いた。

身支度を整えてゴンドラの**奥岳駅**へと向かうと、出札係から「風が強くなってきたので止まる可能性があるから早く乗ってください」と急がされた。

〝あだたらエクスプレス〟と名づけられた6人乗りのゴンドラは、強風の度に何度か止まりながらも**薬師岳展望台駅**に到着した。

展望台駅を出ると五葉松平には、矮小化したヒメコマツなどの樹海が広がる。樹海の中に木道が延び、あたり一帯はパノラマパークと呼ぶ周遊歩道になっている。その樹海に視界を遮られながらもひたすら木道を辿る。道は少し上りになり、ハクサンシャクナゲが生える平坦地に出て、展望台駅から30分で**県民の森**への分岐標識に着いた。

ヤマアジサイが白い花をつける広場からは、生憎の天気でまったく視界が利かない。5分ほど休憩し、ガスと強風が吹く中を山頂へと向かう。

日当たりが良さそうな尾根道には、オトギリソウ、ツルリンドウ、オヤマソバ、アキノキリンソウなどの秋の高山植物が花をつける。くろがね小屋への分岐を過ぎると吹き付ける風が強くなり、飛ばされそうになりながら、山頂への最後の岩場に取り付く。

〝乳首〟と呼ばれる山頂は、溶岩ドームの上にある。岩に張られたクサリを頼りに岩場を登ってゆくと、**安達太良山**の山頂標識に到達した。

三角点が設けられた狭い山頂は、台風のような強烈な風が吹き抜けている。身近にあるものは何でも掴んで体を支え、三角点にタッチする。

強風の山頂には長居は無用と、強風の吹き抜ける山頂で記念写真

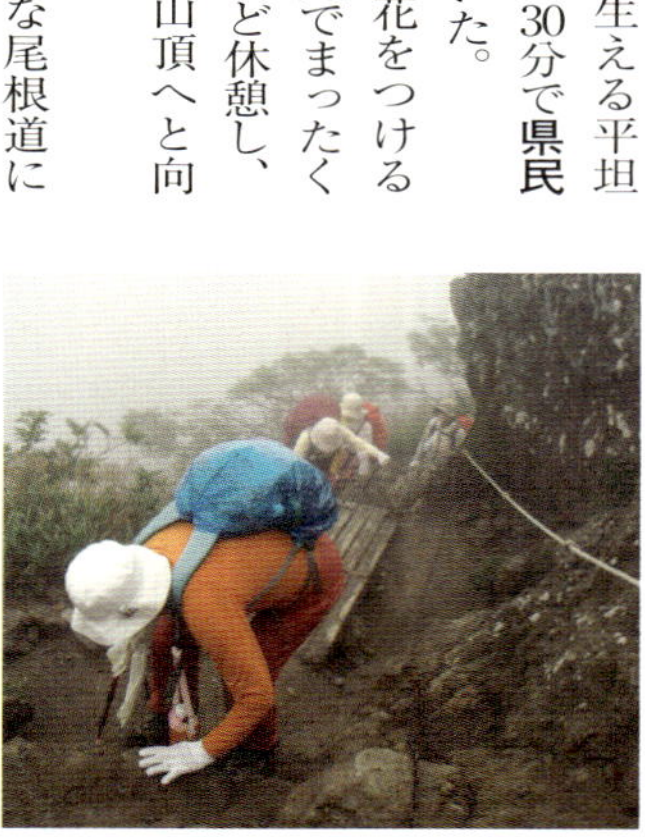

強風に耐え、クサリを握り…

三角点につかまり強風に耐える

を撮り、再び溶岩ドームを慎重に下り、安達太良山を後にする。

くろがね小屋への分岐を左折して山腹をトラバースする。風もなく山頂とは打って変わった穏やかな山腹には、霧の中での迷い込みを防止するため、多くのペンキマークが付けられている。

峰の辻分岐で勢至平へのコースを右に見送り、小さな谷を渡り左の山腹に沿って道を行く。前方に鉄山の崩落跡が見えてきた。文政7年（1824）鉄山の崩壊（前述した「文政七年岳山変事」）の現場となった山である。山腹は硫黄がむき出しになり、土砂が流れ下った様が思われる。

岳温泉の泉源にある崩落地

コースはガラ場を抜けて**くろがね小屋**に着いた。

岳温泉へ温泉を送る導湯管に腰を下ろして昼食をとり、導湯管敷設のために整備された馬車道と呼ばれる林道を下る。林道にはシウリザクラが白い花房をつけ、コケモモやタムシバの実が熟す。

導湯管も木製からコンクリート製に変わり、**勢至平の分岐**を過ぎる。ツリガネニンジンやハナチダケサシの花を見るようになると**旧道との分岐**に着く。少し大回りになったが、広くて緩やかな馬車道を下り、あだたら高原の駐車場に戻ってきた。

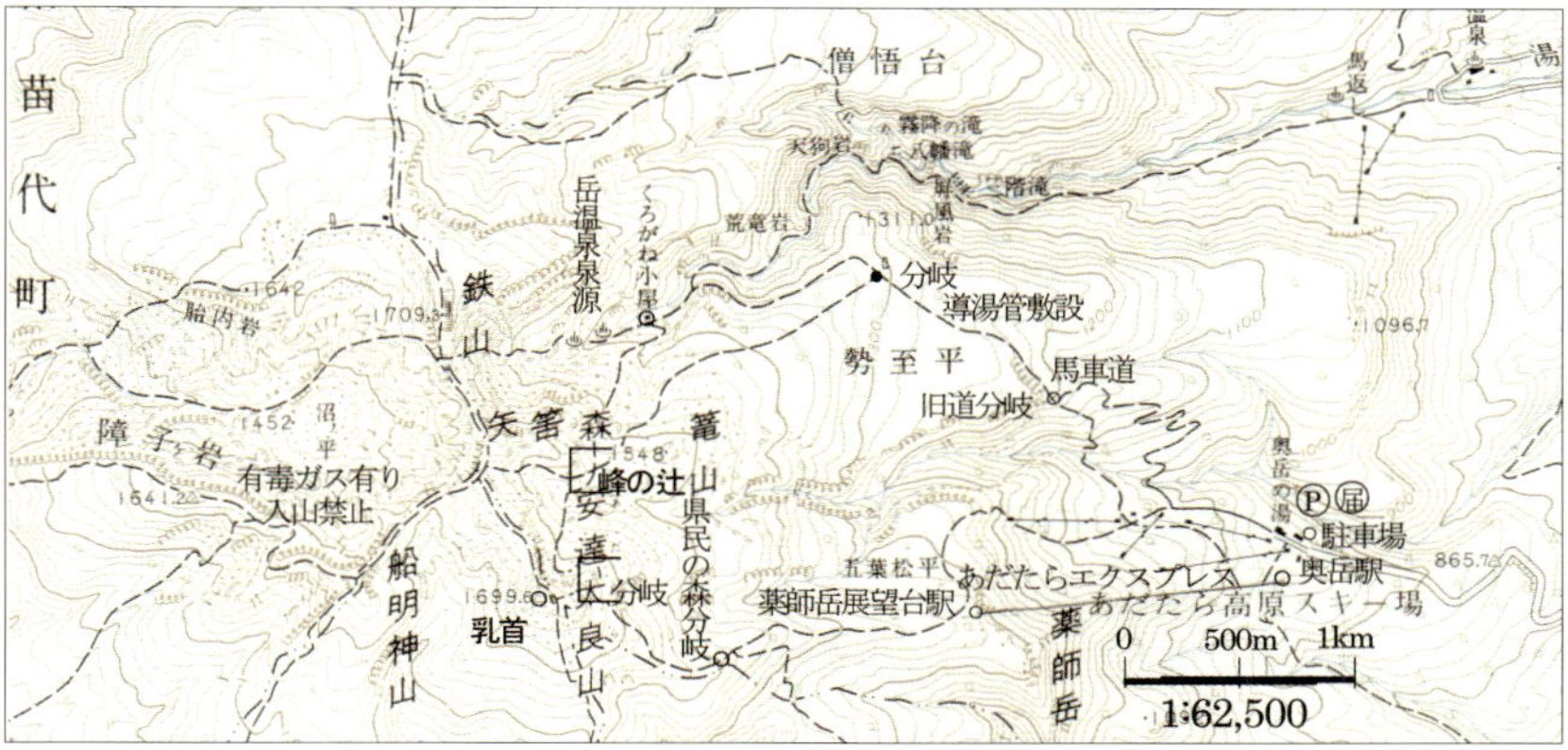

歩程◉ 3 時間 35 分　8.0km

あだたら高原 奥岳駅（H=940m）9:05 =ゴンドラ= 薬師岳展望台駅（H=1350m）9:20~9:25 ⇒ 1.1k ⇒ 県民の森分岐（H=1470m）9:55~10:00 ⇒ 1.3k ⇒ 安達太良山（H=1700m）10:40~10:45 ⇒ 0.7k ⇒

峰の辻分岐（H=1550m）11:10~11:20 ⇒ 0.8k ⇒ くろがね小屋（H=1340m）11:50~12:20 ⇒ 1.2k ⇒ 勢至平分岐（H=1300m）12:50 ⇒ 0.8k ⇒ 旧道分岐（H=1250m）13:05~13:15 ⇒ 2.1k ⇒ 奥岳駅（H=940m）14:00

明治時代の噴火が造った五色沼

22 磐《ばん》梯《だい》山《さん》 1819m

標高差◉625m　登頂日◉2007・8・21
ルート図◉5万分の1地形図「磐梯山」　参加者◉11名

裏磐梯五色沼から望む 磐梯山

昨夜宿泊した**休暇村磐梯高原**を8時半に出発する。県道2号線を左折し、2㎞ほど先で国道459号線を喜多方方面へ右折する。4キロ先で有料道路の磐梯山ゴールドラインと呼ばれる県道64号線へ左折すると、程なく左に**八方台登山口**の標識が立ち、右に大きな駐車場が設けられている。

駐車場に設けられた東屋で身支度を整え、道路を渡って登山口を入る。林道のような広い道が延び、両側の笹の土手にはヤマユリが咲いていた。道はブナの木立の中を緩やかに進む。

やがて道はヤマアジサイやヨツバヒヨドリが咲く明るい場所に出た。ここは**磐梯温泉中ノ湯**の跡だ。放棄され朽ちた建物が建ち、わずかにガスが湧き出る水溜りがいくつかあった。

ゴーストタウンのような中ノ湯を過ぎると道は上り坂になり、左に展望が開ける。**旧噴火口**が見渡せるところで休憩をとると、左下に銅沼（あかぬま）が、銅を含んで赤く染まった湖水を湛えていた。

ここからは左が切れ落ちた旧噴火口の火口壁に沿って急登が続く。急登が終るとミヤマカラマツなどが咲く尾根を南から巻いて緩い登りを行く。

両側が樹木に覆われて展望が利かない道を進み、お花畑への分岐を左へ見送ると、ガスの流れる磐梯山頂を眺めながらの直登になる。

磐梯山は、もうひとつの櫛ヶ峰とともに双耳峰になっている。この二つの峰の間には多くの噴火口跡がある。一番新しい噴火は明治21年（1888）に、火口壁の一峰である小磐梯が爆発し、北に泥流を押し流した。そのため北麓の雄子沢、細野、秋元などの集落は一瞬にして泥流に埋まり、堰き止められた川の上流には桧原湖、小野川湖など多数の湖沼ができている。

旧中ノ湯温泉跡の湿地を行く

赤く染まった 銅沼

左折して再び巻道に入り、ウメバチソウの群生を見ながら行くと**弘法清水**の分岐に着く。少し先に2軒の売店小屋が建ち、その前に清水が流れる。

備え付けのコップに清水を受けて喉を潤し、再び山頂を目指す。日当たりが良くなった登山道の脇には、多くの高山植物が見られる。センジョウアザミ、シシウド、カワラナデシコなどが咲き、前方にガスが晴れた磐梯山頂が姿を見せる。

左下には噴火口跡にできた沼ノ平と、その奥には赤植山も望まれる。安山岩の間にはオオヨモギ、トモエシオガマが咲き、ミネウスユキソウが群落を作る。程なく安山岩の岩屑が積み重なり、その上を風が吹き抜ける**磐梯山山頂**に出た。

ガラ場になった山頂には、山頂標識がない。ガラ場を降りて一段下の広場に行くと、現在使われていない避難小屋の前に標識が立っていた。

広場の石に腰を下ろして昼食をとり、改めて山頂からの展望を楽しむ。山頂から北側にいくつも残る火口跡は、迫力満点で自然の持つエネルギーの強大さをいやがうえにも思い知らされる。

更に目を南に転ずると、太陽を受けて猪苗代湖の湖面が光る。猪苗代湖は20万年前の陥没によって猪苗代盆地が形成され、9万年前と5万年前の磐梯山の火砕流堆積物によって河川が堰き止められてできたという。山頂からの展望を十分に満喫し、45分間の山頂滞在で下山を開始する。

途中、**火口展望台**から、明治時代のすさまじい噴火口跡を展望し、その迫力に圧倒される。

火口展望台から火口壁に沿って下り、中ノ湯を経て八方台登山口へ下山した。

見上げると 磐梯山頂が姿を見せる

磐梯山頂から南に 猪苗代湖を望む

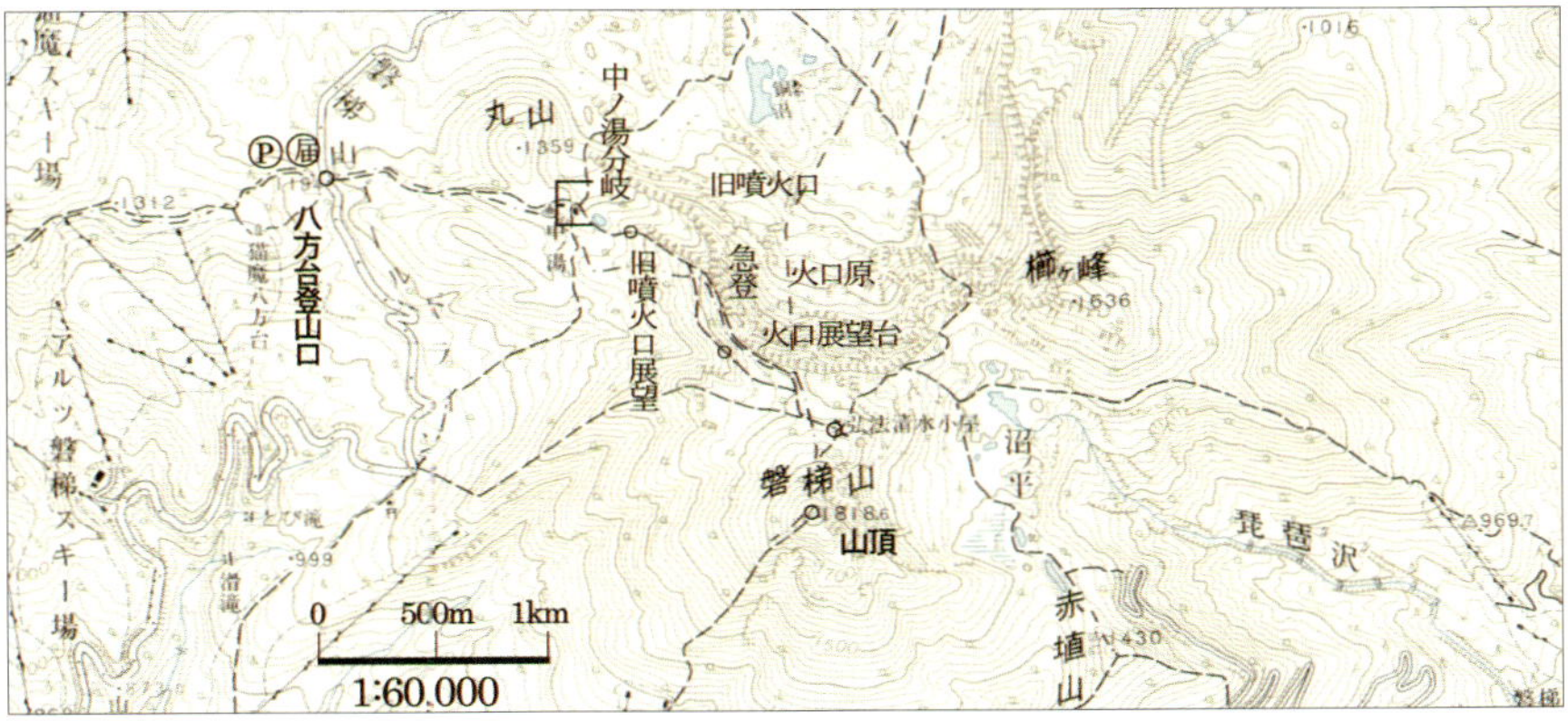

下山後は五色沼へ。コバルトブルーやエメラルドグリーンなど、湖底の堆積物によって色が違う湖沼巡りを満喫し、次の目的地へと向かう。

歩程◉ 3 時間 40 分 6.6km

H=1194m **八方台登山口** 9:10 ⇒ 1.2k ⇒ H=1290m **中ノ湯分岐** 9:35 ⇒ 0.3k ⇒ H=1380m **旧噴火口** 9:45~9:55 ⇒ 1.5k ⇒ H=1440m **弘法清水分岐** 11:00~11:05 ⇒ 0.3k ⇒

H=1819m **磐梯山** 1:30~12:15 ⇒ 1.0k ⇒ H=1550m **火口展望台** 13:10~13:20 ⇒ 2.3k ⇒ H=1194m **八方台登山口** 14:00

駒ノ大池に映る〝逆さ駒ヶ岳〟

23 会《あい》津《づ》駒《こま》ヶ《が》岳《たけ》 2133m

標高差◉1033m　登頂日◉2011・7・26
ルート図◉5万分の1地形図「会津駒ヶ岳」　参加者◉9名

駒ノ大池に影を映す“逆さ駒ヶ岳”

　今回は東北に上り残してあった**会津駒ヶ岳**と那須岳、それに男体山を加えた三山を目指して特別山行を計画した。

　昨夜宿泊した**尾瀬御池ロッジ**を出て、**桧枝岐温泉**にある会津駒ヶ岳の**林道終点登山口**へ到着。

　二カ所ほどある駐車スペースはほぼ満車状態。何とか空きを見つけて車を止め身支度を整える。

　車止めから50mほど林道を行くと、左に登山口の標識が立ち、枝尾根の先端に向かって長い木製階段が伸びていた。階段を上り、尾根の先端に取りつき、尾根の急坂を上ってゆく。路肩にはミヤマカラマツやノリウツギが白い花を咲かせる。急登の連続で、早めに立休みをとり一息入れる。

　休憩を終えてブナ林を行くと、ブナの木に巨大ナメクジ?を発見。初めて目にする、20センチはあろうかと思われる大物である。

　やがて登山道の右側に桧枝岐村の共同アンテナが見え、さらに少し行くと**水場入口**に着いた。本コース中唯一の水場なので、念のため補給に向かう。登山道から左へ斜面を下ると2分ほどで水場に着いた。水量はあまり多くはないが、ペットボトルに補給するには十分である。

　ここから先は登山道の傾斜もゆるくなり、ブナからシラビソに移り替わってゆく樹林を軽快な足取りで進む。路肩にはユキザサが赤い実をつけ、ニガナが黄色の花をつける。

　樹林の切れ間から南西に燧ヶ岳が姿を現した。生憎、雲が湧き上がり、頂上部分は雲の中である。

　木漏れ日の中を行くと、次々と高山植物が姿を見せる。マイズルソウ、トリアシショウマ、オニアザミ、ネバリノギラン、コバイケイソウなど種類は多い。

　道は湿原に入り木道の上を進む。植物も湿地を好むヒメイワカガミ、イワイチョウ、ツマトリソウなどに替わり、土手ではツツジ科のアカモノが赤みを帯びた白い釣鐘型の花を下げる。

　湿原には白い球をまき散らしたようにワタスゲが咲き、点在する池塘はエメラルドグリーンの雪解け水を湛える。

　登山口から3時間15分で**駒ノ大池**に到着した。池の横に設けられたベンチでは、多くの登山者が休憩をとっていた。駒ヶ岳山頂まではあと20分。ベンチも満員なので、休憩せずに山頂を目指す。

池塘の脇を抜けて木道を行く

周囲の山々を紹介するパノラマガイド

駒ノ大池横のベンチで憩う登山者たち（後方は駒ノ小屋）

雪渓を渡り駒ノ大池に戻る

駒ノ大池に沿って木道を右折する。池の奥には大きな雪田が残る。池の周辺には白い星形の花をつけたクモマユキノシタや紅紫色の花をつけたハクサンコザクラなどの群生が見られる。

木道は草原を横切って延び、左に折れて稜線に上がる。ハクサンシャクナゲが開花期を迎え、枝いっぱいにつぼみをつけていた。直進する中門岳への道を見送り、右折して笹の中の階段を上る。

5分ほどで見晴しの良い**会津駒ヶ岳**の頂上広場に出て一等三角点にタッチ。今日は靄がかかり山頂からの展望は効かないが、広場にはそんなときのためにパノラマガイドボードが設けられていた。

晴れていればさぞかしと思われる山頂も長居は無用。山頂標識に集まり記念写真を撮り、15分の滞在で山頂を後に駒ノ大池に戻る。

登山者がいなくなったベンチで昼食をとっていると、先ほどまで姿を見せなかった会津駒ヶ岳が大池に〝逆さ駒ヶ岳〟の姿を映していた。

駒ヶ岳に別れを告げ、往路を辿り下山した。

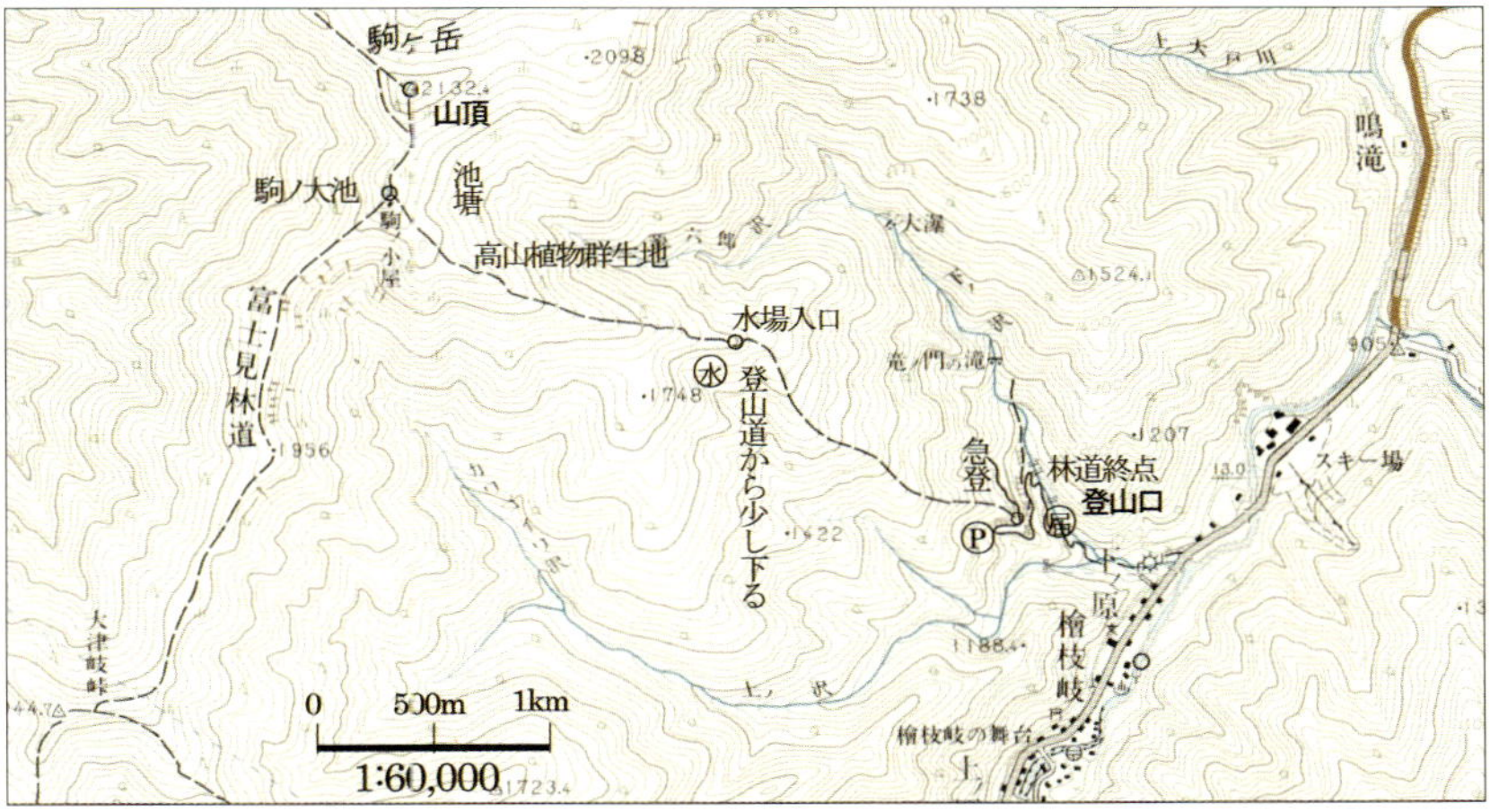

歩程◉ 5時間35分　8.0km

H=1100m	H=1670m	H=2050m	H=2133m	
林道終点登山口 ⇒	**水場入口** ⇒	**駒ノ大池** ⇒	**会津駒ヶ岳** ⇒	
7:15　1.4k	8:45~9:00　2.0k	10:30　0.6k	10:50~11:05　0.6k	
H=2050m	H=1670m	H=1100m		
駒ノ大池 ⇒	**水場入口** ⇒	**林道終点登山口**		
11:20~11:50　2.0k	12:50~13:00　1.4k	14:00		

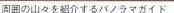

2mの標高差で主峰を逃した茶臼岳

24 那須岳《なすだけ》（三本槍岳《さんぼんやりだけ》） 1917m

標高差◉447m　登頂日◉2011・7・28
ルート図◉5万分の1地形図「那須岳」　参加者◉9名

峠の茶屋跡から青空の下に姿を見せる茶臼岳を振り返る

山行当日の朝、那須高原は低い雲に覆われ、雨の中での山行となった。前夜宿泊した**国民休暇村那須**を出発し、天候が良ければ利用する予定だった那須ロープウエイの山麓駅前を抜け、休暇村から2キロほどにある**県民駐車場**に入る。

雨具に身を固め、広い駐車場奥の階段を上る。遊歩道のような道を少し進むと**那須岳登山口**の標識が立つ。〝熊出没注意〟の標識の前を抜けて鳥居をくぐり、山腹に延びる階段を上ると道は本格的な登山道になる。

程なく森林限界を過ぎ、ノリウツギやマルバシモツケなどの低木が生える赤茶けた溶岩砂礫の道になる。**中の茶屋跡**標識を過ぎると、茶臼岳も霧雨の中に姿を見せる。

一面に広がる火山弾の中にオオコメツツジが白い花をつけ、火山砂礫地を好むオンタデが殺風景な斜面に緑を添える。

左から熔岩壁が迫り、鎖が張られた斜面を抜けると前方に**峠の茶屋跡避難小屋**が見えてきた。小屋に入り一息つく。

赤茶けた火山礫の間を進む

小雨の中、避難小屋を出て茶臼岳を目指す。小屋から南に見える茶臼岳は、山頂から北西に大きな崩壊の跡を見せる。霧雨に煙る山腹の所々から白い噴煙を上げ、現在も火山活動中であることを示している。峠の茶屋跡から南へ、那須ロープウエイ山頂駅方面へのコースに入る。

那須岳とは南北に連なる連峰のうち、次の五峰を指す。北端は福島県内に位置する**甲子旭岳**から始まり、**三本槍岳、朝日岳、茶臼岳、南月山**へと続く。60万年前に甲子旭岳が活動を始め、北から南へ順に活動が移り、最後に5万年前から茶臼岳と南月山が活動期を迎えた。今も活動を続ける茶臼岳以外の峰々はすべて活動を終えている。

鞍部に建つ避難小屋

山腹の途中でロープウエイ山頂駅への道を左に分け、山腹を時計回りに巨岩の間を進む。硫黄のにおいが強くなり、古い噴気孔跡の硫黄の露頭前を過ぎる。避難小屋から35分。那須嶽神社の鳥居をくぐると、安山岩の岩山に那須嶽神社の祠が祀られた**那須岳頂上**に着いた。

すっかり雨が上がった茶臼岳頂上からは360度の展望が広がる。北に那須連峰の峰々が連なり、中央奥には遠く会津の峰々までもが姿を見せる。
山頂からの展望を存分に楽しみ、那須嶽神社の前で記念写真を撮り、再びガラ場の中を下山する。

再び避難小屋に戻り休憩を取り、那須岳の主峰三本槍岳を目指す。足に不安を抱えている女性1名を小屋に残し、残り8名で小屋を後にする。

剣が峰を巻いて進むと、朝日岳のピークが前方に現れる。巻き道の安山岩の間にハクサンオオミナエシが鮮やかな黄色の花を咲かせる。巻き道を回り込むと岩場が行く手を遮る。

赤茶けたガラ場を抜けると、コースわきに淡い青紫色の花をつけたソバナが株立ちしていた。道は尾根を左に巻いて進み、岩壁に張られた鎖を握ってコース中最大の難所を過ぎる。

朝日岳が右に姿を見せると、道は穏やかな尾根上を進み、トリアシショウマ、オオバセンキュウなどが咲く穏やかな道になる。

隠居倉への分岐点**熊見曽根**を過ぎると、晴れ上がっていた空がいつの間にか雲に覆われていた。立ち込めたガスの中、清水平へ向かって一部崩れかけた階段を下ってゆくと再び雨が降り出した。

階段を下って一息つき、ここで引き返すという5名と別れて3名だけで三本槍岳へ向かう。

木道が設けられた清水平を抜け、**北温泉の分岐**を過ぎると、標高の低いスダレ山の山腹を巻いて下る。草原の中に延びる道を進み、最後の坂を登りきると**三本槍岳**の一等三角点に着いた。

3人だけで三角点にタッチし、20分の滞在で山頂を後にする。ガスに包まれた往路を戻り、引き返したメンバーの後を追い、登山口へ下山した。

茶臼岳から北へ連なる 那須連峰

青空が広がった茶臼岳頂上で

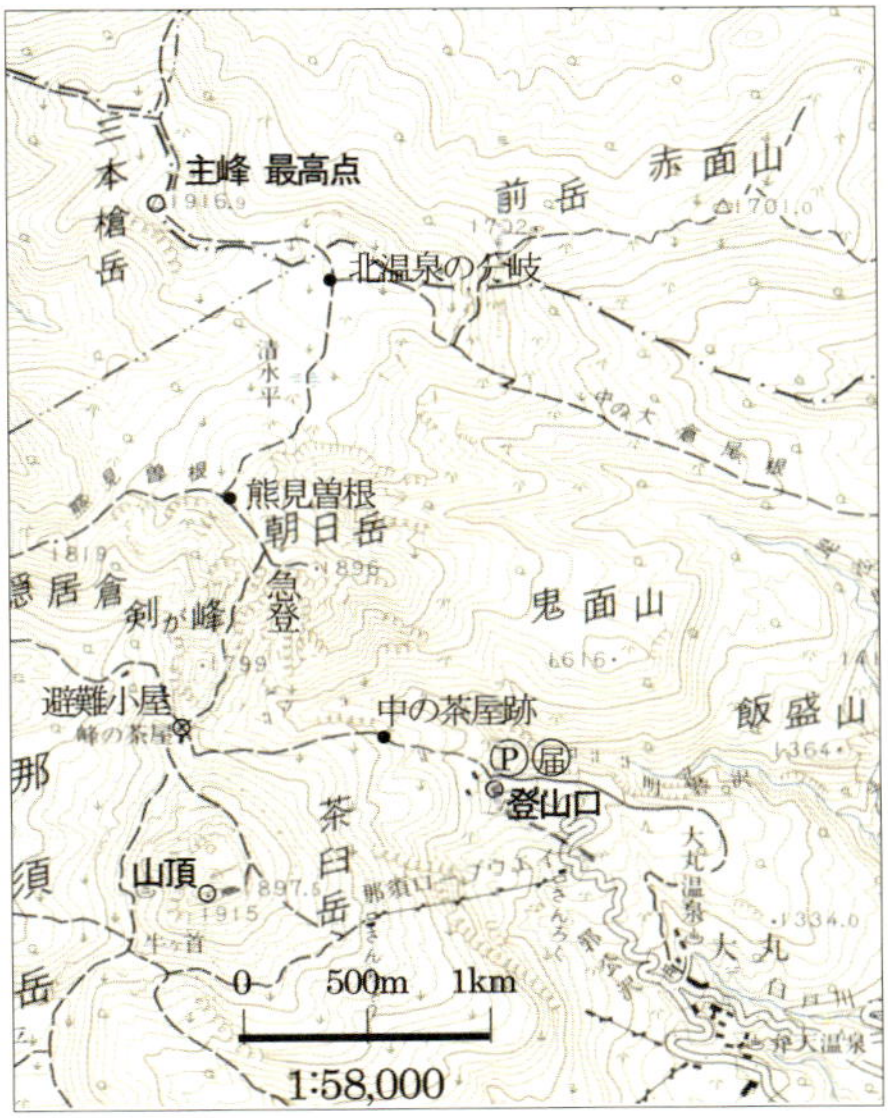

歩程◉ 5時間 55分　11.2km

那須岳登山口	H=1470m	8:15	
⇒			1.4k
峠の茶屋跡避難小屋	H=1720m	9:15~9:25	
⇒			1.0k
茶臼岳	H=1915m	10:00~10:10	
⇒			1.0k
峠の茶屋跡避難小屋	H=1720m	10:45~10:55	
⇒			1.3k
熊見曽根	H=1880m	11:35	
⇒			1.0k
北温泉の分岐	H=1856m	12:15	
⇒			0.9k
三本槍岳	H=1917m	12:35~12:55	
⇒			3.2k
峠の茶屋跡避難小屋	H=1720m	14:25~14:30	
⇒			1.4k
那須岳登山口	H=1470m	15:05	

東北スナップ集

昨夜来の雨で 奥入瀬“三乱の流れ”も濁り気味

角館の武家屋敷（表町）を散策する

吹浦漁港から眺めた“ダイアモンド鳥海”

羽黒山の杉木立に千年の時を越え佇む“国宝五重塔”

藤原氏二代基衡によって造営された毛越寺“大泉が池”

東北の名城・会津若松の“鶴ヶ城”

尾瀬ヶ原から至仏山を望む

上信越

上信越には多くの名山が峰を並べる。そして、忘れられないのが尾瀬の高層湿原である。燧ケ岳と至仏山に挟まれた「尾瀬沼」と「尾瀬ヶ原」はあまりにも有名で、初夏のミズバショウから秋の草紅葉まで、毎年多くのハイカーを集めている。

燧ケ岳は安山岩からなる火山であり、至仏山は蛇紋岩の山として、独特の植生を育んでいる。

25 魚《うお》沼《ぬま》駒《こま》ヶ《が》岳《たけ》（越《えち》後《ご》駒《こま》ヶ《が》岳《たけ》） 2003m

標高差◉938m　登頂日◉2012・7・27
ルート図◉5万分の1地形図「八海山」　参加者◉6名

明神峠から眺める尾根の先に目指す魚沼駒ヶ岳を望む

前日は登山口に近い**銀山平温泉**で前泊した。長い尾根歩きに備え、翌朝4時に枝折峠を目指す。

　昨年の豪雨災害により、国道352号線は所々で補修工事が行われている。カーブの多い山腹の道を上り詰めると、20分ほどで**枝折峠**に着いた。

　立派なトイレを備えた駐車場には、すでに多くの登山者の車が止められていた。すっかり明るくなった駐車場で身支度を整え、トイレの脇に立つポストに入山届を投函し登山道に入る。

　手入れが行き届いた登山道わきには多くの花が咲く。積雪の多い日本海型気候が生育適地のスイカズラ科ガマズミ属のヒロハゴマギは、開花時期の6月を1か月も過ぎているのに、小さな五弁花をつけた花房を立てている。コメツツジが緑の葉に小さな白い花をつけ、ヤマアジサイもヨツバヒヨドリも今が開花の真っ盛りだ。

　前方の尾根越しに時折駒ヶ岳が姿を見せ、後方の奥只見湖東岸の尾根から朝日が昇る。振り返ると昨夜泊まった銀山平は朝靄に包まれていた。

　やがて大明神の祠が祀られた**明神峠**に着くと、前方に駒ヶ岳が姿を見せる。ここからは駒ヶ岳を望みながらの尾根歩きが続く。全行程で目標の山を眺めることができるコースは珍しく、少しずつ近くなる山頂を眺めて足取りも軽くなる。

　日当たりのよい尾根道にはヤマアジサイの根元にオオアマドコロが白い筒型の花をつけ、榛名山で発見されてその名があるというハルナユキザサが、多くの白い小さな花をつけた花穂を立てる。

　やがて道は急な上りになり、前方に饅頭のような頂上の道行山が見られるようになると**道行山分岐**に着いた。道行山へは行く必要もないので、標識近くに腰を下ろして朝食タイムとする。

道行山分岐へ急坂を上る

　道行山を過ぎると小さなアップダウンの尾根道が続く。駒ヶ岳はさらに近くなり、尾根には矮小化したブナが豪雪に耐えて斜めに幹を伸ばす。

　道行山分岐から45分。立派な標石が置かれた**小倉山**に到着した。コイワカガミが咲く尾根上のピークは、日当たりのよい小広場になっていて、右へ駒の湯への道が分かれる。

　小倉山から百草ノ池まで、緩やかに上る尾根には高山植物が多くなる。ミヤマママコナ、ツルリンドウ、ツクバネソウなどが次々と顔を見せる。**百草の池**は登山道からやや外れていて、植生保護のため立ち入りが制限されていた。

道は前駒と呼ばれるピークに向かって急登になる。途中の展望の良い岩場で一休みし、コース最大の難所である岩場を登りきると、避雷針が立つ**駒の小屋**に到着した。

小屋の手前には雪渓から引いた水場があり、冷たい水で喉を潤す。小屋の前にある広場にザックをデポして山頂を目指す。

小屋の左からイワイチョウやトキソウが花開く尾根を辿る。右に大きな雪渓を見送り、小さな雪田を渡ると稜線出合に出た。右折して笹尾根を行くと、展望の良い**駒ヶ岳**の山頂広場に着いた。

山頂から南東には、会津駒ヶ岳、平ヶ岳、そして燧ヶ岳と至仏山と名山が姿を見せる。直ぐ西には魅力的な稜線を見せる八海山が横たわる。

展望を十分に楽しんだのち、再び駒の小屋を経て、長い尾根を辿り、登山口の枝折峠に下山した。

魚沼三山の一つ 八海山が 魅力的な稜線を見せる

唯一の水場 駒の小屋

快晴の駒ヶ岳山頂で 一等三角点にタッチ

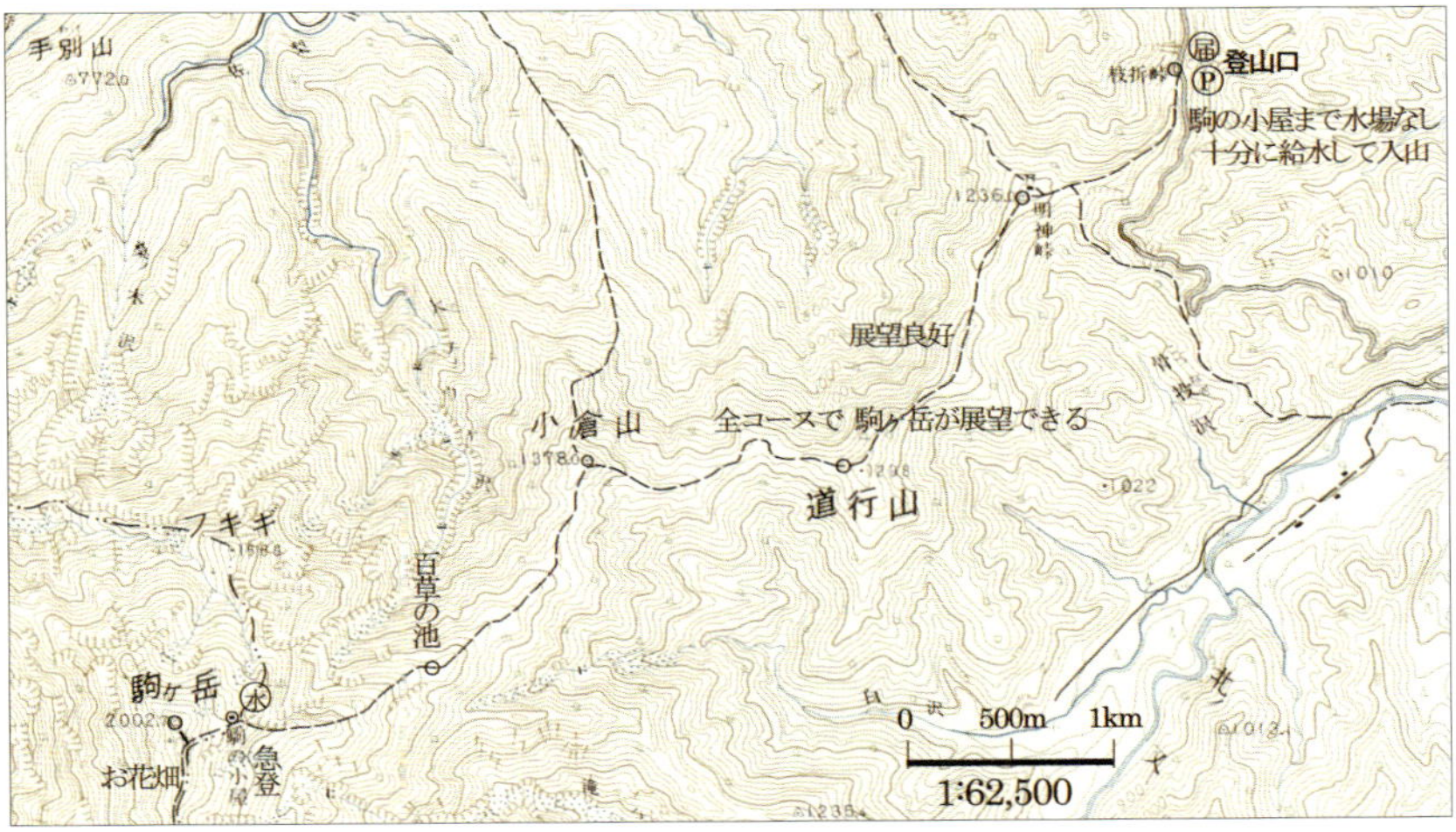

歩程◉ 9 時間　14.4km

H=1065m		H=1236m		H=1298m		H=1378m
枝折峠登山口	⇒	明神峠	⇒	道行山分岐	⇒	小倉山
4:30	1.2k	5:05~5:10	1.7k	6:10~6:30	1.5k	7:15~7:20
H=1540m		H=1880m		H=2003m		H=1880m
百草の池	⇒	駒の小屋	⇒	駒ヶ岳	⇒	駒の小屋
8:15	1.0k	9:40~9:50	0.3k	10:10~10:25	0.3k	10:40~11:10
H=1378m		H=1298m		H=1065m		
小倉山	⇒	道行山分岐	⇒	枝折峠登山口		
12:35~12:40	1.5k	13:30~13:50	2.9k	15:20		

(1.5k: 小倉山→百草の池; 2.5k: 駒の小屋→小倉山)

中ノ岐林道から挑んだ難敵の名山

26 平《ひら》ヶ《が》岳《たけ》　2141m

標高差◉1331m　登頂日◉2013・8・23
ルート図◉5万分の1地形図「八海山」「桧枝岐」「藤原」「燧ヶ岳」
参加者◉3名

池ノ岳湿原から池塘の奥に平ヶ岳を望む

国道352号線脇にある鷹の巣から**平ヶ岳**山頂をピストンすると23kmほどの距離がある。中高年登山者にはとても厳しい距離である。

　そこで、1986年10月に浩宮さまご一行が利用された中ノ岐林道終点からのコースで入山を決める。**鷹ノ巣**の清四郎小屋に前泊し、翌朝4時から1時間半ほどかけて小屋の主人に送ってもらい、**林道終点登山口**に着いた。

　登山口には谷から水を引いた給水場と簡易トイレが設けられている。送ってくれた主人に別れて登山口を入る。すぐに谷川にでて、岩に架けられた仮橋を渡る。道はすぐに右岸の山腹に取りつき、樹林の中をいきなりの急登が始まる。

　スダヤクシュやカニコウモリが白い小さな花をつけ、シウリザクラが白い花穂を立てる。トウヒの樹林を上ってゆくとホツツジやノリウツギの白い花が咲き、アズキナシがひときわ目立つ赤い実をつける。花々を眺めながらの上りは急坂の疲れを忘れさせる。

谷川の仮橋を渡る

　樹相がブナに替わったあたりで朝食をとっていると、急に雨が降ってきた。

　食事後、雨具をつけて登山道を行くと、道は森林限界を過ぎて草原に出た。エゾリンドウやイワショウブを眺めて木道を行くと、程なく〝玉子石〟への分岐標識が立つ。

　標識から10分で、花崗岩の丸い岩が雪だるまのように重なった〝**玉子石**〟の前に出た。正に自然が創った芸術品である。

“玉子石”

　再び分岐標識まで戻り、霞のように群生するコバイケイソウを眺めて山頂方面へ木道を辿る。

　再び分岐を右折して緩やかに湿原を下ると、草原にタチフウロやモミジカラマツが咲く。小さな流れを渡り樹林の中を登り返すと、ミヤマアキノキリンソウやオニシオガマが咲き、池塘が点在する湿原に出た。

コバイケイソウの群落

　相変わらずガスに煙る湿原の木道を辿ると、木立に囲まれ二

雨が上がった湿原で平ヶ岳をバックに

展望が利かない平ヶ岳山頂

等三角点が設けられた**平ヶ岳山頂**に着いた。

　雨は依然として降り続き、長居ができない山頂をあとに木道を戻る。木陰に入り、雨を避けて昼食をとる。

　立食状態で昼食を済ますと、池ノ岳へ向かって木道を行く。道は少し上りになり、上りきると目の前に池ノ岳の池塘帯が拡がる。

　湿原の木道を辿ると、降っていた雨も止み、空には青空も現れた。今まで雲に隠れていた平ヶ岳も姿を現し、燧ケ岳や、会津駒ヶ岳も姿を見せた。雲が晴れた平ヶ岳をバックに写真に納まる。

　木道を行くと姫ノ池わきに立つ**池ノ岳分岐標識**に着いた。また雨になり雨具をつけて標識から台倉尾根を下る。あいにくの雨で展望は効かない。

　白沢清水を経て**台倉山**へ下る。台倉山から**下台倉山**までは上り下りを繰り返し、**前坂**へ向かって一気に痩せ尾根を下る。

　前坂から樹林に入り、谷の水音を聞きながら**平ヶ岳入口**に着いた。山裾を巻いて谷を渡ると、国道わきの**平ヶ岳登山口**に下山した。10台ほどの駐車スペースがある登山口から国道を歩いて清四郎小屋に戻り、この夜も連泊することになる。

歩程◉ 10時間35分　15.1km

H=1370m		H=1900m		H=2065m		H=2141m		H=2050m	
中ノ岐林道終点	⇒	**ブナ林**	⇒	**玉子石**	⇒	**平ヶ岳**	⇒	**池ノ岳分岐**	⇒
5:45	1.2k	7:20~7:40	1.2k	8:25~8:30	1.8k	9:40~10:00	1.2k	10:40~10:50	1.8k
H=1780m		H=1695.3m		H=1604m		H=830m		H=810m	
白沢清水	⇒	**台倉山**	⇒	**下台倉山**	⇒	**平ヶ岳登山口**	⇒	**清四郎小屋（泊）**	
11:40~11:45	2.2k	13:25~13:30	1.3k	14:40~14:45	3.4k	16:55	1.0k	17:10	

スキーゲレンデのような山頂高原

27 巻《まき》機《はた》山《やま》 1967m

標高差◉1237m　登頂日◉2011・6・12　参加者◉3名
ルート図◉5万分の1地形図「越後湯沢」

前巻機から眺める高原状の巻機山 右の小高いピークが山頂

今回の**巻機山**の参加者は、女性2人と私だけのミニパーティでの一泊二日の山行となった。

前日一日を移動に費やし、宿泊した**六日町**の宿を早朝4時前に出る。すぐ近くにあるコンビニへ立ち寄り、食料と飲み物を調達し登山口へ向かう。

道は清水街道と呼ばれる国道291号線で、その昔、朝日岳を越えて越後と上州を繋いでいた重要な街道である。ほぼまっすぐな国道を進み、民宿などの宿泊施設が数軒建つ清水集落に入る。集落入口を左折し狭い林道を行くと、米子沢に架けられた橋を渡り**桜坂駐車場**に入った。

広い駐車場には10台ほどの車が止められ、出発準備をしている登山者の姿も見られる。身支度を整え、明るさを取り戻した駐車場の奥へ向かう。

コース案内板の前を通り**登山口**を入る。すぐに谷コースと尾根コースの分岐があり、左のヌクビ谷コースへの立ち入り禁止の注意標識が立つ。標識前の分岐を右折して井戸尾根へと向かう。

5合目標識で一息

登山道は数日来の雨によるぬかるみがひどく、スパッツをつけ忘れたのが悔やまれる。コースには標識が立ち、コースタイムの参考になる。登山口から40分。4合目標識の前で汗を拭きウェアー調整をする。このあたりから道は露岩が多くなり、山腹を大きく蛇行してゆく。新緑のブナ林を抜けて、右へ急斜面を上ると**5合目標識**が立つ尾根に取りついた。

眼の前に横たわる米子頭山と井戸尾根との間を、雪解け水を集めて米子沢が流れ下る。

5合目からは尾根を辿る。いたるところにイワカガミが群生し、コブシの花も見ごろを迎える。道は尾根の西側に移り、**6合目展望台**に着いた。

展望台からは割引岳から南西に延びる天狗尾根の展望が広がり、中ほどには天狗岩が屹立する。腰を下ろして雪渓に覆われたヌクビ谷の大パノラマの展望を楽しみながら朝食をとり、再び頂上を目指

6合目展望台から天狗岩とヌクビ谷の展望

して尾根を上り詰める。

登山道の脇には、ショウジョウバカマが咲き、ムシカリが白い装飾花をつける。アズマシャクナゲやアカヤシオが咲く雪渓を越えてゆくと、広尾根になり展望が拡がる。

風化した花崗岩帯には、日本海側に自生するオオバツツジが黄白色の花をつけ、ミツバオーレンは白い花弁状の萼片を開く。

標高が上がり割引岳からの天狗尾根を眼下に眺めるようになると、米子頭山の右奥に武尊山のピークが望まれた。

あたりの景観は一変し、前巻機西斜面にはガラ場が拡がり、その中に丸太の階段が続く。どこまで続くかと思われた階段を上り切ると、前方に思いのほかなだらかな巻機山が姿を見せ、ニセ巻機山と呼ばれる**前巻機山**のピークに着いた。

前巻機から雪渓を横切って下り、避難小屋の前を通り雪渓を抜ける。米子沢源流の大雪渓を回り込むように行くと、〝織姫ノ池〟と呼ばれるいくつかの地塘が並ぶ。ミズバショウの群生地を過ぎると最後の上りが始まる。前巻機山から30分。穏やかな尾根上の**巻機山**の山頂標識に到着した。

山頂からは360度の大展望が拡がる。北東に越後駒ヶ岳、南東に武尊山などを眺めながら、ベンチに腰を下ろして昼食をとる。

山頂滞在50分。雲が湧き上がった山頂に別れを告げ、往路を辿り桜坂駐車場登山口へ下山した。

前巻機山を望みながら雪渓を行く

草原のような巻機山頂

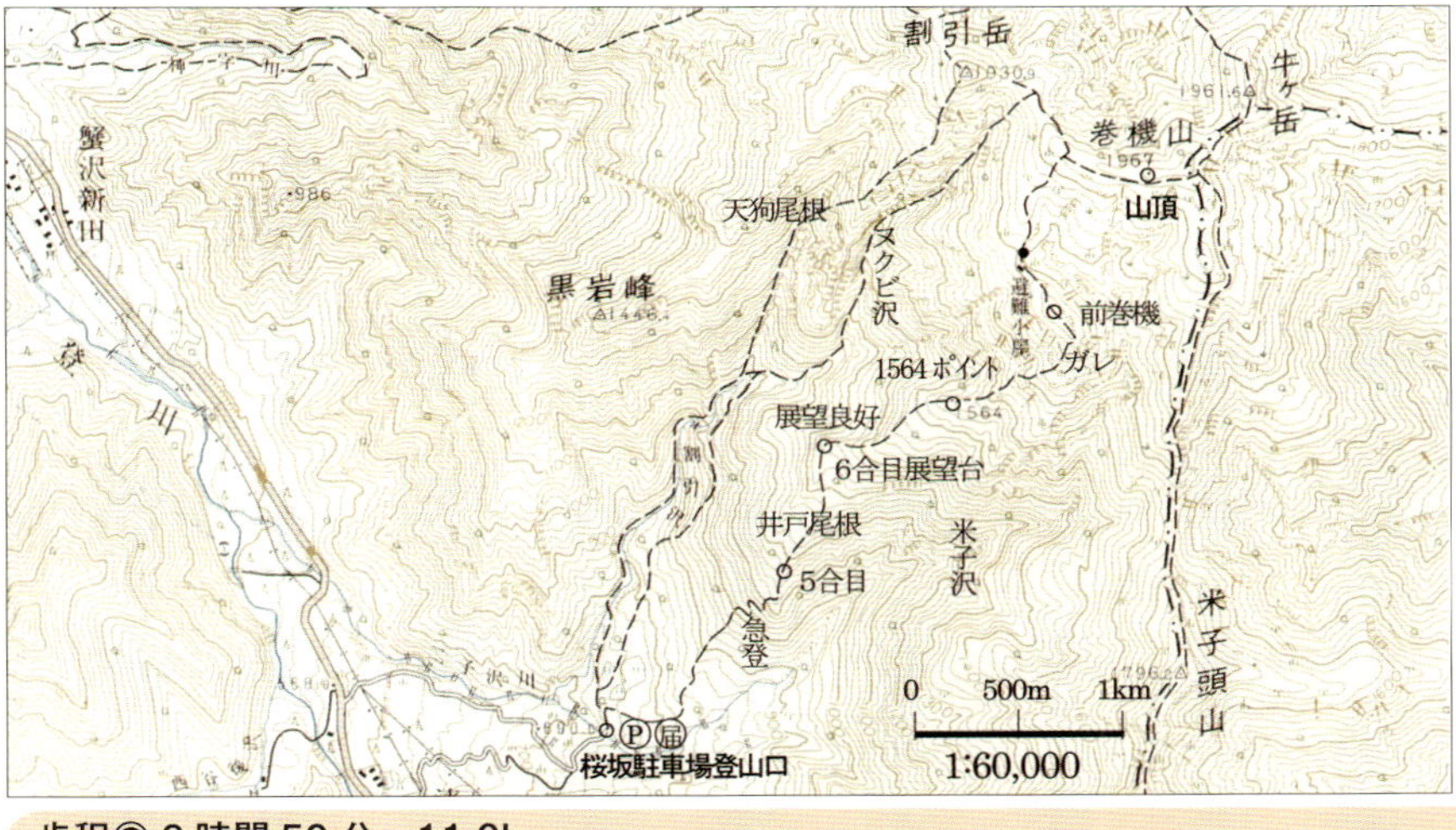

歩程◉ 6時間50分　11.0km

H=730m		H=1120m		H=1350m		H=1861m		H=1890m	
桜坂駐車場登山口	⇒	5合目	⇒	6合目展望台	⇒	前巻機	⇒	避難小屋	⇒
4:35	1.8k	5:40~5:50	0.8k	6:30~6:45	1.5k	8:15~8:30	0.4k	8:40	1.0k

H=1967m		H=1861m		H=1564m		H=1120m		H=730m
巻機山	⇒	前巻機	⇒	1564ポイント	⇒	5合目	⇒	桜坂駐車場登山口
9:00~9:50	1.4k	10:30	0.7k	11:05~11:15	1.6k	12:15~12:25	1.8k	13:15

尾瀬沼から残雪期に挑む双耳峰

28 燧《ひうち》ヶ《が》岳《たけ》 2356m

標高差◉1166m　登頂日◉2010・6・12
ルート図◉5万分の1地形図「藤原」「燧ヶ岳」　参加者◉7名

ミズバショウが群生する尾瀬沼越しに見る 燧ヶ岳

　今回の山行は、当初計画では、**燧ヶ岳**と**至仏山**を2泊3日で巡る予定だった。がしかし、至仏山への入山が7月の山開きまで禁止されていて、2日目は日光白根山へ登ることになってしまった。

　1日目の正午頃、車で戸倉に入り、関越交通バスで**大清水**まで入る。そこから一ノ瀬休憩所、三平峠、尾瀬沼山荘を経て尾瀬沼東岸に建つ**国民宿舎尾瀬沼ヒュッテ**に入った。

　翌朝6時半に宿舎を出て、燧ヶ岳を目指す。宿舎を出るとすぐに、尾瀬沼東岸に拡がる大江湿原の木道をたどる。雪解けを待って一斉に咲きだしたミズバショウが、白い霞のように湿原一面に拡がり、足元の木道わきにはリュウキンカが金色に近い黄色の花をつける。

　木道で湿原を横切り、沼岸を回り込み**浅湖湿原**に入り、三叉路を右折してカラマツ林に入る。穏やかな樹林をたどる長英新道は、次第に残雪が多くなる。踏み跡は分かりにくく、木の枝につけられたテープを頼りに進むと、雪に熊の足跡が残る。

　樹林帯を抜けると、雪渓の奥に二つのピークを持つ燧ヶ岳が姿を見せる。融けたばかりの雪田には多くの高山植物が芽吹き始めていた。

　程なく燧ヶ岳の中腹にあるミノブチ岳に到着。ここからは尾瀬沼が一望できる。山頂までは残り30分。ハイマツの間にアズマシャクナゲが混在する尾根を進み、**ナデッ窪分岐**を経て大きな雪渓をトラバース。雪は緩んでいてアイゼンの必要はない。割れ目にシナノキンバイが咲く安山岩の急坂を上り切ると、**俎嵓**のピークに出た。

雪解けした大江湿原に咲く ミズバショウの大群落

俎嵓へ雪渓をトラバース

　山頂広場はあまり大きくなく、岩の間に設けられた二等三角点にタッチして登頂を祝す。

　俎嵓のピークからは、目と鼻の先に急斜面の雪渓を抱えたもう一つのピークである主峰柴安嵓が絶対的な存在感で立ちはだかる。その雪渓を上り下りする登山者が、蟻のように小さく見える。

　15分ほどの滞在で俎嵓を後に鞍部へ下る。鞍部で軽アイゼンをつけ、柴安嵓の雪渓に取りつく。

　雪は緩んでいて、踏み跡をトレースしてゆく分にはさほどの困難はない。途中でロープの助けを借り、階段状になった踏み跡をたど

燧ヶ岳（柴安嵓）山頂から至仏山を望む

俎嵓から柴安嵓を望む

る。女性たちも極度の緊張の中、無事に雪渓を上り切る。

柴安嵓の山頂広場はかなりの広さがあり、多くの登山者が三々五々と休憩をしていた。

西には至仏山から平ヶ岳へと冠雪の尾根が続く。十分に展望を楽しんだ後、黒御影石の山頂標識で記念写真を撮り、見晴へ向かって下山する。

アイゼン装着のために苦労した雪渓歩きも次第に慣れ、3時間で**見晴**へ下山した。

何軒かの山荘の一つに入り〝山菜そば〟で空腹を満たし、今夜の宿がある山ノ鼻へと向かう。

尾瀬ヶ原の木道を行くと前方に至仏山が姿を見せ、南宮十字路付近の湿原にはシロバナエンレイソウやミツガシワなどの花々が咲いていた。

見晴から燧ヶ岳を振り返る

長い木道歩きの後、**山ノ鼻**の**国民宿舎尾瀬ロッジ**に着き、9時間に及ぶ歩行を終える。

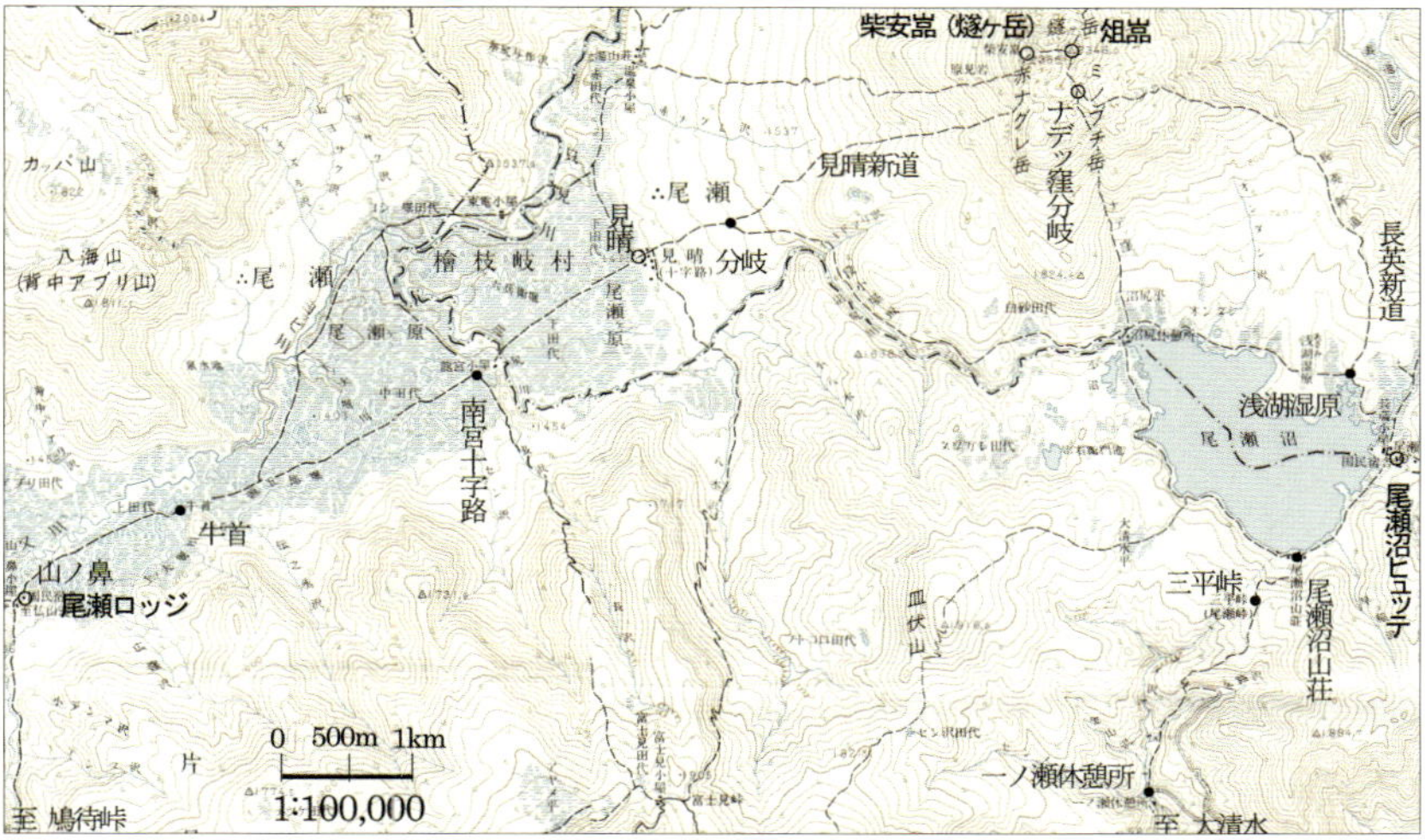

歩程◉ 13時間25分　24.5km

H=1190m		H=1665m		H=1670m		H=2240m		H=2346m
大清水	⇒	尾瀬沼ヒュッテ（泊）	⇒	浅湖湿原	⇒	ナデッ窪分岐	⇒	俎嵓 ⇒
12:35	7.2k	15:50~6:30	0.7k	6:45	4.2k	9:50~10:00	0.4k	10:30~10:45　0.3k

H=2356m		H=1480m		H=1410m		H=1407m		H=1591m
柴安嵓（燧ヶ岳）	⇒	分岐	⇒	見晴	⇒	山ノ鼻 尾瀬ロッジ（泊）	⇒	鳩待峠
11:20~11:45	3.2k	14:45	0.5k	14:55~15:20	5.0k	16:50~6:40	3.0k	7:45

尾瀬ヶ原を俯瞰する高天原に咲く特有種の花々

29 至仏山《しぶつさん》 2228m

標高差◉828m　登頂日◉2012・8・5
ルート図◉5万分の1地形図「藤原」　参加者◉3名

尾瀬ヶ原の 山ノ鼻から望む至仏山

2011年7月に上った**至仏山**だが、カメラのデータを誤って消してしまい、再度登頂することになった。オゼソウの時期は逃したが、まだ夏の装いが残る8月初旬に再び尾瀬へやってきた。

午後1時ごろ尾瀬ヶ原の入山基地となる**戸倉**に到着し、今夜宿泊する国民宿舎の専用駐車場に車を入れる。タクシー会社に連絡を入れ、ほどなくあらわれたタクシーに乗り鳩待峠へ向かう。

8キロの距離を15分ほどで、尾瀬ヶ原と至仏山への入山口となる**鳩待峠**に到着。

今回のコースは反時計回りに至仏山を巡る予定なので、まずは今夜の宿舎がある山ノ鼻へ向かう。

鳩待峠から山ノ鼻までは標高差190mほどの緩やかな下り坂。2列に設けられた木道は、左に川上川を眺めながら、右の山腹に沿って進む。

夕やみ迫る尾瀬ロッジ

尾瀬ヶ原めぐりを終えた観光客たちとすれ違いながら、1時間足らずで大勢のハイカーや登山者が憩う山ノ鼻キャンプ場を抜け、一番奥に位置する**国民宿舎尾瀬ロッジ**に着いた。

先ずは風呂に入って汗を流す。ここでは石鹸は使えないが、入浴できるのは魅力である。風呂上りにビールで喉を潤し、夕食までの時間を山ノ鼻研究植物園の散策で過ごす。

植物園の花々は、開花時期のピークは過ぎているものの、ミヤマワレモコウ、トモエソウなど多くの高山植物が咲き、池塘にはヒツジグサが白い花を水面に浮かべ、オゼコウホネが黄色の花をつけた花柄を水面から伸ばしていた。

朝霧がたなびく湿原

翌朝は4時過ぎに目をさまし、身支度を整えて5時少し前に尾瀬ロッジを出る。至仏山を目指して**山ノ鼻登山口**を入ると、右に拡がる研究植物園には朝霧がたなびいていた。

湿原を渡り山裾の登山口に着く。周辺案内図が立ち、そのわきに「コースを下山で利用しないように」と注意書きが立っていた。

至仏山は橄欖岩が隆起した山で、隆起の過程で水と反応して蛇紋岩という滑りやすい岩になっている。山ノ鼻からのコースは急坂のためスリップ事故が絶えず、下山での利用が制限なされている。

登山口を入ると、ほぼ直線的な上りが続く。蛇紋岩の露岩帯に入っても、幸い登山道は乾燥していて滑ることもない。登山道の脇にはヒナウスユキソウやミヤマヤマブキショウマが花をつける。

いつしか森林限界を過ぎて、蛇紋岩の巨岩帯に入る。**中間点標識**のある展望台で、薄い靄にかすむ尾瀬ヶ原を見下ろしながら朝食弁当を開く。

巨岩帯のクサリ場を過ぎると、階段と木道が続く。階段を上ってゆくと、緩やかな斜面に多くの高山植物が咲く**高天原**に出た。氷河時代の残存植物であるイワシモツケは、散房花序に小さな白い花をたくさんつけていた。最近まで残雪があったと思われる稜線近くの斜面には、ウメバチソウやダイモンジソウなどの湿気のある地質を好む植物が多くなり、岩の間を抜けると稜線上に出た。

稜線を少し辿ると静かな**至仏山山頂**に着いた。昨年は、立っている場所もないほどの混雑だったが、今日は時間が早かったのが良かったようだ。

二等三角点にタッチし、昨年は寄り付けなかった立派な山頂標識で記念写真を撮る。山頂からの展望は、薄雲が邪魔をしてはっきりしない。

山頂に20分ほど留まり、小至仏山へ向かう。小至仏山への尾根歩きは巨岩の間を縫って行く。この辺りは至仏山特有種の植物が多く、カトウハコベやムラサキタカネアオヤギソウが咲き、特有種の中でも本命のホソバヒナウスユキソウにも出合うことができた。

小至仏山で赤とんぼが乱舞するピークで一息つき、池塘のある**オヤマ沢田代**のベンチで、尾瀬ヶ原に最後の別れを告げ、鳩待峠へ下山した。

尾瀬ヶ原を見下ろし 朝食休憩

高天原へ階段を上る

立派な至仏山山頂標識で

歩程◉ 6 時間 30 分　10.8km

H=1591m　**鳩待峠** 13:45 ⇒ 3.0k ⇒ H=1400m　**山ノ鼻 尾瀬ロッジ（泊）** 14:40~4:55 ⇒ 1.5k ⇒ H=1800m　**中間点** 6:25~6:45 ⇒ 1.5k ⇒ H=2228m　**至仏山** 8:15~8:35

⇒ 1.0k ⇒ H=2162m　**小至仏山** 9:25~9:35 ⇒ 0.8k ⇒ H=2030m　**オヤマ沢田代** 10:00~10:10 ⇒ 3.0k ⇒ H=1591m　**鳩待峠** 11:30

西黒尾根から目指す双耳峰

30 谷川岳《たにがわだけ》 1963m

標高差◉1213m　登頂日◉2010・8・22
ルート図◉5万分の1地形図「越後湯沢」「四万」　参加者◉11名

ロープウエイから 西黒尾根（右手前）の奥に谷川岳を望む

　昨夜宿泊した土合山の家を早朝5時に出発し、1キロほど離れた**ロープウエイ山麓駅駐車場**へ。

　駐車場内で身支度を整え、山麓駅の横を抜けて国道291号線を進むと、15分ほどで**西黒尾根登山口**に到着する。

　登山口を入ると、いきなり、尾根先端の急斜面に取りつく。尾根に向かって転石の多い荒れた登山道をたどる。西黒尾根は厳しい尾根歩きが予想されるので、体調がイマイチの女性たちを列の前に、時間をかけながら急坂の上りが続く。

　ホトトギスが咲く登山道を30分ほど上ったところでウェアー調整の小休止をとる。その直後、心配していたS子さんの動きが止まる。夫のA氏が付き添いロープウエイで別コースを行くことになり下山していった。残りのメンバーは尾根の広場で朝食をとり、さらに樹林帯の急登を続ける。

　樹林帯を抜けるとラクダのコブを見上げる**岩場**に出た。南にロープウエイの駅がある天神平を眺めて一息つく。

　尾根道は岩場に取りつき、クサリ場が連続する。尾根上にはイブキボウフウ、ワレモコウ、シモツケソウなどの高山植物が花開く。右のマチガ沢に目をやると、大きな雪の塊が谷底に転がる。花に目を奪われながらも、尾根上に続く岩場をひとつずつ越えてゆく。

　一つ目のラクダのコブに続いて二つ目のコブを越えると**ラクダのコル**だ。緩やかな草原にはお花畑が拡がる。ノアザミが群生し、トリカブトの仲間のナンタイブシも群生する。

ラクダのコブを越える

　氷河の跡といわれる一枚岩を越えると、山頂へと続く険しい尾根が望まれる。先ほどまでガスがかかっていて見えなかった山頂の双耳峰トマノ耳、オキノ耳がやっと姿を見せ、多くの高山植物が群生するお花畑を抜けてゆく。

　厳しかった西黒尾根も、**ザンゲ岩**を過ぎると穏やかになる。登山道には、蛇紋岩の転石が多い。

　蛇紋岩は早池峰山や至仏山など日本では数少ない山で見られ、深成岩が熱変成を受けて生成され隆起した岩である。

　天神尾根を上ってくる登山者の列が見え、積雪に備え石垣の上に立てられた分岐標識に着いた。

　稜線をたどると天神尾根コースを左から合わせ、すぐに二等三角点を持つ双耳峰の一つで、別名を薬師岳とも呼ばれる**トマノ耳**に到着した。ここで、先に到着していたＡ氏と合流。Ｓ子さんはまだ体調が思わしくなく、避難小屋まで来て待機しているという。

オキノ耳からトマノ耳（主峰薬師岳）を望む

トマノ耳からオキノ耳を望む

主峰トマノ耳の山頂はあまり広くない。次々と登ってくる登山者に席を空けて**オキノ耳**へ向かう。

双耳峰の間は狭い岩尾根で、15分ほどでオキノ耳へ到着した。こちらの山頂も狭い。思い思いに岩場に腰を下ろして昼食をとっている間も、多くの登山者が次々と登ってくる。

山頂から眺める周囲の展望は、蛇紋岩の崩落個所が多い。西黒尾根などの痩せ尾根と、一ノ倉沢やマチガ沢などの深く切れ落ちた谷が目立つ。

昼食後、トマノ耳に戻ると、Ｓ子さんが上ってきていた。やっと全員が揃い、山頂で記念写真を撮り山頂を後にする。

天神尾根を下る

下山は避難小屋を経て、天神尾根を下る。**天神平駅**から谷川岳ロープウエイに乗り、車窓から谷川岳に別れを告げ下山した。

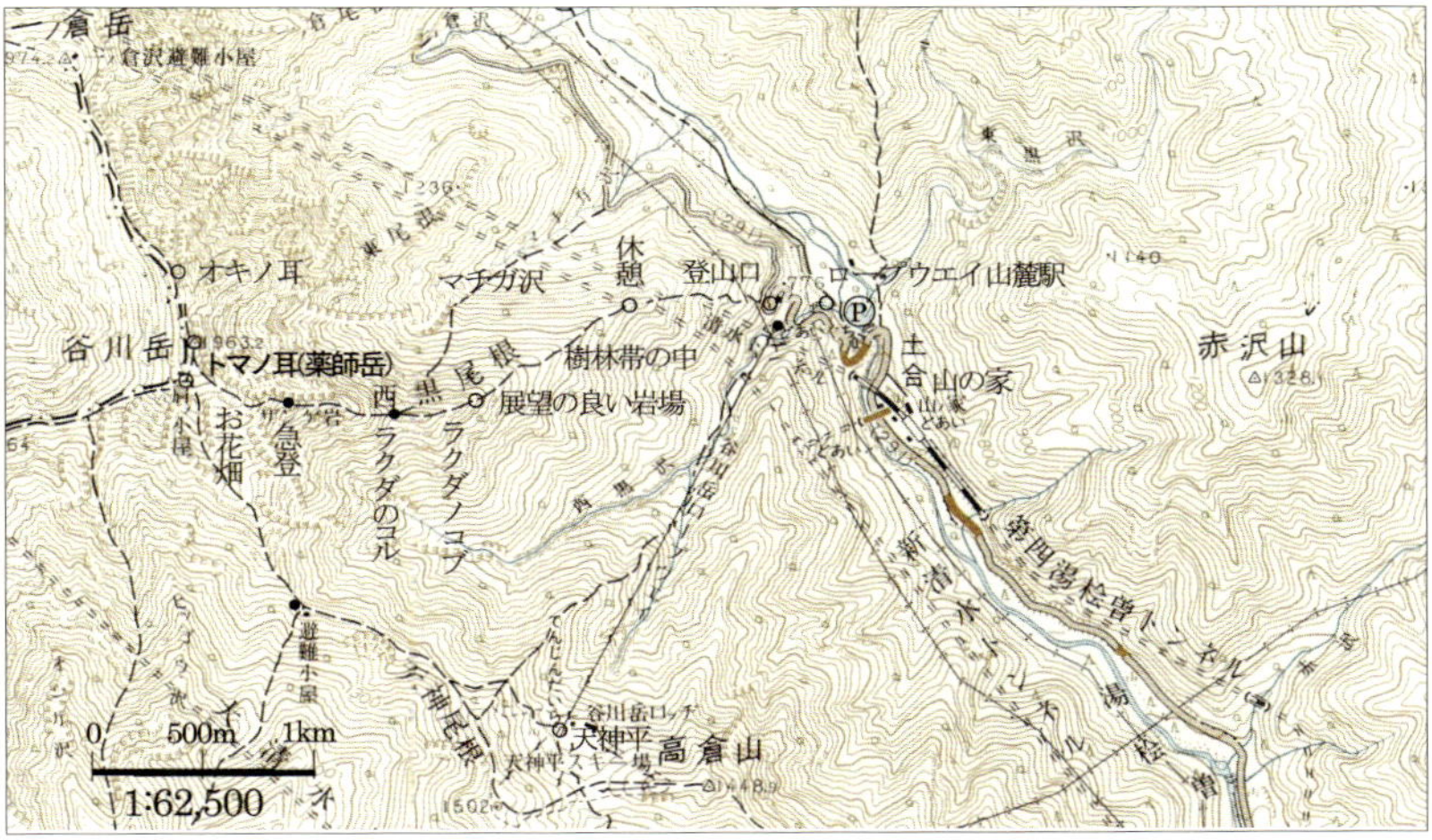

歩程◉ 7 時間 20 分　7.5km

地点	標高	区間距離	時刻
ロープウェイ駐車場	H=750m		5:20
⇒ 登山口	H=800m	0.3k	5:35
⇒ 休憩（朝食）	H=1130m	0.6k	6:30~6:50
⇒ 岩場	H=1420m	0.7k	7:45~7:55
⇒ ラクダのコル	H=1600m	0.7k	8:35
⇒ ザンゲ岩	H=1840m	0.8k	10:10
⇒ トマノ耳	H=1963m	0.5k	10:40
⇒ オキノ耳	H=1977m	0.5k	10:55~11:35
⇒ トマノ耳	H=1963m	0.5k	11:45~12:10
⇒ 天神平	H=1310m	2.9k	14:15~14:25
=ロープウェイ= ロープウェイ駐車場	H=750m		14:35

湿原から目指す　信越県境の峰

31 雨《あま》飾《かざり》山《やま》　1963m

標高差◉836m　登頂日◉2004・5・30
ルート図◉5万分の1地形図「小滝」　参加者◉6名

穏やかな笹原が拡がる笹平から険しい表情の雨飾山を望む

昨日は、長野の善光寺参りの後、ミズバショウで有名な鬼無里村の“奥裾花自然園”を観光し、小谷温泉の**村営雨飾荘**に宿泊した。

山行当日の朝、6時過ぎに宿を出て登山口へと向かう。前日の天気予報に出ていた寒冷前線の南下が気になるところだが、今のところ空は見事に晴れ上がっている。

県道114号線を3キロほど進んだ三叉路に、右へ雨飾高原キャンプ場の看板が立つ。右折して1キロ足らずで、休憩舎が建てられた**雨飾山登山口**のかなり広い駐車場に入る。

すでに止められていた数台の車に並べて駐車する。身支度を整えて、休憩舎と案内板との間から**登山口**を入る。道は緩やかに下り、小さな流れに架かる木橋を渡り平らな道を行く。ここは大海川の流れにそってできた湿地帯で、やがて一面のミズバショウが迎えてくれた。

予想もしていなかった水芭蕉の群生である。昨日の奥裾花自然園では、ここより標高が高い割には開花の最盛期を過ぎていた。しかし、ここのミズバショウは、まさに今が最盛期である。

湿地帯に設けられた木道を行くと、かなりの量の残雪がある。この残雪から流れ出る冷たい水が、ミズバショウの開花時期を遅らせているようだ。

ニリンソウが咲き始めた上流部に立つ標識から、登山道は左の山腹に取りつく。急斜面で息が荒くなる足元に、コイワカガミが可憐な淡紅色の花をつけ、灌木の間にムラサキヤシオが濃い紅紫色の花をつける。

最盛期を迎えたミズバショウの群生地

道はすぐに明るいブナの尾根道になる。登山口から1時間でブナ林の中の大きな雪渓に出て、荒菅沢へ30分、山頂まで120分の標識を過ぎる。

いくつかの雪渓を横切り、**荒菅沢**の大雪渓を渡り終え、初めての休憩をとる。甘いフルーツを口にして、元気を出して再び登山道を行く。

灌木帯を抜けるとシラネアオイ、オオバキスミレ、カタクリなどが多くなる。道は痩せ尾根になり、左に見える雨飾山頂直下の大雪渓が迫る。

尾根道は次第に厳しさを増す。地表を這う黄色のキジムシロの花に

ミズバショウ群生地の木道をたどる

励まされ、やっとの思いで岩場を上り切ると**笹平**に上がった。

笹原の奥には雨飾山の岩峰がそそり立ち、山頂に立つ人影を望むことができた。

梶山新湯への分岐標識を過ぎて穏やかな起伏の笹平を行くと、ヒメイチゲ、ハクサンイチゲなど多くの花々を見ることができた。

笹平の穏やかな起伏から、氷河の痕跡を残すカール地形をした荒菅沢源流部を覗く鞍部へ下る。「振り向けば荒菅沢」の標識が立ち、引き込まれそうな雪渓が谷底へと流れ落ちる。

岩尾根に設けられたハシゴを上る

山頂への最後の急坂を上り詰めると、北峰は新潟県、南峰は長野県と、それぞれに分かれた双耳峰の**雨飾山山頂**に出た。二等三角点が設けられた狭い南峰の山頂には、祠が祀られている。

山頂からは、雲間に遠く槍ヶ岳が望まれ、右へ目を転ずると、白馬連峰から延びてゆく山並みの先に日本海の水平線が望まれた。

山頂標識で記念写真を撮り、広場の片隅に腰を下ろして昼食をとっていると、糸魚川方面の谷から雲が湧き上がってきた。なんとなくいやな雲だ。天気予報の寒冷前線の通過を想い出し、山頂滞在を1時間で切り上げて下山を始める。

途中、痩せ尾根の岩場を過ぎ、ガラ場に張られたロープを慎重に下ると、知らない間に空一面を黒い雲が覆い始めていた。

雪渓を渡り、ブナ林に入ると、突然大粒の雨が降り出した。

意外に早い天候の変化に、ブナ林の木陰で急いで雨具をつける。本降りになってしまった雨の中を登山口へ下山した。

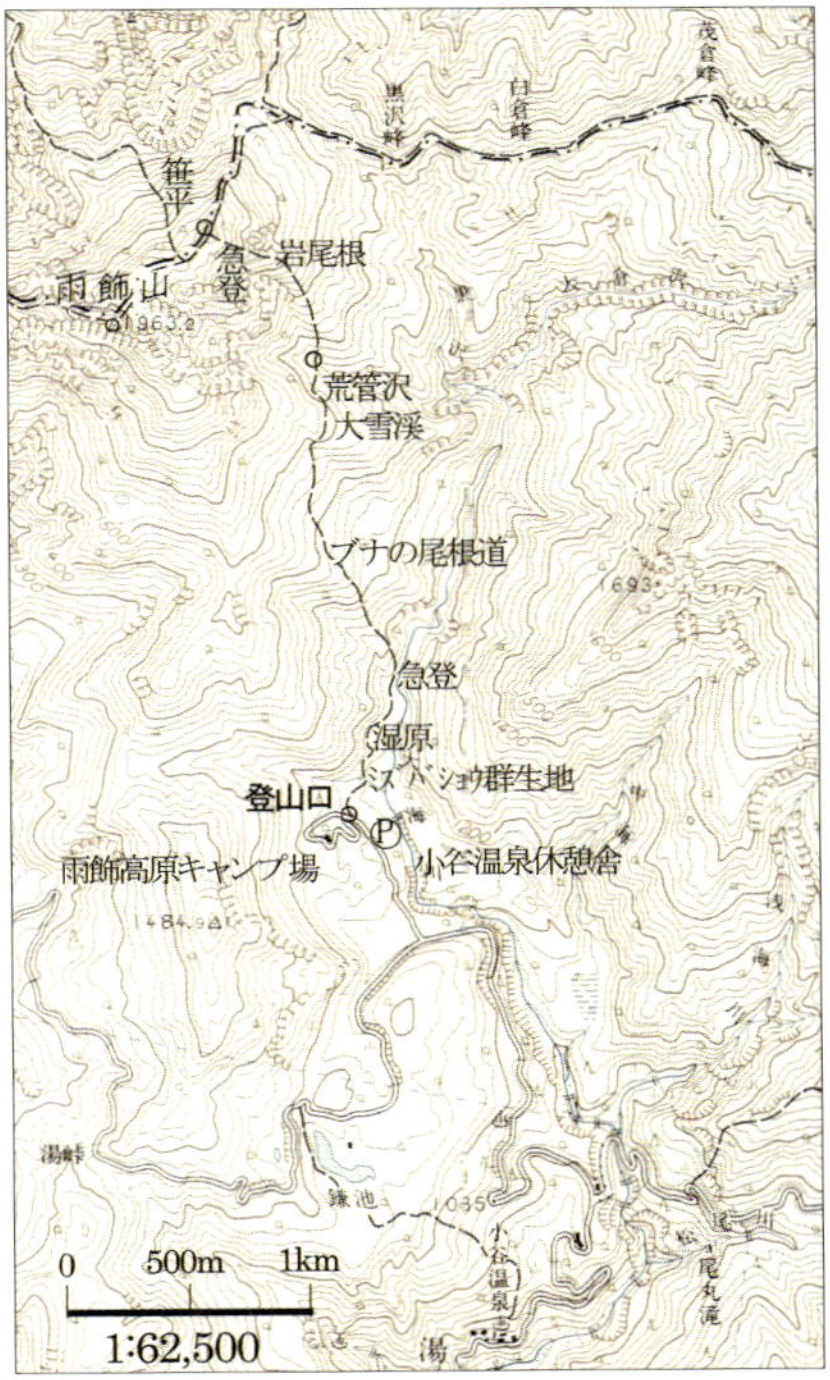

まだ青空が見えていた 雨飾山頂で

歩程◉ 7 時間 15 分　7.8km

H=1127m **雨飾山登山口** 6:25 ⇒ 2.4k ⇒ H=1448m **荒菅沢** 8:15~8:25 ⇒ 0.9k ⇒ H=1894m **笹平** 10:00~10:10 ⇒ 0.6k ⇒ H=1963m **雨飾山** 10:45~11:40 ⇒ 0.6k ⇒

H=1894m **笹平** 12:10 ⇒ 0.9k ⇒ H=1448m **荒菅沢** 13:15~13:20 ⇒ 2.4k ⇒ H=1127m **雨飾山登山口** 15:00

広大な山頂台地の花の名山

32 苗《なえ》場《ば》山《さん》 2145m

標高差◉805m 登頂日◉2012・7・28
ルート図◉5万分の1地形図「苗場山」 参加者◉6名

雷清水の水場から望む苗場山

昨日の魚沼駒ヶ岳では、9時間に及ぶ尾根歩きで体力を消耗させられたが、昨夜宿泊した六日町の宿で十分に休養をとり今日に備えた。

早朝5時に六日町から関越自動車道経由で、6時過ぎに**かぐらスキー場の町営駐車場**に到着した。

駐車場はすでに満杯。何とか1台分のスペースを見つけて車を止め、車外に出て身支度を整える。

駐車場の隅に立つ苗場山俯瞰図と**登山口**の標識から登山道に入る。ヤマアジサイが茂る道を進むと、前が開けてゲレンデ沿いの道になる。ヨツバヒヨドリやヤマブキショウマが群生するゲレンデ沿いを行くと、和田小屋に続く舗装道路に出る。

登山口から25分で**和田小屋**に到着する。5分ほど立休みをして、ゲレンデ内に延びる道を行く。

道はゲレンデを斜めに横切り、ブナやダケカンバの樹林内に入る。右の白樺沢に沿って尾根の北側を進む道は、日当たりが悪くぬかるみが続く。

ゲレンデ上部で作業道を横切り、イワイチョウが群生する**下ノ芝**の休憩ポイントに着いた。

ここからは**中ノ芝**、**上ノ芝**と休憩ポイントが続く。ポイント毎に立休みを入れながら、テガタチドリやミズチドリが顔を出す明るい登山道を進む。アカモノやウラジロヨウラクなどのツツジ科の小低木が花をつける尾根の三叉路は、右から小松原コースを併せ、花崗岩の巨岩が重なり合う“股スリ岩”では、両手両足を踏ん張りながら下り、**神楽ヶ峰**の標識に着いた。

“股スリ岩”をまたいで下る

日当たりのよい神楽ヶ峰の小広場で一息つき、ミツバオーレンやコイワカガミが花開く尾根道を次第に下っていく。道が神楽ヶ峰の山腹を巻いてゆくと前方に苗場山が姿を見せた。

眼下に鞍部の草原が見渡せるようになると、このコースで唯一の水場“**雷清水**”に着いた。近くにコオニユリが咲く水場で、空になったペットボトルに貴重な水を補給する。水場周辺には、峠でよく目にするオタカラコウやキオンが群生する。

鞍部に向かってホソバコゴメグサ、ミネウスユキソウ、ヒメシャジン、クガイソウなどが次々と姿を見せ、カメラを向けながら坂道を下る。

水場から5分ほどで鞍部にある“**お花畑**”の標識に着いた。お花畑と云うだけあって、あたりには多くの高山植物が群生する。

オニシオガマやタテヤマウツボグサなど、次々と顔を見せる高山植物を楽しみながら鞍部のお花畑を行く。九合目の標識を過ぎ雲尾坂の標識が現れると、いよいよ尾根の急坂に取りつく。

　ジョウシュウオニアザミが咲く標高差２００ｍの急坂をゆっくりと登りきると、そこには山頂台地というには余りにも広大な高層湿原が広がる。

　苗場山は70万年～15万年前に噴火した安山岩や玄武岩で成り立ち、湿原は南北２キロ幅で東西４キロの範囲に広がり、多くの池塘が点在している。木道を辿り宿泊施設〝遊仙閣〟の裏手にまわると、裏庭のような広場に一等三角点と**苗場山**の山頂標識があった。

平坦な苗場山の山頂標識で

　標識で記念写真を撮り、木道わきにベンチが置かれた休憩ポイントまで戻る。

苗場山頂に拡がる広大な高層湿原

　広々とした高層湿原を眺めながら昼食をとり、山頂滞在40分で往路を辿り駐車場へと下山した。

歩程◉ 8時間45分　12.4km

地点	標高	時刻	距離
市営駐車場登山口	H=1340m	6:25	1.0k
和田小屋	H=1370m	6:50~6:55	1.6k
下ノ芝	H=1685m	8:10~8:20	1.0k
中ノ芝	H=1865m	9:00~9:10	1.0k
神楽ヶ峰	H=2029.6m	9:55~10:00	0.6k
雷清水	H=1940m	10:15~10:25	1.0k
苗場山	H=2145.3m	11:25~12:20	1.0k
雷清水	H=1940m	13:30~13:35	2.6k
下ノ芝	H=1685m	15:30~15:35	2.6k
市営駐車場登山口	H=1340m	16:55	

古い火口湖を抱く火打山と複合型火山の妙高山を巡る

33 妙《みょう》高《こう》山《さん》 2454m

標高差◉1154m　登頂日◉2008・10・4

34 火《ひ》打《うち》山《さん》 2462m

標高差◉1162m　登頂日◉2008・10・3

ルート図◉5万分の1地形図「妙高山」　参加者◉12名

火打山頂から南東に複合火山の山体を見せる妙高山を望む

　高い山から紅葉の便りが届き始めた10月初旬。新潟県南部に位置する頸城山塊に峰を並べる**妙高山・火打山**の二山を巡ることになった。両山とも「花の百名山」にも名を連ねる名山で、本来なら花のシーズンである夏に訪れたい山ではある。

　上信越自動車道の**妙高高原**ＩＣを出て30分。妙高山麓に沿って走り登山口のある**笹ヶ峰高原**に入る。県道の右に**火打山・妙高山登山口**の標識が立ち、登山者用駐車場が設けられている。こちらはほぼ満杯になっていて、左にある大きな駐車場に車を止めて身支度を整える。

　駐車場を出て県道を横切り、登山口の標識から駐車場内を進む。

　駐車場奥には、立派なログハウス造りの**登山口ゲート**が建てられている。ゲートに備え付けられた入山届ボックスに入山届を投函してゲートを入る。明るいブナ林に木道が延び、ほどなく小さな流れに架かる木橋を渡る。

ログハウス造りのゲート

　色づき始めたブナ林に延びる木道は手入れが行き届き、気持ちの良い森林浴を楽しみながら進む。やがて小さな流れを渡り、山腹をトラバース気味に行くと、谷の瀬音が聞こえだして清冽な谷川が流れる**黒沢**に着いた。

　黒沢で一息つき、谷川に架かる橋を渡ると急な山腹に取りつく。紅葉したハウチワカエデが目を引く巻き道を行くと、ユキザサが花期を終えて赤い実をつけていた。巻き道はやがて木の根をまたぎながらの急登になる。降雨があれば、たちまち谷川に変じるような登山道を上り詰めると、小さな枝尾根上の〝十二曲り〟に着いた。

　尾根は妙高山の山体を形成している凝灰岩の岩場が続き、女性メンバーが多いわがグループにとっては困難な上りが続く。高度が上がりブナやカエデが黄色く染まり、ナナカマドの紅葉が青空に映える。

　緩やかになった尾根道をたどると、黒沢池との分岐になる**富士見平**に着き、目の前の黒沢岳の紅葉を眺めて昼食をとる。

　黒沢岳山腹の紅葉を楽しみながらトラバースしてゆく。足元には

ブナ林の中に木道が延びる

秋の花の代表オヤマリンドウが、青紫色の花をつける。

やがて前方に頸城三山の最高峰である火打山が、象形文字の〝山の字〟になってそびえる。

緩やかな巻き道を行くと、樹海の中に建物の屋根が見え、笹原の木道を辿ってゆくと**高谷池ヒュッテ**に着いた。宿泊の受付を済まして荷物を部屋に置き、火打山へと向かう。

赤い実をつけたタカネナナカマドの間を抜けて木道を行く。花の季節ならば多くの花に埋まる高谷池に沿って笹原を進み、道は巨岩の間をすり抜けて少し高い場所に出ると、火打山が一段と大きく見える**天狗ノ庭**に着いた。

湿地を反時計回りに巡り尾根道に入る。火打山から北東に派生する尾根には、硫黄分を含んだ荒々しい岩肌の鬼ヶ城と呼ぶ岩場が姿を見せる。

道は北に切れ落ちた稜線上を辿りハイマツ帯に入る。尾根上の休憩ポイント**雷鳥平**で一息つき、振り返ると、古い火口にできた池塘のような天狗ノ庭が眼下に拡がる

笹の間にヤマハハコが咲く急坂をひと登りすると、広い山頂広場を持つ**火打山山頂**に着いた。二等三角点にタッチし、山頂からの大展望を楽しむ。

南東には典型的な複合火山の妙高山。西にたどれば頸城山塊の焼山と雨飾山。南には高妻山や黒姫山など北信の名だたる山々が峰を連ねる。

山頂からの展望を十分に楽しみ、山頂標識でそれぞれ記念写真を撮り山頂を後にする。

高谷池ヒュッテに戻り、夕食後、テレビ放送で明日の天気を確認し、早々と床に就いた。

神秘的な雰囲気が漂う 天狗ノ庭

キャッチボールができそうに広い火打山山頂広場で

外輪山の奥に妙高山 山頂

歩程◉（1日目）6時間10分　11.0km　（2日目）8時間55分　12.2km

H=1300m　**笹ヶ峰駐車場** 9:20 ⇒ 0.3k ⇒ H=1320m　**登山口** 9:30 ⇒ 1.7k ⇒ H=1570m　**黒沢** 10:10~10:15 ⇒ 2.0k ⇒ H=2060m　**富士見平** 12:00~12:35 ⇒ 1.6k ⇒ H=2105m　**高谷池ヒュッテ** 13:15~13:30 ⇒ 0.7k

⇒ H=2125m　**天狗ノ庭** 13:50 ⇒ 1.7k ⇒ H=2300m　**雷鳥平** 14:30~14:35 ⇒ 0.3k ⇒ H=2462m　**火打山** 15:05~15:40 ⇒ 2.7k ⇒ H=2105m　**高谷池ヒュッテ（泊）** 17:05~5:00 ⇒ 2.0k ⇒ H=2000m　**黒沢池ヒュッテ** 6:00~6:10

⇒ 0.5k ⇒ H=2140m　**大倉乗越** 6:35~7:00 ⇒ 0.8k ⇒ H=2030m　**燕新道分岐** 7:40~7:50 ⇒ 1.0k ⇒ H=2454m　**妙高山** 9:15~9:40 ⇒ 1.0k ⇒ H=2030m　**燕新道分岐** 10:55~11:05 ⇒ 0.8k ⇒ H=2140m　**大倉乗越** 12:00~12:25 ⇒ 0.5k

⇒ H=2000m　**黒沢池ヒュッテ** 12:45~12:50 ⇒ 1.6k ⇒ H=2060m　**富士見平** 13:35~13:40 ⇒ 2.0k ⇒ H=1570m　**黒沢** 15:05~15:10 ⇒ 2.0k ⇒ H=1300　**笹ヶ峰駐車場** 15:55

黒沢池と黒沢池ヒュッテ

一等三角点のある 妙高山山頂標識

翌朝4時に起床して準備を整え、まだ暗い5時に高谷池ヒュッテを出る。道は木道を辿り、やがて凝灰岩や安山岩などの間を縫って進み、溶岩ドームで形成された茶臼山を縦断して進む。

明るくなった空の下に、外輪山の奥に空に向かってお尻を突き出したような、妙高山のシルエットが浮かびあがる。

東の空が茜色に染まり、日の出を待ちながら坂を下ると、木々の間から朝の光が差し込む。

眼下には冷え冷えとした黒沢池とヒュッテが望まれる。山腹を下り、池の端を回り込むと、**黒沢池ヒュッテ**に到着した。

ヒュッテ前のテーブルは宿泊者専用で使えず、朝食は大倉乗越までお預け。

複合火山の外輪山になる大倉山の鞍部まで急な上りが続く。前方に朝日を受けたブナが輝き**大倉乗越**に着いた。峠の広場はあまり広くはないが、左右に妙高山と火打山を眺めながらの最高のロケーションで朝食をとる。

ここからは身軽に行動できるように、峠にリュックをデポして山頂を目指す。旧火口壁に沿ってトラバース気味に急な下りが続く。火口壁が風よけになって温暖なため、ホタルブクロ、ミヤマアキノキリンソウ、クモマニガナなどが花をつけている。

温暖な火口壁歩きで汗ばんできたところ**燕新道分岐**に着き、休憩をとり頂上アタックに備える。

ここから先はコース全体が岩場の連続である。いくつかのパーティに道を譲りながらも、ゆっくりとしたペースでの上りが続く。右に険しい北壁が見えると、道はやがて双耳峰の鞍部に出て、南峰の妙高山へと稜線をたどる。

稜線の岩場ではコケモモが赤い実を、シラタマノキは白い実をたくさんつけていた。山頂からの人の声が聞こえだし、大きな岩の間を抜けてゆくと、広い山頂広場を持つ**妙高山山頂**に着いた。

広場の中央には山頂標識と一等三角点が設けられ、山頂からは360度の素晴らしい展望が拡がる。

山頂からは、北に日本海の大海原が拡がり、水平線の丸みまでもが感じられる。南の方角には、大海原に浮かぶ島のように富士山が姿を見せる。

広場西の岩場に上がると、北アルプスの峰々が壁のように連なり、目の前には頸城山塊を望む。

しばらくの間大展望を存分に満喫して、山頂標識で記念写真を撮り、山頂を後にする。

燕新道出合を経て、再び外輪山の火口壁を登り返し、リュックをデポした大倉乗越へ戻る。

朝に続きここで昼食をとり、黒沢池ヒュッテへと往路を辿る。ヒュッテ前の分岐からは、左へ黒沢上流の平坦な草原の木道をたどる。

右に見える黒沢岳の山腹の素晴らしい紅葉を眺めながら行くと、列の後方では思わず鼻歌も飛び出し、笑い声が絶えない。

やがて、黒沢に架かる木橋を渡ると道は草原を離れ、ブナやカエデの紅葉が最盛期を迎えた黒沢岳の山腹を巻いてゆく。

富士見平の分岐で一息つき、笹ヶ峰への長い下り坂を上りの時と変わらぬほどの時間をかけて下る。

黒沢橋のたもとで一息つき、再び軽快なブナ林の木道を辿り、登山口へと戻ってきた。

妙高山頂から西へ 遠く北アルプス北部の峰々と 近くは雨飾山,、焼山、火打山など頸城山塊の山々を望む

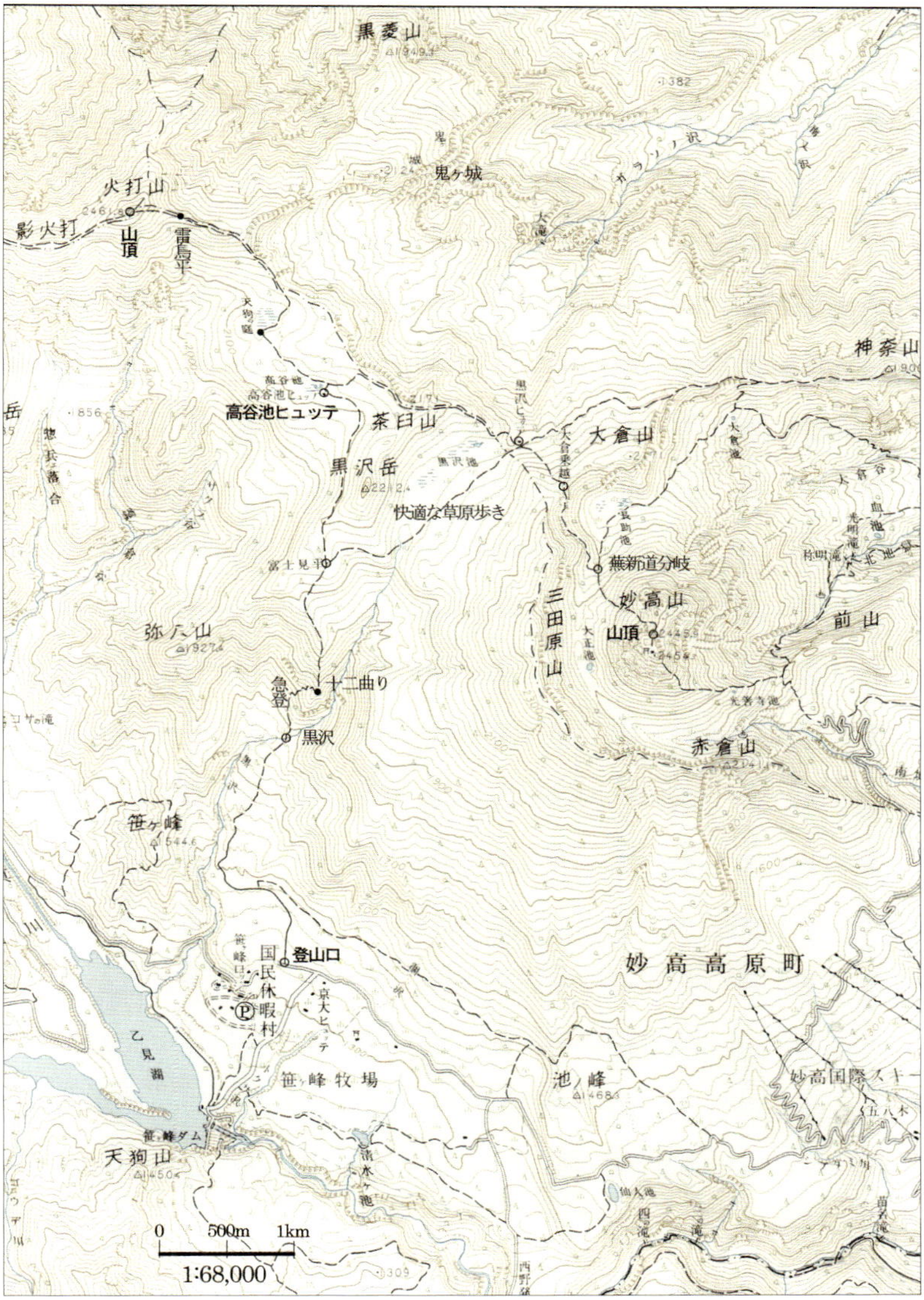

沢登りを経て、長い尾根歩きで挑む

35 高妻山《たかづまやま》 2353m

標高差◉1183m　登頂日◉2013・8・25

ルート図◉5万分の1地形図「戸隠」　参加者◉3名

薄暮のソバ畑から戸隠連峰の右奥に望む 高妻山

昨夜宿泊した**戸隠高原**の民宿を出発し、4キロほど離れた戸隠キャンプ場駐車場へ向かう。

駐車場から道路を横切り、キャンプ場内の道を行く。夏休みの週末を楽しむ家族ずれが多いキャンプ場と戸隠牧場の間を行き、**高妻山登山口**の標識が架けられた防護柵を抜けて牧場内に入る。

牧場内には乳牛が草を食み、その近くを通ってゆく登山道は百名山中初めての経験だ。再び防護柵を抜け出ると樹林内の登山道に入る。

昨日降った雨による流水がいたるところで登山道に流れる。路肩には花の時期を少し過ぎたノブキが多く生え、ジャコウソウが淡い紅紫の唇形花をつける。左に堰堤を見送り、その先で沢を渡る。

沢の右岸を行くと滑り滝が現れ、左から巻いて滝の上に出る。オオシラヒゲソウの白いひげのような花が咲き、水の流れる登山道を行く。

沢を渡り返しながら進み、**大洞沢**の水のない広場を見つけて朝食をとる。朝食を終えて再び登山道を行くと、帯岩と呼ばれる一枚岩が行く手を遮り、岩の右側を不動滝が流れ下る。帯岩の左からクサリを支えに取りつく。一枚岩の中ほどを慎重に渡り切ると、滝の左を上って帯岩の上に出る。

チョウジギクが咲く帯岩を離れると、いつしか沢は伏流になり水音も消える。程なく最後の水場である氷清水に着き、山腹に差し込まれた塩ビのパイプから清水が流れ、冷たい清水を飲んで一息。

スダヤクシュなどが咲く灌木帯を20分ほど辿ると、尾根上に建つ**一不動避難小屋**に着いた。

避難小屋の前で小休止をとり、尾根道を行く。尾根上には修験道場だったころの名残の道程標識が、この一不動から山頂直下の十阿弥陀まで続く。

日当たりのよい場所にはトモエシオガマやオヤマリンドウなどの秋の高山植物が生える。二釈迦を過ぎるころガスが出てきて視界を遮る。三文殊、四普賢と過

水の流れる谷沿いの登山道を行く

コース最大の難所“帯岩”の岩壁を横切る

ぎ、尾根上のピーク**五地蔵山**に着いた。

五地蔵を出ると、弥勒尾根コースが右から合流する六弥勒に着く。ここから八丁ダルミへ向かって緩やかに下ってゆく。

七薬師をすぎると秋の高山植物が多くなりハクサンオミナエシやミヤマキタアザミなどが咲き、オヤマリンドウは日を受けて花開いて群生する。前方の高妻山は、前衛のピークに隠れて姿を見せない。

道は急斜面の上りになる。八観音を過ぎ、更に上りが続き九勢至に着いた。日当たりのよい尾根上には赤い実をつけたマイズルソウの群落が拡がり、高山植物が多くなる。ここでも、まだ山頂はガスに包まれてその姿を見せない。

急坂を登りきると視界が拡がり、笹尾根の奥に山頂らしきピークが現れた。尾根を辿ると岩尾根に出て、巨岩の間に祀られた十阿弥陀に着いた。

そこから巨岩の間のペンキ印を辿ってゆくと、岩山の中に立つ高妻山の山頂標識に着いた。岩の間の狭い場所に5~6人の登山者が昼食をとっていた。二等三角点にタッチして、山頂標識で記念写真を撮り、岩に腰を下ろして昼食をとる。

山頂からの展望は、薄い靄と尾根越しに流れるガスではっきりしない。45分間の滞在を終えて山頂を後に、弥勒尾根コースを辿り下山した。

東に展望が開けた五地蔵山

岩山に設けられた山頂標識で

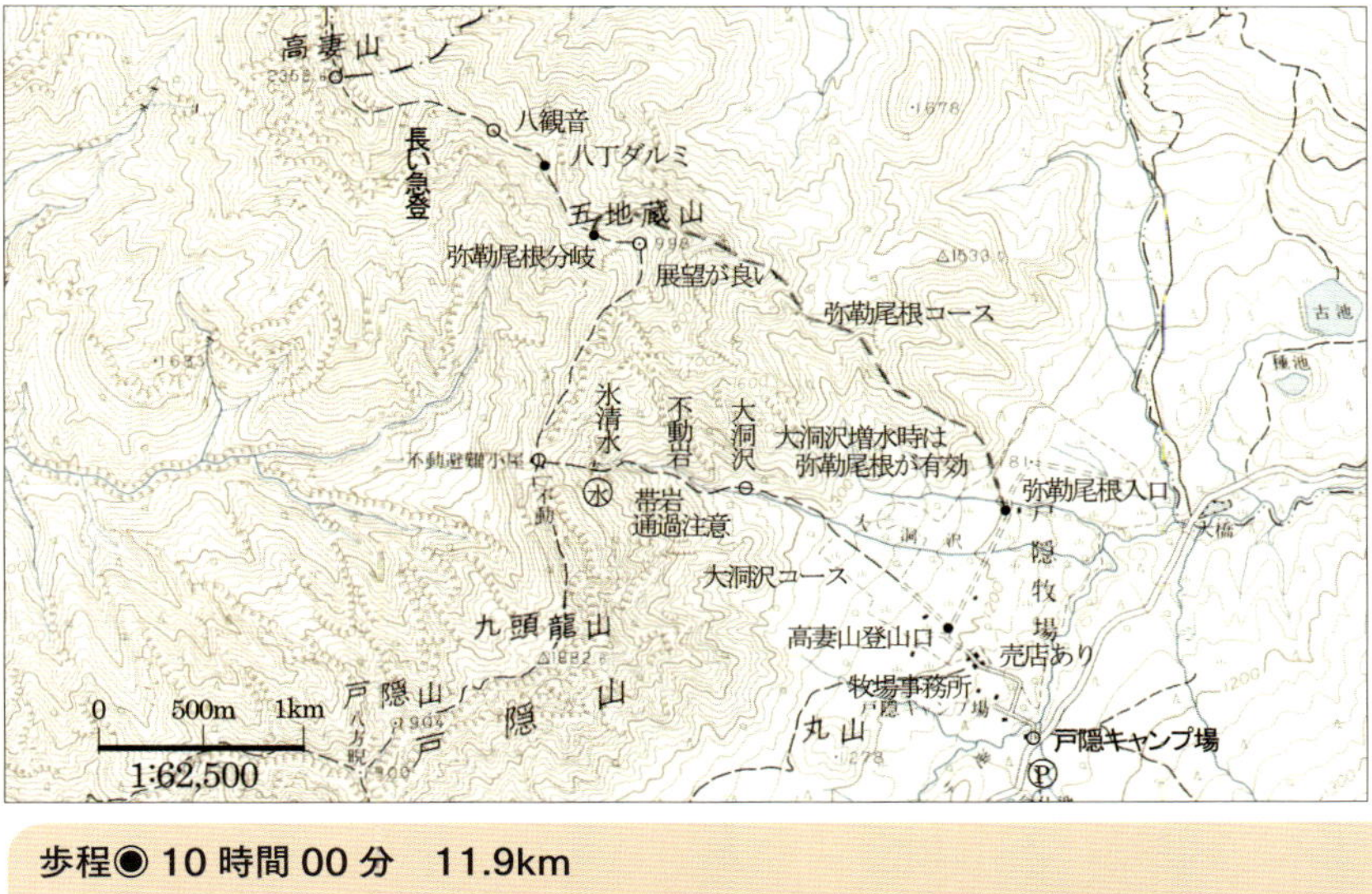

歩程◉ 10 時間 00 分　11.9km

戸隠キャンプ場	⇒	大洞沢	⇒	一不動避難小屋	⇒	五地蔵山	⇒	八丁ダルミ	⇒
H=1170m		H=1500m		H=1747m		H=1998m		H=2020m	
5:10	2.0k	6:20~6:45	1.0k	7:45~7:55	1.2k	9:00~9:10	0.8k	9:55	1.0k

高妻山	⇒	八観音	⇒	弥勒尾根分岐	⇒	弥勒尾根入口	⇒	戸隠キャンプ場
H=2352.8m		H=2060m		H=1960m		H=1180m		H=1170m
11:30~12:15	0.7k	13:10~13:20	0.9k	14:20	2.5k	16:25	1.8k	16:50

上信越スナップ集

真夏の奥只見湖に浮かぶ観光遊覧船

銀山温泉から望む魚沼（新潟）駒ヶ岳

初夏の尾瀬ヶ原。ミズバショウの奥に見る残雪の至仏山

尾瀬への街道沿いの観光スポット“吹き割の滝”

古来より多くの参拝者を集める長野善光寺

戸隠神社奥社参道の中ほどに建つ随身門

外輪山の黒斑山から雄大な浅間山の山頂部を望む

北関東

関東北部に点在する北関東の山々には名山も多く、九山の内、筑波山を除く八山すべてが火成山である。中でも草津白根山と浅間山は今も活動を続ける活火山であり、特に、浅間山は世界的にも知られた火山である。１９７２年の噴火以来、山頂に立つことができず、２０１０年４月に気象庁が警戒レベルを２から１に引き下げたことにより、現在は前掛山までの入山が許可されている。

36 男体山《なんたいさん》 2484m

標高差◉699m　登頂日◉2011・7・29　参加者◉9名
ルート図◉5万分の1地形図「男体山」「日光」

登頂の翌日。湯ノ湖から男体山を望む

昨日、雨に降られて那須岳に上り、昨夜は**霧降高原**に宿をとった。宿を出て、日光方面へ車を走らせると、右に見える女峰山の頂上部分はガスに覆われている。今日も昨日同様に、天候は期待できそうにない。

日光で弁当を仕入れていろは坂を上り、当初予定していた**二荒《ふたら》山《さん》神社**からの入山を変更し、**戦場ヶ原**から男体山林道に入る。今日は雨に降られる確率が高い。中禅寺湖畔の二荒山神社より標高500mほど高い場所にある志津乗越なら、歩行時間が可なり短縮できるという判断である。

林道は男体山の山腹を時計回りに進み、戦場ヶ原から25分ほどで**志津乗越**に着いた。幸い、今は雨が降っていないが、雨具をつけて身支度を整え、少し離れた登山口へと向かう。

登山口を入るとほどなく、避難小屋として利用ができる**志津小屋**が建ち、その奥を右に曲がると**二荒山神社志津宮**の前に出た。まずは登山の安全を祈り、神社に参拝をして登山道を進む。

山頂に神社が祀られて参道になっている登山道は、昔から多くの人が訪れたことで、土砂が流れて掘割のようになっていることが多い。ここもその例にもれずに深い掘割になっていた。さらに、あいにくの雨で水溜りができているので、掘割の縁を辿りながら進む。今にも泣きだしそうだった空からは、とうとう雨が落ちてきた。

2合目付近で立休みをとり雨具を整え、再び樹林の中を進む。このコースは、合目ごとに標識が立てられていて時間配分がしやすい。いつしか雨も上がり、4合目付近のトドマツの樹林を登る。標高が上がり2200mを過ぎた7合目付近までくると、左に崩れた**崩壊地**に出た。登山道の足元から赤茶けた火山灰がざっくりと崩れ落ち、覗き込んでいると吸い込まれそうである。

崩壊地を過ぎると樹林が途切れ、右の中央火口の縁に沿って赤土の道をたどる。再び小雨が降ってきて、8合目の標識を過ぎると、雨に濡れたハクサンシャクナゲの群生地に入った。

4合目のトドマツ林を上る

足元から崩れ落ちた谷を覗く

尾根に生えるコメツガやウラジロモミなどの樹木は、冬の厳しい環境に耐えて矮小化している。

ウラジロモミは別名をニッコウモミとも呼ばれていて、この地方に多く自生する。この時期はちょうど花期を迎えていて、枝先に白い雄花をたくさんつけていた。

9合目の標識を過ぎると道は火山灰の草地を行き、ゴゼンタチバナ、ネバリノギラン、クルマユリなどの数少ない花々が迎えてくれた。平坦な火口壁の稜線をたどると、ピークに立てられた**男体山**の山頂標識に着いた。

近くにある一等三角点にタッチして、山頂標識に集まり、ガスの中での記念写真に納まる。

山頂標識で一等三角点にタッチ

あまり広くない山頂から南側へ岩山を下ると、平坦な山頂広場に出る。かなり荒れた状態の**二荒山神社奥宮**が建ち、その横には男体山のご神体となる二荒山大神（大《オオ》巳貴命《ナムチノミコト》）の像が建立されていた。

本来ならば独立峰なので展望が良いはずの山頂は、灰色のベールに包まれて何も見えない。生憎の天候のため登山者も少なく、我々のほかには一組の男女が上ってきただけだった。

山頂には雨を避けるような避難小屋はない。柱と屋根だけの古ぼけた東屋が建つのみである。ベンチもないこの東屋に入り、さしずめ立食パーティといった状態で、日光のコンビニで買ってきたおにぎりで昼食をとる。

30分足らずで昼食を終え、再び雨の中へと下山を開始する。山頂への岩山を登り返して鳥居をくぐり、山頂に別れを告げて志津乗越へと下山した。

翌朝、宿泊した湯元温泉で、ノリウツギの咲いていた湯ノ湖畔からは、均整のとれた男体山の姿を望むことができた。

山頂広場に建つ二荒山奥宮神社

歩程◉ 4 時間 40 分　6.0km

志津乗越車止		7合目崩壊地		男体山		二荒山神社奥宮		志津乗越車止
H=1785m		H=2210m		H=2484m		H=2480m		H=1785m
9:35	⇒ 1.6k	11:15	⇒ 1.3k	12:10	⇒ 0.1k	12:15~12:50	⇒ 3.0k	14:50

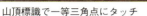

シラネアオイの故郷・奥白根山の山容はまさに〝山の字〟

37 奥《おく》白《しら》根《ね》山《さん》（日光《にっこう》白《しら》根《ね》山《さん》）2578m

標高差◉578m　登頂日◉2010・6・13
ルート図◉5万分の1地形図「男体山」　参加者◉7名

ロープウエイの山頂駅前から〝山の字〟の姿を見せる 奥白根山

今回の**奥白根山**への山行は、当初予定した至仏山が山開き前で入山できず、急きょ予定を変更して上ることになった山である。そんなわけで当日の朝は、尾瀬の**山ノ鼻**からの出発となった。

多くのトレッカーたちとすれ違い、1時間ちょっとで**鳩待峠**のバスターミナルに着いた。折よく入ってきたジャンボタクシーに乗り込み、戸倉の駐車場へと向かう。

戸倉から国道401号から210号線へ入り、30分で奥白根山の登山口がある**丸沼高原**へ到着した。

日光白根山ロープウエイの**白根登山口駅**の売店で、昼食用の食料を手に入れゴンドラに乗り込む。

登山口駅から山頂駅までは標高差600m、12分の空中散歩である。スキー場の上を行くゴンドラから仰ぎ見ると、〝山の字〟形をした日光白根山が望まれた。

山頂駅周辺は岩と高山植物のロックガーデン〟が整備され、〝天空の足湯〟も設けられている。お花畑には開花期を迎えたシラネアオイが一面に咲いている。この植物は一科一属の日本独自の植物で、名前からもわかるように、日光白根山に多く自生していたのでついた名前である。また、シラネアオイには珍しい白花も混ざって咲いていた。

シラネアオイのお花畑

お花畑にはエゾノツガザクラやチングルマも植えられて、自然状態での高山植物を見てきた眼には、ちょっと異様に感じられた。

山頂駅から左の遊歩道に入ると、間伐の行き届いた林内にシラネアオイが一面に咲いていた。整備された林の奥に建つ二荒山神社に参拝し、鹿の防護柵扉を開けて自然散策路に入る。

オオシラビソの針葉樹林帯を行き、右へ傾斜の穏やかな登山道に入る。登山道には残雪が多い。その残雪を踏みながら行くと、道の左側には大日如来像が祀られていた。この辺りから樹林は針葉樹からダケカンバの広葉樹林になり、**七色平**への分岐標識に着く。

分岐付近の林床に群生するカニコウモリは、やっと葉を広げたところである。七色平を直進すると傾斜が強まり、本格的な登山道になる。

道は残雪を踏んで急な山腹を巻いてゆく。やがて開花前のハクサンシャクナゲの群生地を抜ける

樹林帯を抜けると 荒涼とした山腹が拡がる

火山砂礫のザラ場を進む

祠の祀られた ピーク

安山岩ドームに立つ山頂標識を目指す登山者たち

と、森林限界に達する。

樹林帯を抜けると視界が拡がる。溶岩の砂礫が続く稜線へ向かって、多くの登山者の列が続く。稜線に向かって歩いてゆくと、花の少ない草原に可憐なヒメイチゲが白い花をつけていた。

火山灰砂礫の山腹をたどると、草原も消えて砂礫の滑りやすいザラ場へと替わる。その砂礫に足をとられながら進むと、左下に、ロープウェイの山頂駅が望まれた。

一段と傾斜が強まると、登山道に雪解け水が流れ下る。その源となる雪田を越えてゆくと、奥白根神社の祠が祀られ、分岐標識が設けられたピークに着いた。

ピークからは鞍部を挟んだ向かいの岩峰に奥白根山の山頂が望まれた。

鞍部に下り岩山を登り返すと、安山岩が重なり合った**奥白根山**の山頂に着いた。

山頂標識で記念写真を撮り終えると、混雑する山頂を後に奥白根神社が建つピークに戻る。

登山口駅で買った〝大きな大福〟とパンで腹ごしらえをして、ロープウェイ登山口駅へ下山した。

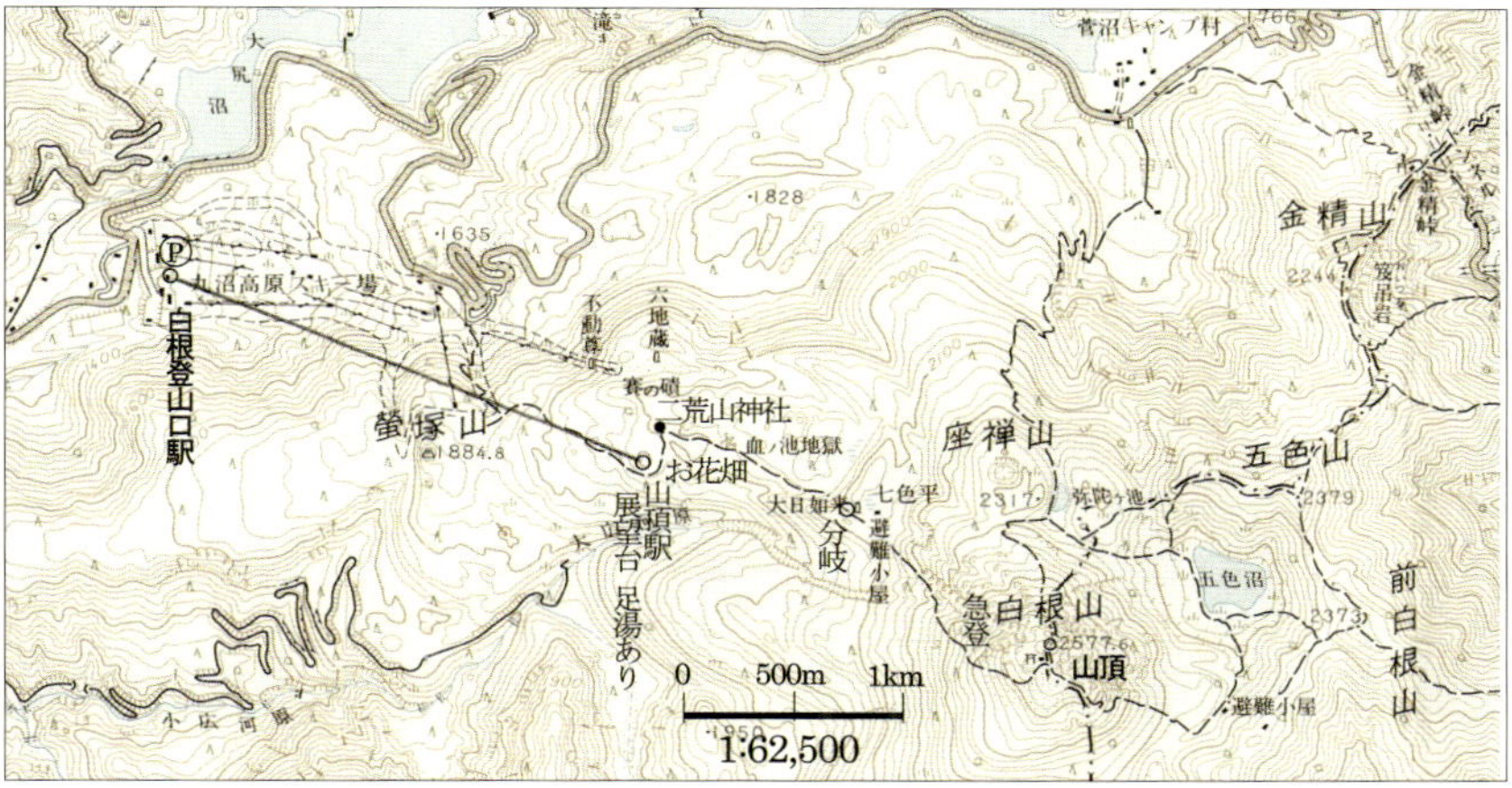

歩程◉ 4 時間 00 分　6.8km

H=1400m 白根登山口駅 9:10 =ロープウェイ= H=2000m 山頂駅 9:20~9:30 ⇒ 1.2k H=2115m 七色平分岐 10:05~10:10 ⇒ 2.2k H=2577.6m 奥白根山 11:50~12:30 ⇒ 2.2k H=2115m 七色平分岐 13:45~13:50

⇒ 1.2k H=2000m 山頂駅 14:20~14:25 =ロープウェイ= H=1400m 白根登山口駅 14:35

不動沢コースは雨後の増水に注意

38 皇《す》海《かい》山《さん》 2144m

標高差◉794m　登頂日◉2011・7・18
ルート図◉5万分の1地形図「男体山」　参加者◉6名

栗原川林道から望む端正な姿の皇海山

昨日は至仏山に上り、下山後、**戸倉温泉**に宿泊した。昨夜、宿の女将に皇海山への林道の様子を訪ねたところ、土木事務所に繋いでくれた。

土木事務所によると、皇海山への入山ルートの栗原川林道は、10日ほど前のがけ崩れで通れないという。少し遠回りだが、赤城山北麓の根利から林道に入るように指示された。

登山口まで時間がかかるため、早朝4時に戸倉を出発する。指示されたルートの60キロを2時間かけて、**皇海山登山口**のある**皇海橋**に到着した。

車から降りて谷の対岸の駐車場を見ると、本来予定した栗原川林道から入ってきた車が数台止まっていた。通行止めだった林道が通行可能になっていたのである。

身支度を整えて登山口の標識から林道に入る。トレッカーであふれかえっていた至仏山とは打って変わり、まったく人気のない林道を進む。

不動沢を渡渉する

10分ほどで林道左に「**皇海山頂入口**」と書かれた標識が立つ。入口を入ると、道はカラマツ林の中を進む。左に不動沢の流れを見下ろすと沢へ下り、水位の低い流れを渡渉する。道は右岸に渡り、谷を右手に見ながら緩やかな上りを行く。

流れの幅は次第に狭くなり、泥岩の一枚岩の上を〝滑滝〟となって流れ下る。瀬音を聞きながらの気持ちの良い上りが続く。

谷筋には橙色が強いクルマユリが咲き、本来は西日本に多く分布するというキク科のハンカイソウが黄色の花をつけていた。沢沿いの道は小さな流れを渡り返して、カラマツ林の中にある**中間点**の広場に着いた。

中間点を過ぎると、林相はカラマツからダケカンバやミズナラの落葉樹林に替わる。道は沢に下り浅い流れの中を進む。

沢歩きの多いこのコースは、雨の降った後は入山が難しそうだ。今回は晴天続きで幸いだった。

沢沿いには、花の形から中国の民間伝承に伝わる道教の神〝鐘馗〟に見立てたショウキランが、乳白色に薄紅色を帯びた花をつける。

沢から抜け出すと、所々に設けられたロープを頼りに急斜面を上る。林相は、さらにコメツガやシラビソに替わり、その中をまっすぐに上り詰めてゆくと**稜線出合**に着いた。

鞍部からは南東に、鋸山十一峰と呼ばれる峰々を望む。鋸山の先には庚申山という山岳信仰の山があり、皇海山はその奥の院になっている。近年、不動沢コースが開かれるまでは、栃木の足尾から鋸山経由で皇海山を目指していたという。

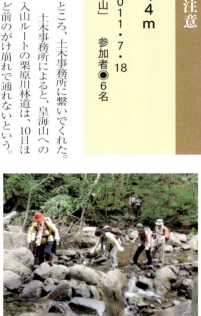

鞍部を出ると稜線の急登が始まる。登山道の脇にはギンリョウソウが、葉緑体を持たない白い花を付けている。

道は花崗岩の露岩が目立ち始め、この山が花崗岩の隆起によってできたことを物語る。原生林の中を行くと、突然、南に展望が開け、赤城山とその手前の袈裟丸山が望まれる。このコースでの初めての展望に、しばし、その眺めを楽しむ。

展望台から再び急斜面を行くと、バイケイソウの群落が拡がる。頂上直下の急坂では、木の根と花崗岩の転石が絡み合い、行く手を遮る。両手で木の根をつかみ悪戦苦闘して難所を過ぎる。

やがて道は平坦になり〝庚申二柱大神〟の剣型の銅像の前を過ぎて**皇海山**の山頂広場に出た。

山頂は木々に囲まれて展望は効かない。木々の間から覗くと、武尊山、至仏山、燧ヶ岳、奥白根山、男体山など北関東の名だたる山々が望まれた。

二等三角点にタッチし山頂標識で記念写真を撮り、山頂広場の転石に腰を下ろして昼食をとる。40分ほどの山頂滞在で、再び往路を辿り登山口の皇海橋へ下山する。帰路は、すでに崩落場所が片づけられた栗原川林道を経て家路についた。

鞍部から南東に 鋸山十一峰を望む

展望の効かない皇海山山頂広場で昼食をとる

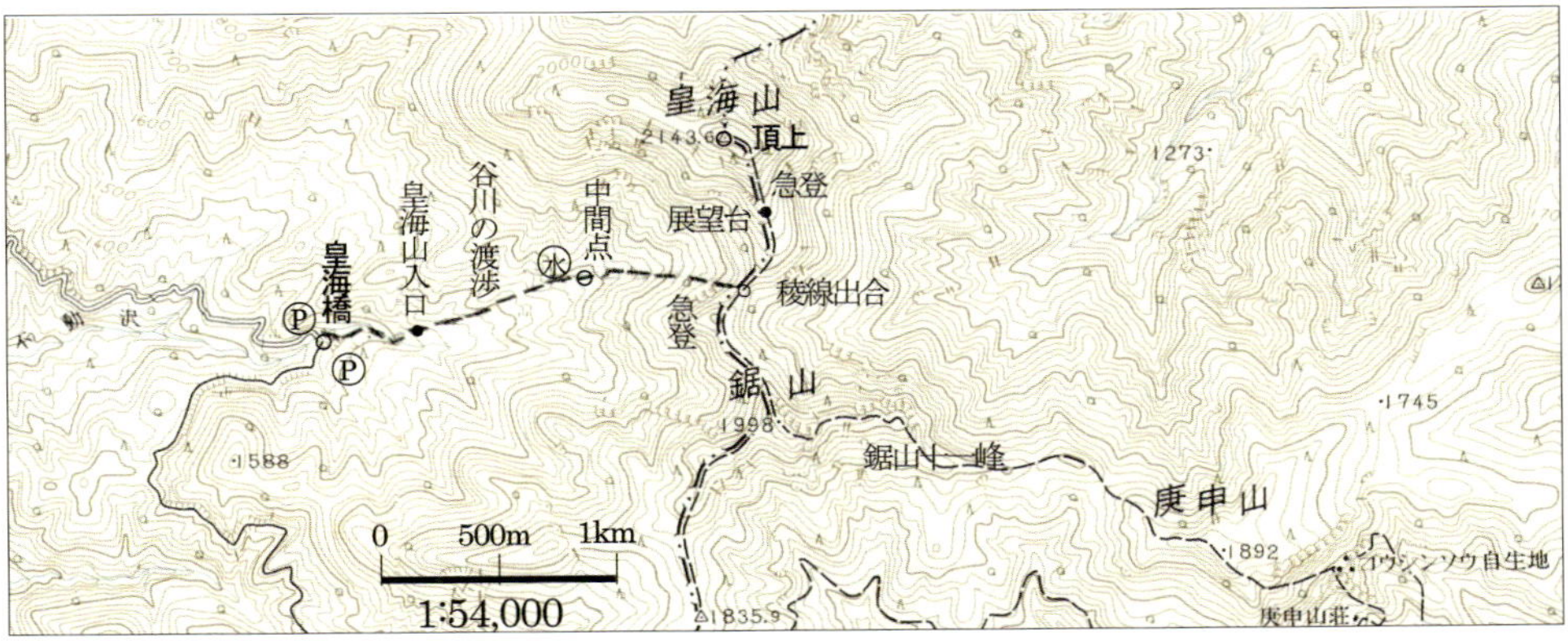

歩程◉ 4時間35分　6.8km

H=1350m		H=1400m		H=1600m		H=1860m		H=2144m	
皇海橋登山口	⇒	**皇海山入口**	⇒	**中間点**	⇒	**稜線出合**	⇒	**皇海山**	⇒
6:30	0.3k	6:40	1.5k	7:25~7:35	0.9k	8:20~8:40	0.9k	9:30~10:10	0.9k
H=1860m		H=1600m		H=1350m					
稜線出合	⇒	**中間点**	⇒	**皇海橋登山口**					
10:50	0.9k	11:30~11:40	1.4k	12:25					

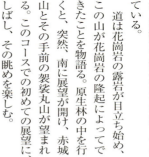

鎖場を越えてアズマシャクナゲの群生地を行く

39 武《ほ》尊《たか》山《さん》 2158m

標高差◉968m　登頂日◉2011・6・26
ルート図◉5万分の1地形図「追貝」　参加者◉9名

剣ヶ峰山からの下山途中ガスが晴れ、姿を見せた武尊山

昨夜は**土合山の家**に宿をとり、今朝4時半に宿を出て登山口を目指した。湯檜曽から県道63号線に入り、利根川右岸に沿って進む。藤原ダム湖の堰堤を渡り、ダム湖畔の平出集落を通り抜ける。

トンネルを出た三叉路で標識に従い右折し、林道を進むと武尊神社の広い駐車場に出た。そこからさらに1キロほど未舗装の武尊林道を進むと、10台ほどが駐車できる**林道奥駐車場**についた。

雨あがりに備え、スパッツをつけて登山道へ入る。雨に洗われた岩が露出した林道を行くと、林道を横切る小さな流れを渡る。程なく、剣ヶ峰山との分岐標識が立つ**林道終点**に着いた。

分岐を左折して樹林内を行く。スダヤクシュやツクバネソウなど、樹林内を好む植物が群生する。

3回ほど沢を渡りカラマツ林を進むと、道は次第に傾斜を強める。樹林にブナが目立ち始めたころ、木札が並べられた不動明王の大岩前に出た。

道なりに右折して山腹のブナ林をトラバースしてゆく。道は須原尾根に上がり、手小屋沢の**避難小屋分岐**に着いた。尾根の木の根に腰を下ろして朝食をとる。

シラビソの樹林にマイヅルソウやミツバオーレンが群生する尾根は、岩場の難所が多い。第1のクサリ場を過ぎて行くと、更にクサリ場は続く。

第2のクサリ場には大きな一枚岩が立ちはだかり、立てかけられているハシゴは折れていて使い物にはならない。

第3のクサリ場でクサリと木の根を掴み上り切ると、アズマシャクナゲの群生地を行く。

第2のクサリ場にはハシゴが

さらに、最後の第4のクサリ場を上がると、一面のヒメイワカガミの群落が迎えてくれた。

難所を過ぎて尾根をたどる。矮小化したシラビソが続き、その奥に、目指す武尊山が姿を見せた。

山頂付近はデイサイトと呼ばれる板状節理の安山岩で埋め尽くされ、カラカラと乾いた音を立てる岩を踏んでゆくと、**武尊山**の山頂広場に出た。

360度の展望が効くはずの山

御嶽山大神が祀られた武尊山山頂標識前で

頂は、乳白色のガスに包まれていた。一等三角点にタッチをして登頂を祝し、山頂標識前で記念写真を撮る。

写真を撮り終えるころ急にガスが晴れ、ガスの中から剣ヶ峰山への尾根が姿を現す。山頂からの展望はあきらめていたが、なんとか全体が見渡せた。15分ほどの山頂滞在で剣ヶ峰山へと向かう。

山頂の少し東から右折し、急坂を下ると雪渓の上に出た。雪面は少し緩んでいて歩きやすい。

雪渓を越えると、左に川場谷を眺めながら尾根をたどる。尾根の鞍部に下ると、日当たりのよい斜面にはミヤマキンバイやハクサンイチゲなどの花が開き、ムラサキヤシオが枝いっぱいに満開の花をつけていた。尾根からは、山頂をガスに覆われた剣ヶ峰山が姿を見せる。

ガクウラジロヨウラクが紅色の花をつける尾根をたどると、剣ヶ峰山への登り返しが始まる。道は途中で右へ山腹を巻いて分岐に出る。分岐標識から左へ急坂を登ると、尾根の両側が切れ落ちた**剣ヶ峰山**の山頂標識に着いた。

これから下る登山口のある武尊谷は、まだ濃い雨雲に覆われている。狭い山頂を少し奥へ移動すると、やや広い場所があり、石の上に腰を下ろし昼食をとる。

35分の山頂滞在で、後から来た登山者に席を譲り下山を開始する。

ピラミダルな姿の剣ヶ峰山

雨で緩んだ雪渓を越える

火山灰が流された急斜面の山腹は掘のようで、女性の多いわがグループを苦しめる。疲労した脚は踏ん張りが利かず、転倒続きで大幅に時間をかけ、林道奥駐車場へ戻った。

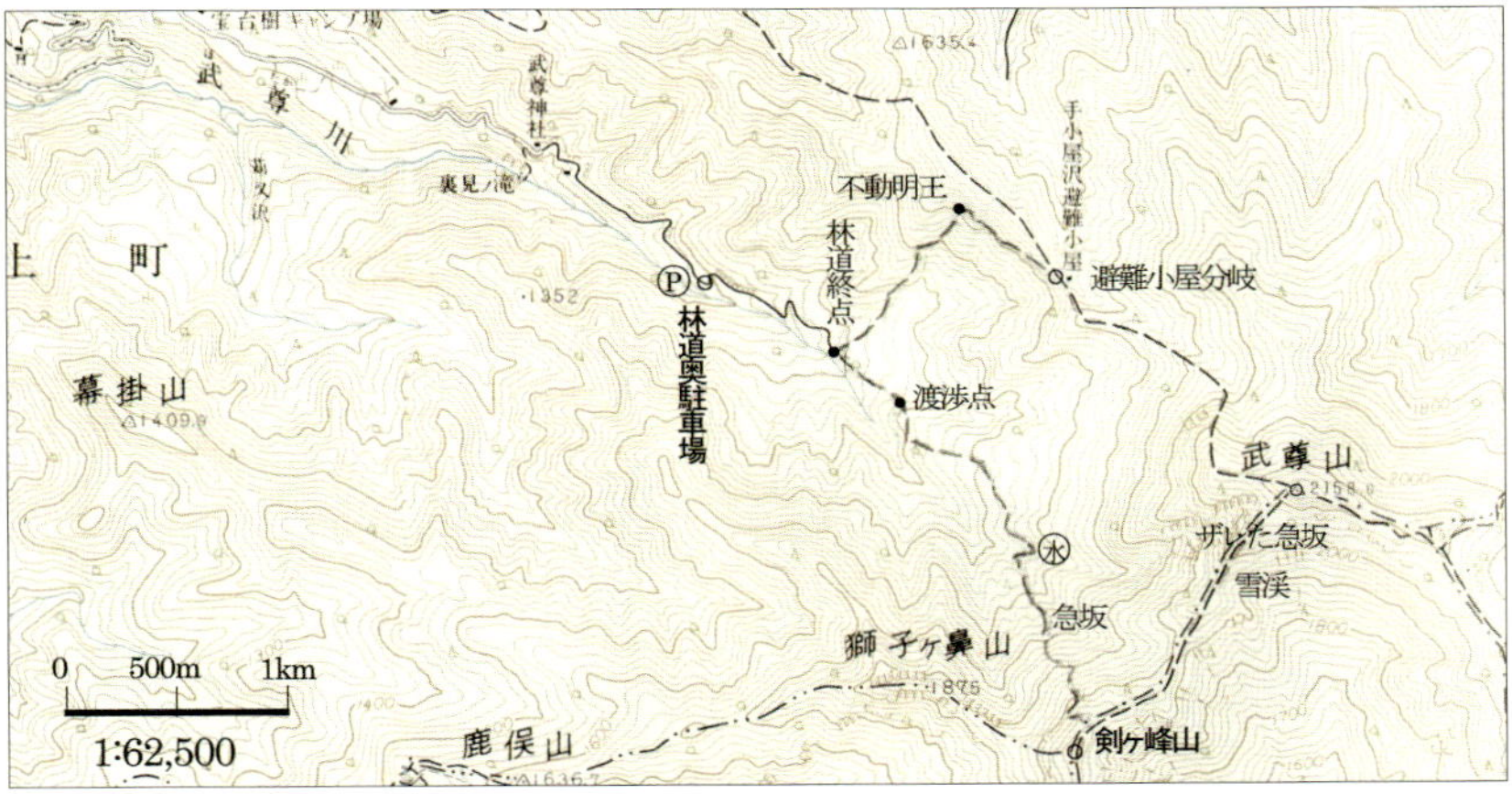

歩程◉ 8 時間 45 分　9.4km

林道奥駐車場 (H=1190m) 5:20 ⇒ 0.8k ⇒ 林道終点 (H=1280m) 5:35 ⇒ 1.7k ⇒ 避難小屋分岐 (H=1650m) 6:55~7:20 ⇒ 2.0k ⇒ 武尊山 (H=2158m) 9:50~10:05 ⇒ 1.9k ⇒ 剣ヶ峰山 (H=2020m) 11:30~12:05 ⇒ 1.8k ⇒ 渡渉点 (H=1360m) 10:50 ⇒ 1.2k ⇒ 林道奥駐車場 (H=1190m) 15:20

カルデラ湖の大沼を囲み、外輪山の峰々が連なる

40 赤城山《あかぎさん》（黒檜山《くろびやま》） 1828m

標高差◉468m　登頂日◉2010・8・21
ルート図◉5万分の1地形図「沼田」　参加者◉11名

黒檜山西尾根から大沼を望む

今回の山行は、一泊二日で上州の名山赤城山と谷川岳を巡ることになった。

赤城山を目指して藤岡JCTから関越自動車道に入ると、右前方に赤城山が堂々とした姿を見せる。**前橋IC**を出て国道17号線を経て市街地を離れ赤城道路と呼ばれる県道4号線に入る。

程なく道路をまたぐ赤城大神の大鳥居の下をくぐり、次第に標高を上げながら赤城山麓を上り詰めてゆく。

前橋ICから50分。カルデラ湖の大沼を反時計回りに回り込み、湖岸に設けられた駐車場に車を止める。駐車場には、観光客の車に混ざって、何組かの登山者の車もあり、身支度を整えている姿が見られた。

吾々も身支度を整えて駐車場を後にする。来た道を少し戻り、**駒ヶ岳登山口**の標識から山腹に取りつくと、いきなりの急登が始まる。

赤城山はカルデラやカルデラ湖を持っていることから、当然のことながら関東地方では有数の複成火山である。カルデラ湖の周囲を取り囲む峰々は、いずれも急峻な山腹を持っている。

その急な山腹を右に左にジグザグに登ってゆくと、長い鉄製の階段が現れた。一人がやっと通れる幅の階段を上り切ると、次は太古の噴火により噴出した凝灰岩を並べた石段が続く。

二次林の山腹から尾根上に出ると、笹原の中にミヤマヨメナが白い花をつける。尾根の笹原に木の階段が延び、植生の案内版や山頂までの距離標識が立つ。標識から程なく、キオンが群生する小高い**駒ヶ岳山頂**に着いた。

急斜面に架けられた階段を上る

駒ヶ岳頂上の木陰で昼食をとる

登山というには、あまりにもあっけない山頂到着である。汗をかく間もない山頂到着だが、すでに正午は過ぎている。強い日差しを避けて、山頂の木陰に潜り込み、弁当を広げる。

30分ほどの山頂滞在で駒ヶ岳を後にする。尾根をたどると10分ほどで**大ダルミ**の鞍部に下る。鞍部には赤城山の生成過程を記した案内板が立つ。

鞍部から急坂を登り返し、ダケカンバの林をたどる。日当たりのよい尾根道にはフクシマシャジンが釣鐘型の花をつけ、そこここにオゼヌマアザミが頭花を上向きに立てている。登山道わきではナワ

シロイチゴが白い花をつけ、ノコンギクも白い花をつけていた。

花見ヶ原森林公園への道を右に見送り、さらに尾根をたどると、標識が立つ三叉路に出た。標識を左折して進むと〝黒檜山大神〟と書かれた鳥居が建ち、小さな石造りの祠が祀られていた。祠に手を合わせて山頂へ。少し下って三叉路を右折すると**黒檜山**の山頂広場に出た。赤城山は複成火山のため、山体の全体を赤城山と呼ぶが、最高峰は黒檜山なのである。

ガイドブックでは、山頂広場からは富士山や南アルプスまで展望が利くとあったが、広場を囲む樹木が伸びて展望は効かなくなっていた。展望の利かない山頂は、広場中央の三等三角点にタッチし終えて、記念写真を撮り終えるとすることもない。15分の滞在で山頂を後にする。

三叉路まで戻り、西へ延びる尾根をたどる。左に赤城山の火口湖である大沼が望まれ、大沼に突き出した半島に祀られる赤城神社が望まれた。

広葉樹林帯を1時間ほど下ってくると、**黒檜山登山口**へ下山した。大沼に沿って観光客の車が行き来する湖岸道路を辿り駐車場へ戻ってきた。

駐車場からは、明日予定している谷川岳の宿舎へ向け、湖畔道路を北上して沼田ＩＣを目指した。

“黒檜山大神”と書かれた鳥居

広葉樹林帯の斜面を下る

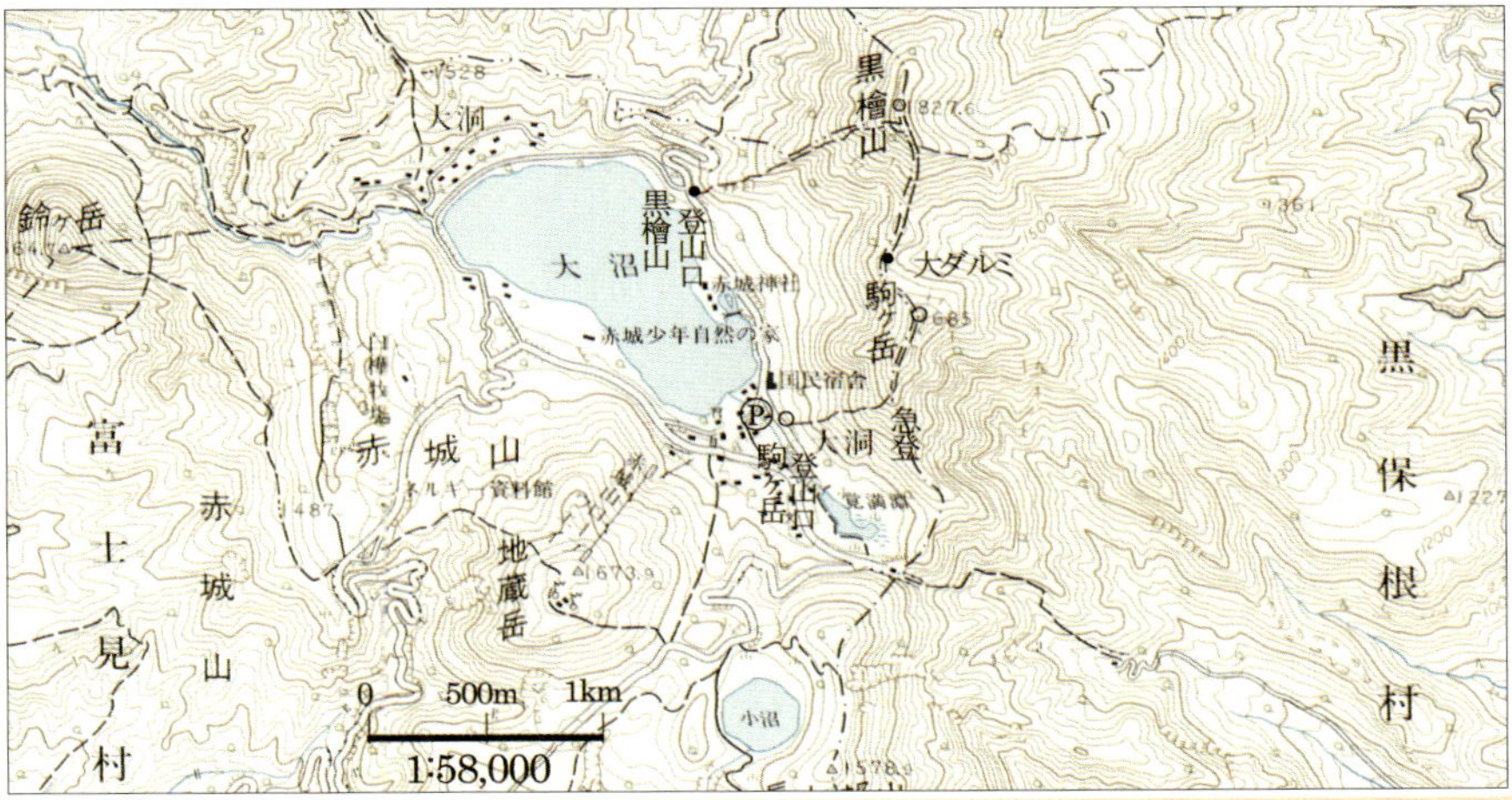

歩程◉ 3 時間 15 分　4.7km

駒ヶ岳登山口		駒ヶ岳		大ダルミ		黒檜山		黒檜山登山口		駒ヶ岳登山口
H=1350m	⇒	H=1685m	⇒	H=1610m	⇒	H=1828m	⇒	H=1362m	⇒	H=1350m
11:15	1.4k	12:20~12:50	0.4k	13:00	0.7k	13:55~14:10	1.2k	15:15	1.0k	15:25

山頂への立ち入りが制限される現役の活火山

41 草《くさ》津《つ》白《しら》根《ね》山　2165m

標高差◉140m　登頂日◉2010・10・3
ルート図◉5万分の1地形図「草津」　参加者◉2名

湯釜展望台から　白濁した湖水を湛える湯釜を望む

今回は家内と二人で、一泊二日の計画で上州の名山浅間山と草津白根山を巡ることになった。

昨夜宿泊した鹿沢高原の休暇村は濃い霧が立ち込めていたが、万座ハイウエーを経て到着した**白根火山駐車場**の上空は青空が広がっていた。

駐車場には多くの観光客の車が止められていて、その多くは駐車場の西100mほどから山腹を辿り、湯釜展望台へと向かっていた。

身支度を整え、駐車場を後に道路を横切って登山口へと向かう。火口跡にできた弓池の東を巻くように、スキー場へつながる取り付け道路を行く。

草津白根山には多くの火口跡と共に、二つの白根山がある。今日登る予定の**本白根山**と湯釜の西に位置する**白根山**である。この白根山の方は入山禁止で、本白根山の方が日本百名山に名を連ねる山になっている。現在は、その本白根山の方も山頂付近でガスが発生し、立ち入り制限されている。

弓池の奥に白根山を望む

弓池を回り込んでゆくと、路肩にはシロヨメナ、ムラサキツメクサ、ホソバコンギク、そしておなじみのアキノキリンソウなどの秋の花々が咲いている。

時折ガスが流れて周囲の景色を覆う中、15分ほどでスキー場下の**本白根山登山口**に着いた。直進するとゴンドラの山頂駅で、右回りに本白根山をたどるコースがある。

吾々は左回りにコースをとり登山口を入る。スキーリフトが架けられたゲレンデを少し歩き、谷沿いの巻き道に入る。トウヒやコメツガの樹木が目立ち、階段状の木道が設けられた上りが続く。

深田久弥が「古代ローマの円形劇場」と評した火口跡

上り切って平坦な道になるとツルリンドウが紅紫色の実をつけ、ゴゼンタチバナが赤く熟した実をつける木道を進む。突然、前が開けて、大きな火口跡の上に出た。深田久弥が「古代ローマの円形劇場」と評した火口跡である。前方の岩山の右には、浅間山の山影が遠く雲海に浮かぶ。

道はもろくて崩れやすい火口壁に沿ってゆるく下ってゆく。クロマメノキなどの地表を覆う植物は、ソリフラクションという凍結破砕作用によって、毎年少しずつ下へ流されている。右の斜面を見上げると、火山弾がたくさん溶着した岩塊が、今にもずり落ちそうに斜面に鎮座する。前方の火口壁の上には遊歩道最高地点の標識が見え、火口を左から回り込んで緩く上り切ると**鏡池分岐**に出た。

　分岐を右に取り、コマクサの群生地を抜けて遊歩道最高地点へ向かう。道は左へ迂回して稜線に出る。稜線からは浅間山のほか、南西には四阿山が雲海に浮かぶ。分岐から15分で**遊歩道最高地点**に着いた。本白根山の三角点へは入れないので、最高地点の標識で記念写真を撮り一息つく。

　下山は鏡池分岐を経て展望台へ。**展望台**から周囲の山々を眺めて一息つき、鏡池方面へ尾根道をたどる。火口壁の狭い尾根を20分ほど辿ると、右下にエメラルドグリーンの水を湛えた鏡池が見えてきた。池の端で腰を下ろして休む登山者たちが望まれる。

　鏡池下降点を通過すると、道は等高線に沿って山腹をトラバースしてゆく。ダケカンバやシラカバなどのカバノキ科の広葉樹林が見事に紅葉している。

　紅葉のトンネルを抜けてゆくと、前方にゴンドラの**白根山頂駅**が見えてきた。ゴンドラ駅から100mの本白根山登山口を経て駐車場に戻ってきた。

　午後は**湯釜展望台**へ向かう。駐車場西の上り口から遊歩道を上ること15分。展望台からは硫黄分で白濁した湖水を湛えた湯釜を望むことができた。

　下山後は、万座温泉で汗を流して家路についた。

遊歩道わきに立つ最高地点標識

尾根から鏡池を望む

歩程◉ 3 時間 00 分　8.8km

地点	標高	時刻	距離
白根火山駐車場	H=2010m	9:30	1.1k
本白根山登山口	H=2010m	9:45	2.0k
探勝歩道最高点	H=2150m	10:35~11:00	0.8k
展望台	H=2135m	11:20~11:25	0.7k
鏡池下降点	H=2150m	11:45	1.6k
白根山頂駅	H=2020m	12:10	1.2k
白根火山駐車場	H=2010m	12:30~13:10	0.7k
湯釜展望台	H=2080m	13:25~13:30	0.7k
白根火山駐車場	H=2010m	13:45	

ダボス牧場から目指した百山目の山

42 四阿山《あずまやさん》 2354m

標高差◉764m　登頂日◉2013・9・22
ルート図◉5万分の1地形図「須坂」　参加者◉12名

根子岳の岩場から十ヶ原の鞍部を挟んで四阿山を望む

今回の四阿山で私の日本百名山巡りも百山目を迎える。今回は**百名山達成山行**と銘打って、12名の仲間と共に**四阿山**を目指した。

前日は浅間山に上り、今朝は休暇村鹿沢高原から30分ほどかけて菅平の**ダボス牧場**に着いた。

日本百名山の山ということで、駐車場に止められた車には全国のナンバーが並ぶ。駐車場で身支度を整えて登山口へ向かう。

初めは、根子岳から時計回りに四阿山を目指す予定になっていた。しかし、昨日の浅間山での難渋を考え、まず全員で山頂へ向かい、帰りに根子岳を経由する組とを分けるとになった。

案内表示に従いトイレの前で右折し、乳牛が放牧された牧場の間を行く。路肩にはメマツヨイグサ、ワレモコウそしておなじみのアキノキリンソウなどが咲く。5分ほどで牧場の外れにある**四阿山登山口**から登山道に入り、牧場の柵沿いに進む。

四阿山は68万年前の第一期火山活動が始まりで、46万年前の第二期の活動以降の爆裂により、四阿山と根子岳の間にくぼみができて現在の姿になったという。

その火山活動で出来た溶岩の大岩の前を過ぎ、牧場を離れて小さな流れを渡る。中四阿から延びる尾根を巻くと、紅葉が始まったダケカンバのトンネルを抜ける。

道は尾根の南山腹に出る。この辺りはマツムシソウの群生地で、そのマツムシソウやヤマハハコが咲く明るい樹林を行く。

紅葉が始まったダケカンバ

シラカバとダケカンバの混成林が続き、木漏れ日を受けてオヤマリンドウやツリガネニンジンが咲き残る樹林をぬけると、道は尾根上に出る。

シラカバとダケカンバの混成林が続き、木漏れ日を受けてオヤマリンドウやツリガネニンジンが咲き残る樹林をぬけると、道は尾根上に出る。

森林限界を抜けて尾根上に出る

右に浅間山の姿を望む展望のよい尾根を辿ると、ミネウスユキソウが咲き残り、ガンコウランがマット状に拡がる線形の葉の間に黒く熟した実をつけていた。

1917峰を過ぎ、一度緩く下がって岩尾根を登り返すと**中四阿**に着いた。マツムシソウが咲き残る岩場に腰を下ろして一息入れる。

中四阿からいったん下ると、左に

根子岳が間近に望まれる。鞍部から上り返しが続き、右から鳥居峠からの道を併せる。さらに上りが続き根子岳への分岐に着いた。草地が拡がる分岐では、狭い山頂を避けた登山者たちが腰を下ろしていた。

分岐標識から下って登り返すと、山頂へ向かって階段が続く。階段が終わると、ひと上りで長野県側の祠に着いた。

日本武尊が祀られた祠の前にリュックをデポして最高点へ向かう。群馬県側のピークには大巳貴命と須勢理姫命が祀られた祠が建ち、祠の前に**四阿山**の山頂標識が立てられている。

祠に日本百名山完登の報告と無事達成のお礼をする。

同行のA氏がリュックから横断幕を取り出した。当会OBのN氏に依頼し、揮毫してもらった横断幕を掲げ、参加者全員の祝福を受ける。

しばし、興奮の内に互いに記念写真を撮りあい、長野県側の祠の前に移動して昼食をとる。

下山は根子岳分岐まで戻り、私を含めた男性3名が根子岳へ向かい、残りの9名は来た道を下る。

分岐から鞍部の十ヶ原まではシラビソの急坂を下る。十ヶ原から笹原を登り返すと、若者たちが「熊がいた…」と立ち止まっていた。我々と共に行動し、時々笛を鳴らして**根子岳**に着いた。

根子岳から尾根沿いを登山口へ下山すると、5分前に下山したという本隊が待っていてくれた。

中四阿を過ぎた鞍部から左に根子岳を望む

四阿山頂にて百名山完登を祝う（前列右から３人目が筆者）

歩程◉ 6 時間 20 分　9.4km

H=1590m		H=2106m		H=2300m		H=2354m		H=2300m
ダボス牧場駐車場	⇒	中四阿	⇒	分岐	⇒	四阿山	⇒	分岐
8:50	2.8k	11:05~11:15	0.8k	12:05	0.7k	12:25~13:15	0.7k	13:35

	H=2039m		H=2207m		H=1590m
⇒	十ヶ原	⇒	根子岳	⇒	ダボス牧場駐車場
0.9k	14:10	0.9k	14:50~15:00	2.6k	16:20

最高地点への立ち入りが制限されている信州の名山

43 浅《あさ》間《ま》山《やま》（前《まえ》掛《かけ》山《やま》） 2524m

標高差◉1104m　登頂日◉2013・9・21
ルート図◉5万分の1地形図「上田」「軽井沢」　参加者◉11名

シェルター付近から前掛山を望む

浅間山の山頂部は1972年以来立ち入りが禁止されていて、その後、部分的な解除や禁止が繰り返されてきた。3年前に当時の仮頂上とされていた黒斑山へ上ったが、その年の5月に前掛山までの入山規制が外されていた。今回、百山目の四阿山へ上ることに併せて前掛山も目指すことにした。

浅間山の活動経歴を調べると、数万年前に現在の黒斑山が活動を始め、カルデラ形成により発生した岩屑なだれの痕跡は、前橋台地や浅間山周辺の流山として確認されている。その後仏岩火山が活動し、次いで浅間前掛火山が形成されたという。火山としては、比較的に若い火山といえる。

上信越自動車道の小諸ICを出る。国道18号線から県道80号線に入り、車坂峠へ向かうチェリーパークラインに入る。標高が次第に上がり、浅間山荘入口の表示板から右折する。未舗装の道を辿ると、10分ほどで**浅間山荘登山口**に着いた。

駐車場には多くの車が止められていて、第二駐車場に車を止め、山荘の前を抜けて鳥居が建つ登山口を入る。左の建物で入山届を提出し、カラマツ林に延びる火山館コースに入る。

谷沿いの緩やかな道を行くと一の鳥居に着いた。ここで道は二手に分かれる。左は二ノ鳥居を経て火山館へ、右は谷沿いを行き不動滝を経て火山館へと向かう。

右へ道をとり、火山灰の道を行くとタムラソウやミョウコウトリカブトがわずかに咲き残る。

やがて、前方で滝の音がしてコース右に**不動滝**が現れた。しばし、滝の音を聞きながら立休みをとる。

不動滝

滝を離れると道は左の尾根に上がり、二の鳥居をくぐり火山館コースと合流する。木漏れ日が射す登山道わきにはミヤマヨメナ、ハクサンフウロ、ジャコウソウ、ハクサンイチゲなど季節遅れの花が咲き残る。

右の谷と左の土手の間を行くと、前から登山者についてカモシカがやってきた。大人数のわれわれと鉢合わせたカモシカは、しばし立ち止まっていたが、左の灌木の中へと姿を隠した。

右に険しい岩肌の牙山を眺めて行くと、前方に浅間山が姿を見せ、このコース唯一の水場である**火山館**に着いた。

ここで体調不十分なS子さんが登頂を断念。残り10名で山頂を目指す。湯の平口の分岐を過

谷沿いの道で一息

避難用シェルター

休憩ポイントの火山館

前掛山から外輪山火口壁を望む

ぎて進むと、次第に樹木の丈が低くなり、右にドーム型の浅間山が間近に迫る。

賽の河原付近で一息つき、火山灰砂礫の降り積もった蟻地獄のような登山道を行くと、メンバーの足取りが次第に遅くなる。

登山道は火口への立ち入り禁止表示板で行き止まりとなり、右折して**避難用シェルター**の前を抜け、火口壁の上を辿り前掛山へと続く。ここから見る前掛山は荒々しい火口壁が連なり、見る者を圧倒する。草一本生えていない火口壁の上を辿ると**浅間山（前掛山）**の山頂標識に着いた。

前掛山から火口壁を望むと、上り下りする登山者が蟻のように尾根を伝う。その中に見慣れた姿を認め、しばらく待つと一人二人とメンバーが上がってきた。結局、5名がシェルターで断念し、登頂したのは5名だけとなった。

昼食を終え、シェルターを経て火山館に戻ると、すでに残りのメンバーは下山していた。水を給水して、仲間の後を追う。**二の鳥居**で5名の仲間に追いつき、登山口へ戻る。駐車場では、先に下山したS子さんが皆の帰りを待っていた。

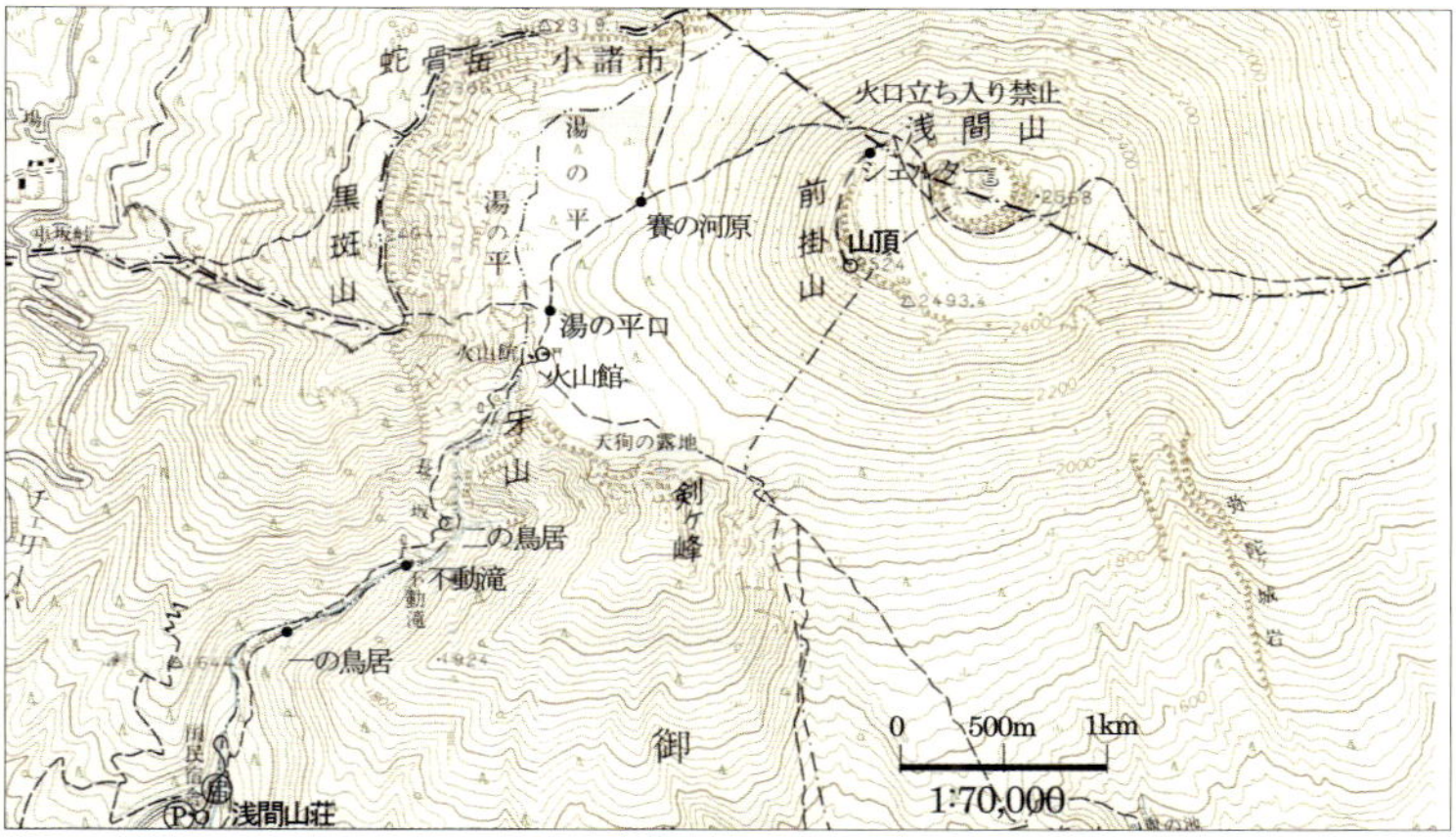

歩程◉ 6時間20分　13.0km

H=1420m　H=1640m　H=2280m　H=2080m　H=2440m
浅間山荘登山口 ⇒ 不動滝 ⇒ 火山館 ⇒ 賽の河原 ⇒ シェルター ⇒
9:05　2.2k　9:55~10:00　1.2k　11:15~11:25　1.0k　11:50~12:00　1.4k　12:50　0.7k

H=2524m　H=2280m　H=1720　H=1420m
浅間山（前掛山）⇒ 火山館 ⇒ 二の鳥居 ⇒ 浅間山荘登山口
13:10~13:50　3.1k　15:00~15:15　1.0k　16:00~16:05　2.4k　16:50

百名山中で最も低いが「万葉集」にも歌われた名山

44 筑《つく》波《ば》山《さん》 877m

標高差◉637m　登頂日◉2008・4・6
ルート図◉5万分の1地形図「筑波」　参加者◉4名

つくば山嫗ヶ峰公園から端正な双耳峰の筑波山を望む

　関東平野の東の端に鎮座する**筑波山**。中部地方に住む筆者にとっては、この山だけのために出かけるには、何とも厄介な山である。今回、千葉に住む娘夫婦宅を訪ねる機会に、小学生の孫たちを誘って上る機会を作ることができた。

　子供連れということもあり、朝8時半に市川を出て、東京外環自動車道から常磐自動車道に乗り換え、1時間後に土浦北ICを出る。県道199号線に入り、つくば山嫗ヶ峰公園から筑波山を眺め、不動峠を越えて**つつじが丘登山口**へ入った。

　ここで娘夫婦と別れ、家内と孫二人と共に女体山を目指す。ロープウエイ駅近くの登山口では、筑波山名物〝ガマの油売り〟で有名な大ガマの置物が迎えてくれた。

　登山道には樹木は少なく展望は良い。ロープウエイを見下ろしながら、観光客に混ざってコンクリートの階段を上る。気がはやり先を急ぐ孫たちに、山での基本ルールを教えながら、路肩にエイザンスミレが咲く坂道をゆっくりと登ってゆく。

登山口に立つ大ガマ

　傾斜がゆるくなり、樹林に入るとサンリンソウが一輪だけ咲いていた。左から筑波山神社からの道を併せると**弁慶茶屋跡**に着いた。

　茶屋跡は平地になっていて、多くの登山者が休んでいた。頑張ってきた孫たちも、タオルで額をぬぐい、お茶を飲んでのどを潤す。

　広場を出ると、すぐに大杉の横を抜け、〝弁慶七戻り〟と名付けられた花崗岩の大岩の間を抜ける。

　筑波山は花崗岩の隆起に伴う山で、ここからしばらくの間は、いろいろと名付けられたその巨岩の間を行く。大岩の下が大きな空間になった〝母の胎内くぐり〟を抜けると、左右に次々と巨岩が現れる。〝入船出船〟〝裏面大黒〟へと続き、〝北斗岩〟を過ぎると花崗岩が重なり合った**女体山山頂**に着いた。巨岩の上に一等三角点が設けられ、大勢の登山者で混雑していた。

弁慶の七戻り

　合間を縫って山頂標識で記念写真を撮り、岩の上から霞ヶ浦方面の展望を楽しみ、山頂を後にする。

　路肩にキクザキイチゲが咲く道を下り，〝ガマ石〟の前を通り、標高が低い割にはブナが自生する尾根をたどる。電波塔が立てられた尾根を**御幸ヶ原**まで戻ると、山腹に咲くカタクリの群生地に出た。

　ケーブルカーで上ってきた娘夫婦と連絡を取り、電波施設の横で昼

山頂標識で孫たちと

男女川源流の水場

食をとる。初めて本格的な山登りに挑戦した孫たちの食欲は旺盛で、用意してきた昼食は瞬く間に完食した。

午後はもう一つのピーク**男体山**を目指す。山頂の神社に参拝し、30分ほどで往復する。

下山は、私以外はケーブルカーに乗ることになり、皆と別れて山頂駅の脇から登山道を下る。筑波山神社までの道は利用者が少なく、10分ほど下ると男女川源流の水場に着いた。

百人一首で知られた「筑波嶺の峰より落つる 男女川 恋ぞつもりて淵となりぬる」の陽成院の歌が添えられた水源地の案内が立つ。

中間地点の**中ノ茶屋跡**まで下りてくると、ちょうど孫たちが乗ったケーブルカーが下りてきた。

さらに20分山麓の**宮脇駅**を経て**筑波山神社**へ向かい本殿に参拝をする。神社境内の広場では、名物の〝ガマの油売り〟保存会のメンバーが白装束で実演をしていた。

家族とも連絡が取れて合流し、大鳥居をくぐり駐車場へと向かう。今回の筑波山への山行は、孫たちには大きな自信を得る出来事となった。

歩程◉ 2 時間 55 分　5.0km

地点	標高	距離	時刻
つつじが丘登山口	H=520m		10:25
⇒ 弁慶茶屋跡	H=710m	1.0k	11:00~11:10
⇒ 女体山	H=877m	0.6k	11:45~12:00
⇒ 御幸ヶ原	H=790m	0.6k	12:30~12:45
⇒ 男体山	H=860m	0.3k	12:55~13:05
⇒ 山頂駅	H=790m	0.3k	13:15~13:25
⇒ 中ノ茶屋跡	H=500m	1.0k	13:45
⇒ 宮脇駅	H=290m	0.6k	14:05
⇒ 筑波山神社	H=265m	0.2k	14:10~14:25
⇒ 筑波山神社前駐車場	H=240m	0.4k	14:35

北関東スナップ集

湯けむりを揚げる日光湯元温泉の源泉

金精峠から望む男体山と湯ノ湖

日光白根山の山頂駅近くにある天空の足湯

草津白根山の山頂に拡がる火口跡

赤城山の火口跡に満々と湖水を湛える大沼

今も境内で“ガマの油売り”の実演がある筑波神社

丹沢山から紅をさした日の出直後の富士山を望む

秩父・多摩・南関東

秩父・多摩・南関東の山々には日本を代表し、世界的にも有名な富士山が含まれる

富士山は数十万年前の先小御岳から小御岳へと成長し、更に8万年前~1万5千年前には古富士が活動をつづけ標高3000m弱まで成長した。

その後1万1千年前には古富士山頂の西側で噴火が始まり、現在の富士山が形成されたという。

大和武尊の東征伝説が残る峰へ

45 両《りょう》神《がみ》山《やま》 1723m

標高差◉1053m　登頂日◉2012・5・27
ルート図◉5万分の1地形図「万場」　参加者◉10名

産泰尾根出合から眺める両神山。中央の小高いピークが山頂

　今回の両神山への参加者は10名。登山口の**民宿 両神山荘**に前泊して、山頂を目指すことになった。

　当日朝5時40分、**日向大谷登山口**を入る。山腹には山荘の菜園やお花畑が拡がり、その中に、オオシマザクラ系のサトザクラで、イチヨウという八重桜が満開の白い花を重そうにつけていた。

　お花畑を抜けて、山頂まで5・6kの標識が立つ登山道に入る。山腹には、伊豆半島に多く自生するアマギアマチャが白い花をつけている。

　鳥居をくぐり仏像の前を抜け、山腹の巻き道を行くとクサリ場の前に出た。全山がチャートの岩塊で成り立つ両神山の登山道は岩場が多く、いたるところにクサリ場があるという。最初の難所をクサリにすがって上り切り、再び山腹を巻く。

　谷沿いの岩陰にはベンケイソウ科のヒメレンゲが、黄色の5弁花をつけて群生する。谷川に架かる木橋を渡ると、ベンチの置かれた小さな広場の**会所**に着いた。

　休憩を終えて登山道を行くと、昔の参道だった名残の仏像が多く祀られている。小さな流れを渡り、再び巻き道を行くと両神山に多いというラショウモンカズラが紫色の花弁を開く。

　やがて山頂まで2・6kの標識から、右へ山腹をたどる。山腹の新緑が鮮やかに輝き、路肩にエゾムラサキやニリンソウなどの花々が姿を見せる。道は再び産泰尾根に沿って巻き道になり、〝弘法之井戸〟と標識の立つ水場を過ぎる。さらに笹原を10分ほど上り詰めると、立派なログハウス造りの**清滝小屋**に着いた。

　小屋の周りで休憩する大勢のツアー団体に混ざり、しばし休憩をとる。やがて団体が出発し、小屋の周辺も静寂を取り戻す。

ログハウス造りの 清滝小屋

　何体かの仏像が祀られた小屋の裏側から、山腹のジグザグ道に入る。ナデシコ科のミヤマハコベが深く切れ込んだ白い5弁花をつけ、オドリコソウが淡い黄色の花をつける。〝鈴が坂〟の標識を過ぎると、前方が明るくなり**産泰尾根**に上がった。

　目の前に両神山のごつごつした稜線が姿を見せる。尾根上で一息つき、トウゴクミツバツツジが枝いっぱいに紅紫の花をつける尾根を行く。

　尾根はクサリ場やロープが連続し、女性が多いわがグループにはしんどいコースだ。クサリにしがみつ

ロープをつかみ 岩壁を上る

き、木の根を掴んで急坂を上る。

横岩の間を抜けてゆくと、少々時間はかかったが**両神神社奥宮**に着いた。軒に立派な彫刻がある拝殿に参拝し、一息入れて山頂を目指す。

尾根の北面をクサリや木の根を掴みながら上ってゆくと、後方で大きな声がする。しばらくは何が起こっているかわからなかった。最後尾を歩いていたA氏が、掴んでいた木から手を滑らせ、数メートル下の草むらへ転落したという。すぐさまK氏が救出に向かったが、A氏が自力で立ち上がるのを見てひとまず安堵する。右手に切り傷があったが、応急手当をして隊列に戻ることができた。

不幸中の幸いとでも言おうか。大事に至らずにほっと胸をなでおろし、再び山頂を目指す。

山頂直下には巨岩の横に渡り板が設けられ、上り下りの登山者で混雑していた。渡り板を通り過ぎると、岩山の**両神山頂**に着いた。先ほどの団体で混雑する山頂には、広場らしい広場はない。二組に分かれて登頂記念写真を撮り終えたものの、腰を落ち着ける場所もなく、展望を楽しむ余裕もなく山頂を後にする。

両神神社まで下り、やっとベンチに腰を落ち着けて軽い昼食をとる。食後は再びクサリ場の多い産泰尾根を慎重に下り、登山口へ戻った。

両神神社奥宮

狭い岩山に立つ 両神山頂標識

歩程◉ 7 時間 35 分　11.2km

H=670m		H=700m		H=1288m		H=1390m		H=1540m	
日向大谷登山口	⇒	**会所**	⇒	**清滝小屋**	⇒	**産泰尾根**	⇒	**両神神社**	⇒
5:40	1.3k	6:20~6:30	2.5k	8:05~8:20	0.4k	8:40~8:45	0.4k	9:30~9:35	1.0k
H=1723m		H=1540m		H=1288m		H=700m		H=670m	
両神山（剣ヶ峰）	⇒	**両神神社**	⇒	**清滝小屋**	⇒	**会所**	⇒	**日向大谷登山口**	
10:15~10:20	1.0k	10:50~11:15	0.8k	12:25~12:35	2.5k	14:00~14:10	1.3k	14:40	

明治の「原三角測點」が残る山頂

46 雲《くも》取《とり》山《やま》 2017m

標高差◉1237m 登頂日◉2012・10・21

ルート図◉5万分の1地形図「三峰」「丹波」 参加者◉7名

七ッ石山から望む小雲取山と雲取山（小雲取山の右奥）

10月中旬、紅葉の始まった奥秩父山域の**雲取山**を計画した。金曜日の夜に、登山口近くの丹波山村に入り、前泊して登頂に備える。

山行当日の朝、旅館の女将からの心づくしの弁当をリュックに入れて登山口を目指す。国道411号線青梅街道を東京方面に数キロ行き、鴨沢で左折して山腹の林道を上る。

林道のS字カーブを二度ほど曲がると尾根上の駐車場に着く。一般的にはここに車を置き、**小袖乗越**と呼ばれる登山口から入山する。我々は宿の女将に教えられた登山口へさらに1キロほど林道を進む。林道が行き止まりになり、左の山裾に地元の人たちが利用する登山口が現れる。

少し戻った道路わきに車を止め、身支度を整えて**小袖集落登山口**を入る。ヒノキが植林された急な山腹をジグザグに辿ると、15分ほどで小袖乗越から延びてきた**登山道出合**の標識に出た。

尾根の東側を穏やかな登山道が延び、山腹の樹林は紅葉が始まった落葉樹に替わる。最初の水場を過ぎ、右に現れた広場でウェアー調整をして進み、**堂所**で休憩をとる。

ここから道が尾根の西側に移るとブナが黄金色に染まり、モトゲイタヤやオオイタヤメイゲツなどのカエデ類が見事に紅葉していた。

右へ七ッ石小屋への近道の標識前を過ぎる。右の山腹が大きく崩れた崩壊地に架かる橋を渡り、その七ッ石山を時計回りに回り込んでゆく。

すでに花の季節は過ぎているが、日当たりのよい登山道わきにヤツガタケキンポウゲが黄色の花をつけていた。七ッ石小屋への二つ目の分岐を見送ると、展望のよい**ブナ坂**の標識に着いた。

ブナ坂は雲取山への主脈の鞍部に位置し、標識には石尾根縦走路と表記されていた。鞍部の広場で昼食をとり、食後は、幅20mほど樹木が切り払われて日当たりのよい尾根道を行く。西斜面に花期を終えたカイタカラコウが群生し、右の尾根上には枯れたチシマザサが生垣のように続く。

崩落地に架かる木橋を渡る

やがて五十人平ヘリポートを過ぎると、奥多摩小屋の前に出る。この辺りから尾根道は、ピークに向かって急登になる。ピークから振り返ると、尾根上に石尾根縦走路が帯のように七ッ石山に向かって延びる。しばし展望を楽しみ、アサマリンドウが一輪咲くピークを後に再び尾根道を行く。

ブナ林の吊り尾根を過ぎ、カラマツ林の急登を息を切らして上る

七つ石山に向かって 樹木が切り払われた尾根が続く

と**小雲取山**の山頂に着いた。

ここから道は一転緩やかになる。こんなところでと驚く我々の脇を、マウンテンバイクの若者がすれ違って行き、前方に雲取山が見えてきた。山頂に避難小屋が建つピークには山梨県側の雲取山山頂標識が立ち、さらに１００ｍほど離れた別のピークに**雲取山標識**が立っていた。傍らには「原三角測點」と書かれた明治時代に設置された三角点が残っていた。初めて見る「原三角測點」と一等三角点にタッチをして山頂到達を祝す。

予定より早く山頂に到着したので、のんびりと山頂からの展望を楽しんだ後、埼玉県側に少し下った雲取山荘へ向かう。トウヒの樹林を下ってゆくと20分ほどで**雲取山荘**に到着した。

母親と成人の息子二人の三人家族と相部屋になり、炬燵の置かれた部屋で山談義をして過ごす。

翌朝は、再び雲取山へ上り返し、すっきりと晴れた青空のもと、富士山を眺めながら往路を下る。

途中、堂所から石尾根縦走路を直進し、**七ッ石山**を経て巻き道に戻り、登山口へ下山した。

下山後は丹波山温泉に立ち寄り、帰路に着いた。

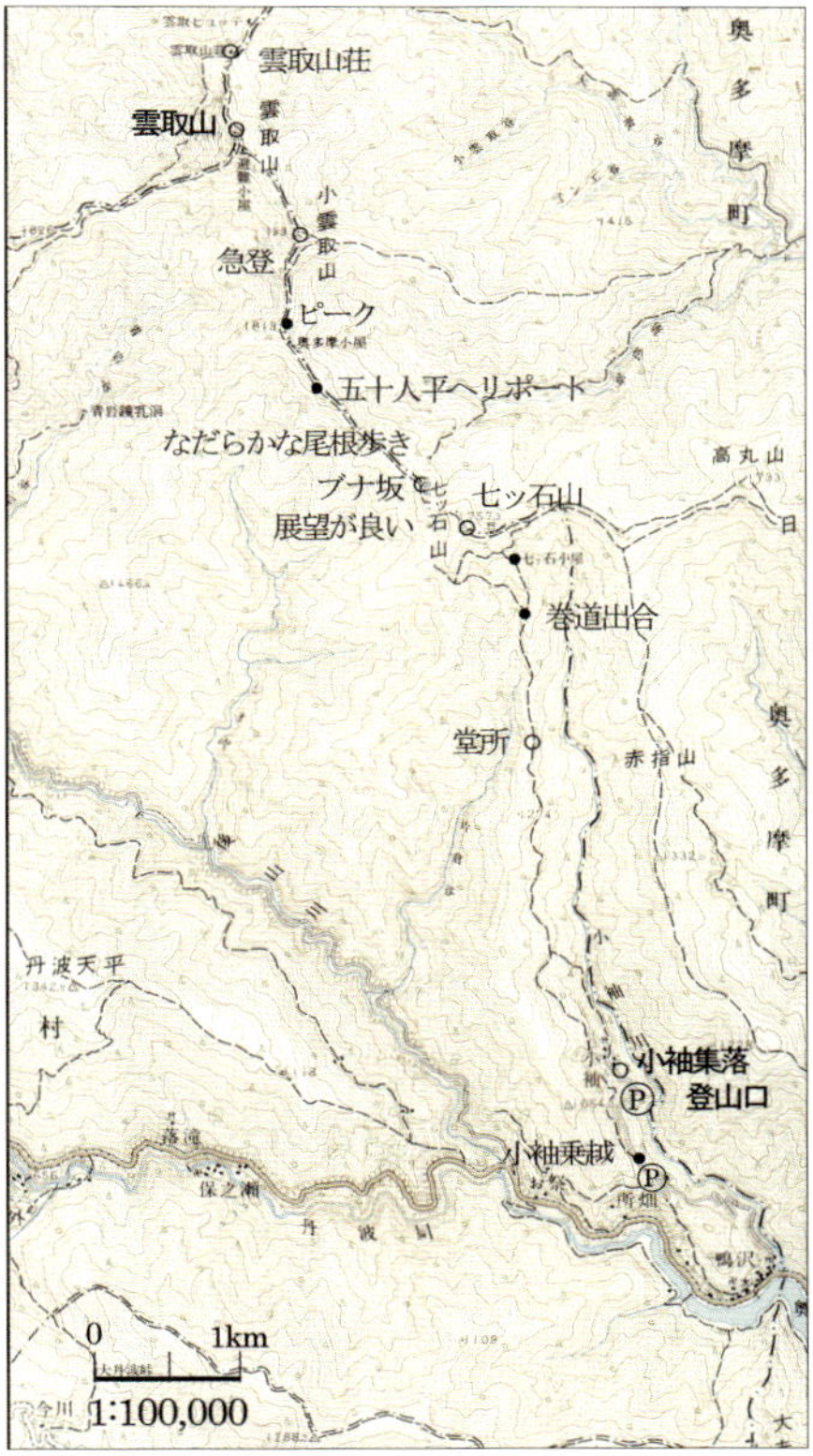

原三角測點が設けられた雲取山山頂

歩程◉ 9 時間 40 分　19.4km

H=780m		H=1260m		H=1650m		H=1937m		H=2017.1m	
小袖集落登山口	⇒	**堂所**	⇒	**ブナ坂**	⇒	**小雲取山**	⇒	**雲取山**	⇒
8:05	3.0k	9:35~9:40	2.3k	11:20~11:45	2.6k	13:10~13:20	0.8k	13:35~14:00	0.8k

H=1850m		H=2017.1m		H=1757.3m		H=1630m		H=780m
雲取山荘（泊）	⇒	**雲取山**	⇒	**七ッ石山**	⇒	**巻道出合**	⇒	**小袖集落登山口**
14:20~6:20	0.8k	6:45~7:15	3.9k	9:00~9:20	1.4k	10:00	3.8k	11:40

シャクナゲの尾根を越え山頂へ

47 甲《こ》武《ぶ》信《し》岳《だけ》 2475m

標高差◉1375m　登頂日◉2012・6・17
ルート図◉5万分の1地形図「金峰山」「三峰」　参加者◉9名

道の駅みとみから望む甲武信岳（2012.5.26 撮影）

　前泊した民宿のアドバイスで、西沢渓谷入口近くの**道の駅 みとみ**に車を駐車する。今日は雨の山行となり、甲武信岳は厚い雲に覆われている。

　雨具に身を包み駐車場を出る。国道沿いを行くと、道の駅の北隣に登山者用の広い駐車場があり、すぐに国道を横切り**西沢渓谷入口**を入る。

　頭上に国道のループ橋を仰ぎながら舗装された林道を行く。20分ほどで東屋とトイレが備わった広場に出る。傍らに祀られた山之神に参拝し、少し先の**近丸新道入口**を入る。

　新緑の中にヤマザクラが淡い紅色の花をつけ、道は巻き道となる。風化した花崗岩の崩落地を過ぎ、昔のトロッコ軌道が残る平坦な道を行く。

　道はいったん右のカラマツ林に入り、再び左へ巻き道を辿る。小さな流れを越えると、ヌク沢へ向かって緩やかに下って行く。ヌク沢には**堰堤**が設けられていて、谷川に架けられた鉄パネルの仮橋を渡る。

ヌク沢の仮橋を渡る

　ヌク沢の右岸に渡ると、尾根に取りつき急登が始まる。痩せ尾根は木の根や露岩が行く手を遮り、このコース一番の難所である。体力の消耗を考え、ゆっくりペースで上り詰める。

　尾根に取りつき1時間が過ぎたころムラサキヤシオの紅紫の花が迎えてくれる。登山道はホンシャクナゲにトウゴクミツバツツジも加わり、花のトンネルに替わる。

シャクナゲのトンネルを抜ける

花を眺めながらの、疲れを忘れる上りが続く。

　ヌク沢から2時間。小刻みに立休みを入れながら、**戸渡尾根合流点**に到着した。戸渡尾根もはじめは痩せ尾根の急登が続く。樹相はシラビソやコメツガに替わり、大規模な花崗岩砂礫の崩落地を抜けると**木賊山**の山頂に着いた。

　針葉樹林におおわれた木賊山から、残雪の坂道を下ると**甲武信小屋**に着いた。

　小屋で受付を済まして山頂を目指す。小屋の左から登山道に入り、20分ほどでガスに覆われた**甲武信岳山頂**に着いた。

　山梨、埼玉、長野の三県にまたがる山頂には、各県ごとそれぞれに山頂標識が立てられていた。あいにくの天気で、山頂からの

小屋番の徳さん（右から５人目）を囲んで

石組みの上に 甲武信岳山頂標識

展望は効かない。岩が積み上げられた山頂標識に上り、記念写真を撮り、山頂を後に甲武信小屋に戻る。

２日目は、東へ雁坂峠を経るコースを下る。小屋番の名物男「徳さん」を囲み、甲武信小屋前で記念写真を撮り小屋を後にする。

小屋の前から残雪の巻き道を辿り岩場を過ぎ、ミヤコザサの中に建つ**笹平避難小屋**に着く。

タカネスミレの咲く尾根を上り詰め、最高点の**西破風山**に出る。そこから東破風山、**雁坂嶺**を経て**雁坂峠**に下り、右折すると樹林帯へ入る。

ブナ林の急降下が続き、ハシリドコロが群生する谷川を左岸へ渡ると**林道出合**へ下りた。舗装された林道を歩き、車止めの道の駅へ戻ってきた。

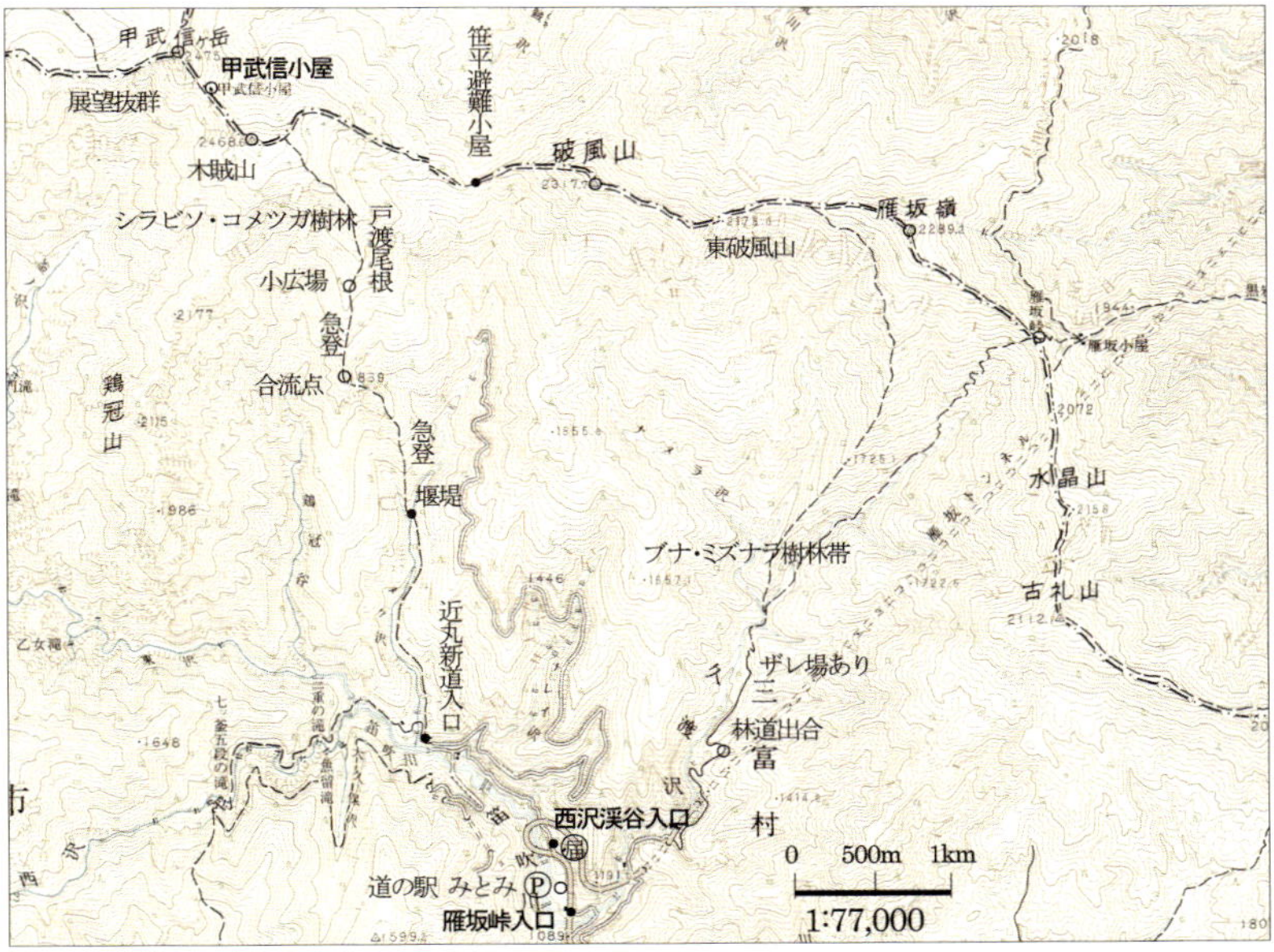

歩程◉ 15 時間 05 分　20.1km

H=1100m		H=1100m		H=1140m		H=1350m		H=1869m		H=2020
道の駅	⇒	西沢渓谷入口	⇒	近丸新道入口	⇒	堰堤	⇒	戸渡尾根合流点	⇒	小広場
7:00	0.3k	7:05	1.2k	7:25	1.5k	8:25	1.2k	10:30~10:40	0.6k	11:35~12:00

	H=2469m		H=2360m		H=2475m		H=2360m		H=2070m
⇒	木賊山	⇒	武信小屋	⇒	甲武信岳	⇒	甲武信小屋（泊）	⇒	笹平避難小屋
1.5k	13:55~14:00	0.5k	14:40~15:00	0.4k	15:20~15:25	0.4k	15:45~6:40	2.0k	7:55~8:00

	H=2318m		H=2289m		H=2050m		H=1300m		H=1100m
⇒	西破風山	⇒	雁坂嶺	⇒	雁坂峠	⇒	林道出合	⇒	道の駅 みとみ
0.7k	9:00~9:15	2.3k	10:45~11:15	1.1k	11:45~11:55	4.0k	14:00~14:15	2.4k	15:20

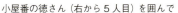

48 金《きん》峰《ぷ》山《さん》 2599m

標高差◉1089m　登頂日◉2010・5・30

49 瑞《みず》牆《がき》山《やま》 2230m

標高差◉720m　登頂日◉2010・5・29

ルート図◉5万分の1地形図「金峰山」　参加者◉9名

瑞牆山から南東に山頂をガスに覆われた金峰山を望む

今回は、一泊二日で**瑞牆山**と**金峰山**を目指すことになった。中央自動車道の須玉ICを出て、県道601号線から23号線へ乗り継ぎ、インターから50分ほどで登山口の**瑞牆山荘**前に到着した。山荘横の広い駐車場に車を止め、朝食をとりながら身支度を整える。

山荘に駐車の許可と今夜の宿泊手続きに行くと、午後3時ごろから天候が崩れるので、今日は金峰山でなくて瑞牆山にした方が良いという。金峰山へ先に上る予定だったが、山荘の人の意見を取り入れ、計画を入れ替えて**登山口**を入る。

里宮平と呼ばれるなだらかな山裾のミズナラやシラカバ林の中に道が延びる。ミズナラの林には、東日本に多く自生するトウゴクミツバツツジが紅紫色の花をつけていた。

道は次第に傾斜を強めて富士見平林道を横切る。急な道はしばらく続き、木の間から瑞牆山を望む枝尾根上でウェアー調整の小休止をとる。

左に花崗岩が幾重にも盛り上がった瑞牆山の岩峰を眺めながら上り詰めてゆくと、林道終点の標識が立ち左から林道が合流する。林道沿いはシャクナゲを始め花が多いというので、帰りにはそちらへ回ることにして上を目指す。程なく水場の横を過ぎると**富士見平小屋**が見えてきた。

富士見平小屋と分岐標識

小屋の周辺はキャンプ地になっていて、二張りのテントが張られていた。一帯は水源地にも近く高山植物が多く自生する。

今はまだ季節が早いため、わずかにタニマスミレが淡い紅紫色の花をつけるのみで、マルバタケブキはやっと葉を広げたところだった。

10分ほどの休憩の後、分岐を左へ瑞牆山を目指す。道は飯森山の山腹を左から巻いて延びる巻き道を進み、25分ほどで天鳥川の流れを渡る。

天鳥川を渡ると、二つに割れた巨大な花崗岩が現れる。その岩を支えるように、だれが始めたか支え棒が何本も並んでいる。その横に咲く紅紫のアズマシャクナゲを眺め、巨岩の脇に設けられた階段を上り、支流の谷川沿いを行く。

割れた 球形の巨岩

ゆく手を巨大な岩塊が遮り、ロ

ープを頼りに岩を越える。瑞牆山の山体は、すべて花崗岩で成り立っているようだ。固い岩があるかと思えば、手で触れるともろく崩れる結束の緩い岩もある。そんな花崗岩砂礫の中にコヨウラクツツジが暗赤褐色の小さなつぼ型の花をつける。

次から次へと岩場登りが続き、やがて前方に〝大ヤスリ岩〟と呼ばれる大岩峰がそそり立つ。1時間ほどの岩場登りで稜線に出た。岩尾根を辿り、北側から回り込むと、巨大な花崗岩ドームの**瑞牆山**の山頂標識に着いた。

山頂ドームの上は多くの登山者で溢れていた。山頂標識で記念写真を撮り、岩の上に並んで腰を下ろして昼食弁当を広げる。

天気は晴天なれども次々とガスが流れ、周囲の峰々も山頂部分を雲に覆われている。明日登る予定の金峰山もなかなか山頂を見せない。瑞牆山から続く稜線は花崗岩がにょきにょきと頭をもたげ、マグマが隆起してきたままの姿を今にとどめる。山頂からの花崗岩の奇観を思う存分楽しみ、山頂を後にする。

再び岩場を下り、天鳥川を渡り、富士見平へと戻ってきた。ここからの下りは、大回りになるが林道へ入ることにした。花崗岩のピークがいくつも突き出した、恐竜の背中のような瑞牆山の尾根を右に見ながら林道を下る。

林道脇ではオーレンの白い花が咲き、アズマシャクナゲの群生は濃淡の紅紫色の花をつけていた。

山腹の道に戻ると、水気の多い湿地にクリンソウが群生し、紅紫の花を幾重にもつけていた。

心配していた雨もなく、

天を衝く“大ヤスリ岩”

花崗岩の巨岩が重なり合う 瑞牆山の山頂標識で

富士見平林道から望む 恐竜の背中のような瑞牆山

歩程◉（1日目）6時間15分　6.5km　（2日目）9時間30分　11.4km

H=1510m **瑞牆山荘** 7:50 ⇒ 1.0k ⇒ H=1790m **富士見平小屋** 8:40~8:50 ⇒ 0.8k ⇒ H=1810m **天鳥川出合** 9:15 ⇒ 1.0k ⇒ H=2230m **瑞牆山** 11:05~11:50 ⇒ 1.8k ⇒ H=1790m **富士見平小屋** 13:50 ⇒ 0.2k ⇒ H=1750m **林道** 14:00 ⇒ 1.2k ⇒ H=1700m **分岐** 14:35 ⇒ 0.5k ⇒ H=1510m **瑞牆山荘（泊）** 15:00~5:05 ⇒ 1.0k ⇒ H=1790m **富士見平小屋** 6:00~6:30 ⇒ 1.4k ⇒ H=2040m **大日小屋** 7:30~7:35 ⇒ 1.0k ⇒ H=2170m **大日岩** 8:15~8:25 ⇒ 0.8k ⇒ H=2317m **砂払いノ頭** 9:40~9:45 ⇒ 0.8k ⇒ H=2497m **千代ノ吹上** 10:20 ⇒ 0.7k ⇒ H=2599m **金峰山** 11:20~12:10 ⇒ 1.5k ⇒ H=2317m **砂払いノ頭** 13:05~13:15 ⇒ 0.8k ⇒ H=2170m **大日岩** 14:15~14:25 ⇒ 2.4k ⇒ H=1790m **富士見平小屋** 16:00~16:05 ⇒ 1.0k ⇒ H=1510m **瑞牆山荘** 16:40

予定していた午後3時には登山口へ下山した。瑞牆山荘に入り、夕食前のひと時、部屋に集まり祝杯を挙げていると、とうとう予想された雨が降ってきた。

この夜は夕食後の酒宴もそこそこに切り上げ、早朝の出発に備えて早めに就寝する。

夜通し降った激しい雨も、明け方には止んでいた。4時過ぎに目をさまし、身支度を整える。隣室の女性たちも準備が整ったようだ。荷物をまとめて屋外に出て、不要な荷物を車に積み込む。

全員の準備が整い、木々の新芽が雨に洗われた登山口を入る。雨上りだが、花崗岩砂礫の登山道は水はけが良く水溜りはない。今日のコースは距離も長いし、歩行時間もかかる。口に塩を含み、血流不足による足の痙攣防止に備える。

昨日も上った登山道のため、心に余裕を持ちながら上ってゆく。ミズナラとシラカバが混在する林には、シラカバの倒木が白骨のように横たわる。

林道を横切り、道が急登になるとS子さんのペースが上がらない。彼女に合わせて少しペースを落として急坂を乗り越え**富士見平**に着いた。ここで朝食をとりながら体調を整える。

富士見平からは飯森山の山腹をトラバース気味に巻いてゆく。先ほどペースを落としていたS子さんも、アップダウンの少ない巻き道で体調を回復し、ペースをつかんだようだ。

飯森山を回り込むと朝日が差し込んできた。富士見平から1時間。右下の谷筋に**大日小屋**の青い屋根を眺めながら5分ほど立休みを取る。

大日小屋を過ぎると、東に向かっていた登山道は南東に向きを変え山腹を行く。10分後ロープを握って岩場を越えると、前方に大日岩の溶岩ドームが見えてきた。やがてガスが立ち込めた尾根に出る。**大日岩分岐**の標識が立ち、ベンチが設けられた広場で休憩をとる。

谷筋に建つ 大日小屋

大日岩分岐を後に尾根を行くと、日当たりのよい土手にバイカオーレンが苔の中から花を開く。尾根は次第に傾斜を強め、高度の上がった岩陰には凍てついた残雪が目立ち始めた。

再びS子さんのペースが落ちてきた。焦らせないように、休み休み引っ張ってゆく。標高も2300mに達し、森林限界を超えると〝**砂払いノ頭**〟の標識に着いた。

ロープを握り岩場を越える

ここからは尾根上の巨大な花崗岩の間を進む。すっぱりと切れ落ちた絶壁から下を覗くと、思わず足がすくむ。次々と続く岩場で苦戦しながらも〝**千代ノ吹上**〟に着いた。遠目にもそれとわかる、山頂手前にそそり立つ〝五丈石〟も間近になってきた。

やがて〝五丈石〟を左から回り込むと、広い山頂広場に出た。その先の岩山に**金峰山山頂標識**はあった。重なり合った花崗岩の間に設けられた三等三角点にタッチし、思わず全員で「ばんざ〜い！」と叫ぶ。傍らでS子さんが、苦しかった道のりを思い返して感涙にむせぶ。

尾根上の花崗岩の間を行く

興奮が収まったところで、山頂標識に集まって記念写真を撮る。山頂標識から〝五丈石〟前の広場に場所を移し、転石に腰を下ろして昼食をとる。昼食の間も、山頂広場の西の端にそそり立つ〝五丈石〟の存在感には圧倒された。

絶対的な存在感でそそり立つ“五丈石”

山頂から鋸のように連なる岩尾根

生憎のガスがかかり、山頂から遠方の峰々への展望は効かない。上りに苦労をした鋸のような険しい岩尾根が、山頂から千代ノ吹上にかけて延々と続いている。

山頂を後にして岩場へと取りつく。登りに手ごわかった岩場は、下りではさらに手ごわい。両手両脚にお尻まで…、使えるところはすべて使い岩尾根を下り、〝砂払いノ頭〟で一休みして息を整える。疲労回復に持参した〝干し柿〟を食べて元気を出し、再び樹林を下る。

尾根上には不思議な形をした花崗岩が鎮座していた。地中を隆起するマグマが冷え固まる段階で出来上がった、自然が作った芸術作品である。

最後の難関をロープで下る

大日岩分岐で一息つき、最後の岩場をロープで下る。飯森山の巻き道に入るとガスが立ち込めていた。

予定時間をかなり超過したが、誰一人リタイアすることもなく、登山口に戻ることができた。

下山後、県道沿いにある増富の湯に立ち寄り、ぬるめの温泉にゆっくり浸かり、帰路に着いた。

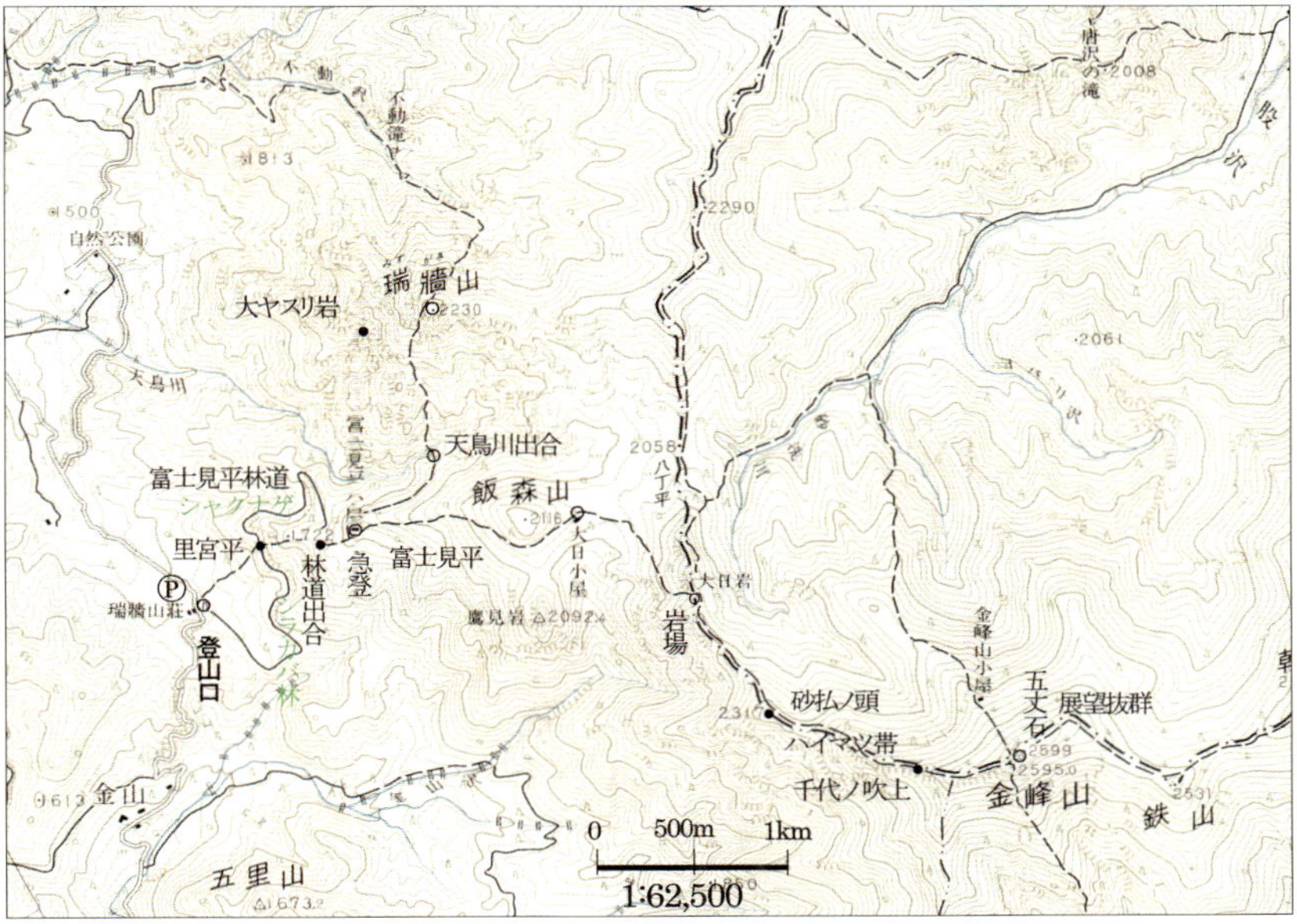

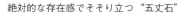

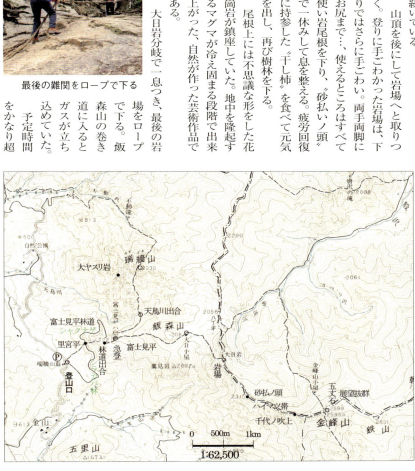

小説「大菩薩峠」の文学碑が建つ尾根

50 大《だい》菩《ぼ》薩《さつ》嶺《れい》 2057m

標高差◉467m　登頂日◉2013・11・2　参加者◉2名
ルート図◉5万分の1地形図「丹波」

賽ノ河原から大菩薩嶺を望む 中央ピークの奥が山頂

日本百名山の編集に当たり、資料不足を補うため、2005年に登った**大菩薩嶺**を再び訪れる。

中央自動車道の**勝沼IC**を出て、国道20号線に入る。笹子トンネル手前から左折して県道215号線に入り山間部を北上する。

日川沿いを上流へ上り詰め、上日川ダムの東側を回り込んで、インターから45分で**上日川峠**の村営駐車場に着いた。紅葉の時期と重なり駐車場は満車である。幸い、下山した登山者が出た後へ車を止め、路肩に並ぶ車列の前を登山口へ向かう。

峠に建つロッヂ長兵衛の右から林道に入ると、左の林の中へ登山道が延びる。どちらも福ちゃん荘までは並行してゆくが、左の登山道に入る。

11月に入り花々はすでに姿を消し、紅葉の季節も盛りを過ぎようとしている。ブナ科の木々はほぼ葉を落としたが、カエデ科は今が紅葉の最盛期。オオモミジがさみしくなったカラマツ林に色を添え、モトゲイタヤは付け根に毛が生えた大きな葉を黄色く染めている。

登山道には落ち葉が降り積もり、それを踏みながら穏やかな道を行く。今回は花の替わりに落ち葉を探しながら、カエデ科の落ち葉を中心にカメラに収めて行く。モトゲイタヤ、オニイタヤ、コハウチカエデなどカエデの種類は多い。

登山口から30分で、唐松コースと林道の分岐点に建つ**福ちゃん荘**に着いた。一息入れて、山荘横の分岐標識から唐松尾根コースへ入る。

散り始めたカラマツの葉が、風に吹かれて雨のように降り注ぐ。ミズナラも見事に紅葉し、枯れ木が多くなった山腹を彩っている。

カエデの種類も少し替わり、ウリハダカエデ、ハウチワカエデ、ミネカエデなどが多くなる。

福ちゃん荘

樹林帯を抜けるとススキが生える草原が拡がる。急斜面の笹原を上り切ると**雷岩**の標識が立つ稜線三叉路に出た。標識の右が雷岩で、左の樹林に入ってゆくと大菩薩嶺へと向かう。

鬱蒼とした樹林内へ足を踏み入れ、10分ほどで周囲を木々に覆われた**大菩薩嶺**の標識に着いた。展望の効かない山頂広場では多

周囲を木々に覆われた大菩薩嶺の頂上

中里介山の文学碑

くの登山者が腰をおろして休憩をとり、標識前の記念写真は混雑している。何とか記念写真を撮り終えて、山頂滞在10分で来た道を引き返す。

富士山の展望台といわれる雷岩からは、生憎、靄がかかっていて富士山は姿を見せない。

雷岩、神部岩など尾根に露出する岩場は中生代の泥岩と砂岩の互層で、その岩場を下ると、休憩ポイントの**賽ノ河原**に建つ避難小屋に着く。

賽ノ河原を出て小さなピークを越える。程なく登山道わきに、明治の文豪で未完の大作『大菩薩峠』の作者である中里介山の文学碑が建つ。

文学碑を過ぎると**大菩薩峠**に建つ介山荘に着いた。周辺にはファミリー登山の親子連れなども含まれて、まるで観光地のように賑わっていた。

介山荘から直進すると熊沢山を経て石丸峠へと通じ、上日川峠へは介山荘とトイレの間を林道へと下る。林道は未舗装ながら、山荘まで車が入るために道幅は広い。途中まではタクシーも入るので、観光気分の人も上ってくる。

峠から20分ほど下ると左に**勝緑荘**が建ち、ここから林道も舗装道路になる。さらに5分ほどで富士山の展望台を備えた**富士見山荘**に着く。

広場に設けられた展望台は朽ち果て、荒れた様子の山荘から5分で分岐点の福ちゃん荘に戻る。

この先も紅葉が盛りの林道を辿る。赤みがさしてオレンジ色のミズナラの紅葉を眺めながら、上日川峠の登山口に下山した。

大菩薩峠に建つ「介山荘」

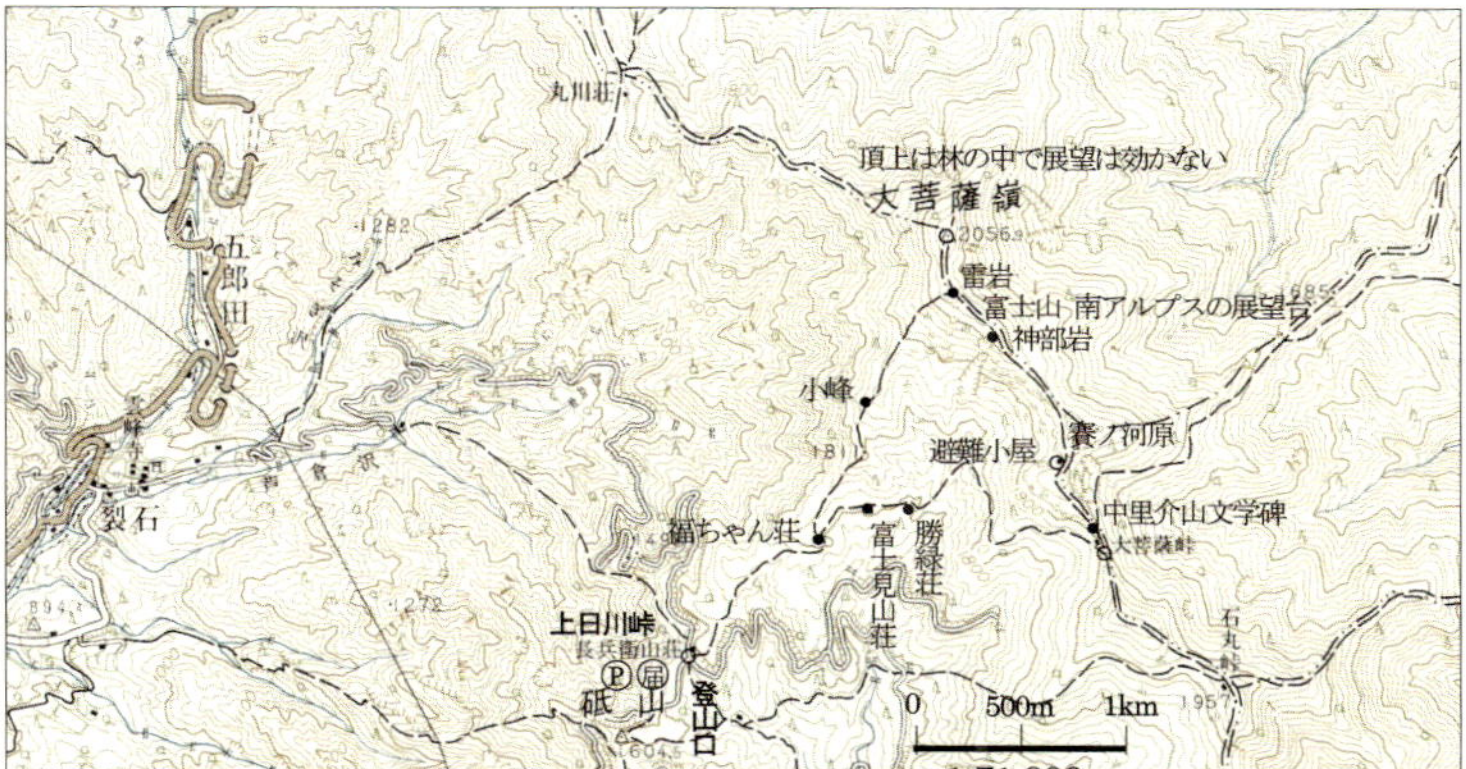

歩程◉３時間00分　6.9km

H=1590m		H=1705m		H=2035m		H=2056.9m	
上日川峠	⇒	**福ちゃん荘**	⇒	**雷岩**	⇒	**大菩薩嶺**	⇒
9:45	0.8k	10:15~10:20	1.3k	11:10	0.3k	11:20~11:30	1.2k
H=1935m		H=1900m		H=1705m		H=1590m	
賽ノ河原	⇒	**大菩薩峠**	⇒	**福ちゃん荘**	⇒	**上日川峠**	
12:00~12:20	0.4k	12:30~12:40	2.1k	13:15	0.8k	13:30	

訪れる登山者数は百名山中一番？

51 丹《たん》沢《ざわ》山 1567m

標高差◉1277m　登頂日◉2012・11・3～4
ルート図◉5万分の1地形図「上野原」　参加者◉4名

竜ヶ馬場から望む丹沢山 単独で見ればいたって普通のピーク

同年9月に釜立林道の八丁坂コースから丹沢の最高峰蛭ヶ岳に登頂した。しかし、あいにくの雨のため**丹沢山**へ向かうことを断念。

今回、南の大倉尾根コースから再チャレンジすることになり、4名の参加者が朝6時に岐阜を発ち東名高速を使って**大井松田IC**を目指した。

10時にインターを出て国道246号線から県道706号線に入り、**戸川公園**の駐車場に入る。後でわかったことだが、この駐車場は夜間の駐車が禁止されていて、宿泊山行の場合は他の駐車場を利用することになる。そんな事とは知らずに、駐車場で身支度を整え登山口を目指す。

公園を出て県道を右に進み、どんぐり山荘の前から左へ林道に入る。すぐに丹沢大山国定公園の大きなモニュメントの前を過ぎる。道はヒノキの植林の中へ延び、路肩にはナンブアザミが球形の総苞片をつけて咲く。よく見かける大きな鋸葉のシロヨメナが咲き、それに花は似ているが、富士火山帯周辺の山塊にのみ自生するというタテヤマギクが三角状卵心形の葉をつけた白花をつける。

ミョウコウトリカブトが花をつける日当たりのよい土手を過ぎると、大倉尾根の標識が立ち観音茶屋の前を過ぎる。左へ大倉高原山の家への道を分け、20分ほどで尾根に上ると道は再び合流する。

街道のような道が尾根上に延び、見晴茶屋の下を過ぎる。道は丸太が敷かれた上りになり、木道を辿ると塔ノ岳まで4kmの標識を過ぎる。マツカゼソウが小さな白い花を風に揺らす道を行くと、駒止茶屋の前を過ぎ、さらに上りは続く。

花立山荘で休憩をとり 体調を整える

塔ノ岳まで2・8kmの標識を過ぎると、多くの登山者がベンチで憩う**堀山の家**に着いた。我々もベンチに腰を下ろして昼食をとる。

堀山の家からしばらくは、土手に咲くリンドウの花を眺めながら樹林帯を行く。樹林帯を出るころ、しばらく山を離れていたY子さんの脚が攣って、歩みが遅れだした。薬を飲み、脚をなだめながらの上りが続き、展望のよい**花立山荘**に着いた。

10分ほど休み、Y子さんの脚の具合をみながらの上りが続く。鍋割山への分岐がある金冷シを過ぎ、アセビの低木が群生する尾根を行く。

登山道近くの草地には、すっかり人馴れした牡鹿が気持ちよさそうに昼寝をしていた。

赤く紅葉したホッツジが生える痩せ尾根を行くと、大きな広場奥に尊仏山荘が建つ**塔ノ岳**に着いた。

広場には多くのベンチが設けられ、中央に大きな山頂標識が立つ。丹沢は塔ノ岳を目的に上る登山者が多く、ここから先は登山者の数が極端に少なくなる。

塔ノ岳からいったん下ってミヤコザサが茂る尾根を行く。Y子さんの脚は相変わらずで、A氏に同行を頼み、先行してみやま山荘を目指す。竜ヶ馬場のピークから鞍部へ下り、上り返すと**丹沢山頂**に着いた。山頂近くの**みやま山荘**で受付を済まして待つこと15分、遅れていたメンバーが到着した。握手で迎え、Y子さんの頑張りを称える。

丹沢山頂標識に到着

この日の山荘は定員の二倍以上の宿泊者があり大混雑。祝杯も立ち飲み状態で、夕飯までの時間を過ごす。

夕食は、丹沢中で一番人気の山荘ということで、食事内容も良かったが、Y子さんは食事もとれないほどの疲労状態。結局、携帯食で済ますことになって早めに就寝したが、隣の男性のすごい鼾に悩まされて眠れぬ永い夜を過ごす。

翌朝、日の出を迎えると、朝日を受けた見事な〝赤富士〟が迎えてくれた。

朝食後、蛭ヶ岳を目指す予定を変更して山荘を後にする。昨日は、靄がかかり展望はイマイチだったが、今朝は見事に晴れ渡り、富士山を眺めながら尾根を辿る。

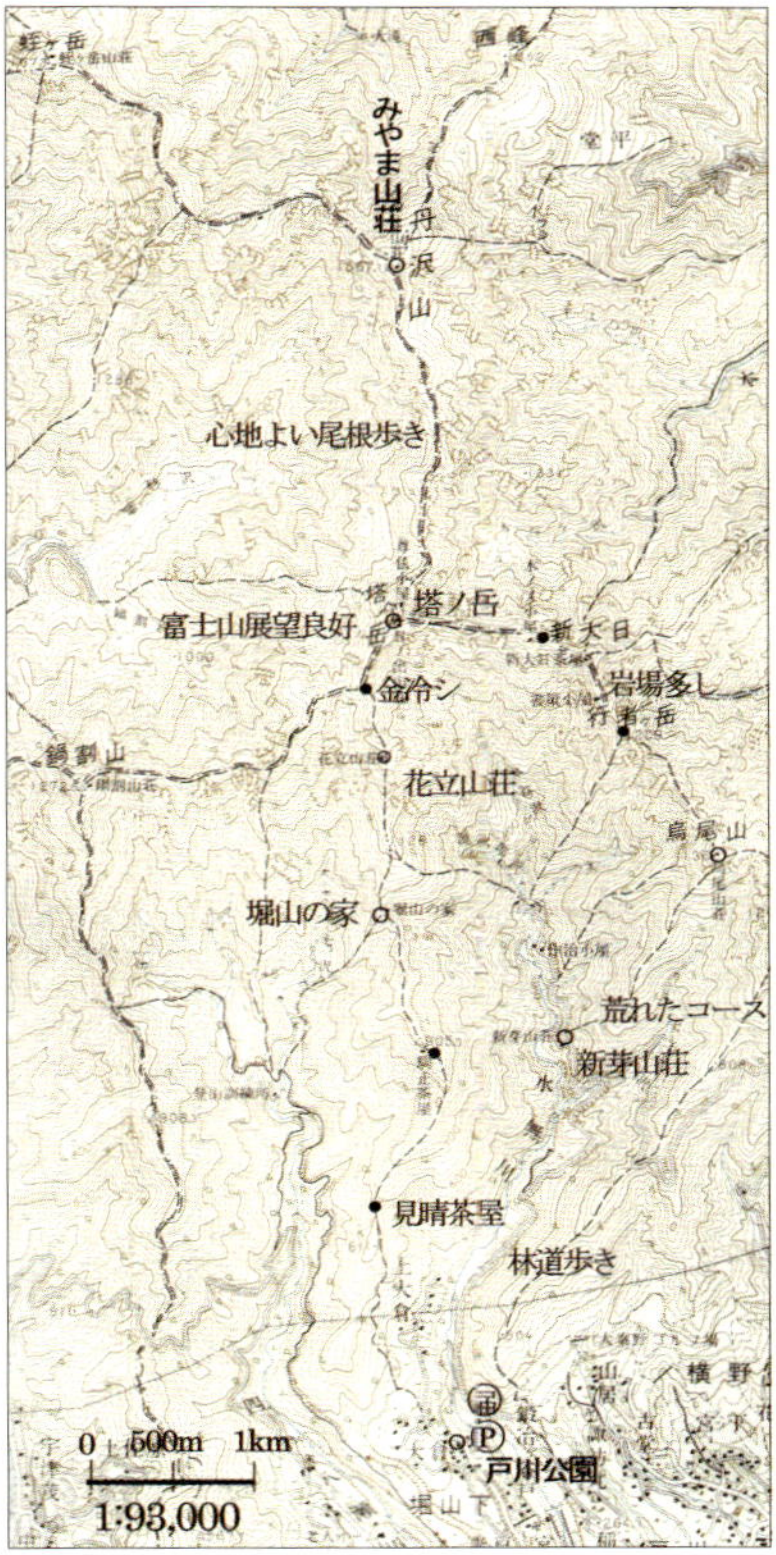

塔ノ岳で富士山に別れを…

歩程◉ 10時間35分　21.5km

H=290m	H=960m	H=1350m	H=1491m	H=1567.1m
大倉登山口 ⇒	**小草平 堀山の家** ⇒	**花立山荘** ⇒	**塔ノ岳** ⇒	**丹沢山 みやま山荘**
10:35　4.2k	12:50~13:15　1.4k	14:15~14:25　1.4k	15:10~15:20　2.6k	16:30~7:00
H=1491m	H=1136m	H=510m	H=290m	
⇒ **塔ノ岳** ⇒	**烏尾山** ⇒	**新茅山荘** ⇒	**大倉登山口**	
2.6k　8:10~8:40　3.3k	10:30~10:45　2.5k	12:00~12:30　3.5k	13:40	

世界遺産に登録された日本一の山

52 富士山《ふじさん》 3776m

標高差◉1376m　登頂日◉2000・7・21
ルート図◉5万分の1地形図「富士山」「富士宮」　参加者◉6名

朝霧高原に映しだされた"影富士"

この時の富士山行が、結果として、私が百名山を目指す最初の山となった。それまでにも、百名山に名を連ねる山々に上ってはいたが、結局、データを得るために、すべて登り直すことになった。

健脚の人ならば、早朝に登山口を出れば日帰りも可能な富士登山ではあるが、わが中高年メンバーではそうもいかず、一泊二日の計画で挑んだ。

東名高速道路の中でも由比ヶ浜は、前方に見事な富士山が姿を見せる。が……今日は雲に隠れて姿を見せない。**富士IC**を出て、富士山スカイラインを上ってゆくと雨が降り出した。今日の天気が気になる。

新5合目登山口に着くと雨は小降りとなり、ほっと胸をなでおろす。

富士山は数十万年前にできた先小御岳から小御岳と活動が続き、8万年前から古富士が活動し、現在の新富士山は1万1千年前に誕生した山である。

そのために、氷河の生き残りである高山植物は少ない。駐車場の脇にはミヤマアキノキリンソウ、キオンなどの黄色の花が咲き、富士山ならではのフジアザミが大きな紫の花を重そうに咲かせている。

新5合目登山口で

登山口はすでに標高が2400m。薄い気圧に体を慣らすため昼食時間を十分とる。

午後1時、登山口標識の前で記念写真を撮り、今夜の宿泊所である9合目万年雪山荘を目指す。

新5合目の森林限界を超えると、樹木はなくなる。イワオウギが咲いている登山道を進むと新6合目の岩室が見える。富士山では山小屋のことを一般的に岩室と呼ぶのだそうだ。

宝永山への道を右に見送ると山頂へ向かってジグザグに延びる登山道をたどる。火山灰の山腹では無数の黄白色の花をつけたオンタデだけが生え、ほかの花を見ることはない。唯一、イワツメクサが玄武岩の岩陰に咲いていた。

道は硬めの砂礫で歩き易いが、**新7合目**を過ぎると岩場となり傾斜を増す。**8合目**で宝永山の奥に御殿場市街を眺めて永めの休憩をとる。

登山口から5時間後。今夜の宿舎9合目石室の**万年雪山荘**に到着する。

夕食後にブランデーとビールで乾杯し、二段ベッドの冷たい布団に入り、早めに就寝する。

翌朝2時半に起床の呼びかけがあり、手早く身支度を整えて山荘を出る。ヘッドライトの光を頼りに山頂を目指す。見上げる夜空には満天の星が瞬く。麓に目をやると、富士宮や御殿場の街の光が、まるで宝石箱をひっくり返したように輝き星空と競う。

山頂を目指す光の行列は曲がりながら上に延び、途中に建つ浅間大社の鳥居をくぐるころに山頂部のシルエットが浮かんできた。

　ゆっくりとした行列は1時間半ほどかけて山頂の**浅間大社**に到着した。神社に無事の登頂を感謝し、ご来光が見やすい東側にある**賽の河原**へ向かう。多くの登山者が今か今かとご来光を待つが、東の空には雲が低く棚引き、日の出の条件は悪い。

　待つうちに、下に丸くなった太陽が、雲の間から顔を出した。とりあえずご来光を拝んだら、急に寒さを感じ出した。NTT山頂局の建物陰に入り、熱いコーヒーと味噌汁を沸かし、冷えた体を温める。

測候所が建つ剣ヶ峰と火口

　朝食後、日本最高地点のある剣ヶ峰へと向かう。
　浅間大社の前を通り、覗き込んだ火口（大内院）は荒削りで活火山の姿を今に留める。右に火口を眺めながら、滑りやすい坂を上り、測候所横の**剣ヶ峰**の標識に着いた。
　標識を囲んで記念写真を撮り、測候所の裏手にある最高地点より3m高い展望台へ向かう。展望台からは、朝霧高原に映し出された見事な"影富士"が望まれ、その雄大な影絵に感動する。
　しばし日本一の展望を楽しみ、剣ヶ峰を後にする。途中、大内院に勝るとも劣らないスケールの宝永山に立ち寄り、富士山を満喫して下山した。

「日本最高峰富士山剣ヶ峰」の標識で

歩程◉ 10時間15分　9.0km

地点	標高	時刻	次までの距離
新5合目登山口	H=2400m	13:00	1.3k
新7合目	H=2800m	14:40~14:50	0.8k
8合目	H=3250m	16:40~17:00	0.3k
9合目萬年雪山荘（泊）	H=3460m	17:50~3:00	0.9k
浅間大社	H=3750m	4:20	0.4k
賽の河原	H=3760m	4:40~5:50	0.8k
富士山頂（剣ヶ峰）	H=3775.6m	6:15~6:35	0.4k
山頂郵便局	H=3750m	6:50~7:10	0.9k
9合目	H=3460m	8:05~8:35	0.3k
8合目	H=3250m	9:00~9:10	0.8k
6合目	H=2600m	10:50~11:05	0.8k
宝永火口	H=2640m	11:15~11:25	0.8k
6合目	H=2600m	11:35	0.5k
新5合目登山口	H=3400m	11:50	

アセビとシャクナゲのトンネルを辿る

53 天城山《あまぎさん》（万三郎岳《ばんざぶろうだけ》）　1406m

標高差◉361m　登頂日◉2002・4・14
ルート図◉2万5千分の1地形図「天城山」　参加者◉22名

東名富士川SA付近から望む富士山

天城山への山行は、当同好会メンバーの平均年齢も若かった時期で、レンタカーのマイクロバスを会員が運転し、日帰りで出かけることになった。

早朝4時に各務原を出発し、東名高速道路を東へ向かう。天候は申し分のない晴天で、由比ヶ浜や富士川SA付近からは見事な富士山を眺める。

沼津ICを出て、国道136号線から県道12号線を経て伊豆スカイラインに入り、5時間近い時間をかけて**天城高原駐車場**に入る。

バスから降りて身支度を整え、駐車場近くの**登山口**へ向かう。林道わきには、伊豆半島など関東地方に多いというマメザクラが満開で迎えてくれた。登山道に入り、杉やヒノキの植林帯を緩やかに上ると、15分ほどで**万二郎岳登山口**に着く。

地蔵堂分岐を経て万三郎岳への道を右に見送り、左の沢沿いに万二郎岳を目指す。灌木の中を行くと、最盛期には少し早いが、白や淡いピンクの花をつけたアセビの木が林立する。

緩やかな上りも次第に急登となり、登山口から1時間ほどでアセビの木に覆われて展望の効かない**万二郎岳頂上**に出た。狭い山頂には22名が休憩する場所もなく、山頂を通り抜けて斜面を下る。

すぐに岩場があり、目の前にはこれから向かう馬の背と、その背後に万三郎岳が望まれる。日が上がるにつれて靄がかかり、残念だが展望が利かない。本来ならば、ここから右に富士山や南アルプスが望まれ、左には東伊豆の海が見えるはずである。岩場から再び樹林帯を下り、ヒメシャラやアセビが混在する尾根の**鞍部**で休憩をとる。

鞍部から登り返すと**馬の背**である。人の背丈ほども土が掘れた登山道に、覆い被さるように見事なアセビのトンネルが続く。馬の背を過ぎて石楠立（はなたて）の鞍部からは、ブナやヒメシャラの樹林にアマギシャクナゲがつぼみをつけて開花に備えていた。ブナの巨木の間を抜けて尾根を行き、ひと登りすると一等三角点が設けられ、多くの登山者で賑わう**万三郎岳山頂**に着いた。

アセビの林を上る

こちらも展望は今一つだが、まずは山頂標識前で記念写真を撮る。昼食場所を探すが、われわれ22名が集まって腰を下ろせるほどの場所はなく、二手に分かれて昼食場所を確保する。

A氏夫人のS子さんが、山菜採りで手に入れたコシアブラの天ぷらを揚げてくれた。今年の初物だという人も多くて、売れ行きは上々、揚げる先から売れてゆく。1時間余りの楽しい昼食時間も終わ

コシアブラの天ぷらが揚がり…

一等三角点が設けられた万三郎岳頂上で

涸沢から地蔵堂へ山腹を行く

り、山頂を後にする。

下山は山頂から北へ時計回りにコースをとる。アマギシャクナゲの群生する山腹を下り、ブナの巨木を過ぎると、**涸沢分岐**から右折して山腹を巻きながら樹林の中を行く。

江戸時代には天城山一帯は幕府直轄領となっていて、徳川家康が好んだというワサビや、砂糖が貴重だったころの甘味料としてアマギアマチャが栽培されたという。一説には、天城山という山名は、〝甘木の山〟から来ているとも言われている。

伊豆半島はフィリピン海プレートに乗った海洋火山島で、プレートの移動と共に北上し、50万年前に日本列島に衝突したという。その名残の凝灰岩の巨岩の前を下り、北へ延びる尾根を回り込んで平坦地に出ると、ヒメシャラの群生地に入る。

地蔵堂分岐を過ぎると、間もなく万二郎岳登山口を経て駐車場に下山する。

花の季節には早かったが、伊豆半島の自然を満喫した山旅となった。

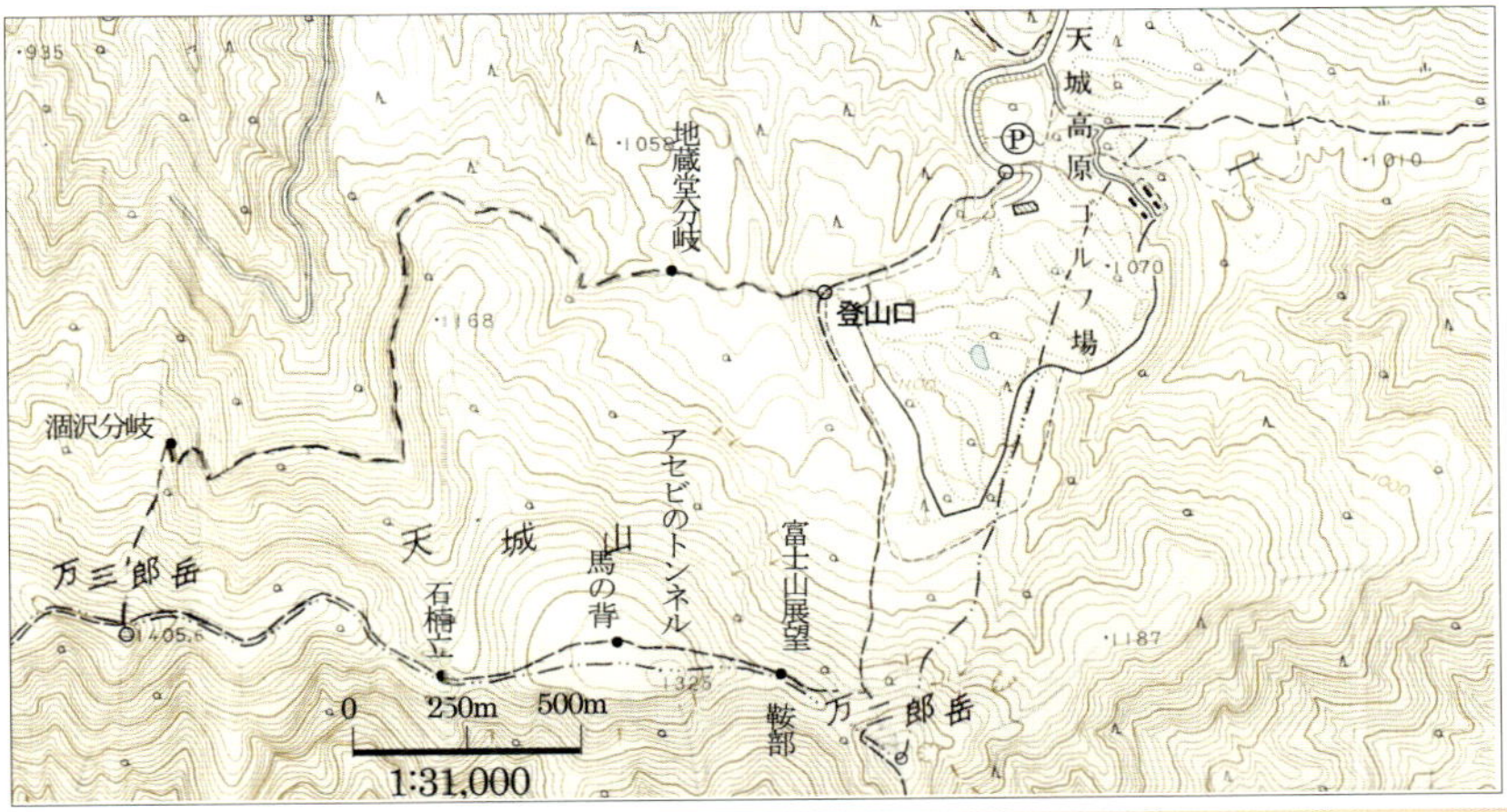

歩程◉ 4時間00分　7.7km

天城高原駐車場（H=1045m）9:00 ⇒ 0.6k ⇒ 登山口（H=1090m）9:15 ⇒ 1.3k ⇒ 万二郎岳（H=1320m）10:05 ⇒ 0.4k ⇒ 鞍部（H=1250m）10:20~10:25 ⇒ 0.4k ⇒ 馬の背（H=1362m）10:40 ⇒ 1.5k ⇒ 万三郎岳（H=1405.6m）11:20~12:35 ⇒ 0.6k ⇒ 涸沢分岐（H=1200m）12:55 ⇒ 2.0k ⇒ 地蔵堂分岐（H=1060m）13:55 ⇒ 0.3k ⇒ 登山口（H=1090m）14:05 ⇒ 0.6k ⇒ 天城高原駐車場（H=1045m）14:20

秩父・多摩・南関東スナップ集

雲取山の下山後の立ち寄りに丹波山温泉は最適

甲武信岳雁坂峠からの下山コースから望む有料道路

瑞牆山で。巨岩を 支えるように置かれた多くの細い棒

勝沼ワインの産地。郊外の丘陵地に拡がるぶどう畑

丹沢・塔ノ岳から望む富士山

東名高速の浜名湖 SA から望む日の出

鷲羽岳から直下にある鷲羽池越しに槍ヶ岳を望む

北アルプス

北アルプスの日本百名山は、日本列島中央の南北75㎞、東西25㎞の狭い範囲に集まる三千メートル級の13座の峰々を指す。中でも槍ヶ岳は北アルプスのみならず、日本の山の代表的な存在といえるだろう。この鷲羽池越しに眺める槍ヶ岳は、知る人ぞ知るビューポイントである。

日本一の大雪渓を上り稜線へ

54 白《しろ》馬《うま》岳《だけ》 2932m
~杓子《しゃくし》岳《だけ》 2812m
~鑓《やり》ヶ《が》岳《たけ》 2903m

標高差◉1682m　登頂日◉2001・7・24
ルート図◉5万分の1地形図「白馬岳」　参加者◉7名

杓子稜線から 万年雪を抱いた白馬岳を望む

今回は、I泊2日でも可能な**白馬三山**を、2泊3日で巡ることになった。この時期、メンバーがまだ山慣れしていないこともあったが、何よりも〝雲上の露天風呂〟として名高い白馬鑓温泉で宿泊することが願望だったからでもある。

早朝3時に岐阜を出発し、7時過ぎに**猿倉**に到着した。たまたま月曜日だったのが幸いし、広い駐車場にはまだ余裕があった。身支度を整え駐車場上の**猿倉荘**へ向かう。

立派なトイレと給水施設を備えた猿倉荘では、地元の中学生たちが大勢集合して入山注意を受けていた。小屋の前のテントに入山受付があり、入山届を出して山荘の横から登山道に入る。

道は砂防工事専用道路を進む。やがて左へ白馬鑓温泉への道を分ける。長走沢を渡ると車道から登山道に替わり、**白馬尻**に着いた。村営の白馬尻荘と白馬尻小屋の二軒の山小屋が建つ。山荘前に立つ大きな表示板の前で大雪渓を眺めて一息つく。

大雪渓の表示板前で

白馬尻から20分ほど行くと大雪渓に着き、アイゼンをつけて雪渓の上に立つ。雪渓の上は涼しい風が吹き、時折、ガスが辺りを包みこむ。先行者の足跡を踏みながら一歩一歩上ってゆく。

大雪渓を挟み、右は白馬岳から主稜が延び、そこから2号、3号雪渓が大雪渓に流れ込む。左は白っぽい杓子岳から杓子尾根が延び、草木の生えない山肌から岩屑流が大雪渓まで流れる。日本一長いという大雪渓は、5~6万年前の第二亜氷期に氷河によって削られたU字形を留めていた。

白馬尻から2時間かけて**葱平**に到着した。葱平は岩屑が積み上げられた丘のようで、上の小雪渓から流れ出した雪解け水が全体に流れていた。ひょっとすると、1~2万年前の第三亜氷期に上部の小雪渓が氷河だったときのモレーン(堆石丘)かも知れないぞ…などと考えながら、流水の少なそうな場所に腰を下ろして昼食をとる。

雪渓の上では草花に出会うこともなかったが、この辺りにはシロ

雪渓はどこまでも続く

ウマオウギやテガタチドリの花が多く目についた。小雪渓を横切ると避難小屋の前に出る。小屋の裏手には水場があり、冷たくてうまい雪解け水が流れ出ていた。

避難小屋には白馬岳特有種のシロウマタンポポが咲いていて、稜線まではお花畑が続く。ハクサンイチゲ、ハクサンフウロ、ミネウスユキソウなど数えきれないほど多くの花をカメラに収めながら、**村営頂上宿舎**の前を通りぬけ稜線に出た。

稜線上は薄いガスが流れていて展望は効かない。分岐を右へ、今日の宿である白馬山荘へ向かう。稜線上にはウルップソウ、イブキジャコウソウ、ミヤマクロユリなどが迎えてくれた。花を見ながら、20分ほどで**白馬山荘**に到着した。

受付へ予約票を出し、案内された6畳間ほどの一室に落ち着く。荷物を下ろして車座になると、まずは祝杯を挙げ、大雪渓の話題に花が咲く。

翌朝は、4時前に目覚めると、外は濃いガスが流れていた。昨夜、食堂から眺めたきれいな星空がうそのようである。山荘の案内では、今日の午後は雷雨の心配もあるという。ガスが晴れるのを待っていても仕方ないので、朝食前に山頂を目指す。

ヘッドランプをつけ、空身で山荘の外へ出ると、多くの登山者が列を作って山頂へ向かう。程なくライトの明かりは不要となり、山荘から20分で濃いガスが流れる**白馬岳山頂**に着いた。山頂からの展望は全く効かず、人の顔もはっきりしないほどだ。待っていてもガスは晴れそうになく、記念写真も撮れないまま、山頂を後に山荘に戻る。

今日の行動予定は白馬鑓温泉まで。時間的にも余裕があるため、朝食を終えた7時半に山荘を出る。

村営頂上宿舎から出発してきた登山者たちとすれ違いながら稜線を下る。振り向くとガスの中に白馬岳が姿を現し、白馬山荘の宿泊棟が連なる。

頂上小屋上の分岐を南に直進すると丸山のピークに着いた。振り返ると、ガスが晴れて姿を見せた白馬岳が望まれた。左に大雪渓を

葱平から大雪渓を見下ろす

葱平上部の小雪渓を横切る

歩程◉ 17時間05分　20.2km

H=1250m		H=1550m		H=2200m		H=2730m		H=2832m		H=2932.2m
猿倉	⇒	白馬尻	⇒	葱平	⇒	村営頂上宿舎	⇒	白馬山荘（泊）	⇒	白馬岳
7:50	2.8k	9:00~9:20	2.1k	12:10~13:00	1.2k	15:25	0.3k	15:45~4:10	0.3k	4:30~4:50

	H=2832m		H=2812m		H=2903.1m		H=2750m		H=2380m	
⇒	白馬山荘	⇒	杓子岳	⇒	鑓ヶ岳	⇒	鑓温泉分岐	⇒	大出原	⇒
0.3k	5:05~7:30	2.3k	9:50~10:10	1.4k	11:30~12:30	0.6k	12:55	1.0k	14:00~14:30	0.7k

H=2100m		H=1840m		H=1824m		H=1250m
白馬鑓温泉（泊）	⇒	杓子沢	⇒	小日向ノコル	⇒	猿倉
15:20~6:20	1.3k	7:20~7:30	1.9k	8:40~8:50	4.0k	10:25

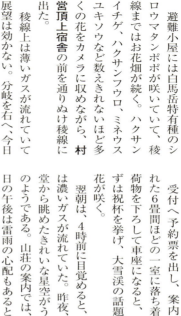

眺めながら、丸山から杓子岳への稜線をたどると、流紋岩の礫の間にウルップソウが群生し、ハクサンチドリやキクバクワガタなどが咲く。さらに尾根道を行くと、祖母谷温泉からのものか、風に乗って硫黄の匂いが漂ってきた。

稜線の東、長野県側には高山植物が多くみられるが、西の富山県側にはガレ場が続き植物は少ない。だが、そのガレの中には、流紋岩や安山岩のガレ場を好んで自生するコマクサが群生する。

鞍部まで少し下り、登り返すと**杓子岳**に着いた。杓子岳も白馬岳と同様に、山頂の東側はすっぱりと切れ落ちていて、岩屑は杓子沢雪渓へと流れ下っている。風が吹き抜ける山頂には植物はほとんどなく、狭い平地に山頂標識だけが立っていた。

ガスの中から白馬山頂が顔を出す

杓子岳山頂から西のガラ場を下り巻き道へ出る。鑓ヶ岳との鞍部、杓子沢のコルから振り返ると、白馬岳同様に東側が切れ落ちた杓子岳の姿があった。

富山県側のなだらかな斜面には、いくつもの雪渓が残り、その上を霧が這い上がり鑓ヶ岳の姿を隠していた。コルを過ぎると鑓ヶ岳への急な上り返しになる。ミヤマオダマキが群生し、リシリオウギが黄白色の花をつける。急坂を上り切ると穏やかな稜線となる。すると、花畑に動くものがある。よく見ると雛を4羽連れた雷鳥の親子だった。その動きを眺め、和やかな気分になる。

東側が切れ落ちた 杓子岳

目の前には、山頂部を白っぽい流紋岩に覆われた鑓ヶ岳が、ガスの中から姿を見せ、ガラ場の中を上り切ると、杓子岳同様に植物が生えていない**鑓ヶ岳**に着いた。風が吹き抜ける山頂で、山荘で作ってもらった弁当で昼食をとる。

白っぽい姿の 鑓ヶ岳

鑓ヶ岳から再びガラ場を30分下ると**白馬鑓温泉分岐**に出る。南へ直進すると、天狗山荘を経て唐松岳へのコースとなる。分岐を左に折れて大出原へと急坂を下る。途中で小さな雪渓を渡ると高山植物の宝庫、**大出原**のお花畑に出た。

上の雪渓からの雪解け水を十分に受けたお花畑には、シナノキンバイやチングルマの群生が目立ち、大きな花のジュータンが拡がる。ここで花を見ながらしばし休憩をとる。

時間調整を兼ねた少し永めの休憩の後、白馬鑓温泉へ向かって山腹を下る。途中、岩が露出したクサリ場を慎重に下り、目の前に烏帽子岩の大きな岩塊が迫ると**白馬鑓温泉**はもうすぐである。

北アルプス一の設備と1500名に及ぶ収容能力の白馬山荘に比べて、こちらは、冬場には小屋を分解して片づけるという。温泉小屋という名にふさわしい簡素な建物である。しかし、標高2100mに湧き出る温泉は、まさに日本一の温泉である。

受付を済ませると、二段式ベッ

大出原に拡がるお花畑

白馬鑓温泉を後にする

ドの部屋に案内された。霧は多かったが、雨に降られなかったのが幸いである。荷物の片付けが済むと、さっそく露天風呂へ。小屋の東に設けられた大きな石組の露天風呂は、湯量が豊富で、温度は少し高めだ。

浴槽から目の前に広がる山並みと雲海を眺め、至福の時を過ごして2日目は暮れる。

翌朝は日の出を見ようと早々に露天風呂に出かけたが、雲が多くて今日も日の出は拝めない。

朝食後、白馬鑓温泉を後に猿倉へ向けて下山を始める。途中、雪渓を3カ所ほど渡り、**杓子沢**の岩場で休憩をとる。この辺りまで下ると、見慣れた植物が多く、オニシモツケ、マイズルソウ、ギボウシなどが登山道わきに咲いている。

杓子沢から狭い巻き道を通り、**小日向ノコル**に着く。ここには小さな湿地があり、花の終わったミズバショウの大きな株が多くあった。

ここから双子尾根を一気に下り砂防工事道路に出て、登山口の猿倉荘に戻る。多くの花々に出合い、白馬三山を思い出に2泊3日の山旅を終える。

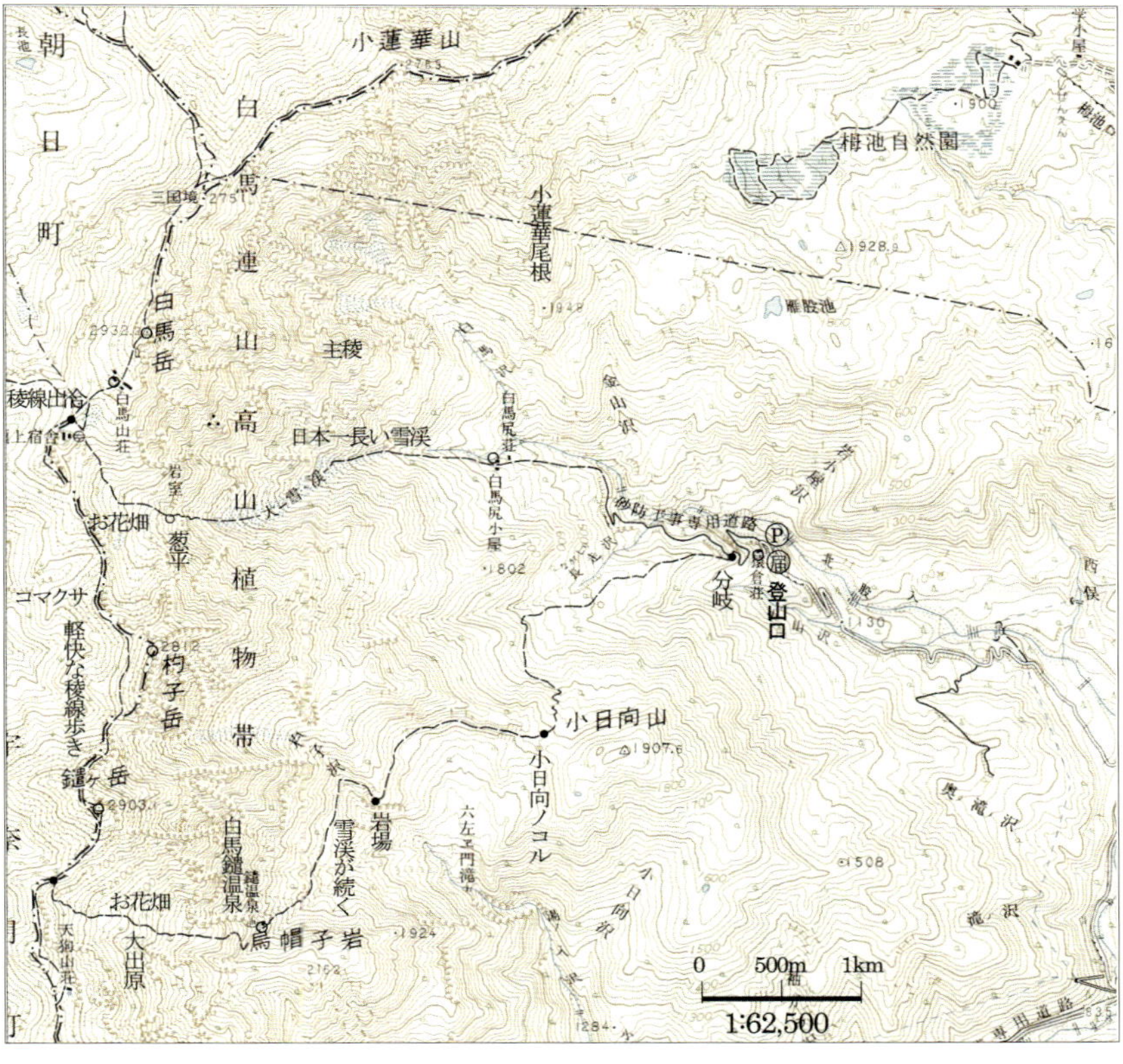

八方尾根から五竜岳を周回する

55 五竜岳《ごりゅうだけ》 2814m

標高差◉1284m 登頂日◉2013・9・17
ルート図◉5万分の1地形図「白馬岳」「大町」 参加者◉9名

遠見尾根から望む 五竜岳と鞍部に建つ五竜山荘

三連休を利用して**五竜岳**を目指すことになった。一日目は白馬に前泊して備えたが、台風18号が日本に近づいていて、天候が気にかかる。

8時前にホテルを出て、**ゴンドラリフトアダムス山麓駅**へ向かう。5分ほどで駅の駐車場に車を入れ、6人乗りのゴンドラに乗り込む。

スキー場の上に延びるゴンドラは、標高差637mを10分で登りきり**兎平**に着く。ついでアルペンリフトクワッドに乗り換え**東京薬大小屋**へ着いた。

霧雨が降っているため雨具のチェックをして、グラードクワッドの乗り場へ。こちらは5分ほどでリフトの終点である**八方池山荘**に着いた。

ビニール合羽を羽織ったハイカーたちを追い抜き、石畳の遊歩道に出る。道は山腹を大きく蛇行して登山道に入る。八方山を左から巻きて行くと、雨に濡れて黒色をした蛇紋岩の露岩が多くなる。小さな流れのある砂礫地にはコウメバチソウが株を作り、ワレモコウとカライトソウとの雑種のハッポウワレモコウは中間色で咲いていた。

蛇紋岩の尾根を行く

八方ケルンで道は尾根上に上がる。右下に**八方池**を眺めると、観光トレッカーはここまで。人影が少なくなって尾根を辿ると、いきなり尾根上にダケカンバが茂る。ここは下ノ樺で、ここから上ノ樺までの間は地質が砂岩や泥岩の古生層に替わり、植生も変化する。

ダケカンバの林を抜けると、一転してゆったりとした花崗岩の尾根に入る。道は右へ回り込んで、尾根に上がり**丸山ケルン**に着いた。

丸山ケルン

ケルンで昼食を終えるころ、ガスが晴れて縦走路上に岩場を構える大黒岳が姿を見せた。大黒岳を目指して50分ほどで**唐松岳頂上山荘**に着いた。尾根の反対側はよく晴れていた。

唐松岳を眺めながら少し永めの休憩の後、大黒岳の岩場に入る。次々と続くクサリ場を慎重に下り、鞍部へ向かって尾根を下る。

標高差300mを下って鞍部で一息つき、上り返すとガスの晴れ間に五竜岳が姿を見せた。左に遠見尾根の分岐標識を過ぎると、右下に**五竜山荘**が見えてきて夕方4時に山荘へ到着した。

夜になると台風の影響が出始め、雨風が強くなり、翌朝の五竜岳登頂が危ぶまれる。

台風は過ぎたが、4時からの出発を見合わせる。7時前、風が収まってきたので、私を含めた3名が頂上アタックに出発。無事頂上を極めて小屋に戻ると、再び雨風が強くなり、この日の下山は見合わせ、山荘内で一日過ごすことになった。

次の日は台風一過。年に何日という上天気に恵まれる。4時50分。朝食前に9名全員で頂上アタック。難所のクサリ場も無事通過し、全員が五竜岳の頂上に立つことができた。

最大の難所を上る

雲一つない青空の 五竜山頂で

快晴の青空が拡がる山頂からは、昨日とは比べようもないまさに360度の大展望が拡がる。

何はともあれ、山頂標識に集まって記念写真を撮り、山頂からの申し分のない展望を満喫する。

山荘に一日余分にとどまった甲斐があり、十二分に満足して遠見尾根を下る。振り返ると、どっしりとした五竜岳が、いつまでも見送ってくれていた。

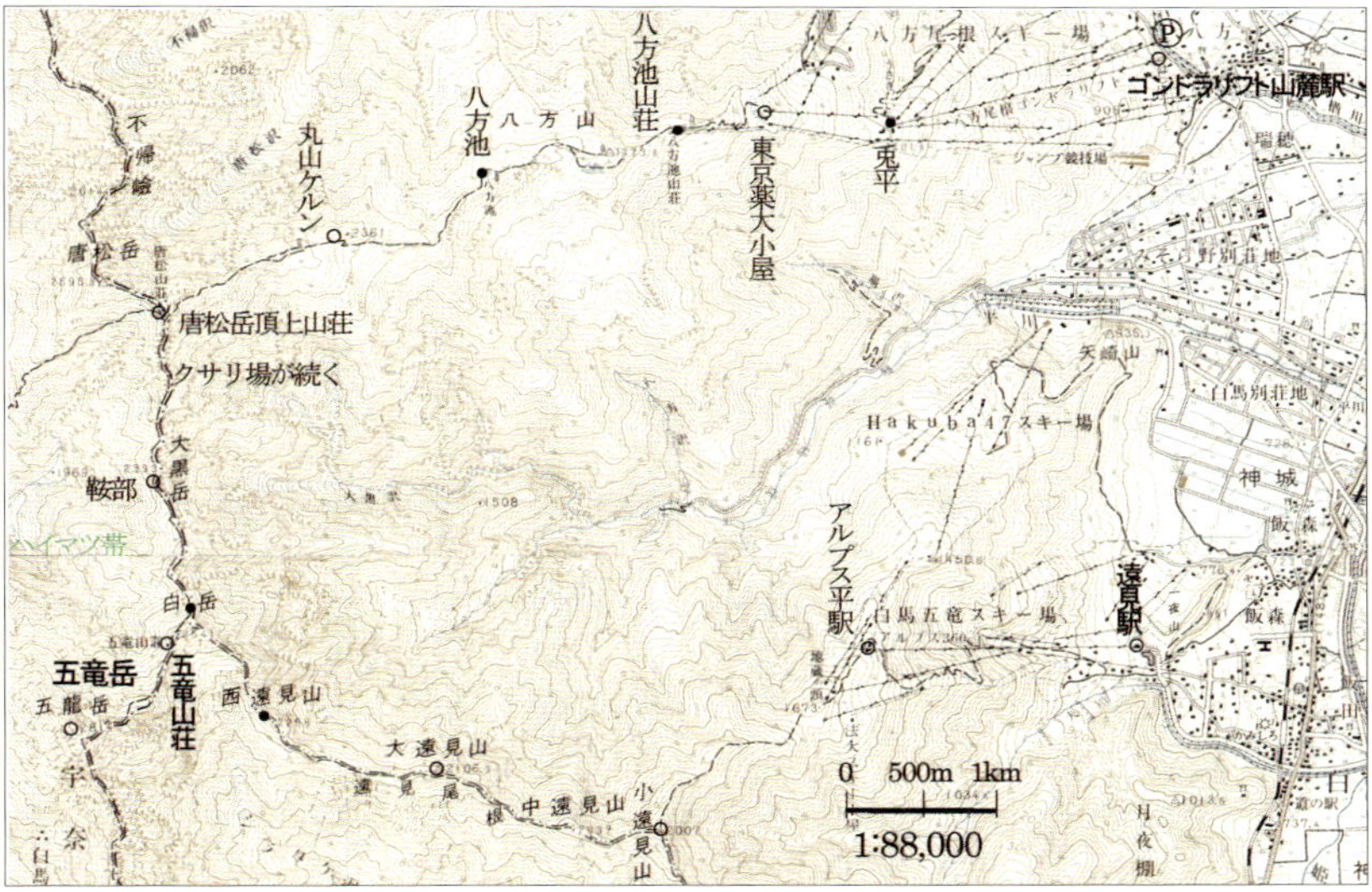

歩程◉ 13 時間 40 分　16.5km

ゴンドラリフトアダムス山麓駅 (H=760m, 8:00) = ゴンドラリフト = 兎平 (H=1397m, 8:10) = リフト = 東京薬大小屋 (H=1700m, 8:15~8:30) = リフト = 八方池山荘 (H=1830m, 8:35) ⇒ 1.3k ⇒ 八方池 (H=2065m, 9:40) ⇒ 1.8k ⇒

丸山ケルン (H=2460m, 11:20~12:00) ⇒ 1.2k ⇒ 唐松岳頂上山荘 (H=2620m, 12:50~13:00) ⇒ 1.4k ⇒ 鞍部 (H=2320m, 14:35~14:40) ⇒ 1.3k ⇒ 五竜山荘（連泊）(H=2480m, 16:00~4:50) ⇒ 1.0k ⇒ 五竜岳 (H=2814.1m, 6:00~6:30) ⇒ 1.0k ⇒

五竜山荘 (H=2480m, 7:35~8:40) ⇒ 2.8k ⇒ 大遠見山 (H=2106m, 10:55~11:00) ⇒ 2.2k ⇒ 小遠見山 (H=2007m, 12:45~12:50) ⇒ 2.5k ⇒ アルプス平駅 (H=1530m, 13:45~14:35) = ロープウエイ テレキャビン = 遠見駅 (H=830m, 14:45)

56 鹿《か》島《しま》槍《やり》ヶ《が》岳《たけ》　2889m

標高差◉1559m　登頂日◉2012・9・2
ルート図◉5万分の1地形図「立山」「大町」　参加者◉5名

種池山荘上の稜線から鹿島槍ヶ岳の双耳峰を望む

前日の夜、登山口近くの**大町温泉**に宿泊。当日は朝7時にホテルを出て登山口へ向かう。県道45号線に入り、10分ほどで**扇沢登山口**に到着。扇沢に架かる県道の橋を渡った右手にある登山者用駐車場はすでに満車。何とか狭いスペースに車を止め、身支度を整え登山口へ。

扇沢左岸の登山口を入ると、道は右の山腹に取りつき、大きく右へカーブして枝尾根に上る。

柏原新道と呼ばれるこの道は、枝尾根の西斜面を巻いて進む。カライトソウが咲く登山道を行くと、**ケルン**の積まれた休憩ポイントに着いた。

左下に扇沢の雪渓を眺めて行き、安山岩の巨岩帯を抜けると水平道の標識がある巻き道になる。

日当たりのよい山腹に多くの高山植物が咲く。アザミ沢周辺にはサワアザミが群生し、東北地方でもよく見るミヤマキタアザミやカノツメソウ、シロバナトウウチソウなどが咲く。

登山口から4時間を過ぎて、樹林帯を抜けると草原が拡がる。花期を終えたチングルマの花穂が草原一面に群生し、咲き残ったハクサンフウロなどを眺めながら行くと**種池山荘**に着いた。

アザミ沢付近を行く

山荘前のベンチで昼食をとり、山荘を後に爺ヶ岳を目指す。花の終わった草原を抜けてゆくと、ガスの中から爺ヶ岳が姿を見せる。

道が稜線上に上がると、鹿島槍ヶ岳の双耳峰が、ガスに覆われて見え隠れしながら望まれた。

安山岩のガラ場が続き、トウヤクリンドウが姿を見せるようになると**爺ヶ岳**のピークに着いた。

爺ヶ岳山頂は、谷から湧き上がるガスに覆われて展望は効かない。爺ヶ岳を後に冷池山荘へ、ウラシマツツジが地面を覆うハイマツ帯を行く。

右から赤岩尾根が合流する**冷乗越**を過ぎるとガラ場を下る。尾根鞍部の樹林帯に入り、ほどなく尾根上の鞍部に建つ**冷池山荘**に到着した。

受付をして二階の15名ほどが入れる部屋に案内される。部屋に荷物を置き、休憩室へ向かう。標高差

爺ヶ岳へガラ場が続く

鞍部に建つ冷池山荘

1340mを標準時間で登りきったメンバーの体力を慰労して、缶ビールで乾杯する。

　平均年齢69歳。昨年右ひざの手術をした私と、数年前からペースメーカーをつけているS子さんを含めた5名が、標準時間で登りきれたことは上出来と言わざるを得ない。

　夕食後は、同室のグループと山談義に花を咲かせてゆったりとした時間を過ごす。翌日の早立ちを考慮して、消灯時間の8時には床に就いた。

　翌朝4時に山荘を出て、ヘッドライトを頼りに山頂を目指す。まだ暗くて、あたりの景色は分からないが、テントが張られた幕営地を過ぎると布引山へ向かって上りになる。あたりがやや明るくなる頃に**布引山**に到着した。

　山頂広場で朝食をとり、再び痩せ尾根を辿る。尾根の東斜面には所々にお花畑が拡がる。ガスが出て乳白色のベールに包まれた尾根を辿り、2時間半で**鹿島槍ヶ岳南峰**に到着した。30分足らずで双耳峰の北峰にも行けるが、今回はパス。二等三角点にタッチし、山頂標識で記念写真に納まる。

乳白色のベールに包まれた鹿島槍ヶ岳山頂

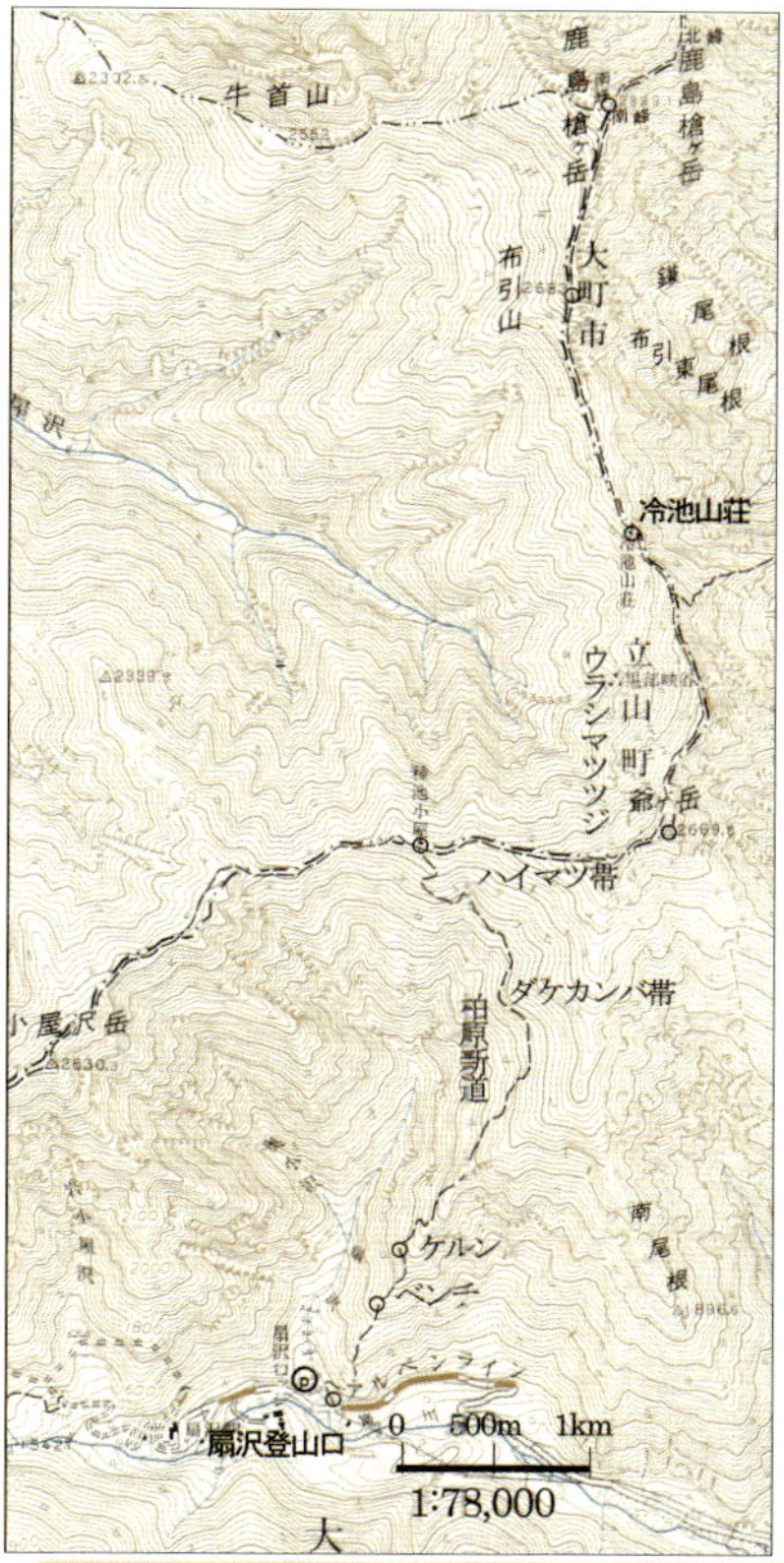

　冷池山荘に戻り、飲料水の補給をして山荘を後にする。爺ヶ岳への登り返しで急に雨になり、急いで雨具をつける。ウラシマツツジやコマクサが群生する尾根を下り、種池山荘に戻るころには雨は本降りになっていた。
　山荘に入り、雨宿りをしながら温かなラーメンで昼食をとると人心地がついた。
　50分ほど休憩をとり、小雨になった柏原新道を扇沢登山口へと下山した。

ハイマツ帯で見た雷鳥

歩程◉ 15時間25分　21.2km

H=1330m		H=1760m		H=2450m		H=2669.8m		H=2420m		H=2683m
扇沢登山口	⇒	ケルン	⇒	種池山荘	⇒	爺ヶ岳	⇒	冷池山荘（泊）	⇒	布池山
7:40	1.4k	9:00	3.0k	12:00~12:40	1.5k	13:25~13:35	2.0k	15:00~4:00	1.5k	5:15~5:35

	H=2889.1m		H=2420m		H=2450m		H=1640		H=1330m
⇒	鹿島槍ヶ岳	⇒	冷池山荘	⇒	種池山荘	⇒	ベンチ	⇒	扇沢登山口
1.2k	6:30~6:50	2.7k	8:40~9:00	3.5k	11:20~12:10	3.4k	14:00~14:15	1.0k	15:00

室堂から雄山を経て〝カニのタテバイ〟を経て極める

57 剱《つるぎ》岳《だけ》 2999m

標高差◉599m　登頂日◉2008・9・6

58 立《たて》山《やま》 3015m

標高差◉615m　登頂日◉2008・9・5

ルート図◉5万分の1地形図「立山」　参加者◉6名

剱岳山頂から 立山三山の奥に水晶岳、鷲羽岳、笠ヶ岳を望む

今回の山行は、何と言っても**剱岳**への登頂がメインになる。だが剱岳はレベルの高い山である。コースには危険個所も多く、体力も必要である。参加した男女各3名ずつのメンバーが、始発のケーブルカーとアルペンルートの専用バスを乗り継いで**室堂バスターミナル**に入る。

今日は、立山経由で剱山荘に入る計画だ。バスターミナル内の階段を上り高原に出る。〝玉殿ノ湧水〟の脇から一ノ越を目指して石畳の道に入る。

程なく、五色ヶ原方面への道を右に見送り、遊歩道は高山植物の群生地を抜けて行く。シラネセンキュウ、ミヤマダイモンジソウ、モミジカラマツなどに混ざりクチバシシオガマが鳥の嘴のような紅紫の花をつける。

道は浄土沢上部をジグザグに延びてゆく。クロトウヒレンが暗紫色の花をつけ、丈の低いチャボヤハズトウヒレンが岩陰に花を開く山腹を上り詰めると**一ノ越**の鞍部に立った。

山荘前で一息つき、雄山へ向けて稜線の急坂を上る。イワギキョウやトウヤクリンドウが岩陰に咲き、イワツメクサの可憐な花が風に揺れる。

雄山へ向けて稜線を行く

二ノ越を過ぎ三ノ越で小休止をとり、五ノ越で**雄山山頂**の一等三角点に到着した。

雄山神社峰本社が建つピーク

雄山山頂には、雄山神社を祀った社務所兼休憩所が建つ。建物から少し離れたピークには鳥居が建ち、雄山神社峰本社が祀られている。社務所内の雄山神社に参拝して山頂を後にした。

鳥居の脇から縦走路に入ると、山頂周辺の賑わいがうそのような静かな山歩きが始まる。岩尾根を20分ほど辿ると、立山連峰中の最高峰となる大汝山が姿を見せ、**大汝休憩所**の前に出た。

リュックをデポして山頂へ。数分で、大岩の上に山頂標識が設けられた**大汝山頂**に着いた。

休憩所に戻って昼食をとり、再び尾根を辿る。左の山崎カールの底に雷鳥平が望まれ、その谷から次々とガスが湧き上がってくる。15分ほどで次のピーク**富士ノ折立**

に着いた。

右に拡がる内蔵助カールに沿って下り、左へ雷鳥平への道を見送る。カールの底に残る大きな雪渓を眺めてゆくと、尾根の岩は花崗閃緑岩から粒子の粗い花崗岩に替わり、その花崗岩が風化した砂礫が拡がる**真砂岳山頂**に着き、小休止をとる。

真砂岳を出て、右の真砂沢カール源頭部の釣り尾根を下る。登り返しが始まると、ガスに混ざって雨粒が落ちてきた。岩尾根はやがて広い山頂広場となり、祠が建つ**別山山頂**に着いた。

祠の前で雨具をつける

祠に参拝し、雨具をつけて別山を出る。次の分岐で右折して剱沢小屋経由のコースをとるべきところ、間違えて分岐を直進し、**剱御前小屋**経由で、大回りして**剱山荘**に着いた。
剱山荘は、山荘としては珍しくシャワーが使える。交代でシャワーを浴びて汗を流し、1日目の無事を祝ってビールで乾杯をする。
2日目は、下山バスの関係で少々タイトなスケジュールになっている。早朝4時に小屋を出て剱岳を目指す。ところが、小屋のすぐ裏手で右折すべきところ道を間違えて直進し、くろ

前剱の険しい岩肌

ゆりのコルから尾根伝いのコースを経て、元のコースへ戻る。
一服剱を見上げる尾根に入ると、親鳥ほどに成長した雷鳥が二羽、われわれを先導するように少し先を歩く。雷鳥たちと別れて、最初のクサリ場を上り切ると**一服剱**のピークに立った。
ピークからは日の出前の展望が開ける。西の富山平野は雲海に覆われ、東に端正な姿の鹿島槍の奥には、日の出前の茜雲がたなびく。尾根伝いの正面には、剱岳と見間違える、前剱の険しい岩肌が聳える。
一服剱からタカネリカブトが群生する武蔵谷のコルへ下る。太陽が前剱の稜線に顔を出

歩程◉（1日目）5時間40分　8.6km　（2日目）9時間50分　9.3km
合計15j如何30分　17.9km

H=2400m		H=2690m		H=3003m		H=3015m		H=2999m	
室堂バスターミナル	⇒	**一ノ越**	⇒	**雄山**	⇒	**大汝山（最高峰）**	⇒	**富士ノ折立**	⇒
8:10	2.0k	9:15~9:20	0.6k	10:15~10:25	1.0k	10:45~11:40	0.3k	11:55	0.7k
H=2860m		H=2861m		H=2880m		H=2750m		H=2470m	
雷鳥平分岐	⇒	**真砂岳**	⇒	**別山**	⇒	**剱御前小屋**	⇒	**剱山荘（泊）**	⇒
12:25	0.3k	12:35~12:45	1.4k	13:30~13:50	0.7k	14:15	1.6k	15:30~4:00	0.8k
H=2618m		H=2813m		H=2900m		H=2950m		H=2999m		H=2950m	
一服剱	⇒	**前剱**	⇒	**平蔵の頭**	⇒	**カニノタテバイ**	⇒	**剱岳**	⇒	**カニノヨコバイ**	⇒
5:20~5:25	0.6k	6:15	0.3k	6:30~6:50	0.2k	7:30	0.2k	8:15~8:30	0.2k	8:45~9:00	0.5k
H=2813m		H=2470m		H=2750m		H=2277m		H=2400m	
前剱	⇒	**剱山荘**	⇒	**剱御前小屋**	⇒	**雷鳥平**	⇒	**室堂**	
10:15~10:10	1.0k	11:15~11:55	1.5k	13:20~13:30	2.0k	14:45~14:55	2.0k	15:40	

険しい表情で近づくものを拒む剱岳

し、朝日を受けた前剱の岩場に取りつく。

前剱の岩場には3番目、4番目とクサリ場が続き、落石に注意を払いながら一歩ずつ上り詰めてゆく。一服剱から50分。たどり着いた**前剱**のピークからは、朝日を受けた剱岳が険しい岩肌を見せる。

狭い前剱のピークは後続に譲り、**平蔵の頭**へ下り、難所へ取りつく前に朝食をとる。

尾根にはタテヤマリンドウが咲きチングルマの花穂が朝露に濡れる。小さなピークを上り下りして平蔵のコルへ下ってゆくと、岩の間にホンドオコジョが顔を出した。

8番目のクサリ場を過ぎ、いよいよ9番目のクサリ場〝**カニのタテバイ**〟に取りつく。下から見上げると、どこに登られるルートがあるのかと思われる。硬い片麻岩の岩塊に打ち込まれたピンやクサリを頼りに慎重に上る。

〝カニのタテバイ〟も三点支持の基本を守っていれば問題はない。今日に備えてトレーニングを積んできたメンバーたちは、いずれも難所を無事クリアーして尾根上に出る。

岩場の難所“カニのタテバイ”

尾根から南の方角を見渡すと、雄山などの立山三山の奥に、8月に巡った水晶岳、鷲ヶ岳、笠ヶ岳、黒部五郎岳などの姿が望まれる。

花崗閃緑岩質の片麻岩が積み重なった**剱岳山頂**には、登頂ルートの厳しさから設置が遅れ、2004年にヘリコプターにより資材を上げて設置したという三等三角点がある。その三角点にタッチして、山頂に祀られた剱岳神社に無事登頂の参拝をする。

神社前で記念写真を撮り、しばらくは山頂からの素晴らしい景観を楽しむ。槍ヶ岳も、時折かかる雲に遮られながらも、その姿を見せてくれた。

山頂に祀られた剱岳神社前で

15分間の滞在で、剱岳山頂に別れを告げて下山開始。下りの難所〝**カニのヨコバイ**〟には渋滞による待機の列ができていた。

15分ほどの待機の後、慎重に足元を確認しながら下降が始まる。

“カニのヨコバイ”で 渋滞待機

“カニのヨコバイ”最後の上り返し

岩の割れ目に咲くイワギキョウが緊張を和らげてくれる。

　緊張の内に〃カニのヨコバイ〃を過ぎ、ほっとして振り仰いだ劔岳は、すでにガスがかかり始めていた。13番目のクサリ場を上り、前劔のピークで一息つく。

　前劔から下ってゆくと、陽光を受けてやっと花開いたミヤマダイコンソウの黄色の花に元気づけられ、一服劔に着いた。

　一服劔から2番目のクサリ場を下ると、劔沢に建つ劔山荘が見えてきて、その奥に見える劔御前小屋が建つ別山乗越の辺りにはガスがかかり始めている。モミジカラマツやカンチコウゾリナが咲く登山道を下って劔山荘に戻ってきた。

　劔山荘で昼食をとり室堂へと向かう。昨日はガスに覆われていた登山道わきには多くの高山植物が花をつける。

　別山乗越に建つ劔御前小屋で小休止をとり、長い雷鳥坂を下る。称名谷の木橋を渡り**雷鳥平**のキャンプ場わきを抜ける。湯けむりが立ち、硫黄の臭いが鼻を衝く**地獄谷**から、**ミクリガ池**を経て室堂へ戻ってきた。

湯けむり上がる 地獄谷を行く

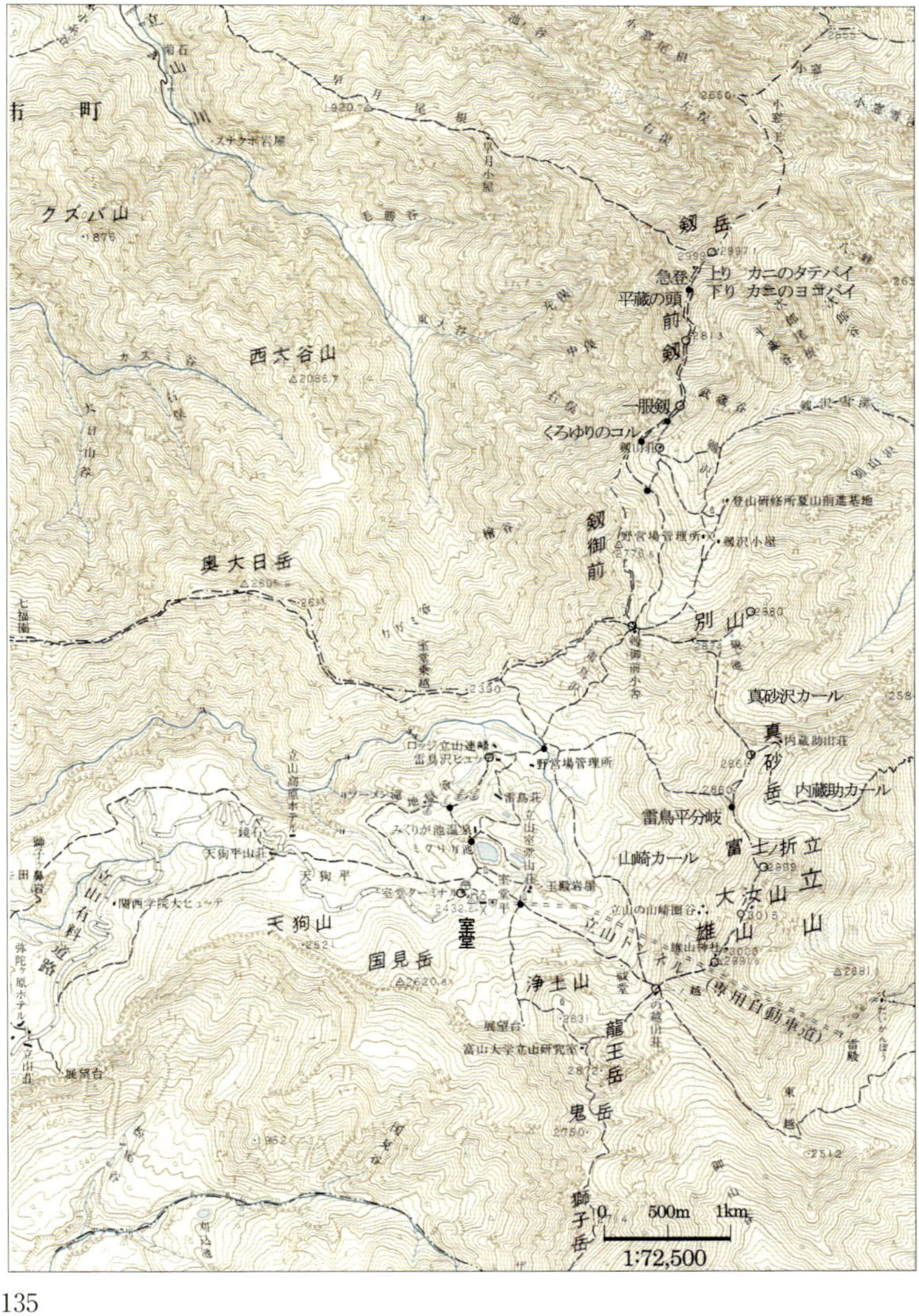

氷河の跡「薬師岳の圏谷群」が拡がる

59 薬《やく》師《し》岳《だけ》 2926m

標高差◉1576m　登頂日◉2005・8・8
ルート図◉5万分の1地形図「有峰湖」「槍ヶ岳」　参加者◉17名

愛大山岳部の遭難碑が建つ次薬師と左奥に薬師岳

1日目は太郎平小屋宿泊のため、朝6時に各務原を出てきた。ところが、折立の駐車場は満車状態。苦労して3台の車を何とか駐車し、出発の遅さを反省しながら登山口へと向かう。

道路沿いに並ぶ車のナンバーは全国版で、薬師岳の人気のほどがうかがえる。薬師岳登山口の標識が立つ**折立登山口**を入る。休憩所とトイレが左右に建つ間を抜けて登山道に入る。

すぐ左に、昭和38年1月に、折からの猛吹雪の中で13名全員が遭難した愛知大学山岳部員の霊を弔う遭難慰霊塔が建つ。塔に向かって手を合わせ、登山道を進む。

慰霊塔“十三重の塔”

道は〝太郎坂〟と呼ばれる急坂に取りつき、樹林の中を上る。赤い実をつけるアカモノやミヤマホツツジの緑白色の花を眺めながらひたすら上ると、体中から汗が噴き出してきた。

太郎坂を上り切ると踏み固められた尾根上の道となる。杉の巨木を過ぎ、ミズバショウの群生地を過ぎる。コメツツジやベニバナイチヤクソウを眺めながら行くと休憩ポイントの**三角点**に着き、空いたベンチに腰を下ろして昼食をとる。

空は全体にガスが流れ、ここから見えるはずの薬師岳を覆い隠している。三角点からいったん下って上り返し、草原にどこまでも続く木道を行く。

草原の地塘帯に積雪計の長いポールが建ち、**1934m峰**のベンチの辺りにはキンコウカの大群落が拡がる。ニッコウキスゲが咲き残り、チングルマの綿毛が揺れる。道は木道から敷石道に替わり**五光岩ベンチ**に着いた。

ベンチに腰を下ろし元気を回復して**太郎平小屋**を目指す。30分ほどで、突然雷鳴を伴い雨が落ちてきた。急ぎ雨具をつけ、本降りとなった雷雨の中を足速に、登山者で賑わう**太郎平小屋**に着いた。

夕方、雨の上がった小屋の前で、暮れゆく北アルプスの雰囲気を楽しみ、一日目は暮れた。

翌朝6時、太郎平小屋を発ち薬師岳を目指す。天気は申し分ない。周囲のアルプスの峰々が朝日に輝く中を、太郎兵衛平の木道に入る。なだらかな草原には、多くの高山植物が群生する。

太郎兵衛平を行く

鞍部の薬師峠キャンプ場の脇を抜け、沢沿いの急坂を上る。沢沿いの道に入ると植物が多くなる。トウゲブキの仲間のカイタカラコウが黄色の花をつけ、トリカブトの仲間のオオレイジンソウはピーナッツのような白い花をつける。

小さな流れを左岸に渡り谷を上る。次々と高山植物が顔をだし、名前を挙げたらきりがないほどの花の宝庫だ。坂を上り切ると**薬師平**で、雄大な北アルプスの展望を眺めて休憩をとる。

山頂から南西に延びる尾根を辿ると、山腹には大きな雪渓も残る。尾根の前方には愛大山岳部が遭難した次薬師のピークが望まれ、その左奥に目指す薬師岳のピークが姿を見せる。

薬師岳山荘の前を抜け礫の多い道をトラバース気味に辿ると、稜線の北東側には「**薬師岳の圏谷群**」と呼ばれる氷河が削ったカール地形が残る。

やがて前方に多くの登山者で賑わう山頂の岩山が見えてきて、薬師如来像が祀られた祠が建つ**薬師岳山頂**に到着した。山頂標識に集まり記念写真を撮り、しばし、山頂からの景観を楽しむ。

山頂滞在35分で薬師岳を後にする。上りは巻き道を通り、立ち寄らなかった次薬師の愛大山岳部遭難碑ケルンで13名の霊に手を合わせる。

途中、太郎平小屋に立ち寄り、予約しておいた昼食のカレーライスを頂き、折立登山口へ下山する。

快晴の 薬師岳頂上で

薬師岳山頂

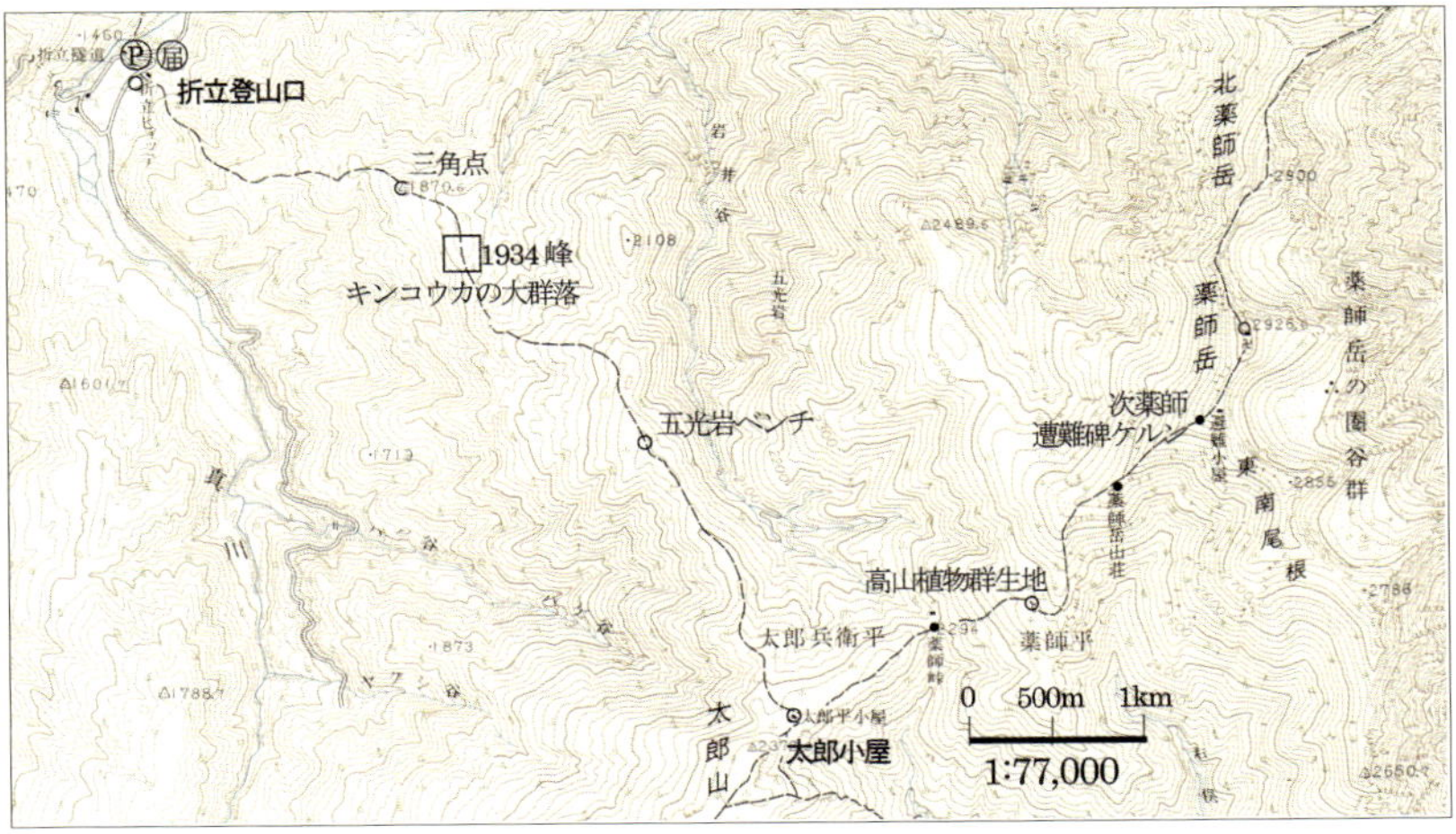

歩程◉ 11時間55分 21.0km

H=1350m 折立登山口 10:50 ⇒ 2.4k ⇒ H=1871m 三角点 12:30~13:20 ⇒ 0.6k ⇒ H=1934m 1934峰 14:10 ⇒ 1.8k ⇒ H=2189m 五光岩ベンチ 14:50~15:00 ⇒ 1.8k ⇒ H=2325m 太郎平小屋（泊） 15:45~6:00

⇒ 0.9k ⇒ H=2294m 薬師峠 6:20 ⇒ 0.7k ⇒ H=2480m 薬師平 7:00~7:10 ⇒ 1.0k ⇒ H=2690m 薬師岳山荘 7:50~8:00 ⇒ 1.3k ⇒ H=2926m 薬師岳 8:55~9:30 ⇒ 1.3k ⇒ H=2690m 薬師岳山荘 10:15 ⇒ 1.0k

⇒ H=2480m 薬師平 10:40~10:50 ⇒ 1.6k ⇒ H=2325m 太郎平小屋 11:50~12:40 ⇒ 4.2k ⇒ H=1871m 三角点 14:40~14:50 ⇒ 2.4k ⇒ H=1350m 折立登山口 16:05

60 黒《くろ》岳《だけ》（水晶岳） 2986m

標高差◉1636m　登頂日◉2008・8・1

61 鷲《わし》羽《ば》岳《だけ》 2924m

標高差◉1547m　登頂日◉2008・8・1

62 黒《くろ》部《べ》五《ご》郎《ろう》岳《だけ》 2840m

標高差◉1490m　登頂日◉2008・8・2

ルート図◉5万分の1地形図「有峰湖」「槍ヶ岳」　参加者◉9名

尾根から眺める　ダイナミックな姿の黒岳（水晶岳）

今回は、三泊四日で**雲ノ平**を取り囲む日本百名山3山を含む8山を巡る山旅である。距離46km歩行時間は実に31時間に及ぶ周回コースに挑むことになった。円熟の域をやや過ぎたグループメンバーにとっては、最後のチャンスといえる。

天気は申し分なく、朝7時30分に**折立登山口**から入り（太郎平小屋までは「59 薬師岳」を参照）、正午少し過ぎ、ガスに包まれた**太郎平小屋**に到着した。

太郎平小屋は3日目の宿泊だが、今夜の薬師沢小屋も太郎平小屋の管理のため、ここで今夜の宿泊受付を済ます。小雨混じりの霧が流れているため、雨具をつけて小屋前のベンチに腰を下ろして昼食をとる。

太郎平小屋

小屋の裏手から延びる木道はすぐに二手に分かれる。北ノ俣岳への道を右に見送り、左へ道をとる。雪解けの斜面にはハクサンイチゲが大きな群落を作り、春の花ショウジョウバカマも咲いている。辺りは雪解けを待ちかねたように、多くの高山植物が一斉に花開いている。

黒部源流部の小さな谷を渡り、山腹の木道を行く。いつしか雨は上がり、雨具を脱ぐと涼しい風が体を吹き抜けた。

太郎平から薬師沢までは423mの標高差を下る。黒部源流部の谷に沿って次第に下ってゆくと、谷沿いの草原にも多くの高山植物が花をつける。

第一渡渉点で左岸に渡り、第二渡渉点で再び右岸へ渡り返す。

谷を渡るとキヌガサソウの大きな群落があり、オオレイジンソウやミヤマカラマツも花をつける。チシマザサの中に枯れ木がオブジェのように立つ北ノ俣岳の山裾に沿って下る。

やがて第三渡渉点で左俣谷を渡ると、赤木岳から延びた赤木平の裾を巻いて進む。次々と姿を見せる高山植物に目を奪われながら巻き道を行き、緩やかに草原を下ると、薬師沢と赤木沢の合流点に建つ**薬師沢小屋**に着いた。

第三渡渉点で左俣谷を渡る

小屋は合流点の狭い岩場に建っていて、ここから黒部川となる本流の上には立派な吊り橋が架けられていた。

　受付をしてリュックを部屋に置き、外に出てせせらぎの音を聞きながら、持ってきた焼酎とビールでくつろぐ。

　夕食後は、明日のタイトなスケジュールに備えて早めに床に就き、黒部川の瀬音を聞きながら、いつしか深い眠りについた。

　翌朝4時に起きだして、小屋前のベンチで出発準備を整える。小屋で調達した弁当を開くと、今ではあまり見ることがない竹の皮に包まれた〝中国ちまき〟が三個入っていた。二つほど食べて出発に備える。女性たちには、脂っこい〝中国ちまき〟はちょっと苦手という人もいたが、これからの上りに備えてエネルギーの補給は欠かせない。

　5時ちょうどに吊り橋を渡り、登山口へ向かう。吊り橋はワイヤーでしっかりと造られているが、歩くたびに大きく揺れる。対岸に渡り、岩場を鉄バシゴと木バシゴで水辺に下りる。

　再びハシゴを上り、右の山腹から流れ落ちる滝の前で木橋を渡ると、分岐標識が立つ登山口に着いた。この分岐を黒部川に沿って直進すると、天上の秘湯で有名な高天原へ通じる。我々は雲ノ平へ向かうため、右の山腹へコースをとる。

　登山道はいきなりの急登が始まる。北西斜面のため登山道に花は少ない。カニコウモリが生える道は、巨岩の間を縫って上りが続き、休憩をとるような平地もない。

　1時間ほどで立休みを取り、さらに上りは続く。スダヤクシュが掌状の葉の間から花柄を伸ばして小さな白い花をつける。出発から2時間。前方が少し明るくなり、**木道末端**にたどり着いた。

　今日一番の難関

黒部川に架かる立派な吊橋

岩場に建つ薬師沢小屋

歩程◉（1日目）7時間00分　10.5km　（2日目）10時間45分　14.1km
（3日目）10時間10分　15.2km　（4日目）3時間10分　6.1km
合計31時間05分　45.9km

H=1350m　折立登山口 7:30 ⇒ 6.1k ⇒（59薬師岳参照）⇒ H=2335m 太郎平小屋 11:45~12:30 ⇒ 4.4k ⇒ H=1912m 薬師沢小屋（泊）15:15~5:00 ⇒ 1.0k ⇒ H=2360mm 木道末端 7:00~7:20 ⇒ 4.6k
⇒ H=2825m 祖父岳 10:20~10:30 ⇒ 1.3k ⇒ H=2800m ワリモ北分岐 11:20~11:45 ⇒ 1.1k ⇒ H=2860m 水晶小屋 12:25 ⇒ 1.2k ⇒ H=2986m 黒岳（水晶岳）13:05~13:15 ⇒ 2.3k ⇒ H=2800m ワリモ北分岐 14:40 ⇒ 0.5k
⇒ H=2888m ワリモ岳 15:05~15:10 ⇒ 0.7k ⇒ H=2924.2m 鷲羽岳 15:55~16:10 ⇒ 1.4k ⇒ H=2550m 三俣山荘（泊）17:10~5:35 ⇒ 1.0k ⇒ H=2841.2m 三俣蓮華岳 6:30~6:45 ⇒ 2.2k ⇒ H=2345m 黒部五郎小舎 8:35~8:55
⇒ 3.2k ⇒ H=2839.6m 黒部五郎岳 11:45~11:55 ⇒ 3.8k ⇒ H=2622m 赤木岳 14:10~14:20 ⇒ 1.2k ⇒ H=2661.2m 北ノ俣岳 15:00 ⇒ 3.8k ⇒ H=2335m 太郎平小屋（泊）16:40~6:30 ⇒ 6.1k ⇒ H=1350m 折立登山口 9:40

を脱し、木道の脇に広場を見つけ、腰を下ろして朝食をとる。ここで、途中から黒岳を目指す希望者を確認すると、9名中3名が申し出た。グループを二手に分け、黒岳グループは早めに休憩を切り上げて出発する。

20分ほどで**アラスカ庭園**に着く。昨日は雲に隠れていた薬師岳も見事な山容を見せる。さらに30分行くと**奥日本庭園**の標識が立ち、自然が創った見事な景観が続く。

雲ノ平は大きな溶岩ドームのようで、玄武岩質の熔岩が積み重なってできている。その熔岩の間にハクサンイチゲやチングルマが群生し、アオノツガザクラ、キバナシャクナゲなどの低木も群落を作り、メルヘンの世界に迷い込んだようだ。先を急がねばならない身ではあるが、思わず立ち止まり花々にカメラを向ける。

アラスカ庭園から薬師岳

熔岩ドーム状に建つ 雲ノ平山荘

溶岩台地に延びる木道を辿ってゆくと、前方の溶岩ドームの上に**雲ノ平山荘**が現れた。山荘への分岐を右に見送ると、ほどなく分岐に着く。右は雲ノ平キャンプ場を経て祖父岳へ向かうが、現在は植生保護のためキャンプ場の先で止められている。左の道が指示されていて、**スイス庭園**方面へと分岐を入る。

巻き道は雪渓を越えて再び稜線に上がり、祖父岳を仰ぎ見ながら山腹を辿る。硫黄分を含んだ岩石が目立ち始めると、穏やかに拡がる**祖父岳頂上**に上がった。山頂からは360度の展望が拡がる。

祖父岳から東へ延びる長い尾根を辿る。鞍部へ下ると**岩苔乗越**の標識が立ち、岩苔小谷と三俣山荘を繋ぐ尾根越しの道が交差する。さらに10分ほど登り返すと**ワリモ北分岐**の標識に出た。

この辺りは高山植物が多く、タカネミミナグサ、クモマグサ、タカネツメクサなどが分岐標識付近に咲いている。ここで昼食をとっていると、祖父岳の頂上にわれらが本隊6名の人影が現れた。1時間以上先行したことになる。標識の脇にリュックをデポし、置手紙を添えて黒岳へ向かう。

尾根を10分ほど辿ると、草原にヒナを連れた雷鳥が、警戒音を発しながらヒナに注意を促す。この尾根は花が多くて目を楽しませてくれる。中でもシロウマオオギの群落が草原一面に広がる。その中にはヒメクワガタやミヤマクワガタに混ざり、中部山岳から北海道、さらには千島へかけて自生するシコタンソウも大きな株を作る。

花を眺めながらの尾根歩きは、分岐から40分で**水晶小屋**に着いた。小屋の前から東沢谷を挟んで裏銀座と呼ばれる北アルプス北部の尾根が分かれる。その尾根に、6千万年前に貫入した花崗岩で形成された野口五郎岳のザレた山肌が望まれる。

小屋の裏から尾根を辿ると、前方に鋸のような黒岳の岩尾根がダイナミックに迫る。尾根には、その険しい姿に似ず、多くの高山植物が自生する。砂礫地にはコマウスユキソウが群生し、チョウノスケソウ、タカネヤハズハハコなどの花が咲く。

岩の上に記されたペンキを拾いながら進むと、山頂のピークがダイナミックに迫る。その岩塊に取りつき、コースを探しながら進むこと10分。ついに念願の**黒岳頂上**に立った。

玄武岩が重なり合う山頂で記念写真を撮り、山頂からアルプスの大展望を心行くまで楽しみ、10分間の山頂滞在で下山する。

　水晶小屋を経てワリモ北分岐まで戻り、3人で黒岳登頂成功の握手を交わしあう。リュックの上の置手紙には、1時間前に通過した旨の、本体からの返事が書かれていた。分岐で休むことなく、すぐにワリモ岳へ向かう。

　稜線から望むワリモ岳は溶岩ドームそのものである。真っ黒な玄武岩でできていた黒岳より、斜長石を多く含んだ安山岩で出来ている。頂上付近の岩は安山岩特有の板状節理で、凍結破砕が進んでいた。**ワリモ岳頂上**から鷲羽岳の姿を写真に収め、鷲羽岳へと向かう。

玄武岩が重なり合う黒岳 (水晶岳) 頂上

ワリモ岳から鷲羽岳を望む

　ワリモ岳から望む鷲羽岳は、黒岳に比べて白っぽく、花崗閃緑岩で成り立っているようにみられる。鞍部を経て上り返し、ワリモ岳から45分で**鷲羽岳山頂**に立ち、閃緑岩が積み重なる山頂の三等三角点にタッチをする。
　山頂の東側は、火口湖の鷲羽池がエメラルドグリーンの湖水を湛え、その奥に槍ヶ岳を望む。
　鷲羽岳からの稜線は人頭大から拳大の岩が、鞍部に向けて流れ下るガラ場を形成する。足元に注意を払いつつガラ場をジグザグに下り、本隊が待つ**三俣山荘**に到着した。皆からかわるがわる祝福を受け、12時間を超える別働隊の大行軍を終える。

鷲羽池の奥に槍ヶ岳を望む

　夕食時、食堂の窓からきれいな夕焼けを見ながらハンバーグを食べ、明日の活力を補給する。
　夕食後、小屋の外に出ると、ひときわ大きく輝く木星を眺め、長旅の疲れをいやして床に就く。
　翌朝は4時に起きだし小屋の外に出ると、すでに早立ちのグループが出発していった。三俣蓮華岳が闇の中から姿を現し、その左には槍ヶ岳がくっきりとシルエットを見せる。
　5時からの朝食を終えて、5時半に小屋を出る。キャンプ地の中を通り、表面が硬い雪渓上を行く。雪渓を渡り終えると、登山道の脇にはハクサンボウフウ、コイワカガミ、ミヤマキンポウゲなどが姿を見せる。

三俣蓮華岳へ雪渓を上る

　ザレた山腹を上り切り稜線に出ると、頂上の右に笠ヶ岳が姿を見せ、稜線を辿ると**三俣蓮華岳**の頂上に上がる。岐阜・長野・富山三県にまたがった三俣蓮華岳の山頂からは、西の方角に白山連峰が遠く島のように雲海に浮かぶ。
　三俣蓮華岳が日本百名山に入らないことを不思議に思いながら、山頂からの展望を十分に楽しんだ後、山頂標識で記念写真を撮り山頂を後にする。
　ハイマツ帯を緩く下ってゆくとミヤマダイコンソウ、タカネヤハズハハコなどが咲き、ダイモンジソウの大きな群落が拡がる。巻き道との合流点である黒部乗越から見る笠ヶ岳は、折戸岳などを従えて堂々と

三俣蓮華岳の右奥に 笠ヶ岳

した山容を誇る。

　２６６１ピークを経て尾根は南へカーブし、広尾根にはチシマザサとハイマツが茂る。道はやがて尾根を離れ、ダケカンバの樹林帯に入る。エンレイソウやキヌガサソウが生える堀のような道を下ると、**黒部五郎小屋**の前に出た。小屋の前に置かれたテーブルでは、登山者たちが三々五々とくつろいでいた。ゆったりとした雰囲気にのまれて、少し長めに休憩の後、小屋を出る。

　黒部五郎岳の北に拡がるカールは五郎カールとよばれ、黒部川源流の主要な水源地の一つである。カールの南端に沿って黒部五郎岳の尾根を巻くように進むと、ウメバチソウやチングルマが群落を作り、高山の岩礫地を好むムカゴユキノシタが白い花を開く。

　雪田の下で休憩の後、大きなカールを横断する。花崗岩質の大岩を踏みながら進むと、中央部で五郎沢がきれいな谷川となって流れている。これぞ黒部の源流である。持っていたカップに谷川の水を汲み、次々とメンバーに手渡す。冷たい水が喉を流れ、たとえようもない旨さだ。谷川の脇で立休みを取り、目の前のカールの壁に取りつく。

　稜線へ上り切ると空腹を覚える時刻となっていた。稜線上の岩に腰を下ろし、三俣小屋で作ってもらった弁当の三段飯をかき込む。山に入ると、この三段飯が平然と食べられるようになって一人前。お茶で流し込むようにして弁当を食べ、分岐にリュックをデポして山頂を目指す。

静かな黒部五郎小屋

黒部五郎岳の北に五郎カールが拡がる

　20分ほどで登りきった**黒部五郎岳**の山頂はあまり広くはなく、凍結破砕をした閃緑岩が積み重なっていた。のんびりと腰を下ろしている場所もなく、山頂標識で記念写真を撮り、分岐へ引き返す。

　分岐に戻ると、すでに正午を過ぎていた。計画に対して1時間ほどの遅れだ。小屋に心配をかけてはいけないので、私とM氏の二人が先遣隊として太郎平小屋へ向かうことになった。

　1時間ほどで中俣乗越に着き、さらに50分で**赤木岳**に到着した。振り返ると雲ノ平の奥に水晶岳や鷲羽岳が望まれた。稜線上に散在する岩は堆積岩が多く、この辺りはまだ隆起過程にあるようだ。

　さらに40分で北ノ俣岳に到着する。風化した砂礫地に生えるハイマツには枯れ死したものが目立つ。三等三角点にタッチして先を急ぐ。

　神岡新道を左に見送り、次第に高度を下げてゆく。分岐から少し下がった左の平坦地に池塘群が拡がり、道は礫岩が累々と帯をなす沢を下る。

　谷川や湖沼に堆積した砂礫が礫岩となり、長い間に２５００ｍの高地にまで隆起してきたことになる。途方もない地球の輪廻転生を感じる。

　先遣隊のわれわれ2人は4時40分に**太郎平小屋**に到着し、受付を済ます。

閃緑岩が積み重なった黒部五郎岳の山頂標識で

太郎平から 日の出前の雲ノ平を取り囲む峰々を望む

部屋に入って待つことしばし、小屋の外に聞きなれた声がして、本隊の6名が到着した。荷物を片付けて部屋で車座になり、目的達成を祝しビールで乾杯をする。

夕食後、小屋の外に出ると、夕日が空を染めていた。明日も天気はよさそうだ。早々と床についたメンバーの隣に身を置き、三日目の夜は暮れる。

翌朝5時、日の出前に小屋の外に出ると、雲ノ平を取り囲む峰々のシルエットが浮かび上がる。その峰々を眺めていると感慨もひとしおとなる。

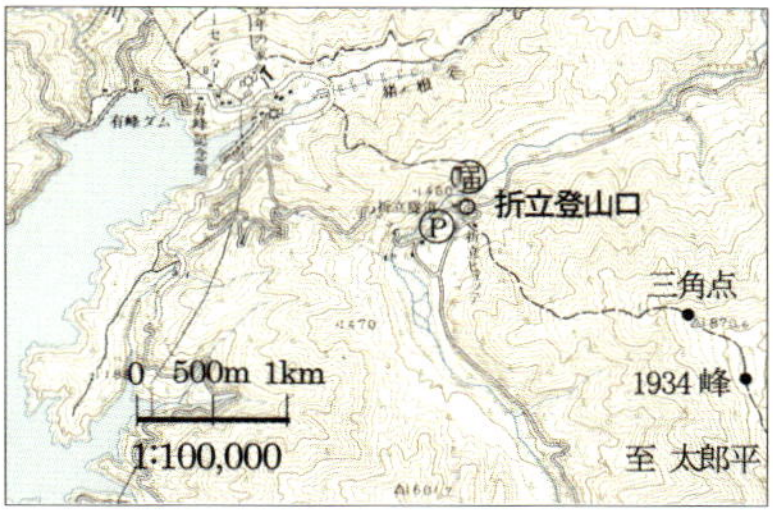

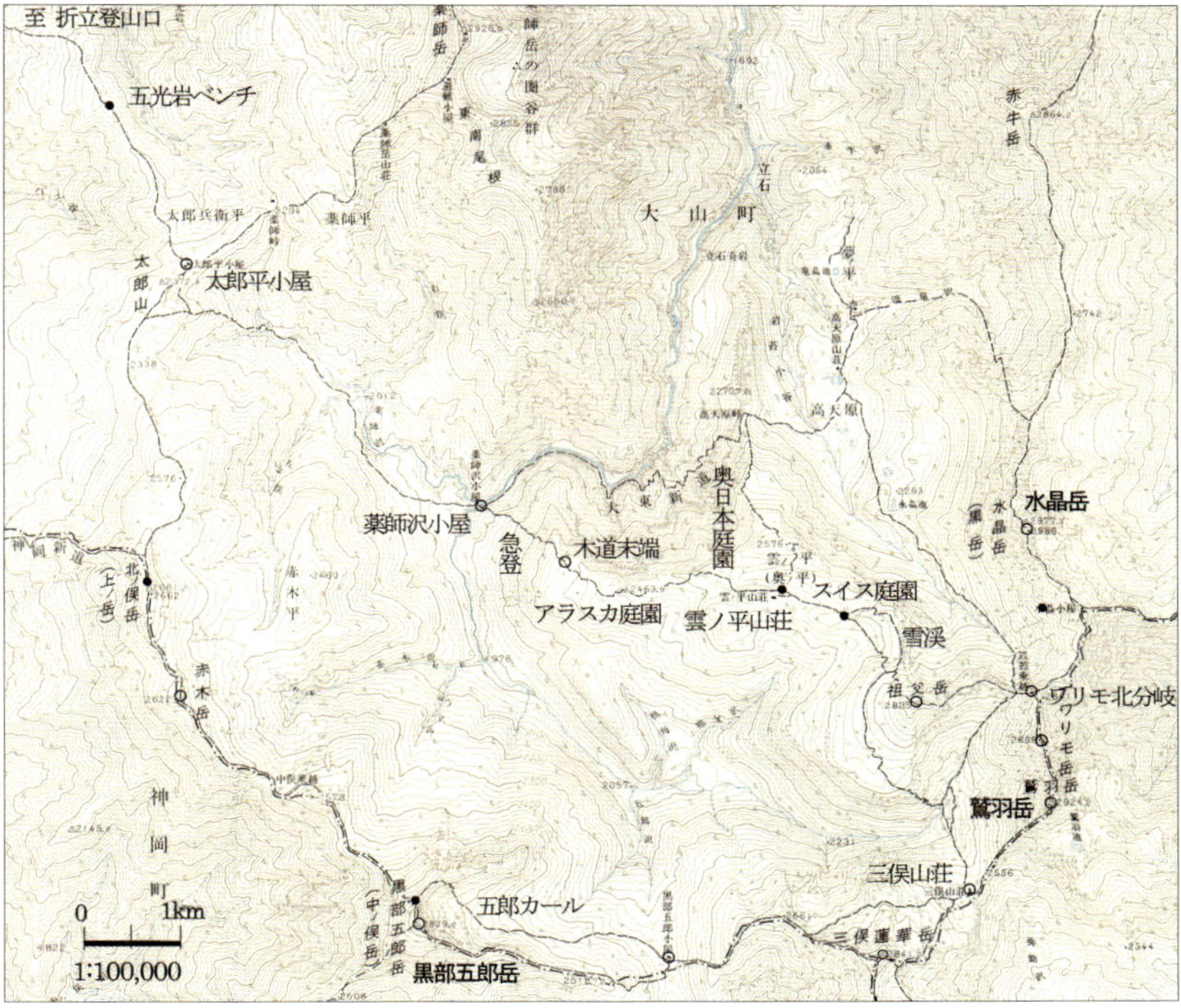

毎日早立ちだったが、今朝はゆったりとした気持ちで、快晴を予告する高層に現れた巻雲を眺める。

ゆっくりと朝食を終えて、6時半に小屋を出る。往路を辿り、灼熱地獄の下界へと向かった。

天空に突出す尖塔は　北アのシンボル

63 槍《やり》ヶ《が》岳《たけ》　3180m
～南《みなみ》岳《だけ》　3033m

標高差◉2080m　登頂日◉2002・9・23
ルート図◉5万分の1地形図「槍ヶ岳」「上高地」　参加者◉14名

北アのシンボル槍ヶ岳（2003年8月 常念岳鞍部から）

今回、**槍ヶ岳**から**南岳**の周回コースを、二泊三日で巡ることになった。メンバーがまだ山慣れしていないこともあって、一日多く見積もった余裕のある計画である。

朝8時に**新穂高**に入ると、**登山者用駐車場**はほぼ満車状態。何とか空きを見つけて車を止め、身支度を整え蒲田川左岸の道を登山口へと向かう。

登山指導センターへ登山届を提出し、新穂高ロープウエイ駅の横を抜け、蒲田川に沿って右俣林道を進む。左に砂防堰堤の工事現場を見送り、小鍋谷に架かる橋を渡る。林道右に立てられた穂高平への標識から右折すると、穂高平の裾を巻いて**穂高平避難小屋**に着いた。小屋の前に置かれたベンチで一息つき、小屋を後にする。

白出沢出合までは、標高差200mほどの緩やかな林道を行く。ブナやサワグルミの混生林を1時間ほど歩き、花崗岩が累積する**白出沢**に出る。

水流のない白出沢で昼食をとっていると、谷の上部から次第にガスが下りてきた。

昼食を早めに切り上げ、針葉樹林帯を進む。左下に右俣谷の瀬音を聞き、トウヒやダケカンバの巨木の間を進みチビ谷を渡る。オオシラビソの樹林を抜けると滝谷に着き、**滝谷出合**で一息つく。

最初に渡った小鍋谷から白出沢、そしてこの滝谷は花崗閃緑岩という岩で埋め尽くされ、その形成年代値は140万年前を示し、世界でも最も若い花崗岩といわれている。さらにこの岩は、176万年前の槍穂高火山活動で出来た安山岩を、急速に傾動隆起させる源動力にもなっているという。

すでにガスが下りてきて、谷の上部にある雄滝を見ることはできない。滝谷を渡ると、右の岩壁に藤木九三のレリーフが嵌められている。彼は大正13年に我が国で最初に岩登りを普及させた人物である。

ガスがかかる滝谷を渡る

レリーフから南岳の山裾を巻いて樹林帯を行くと、樹木が切れて突然視界が拡がり槍平に出た。小川の流れを渡ると、目の前に**槍平小屋**が現れた。

今夜はこの槍平小屋での泊りである。時間はまだ午後2時だが、夕方までの時間を2段ベッドの下に車座になり、ビールを飲みながら歓談する。

翌朝4時に目を覚ますと、夜半からの雨が降り続いていた。移動性の低気圧によるもので、雨は次第に快方に向かう予想だ。ヘッドライトの明かりを頼りに朝食弁当をとり、雨具をつけて霧雨の中へと出発する。

雨具をつけて 山頂を目指す

小屋を出て野営地を横切ると、道はいったん蒲田川の右俣谷に下りるが、すぐに元の左岸の道へ戻る。中岳と大喰岳の山裾を巻きながら中の沢、大喰沢と沢伝いに進む。

夏の間に咲き競っていた花々はすでに花の季節を終え、登山道わきにはセリ科の中でも開花時期の遅いイブキボウフウ、ヤツガタケアザミやエゾリンドウなどが霧雨に濡れて咲いていた。ナナカマドの実は赤く色づき、キヌガサソウは紫黒色に熟した実をつけている。

いくつかの涸れ沢を横切り、最後の水場を過ぎると**飛騨沢カール**へ入る。ジグザグ道は次第に傾斜を強める。下山の人たちが増えてきたが、雨具をつけていない人も多い。上では雨は降っていないそうだ。槍ヶ岳頂上への登頂は心配なさそうだ。

左に千丈乗越への分岐を見送り、イワツメクサや水滴を乗せたチングルマの花穂を見ながら急斜面をひたすら上る。やがて霧雨もやみ、日が射してきた。振り返ると飛騨沢の上に虹がかかっていた。

道は岩の上につけられたペンキのマークを拾いながら、岩屑のジグザグ道を上り詰める。標高3000mの日本最高地点の峠といわれる**飛騨乗越**にたどり着き、分岐から左へ15分ほど行くと**槍ヶ岳山荘**に到着した。

シーズン中は登山者で混雑する山荘も、3連休最終日とあって、すでに登山者は下山した後でひっそりとしていた。山荘前で氷河が削った槍沢カールを覗きこんだり、槍の穂先をバックに写真を撮っていると、穂先を覆っていたガスが突然晴れ、思わず歓声を上げる。この近さから見上げる槍の穂先は圧倒的な迫力だ。

いよいよ頂上へのアタックが始まる。男性と女性が一人置きに列を組んで岩壁に取りつく。

昔に比べてクサリ場が減り、その分ハシゴが増えて上りやすくなっている。しかし、垂直な岩壁に付けられたハシゴは、高所恐怖症の人にはかなりプレッシャーを感じる。お互いに励ましあいながら、

山荘前から仰ぐ 槍の穂先

歩程◉ 17 時間 40 分　26.7km

H=1100m		H=1350m		H=1540m		H=1740m		H=1990m	
新穂高駐車場	⇒	穂高平避難小屋	⇒	白出沢出合	⇒	滝谷出合	⇒	槍平小屋（泊）	
8:50	2.7k	10:00~10:10	2.0k	11:05~11:35	2.2k	12:50~13:10	1.5k	13:50~5:30	
	H=3060m		H=3180m		H=3060m		H=3084m		H=3032.7m
⇒	槍ヶ岳山荘	⇒	槍ヶ岳	⇒	槍ヶ岳山荘	⇒	中岳	⇒	南岳 ⇒
3.8k	9:30~10:10	0.3k	10:35~11:00	0.3k	11:30~12:25	1.4k	13:30~13:35	1.6k	15:05~15:10 0.3k
H=3001m		H=1990m		H=1540m		H=1350m		H=1100m	
南岳小屋（泊）	⇒	槍平小屋	⇒	白出沢出合	⇒	穂高平避難小屋	⇒	新穂高駐車場	
15:20~7:00	2.2k	9:40~10:25	3.7k	12:15~12:45	2.0k	13:35~14:00	2.7k	14:40	

登頂開始から25分、無事**槍ヶ岳頂上**に到達した。

　頂上からは360度の大展望を望めるはずだが、生憎のガスが立ち込めて乳白色の世界が拡がるばかりである。しかし、待望の槍ヶ岳の頂上に立ったという充実感に浸りながら記念写真を撮り、山頂滞在25分で、山頂を後に槍ヶ岳山荘まで下る。

槍ケ岳登頂を果たし 思わずバンザ～イ !!

笑顔でハシゴを登る人も

　山荘前で昼食をとり、感動を与えてくれた槍ケ岳に別れを告げ、南岳へ向けて稜線を行く。

　安山岩の岩陰にトウヤクリンドウが淡黄色の花を咲かせ、イワギキョウやイワツメクサが砂礫地に咲く。稜線の飛騨側から吹き付ける風は霰混じりになり、カッパに当たって音を立てる。槍ケ岳山荘から1時間ほどで、**大喰岳**を経て**中岳山頂**に到着した。

大喰岳から中岳への稜線を行く

　中岳山頂からは、2001年に新しく開設された南へ迂回するコースに入る。横尾・涸沢と二度の亜氷期に氷河が削りだした岩塊原を下る。過去の氷河時代に削りだされた1m以上の角礫が岩塊流となって、年々わずかずつ移動する大規模なソリフラクションである。岩の下には氷があるか、冬季の降雪が凍結し、融解と共に上に載った岩を移動させているといわれている。

　天狗原との分岐を過ぎると、緩やかな斜面に畑の畝状に並ぶ砂礫の帯が続く。こちらは小規模な条線砂礫（ソリフラクション）である。

　しばらくすると左手に安山岩の柱状節理が見られ、その岩塊を回り込み、少し行くと**南岳頂上**に出た。南岳頂上も霰混じりの風が吹き付けて視界は利かない。山頂に長居は無用と早々に引き揚げ、南岳小屋へ向かう。

　5分ほど下ると、稜線鞍部に建つ**南岳小屋**の姿がガスの中に現れた。南岳小屋には水源がなく、水は貴重品。ミネラルウォーターのペットボトルを1本ずつ渡されて部屋に入る。夕食までの時間を車座になり、槍ヶ岳登頂を祝して乾杯をして過ごす。

　夕食が済み夜になると、さすがに標高3000mの世界。雨水をろ過した生活水も、凍結のために出なくなり、歯磨きも洗面もすべて省いて床に就く。

　翌朝は5時に起床。6時からの朝食前に、ご来光を仰ぎに南岳山頂へ向かう。朝の気温は零下5度。肌を刺す冷え込みの中10分足らずで南岳山頂へ。

　明けの明星が輝き、十七夜の月が西の空に残り、アルプスの峰々は黒いシルエットで浮かぶ。

　東の空が茜色に染まり、常念岳の右に朝日が昇り、山々は光を受けて、刻一刻その表情を変える。

　真っ赤に染まった槍ヶ岳に思わず息をのみ、あちらこちらとカメラを向けていると、夜明けのドラマは短く、15分ほどで山々は昼の顔を取り戻す。

　朝食後、小屋近くのピークまで大キレットを覗きに出かけ、その峻厳な表情に驚愕する。

　南岳小屋を7時に出て南沢を下る。こちらも、昨日上った飛騨沢カールと同じカール地形である。右

朝日を受けた 大キレット

常念岳の右に上がる“ご来光”

南沢カールを下る

槍平小屋へ無事下山したメンバー

へ左へと大きくジグザグに下って行くと、道はやがて西尾根の痩せた尾根上のコースになる。

尾根からはるか下に槍平が望まれ、安山岩の角礫が散在する尾根を慎重に下る。南岳小屋から槍平小屋までの標高差は1010mほど。先頭が少し速すぎて列が長くなったが、9時40分に全員が無事に槍平小屋に到着した。

小屋前のベンチでしばし休憩をとり新穂高駐車場を目指す。途中、白出沢と穂高平で休憩をとり、新穂高駐車場に戻る。帰路、新穂高温泉〝ひがくの湯〟に立ち寄り、3日間の汗を流して帰路についた。

64 穂《ほ》高《だか》岳《だけ》 3190m
～涸《から》沢《さわ》岳《だけ》 3103m

標高差◉1685m　登頂日◉2006・9・16
ルート図◉5万分の1地形図「槍ヶ岳」「上高地」　参加者◉13名

涸沢ヒュッテから望む日の出前の奥穂高岳

今回のコースは、**上高地バスターミナル**から**奥穂高岳**を目指す。登山指導センターへ入山届を提出し、涸沢ヒュッテへと向かう。ここから涸沢までは16kmほどの道のり、広場のベンチで十分に腹ごしらえをしてバスターミナルを出る。

まだ人通りも少ない河童橋の前を通り、小梨平のキャンプ地を抜けてゆく。地質的に湖底だった時期がある上高地は、横尾までの10kmで標高差115mという平坦な道が梓川に沿って延びている。

六百山から供給される花崗岩砂礫の白い砂を撒いたような道を、左の明神岳を木の間越しに眺めながら行く。奥六百沢で緩やかな上り下りを二度ほど繰り返すと、木立の中に建つ**明神館**に着いた。

明神を出るとすぐに白沢に架かる橋を渡り、右へ徳本峠への道を分ける。この辺りは奥上高地自然探勝路になっていて、春にはニリンソウの群落がみられる古池を左に見る。右からの尾根を回り込み、梓川の川岸に出る。左に前穂高岳を仰ぎ見る場所だが、頂上部分は雲の中。山腹の険しい岩肌を見上げて樹林に戻り、芝生の拡がるキャンプ場を抜けると**徳沢園**に着いた。

徳沢園

徳沢からしばらくは樹林帯を行き、15分ほどで新村橋の分岐に出る。分岐を左に行くと、井上靖の小説『氷壁』の舞台となった前穂高岳の東壁へ至る。また、その途中から右へ中畠新道に入り、屏風のコルを越えればパノラマコースで涸沢に出ることができる。

今回は右へコースをとり、再び梓川畔に出る。左に大きな岩塊の〝屏風ノ頭〟が姿を見せ、**横尾山荘**に着いた。横尾にはキャンプ場もあり、槍ヶ岳、蝶ヶ岳、そして涸沢への分岐点となっている。

予定より到着が早く、少し永めの休憩をとる。昼食は本谷橋まで先延ばしにして、立派な吊り橋の横尾大橋を渡る。

立派な吊り橋の横尾大橋を渡る

横尾谷に入ると、広々とした河原を行く。亜高山の草地や深山の河原を好むミソガワソウが青紫の小さな唇形の花をつけ、ノコンギクやシロヨメナなどの秋の花に混ざってナデシコ科のセンジュガンピが不揃いに裂けた白い五弁花をつける。

道が河原から離れ、前方のV字

の横尾谷の奥に北穂高岳が現れると、左側の屛風岩もその全貌を現す。花崗岩の巨大なドームは、天に向かって切り立つ垂直な絶壁を見せ、寄り付くものを拒む。

　植物は高原性のアザミ類が多くなり、ノリクラアザミに混ざってオヤマボクチが丸い頭花をつける。やがて**本谷橋**のよく揺れる吊り橋を渡り、右岸の巨岩が点在する河原で昼食をとる。

　河原を出ると岩の多い山腹の急登が始まる。右に横尾本谷を見ると、左に折れて涸沢を高巻きながらガレ場をトラバースする。

険しい表情の屛風岩

　日当たりが良くなり、多くの花々が咲き乱れる。花火のようにミヤマシシウドが花開き、同じセリ科のミヤマセンキュウは細い花柄を伸ばす。果実が四裂するものが多いニシキギ属のなかで、クロツリバナが紅色に熟した三裂の色づいた実を枝から下げている。ミヤマアキノキリンソウの黄色が目を引き、イワツメクサが岩陰に花を添えると〝**Sガレ**〟と呼ばれるガレ場だ。振り返ると〝屛風ノ頭〟の岸壁がそそり立つ。

　この辺りから涸沢の流れに沿って進むと、ベニバナイチゴの実が赤く熟れ、ミヤマカラマツ、ヨツバシオガマ、ミヤマダイコンソウなどが花をつける。灌木帯に入ると、10センチほどにしか成長しないヤナギ科の日本固有種でタカネイワヤナギが、鬼の金棒のようなトゲのついた実をつける。

　涸沢小屋との分岐を過ぎると雪渓の下に出る。雪渓付近は気温が低く、この季節でもチングルマやアオノツガザクラが花をつけていた。ウラジロナナカマドは登山道の右左で季節が違い、実をつけた木と、まだ花をつけた木が並ぶ。ここまでくれば涸沢ヒュッテは近い。

　道はその雪渓の上を横切り、渡り終えると10分ほどで、石段を上り**涸沢ヒュッテ**に到着した。

　受付をして部屋に荷物を納めると、新館の屋根上に設けられた展望テラスに出た。穂高の峰々に囲まれたアルプスの真ん中で、夕方のひと時をのんびりと過ごす。

　夕食後、明日の天気を確認すると、早めに崩れそうだという。当初予定した北穂高岳経由のコースは取りやめ、サイディングラードから奥穂高岳をめざすことになった。食堂の壁に架けられた山岳俯

雪渓を渡り最後の上り

歩程◉ 18 時間 15 分　37.4km

H=1505m		H=1540m		H=1562m		H=1620m		H=1780m		H=2309m
上高地	⇒	**明神**	⇒	**徳沢**	⇒	**横尾**	⇒	**本谷橋**	⇒	**涸沢ヒュッテ（泊）**
7:50	3.0k	8:35~8:45	3.4k	9:35~9:45	3.8k	10:45~11:00	2.8k	12:15~12:55	2.7k	15:05~6:35

	H=2983m		H=3190m		H=2983m		H=3103.1m		H=2983m
⇒	**穂高岳山荘**	⇒	**奥穂高岳**	⇒	**穂高岳山荘**	⇒	**涸沢岳**	⇒	**穂高岳山荘（泊）**
2.4k	9:35~10:05	0.6k	10:50~11:05	0.6k	11:50~13:50	0.4k	14:10~14:15	0.4k	14:35~6:10

	H=2330m		H=1620m		H=1562m		H=1540m		H=1505m
⇒	**涸沢小屋**	⇒	**横尾**	⇒	**徳沢**	⇒	**明神**	⇒	**上高地**
1.6k	8:00~8:35	5.5k	11:10~12:10	3.8k	13:10~13:20	3.4k	14:15~14:25	3.0k	15:10

瞰図上を確認し、全員が8時に床に就いた。

翌朝、展望テラスに上がると、穂高の峰々の素晴らしい景観が拡がる。朝食後、奥穂高岳をバックに記念写真を撮り、6時半ヒュッテを後に、パノラマコース経由で穂高岳山荘を目指す。

涸沢テント村に張られたテントを右下に見て坂を下り、パノラマコースへ左折する。チングルマが咲き残る岩塊が累積したゴーロを行く。振り返るとカールの真中に建つ涸沢ヒュッテが小さくなり、石の階段を上り灌木帯を抜けると**見晴岩**に着いた。

朝日を受けた奥穂高岳をバックに

大雪渓を渡る

涸沢カールに残る大雪渓！

見晴岩からしばらくはお花畑が続く。主だった花はすでに花期を終えているが、ミヤマホツツジが白い花をつけ、岩陰でイワギキョウが青紫の花を天に向かって開いていた。

再び石の階段を上ると、大雪渓に突入する。硬い雪面を慎重に踏みしめて渡りきると、涸沢小屋からの道と合流する。巻き道の途中で一息つくが、斜面のガレ場は気持ちが落ち着かない。喉を潤して早々とガレ場を抜けて**サイディングラード**に取りつく。尾根の先端は休憩適地になっていて、周囲の展望を楽しみながら、岩尾根の登りに備える。

狭い岩尾根を右へ左へとペンキ印を探しながら登る。クサリ場やハシゴが連続し、足元を確認し慎重に通過する。気の抜けない上りが続き、尾根の取りつきから1時間20分で白出コルに建つ**穂高岳山荘**に無事到着した。

午前中に奥穂高岳を往復できる時間がある。受付を済まして、リュックを山荘にデポする。晴れていた空も予想した通りに曇り、尾根越しのガスも濃くなってきた。

雨具をつけ、ペットボトルだけを持って小屋を出る。山荘の横から切り立った岩壁に取りつく。クサリと鉄バシゴを繋いで尾根に上がると、ガスはいつしか雨になっていた。

尾根道は安定していて歩きやすい。誰のものか、ピッケルを埋め込んだ遭難碑が立つ。やがて前方に北岳に対抗して積み増しされた大ケルンが現れ、**奥穂高岳山頂**に着いた。

山頂の祠は狭い大ケルンの上に祀られ、全員が登れる場所はない。展望方位盤の岩場で、互いに記念写真を撮りあう。

クサリ場を慎重に通過

石積みの上に祠が建つ穂高岳頂上

尾根に建つ 穂高岳山荘

山頂からの展望は望むべくもなく、15分ほどの山頂滞在で穂高岳山荘へ下山する。

山荘で昼食をとった後、一部メンバーで涸沢岳を目指す。片道20分でガスに包まれた**涸沢岳山頂**に立ち、5分の滞在で下山する。涸沢岳登頂組が戻ると、皆で部屋に集まり、ビールを買い込み、奥穂高岳の登頂を祝して過ごす。

翌朝は再び雨具をつけての下山となった。サイディングラードを慎重に下り、**涸沢小屋**経由で下る。涸沢小屋のテラスから穂高の峰々に別れを告げるころ雨は上がった。

途中、横尾山荘で昼食をとり、観光地並みの河童橋を経て、バスセンターに戻ってきた。

65 蝶《ちょう》ヶ《が》岳《たけ》 2677m〜 常《じょう》念《ねん》岳《だけ》 2857m

標高差◉1577m　登頂日◉2003・8・23〜24
ルート図◉5万分の1地形図「上高地」「松本」　参加者◉19名

蝶沢上部の"まめうち平"から望むピラミダルな常念岳

昨年、槍ヶ岳登頂時に南岳から眺めた**常念岳**の姿に惚れて、特別山行で上ることになった。マイクロバスをレンタルして、**豊科IC**から烏川沿いの県道と林道を経て林道終点の**三股登山口**に入る。

駐車場奥にバスを止め、身支度を整えて本谷に沿って林道を行く。10分ほどで分岐標識が立ち、常念岳への道を右へ見送る。本沢に架かる吊り橋を渡ると、山腹のジグザグ道をひと上りで樹林に入る。カニコウモリが茂る山腹の急登を上りきると枝尾根上に出て、右に常念岳が姿を見せた。

時々姿を現す常念岳を右に見ながら、急坂を上り詰めると尾根上の台地**まめうち平**に出た。一息つき、三々五々と休憩しているグループを横目に、オオシラビソの樹林に入る。

蝶沢上部で正午となり、わずかな平地に腰を下ろして昼食をとる。昼食を終えて、ひと上りすると森林限界を出た。トリカブト、ハクサンフウロ、オニシモツケなどが急斜面のお花畑に咲き、花を眺めながらスローペースでの上りが続く。

山頂台地に上がり、**蝶ヶ岳**の頂上を経て、**蝶ヶ岳ヒュッテ**に着いた。蝶ヶ岳山頂は、山荘からは1kmほど東の尾根にあったのだが、現在の最高地点に替わっていた。

蝶ヶ岳ヒュッテ

受付をすると屋根裏部屋に案内された。しばし、車座になり歓談の後、小屋の外に出て、暮れゆく槍・穂高など、北アルプスの景観を楽しむ。

槍・穂高の峰々は、176万年前の槍・穂高巨大火山の噴火により流出堆積した安山岩質溶結凝灰岩が、その後の傾動隆起により現在の姿になったという。大自然の驚異的な地殻変動の真っただ中に身を置き、感動的な夜は暮れた。

翌朝は、早朝から素晴らしい景観を楽しみ、蝶ヶ岳ヒュッテを後に、常念岳へ向かう。広尾根を行くと、左から横尾コースが合流する。30分で、旧蝶ヶ岳山頂の三角点に到着した。

広場のような三角点で槍・穂高連峰の展望を楽しみ、次のピークの蝶槍へと向かう。蝶槍はその名の通り、尾根の中で唯一天に向か

宵闇に浮かぶ槍・穂高連峰

って穂先を突き出しているピークである。

　留まるべき場所もない蝶槍は素通りし、鞍部へ向かって２００ｍほど下る。ハイマツ帯にグンナイフウロ、ホソバコゴメグサ、オトギリソウ、そして中部以北から北海道などに多いエゾシオガマなどの高山植物が多く顔を見せるようになる。

　凝灰岩から花崗岩に替わった尾根の上り下りを三度繰り返すと、常念岳頂上への岩尾根が立ちはだかる。標高差４３０ｍほどを一気に登りきると、登山者で溢れた**常念岳**の頂上に立ち、頂上から３６０度の大展望を心行くまで楽しむ。

　常念岳山頂を後に、前常念岳へ岩尾根を下る。岩に記されたペンキ印を拾いながら二等三角点の立つ**前常念岳**につき巨岩の間で昼食をとる。

　昼食後、花崗岩が累々と重なる尾根に苦労し、森林限界にたどり着く。樹林帯の登山道も木の根に悩まされたが、三股分岐を経て登山口へ下山した。

岩尾根の登り返しが続く

登山者で溢れる常念岳山頂

旧蝶ヶ岳山頂から鞍部へ下る

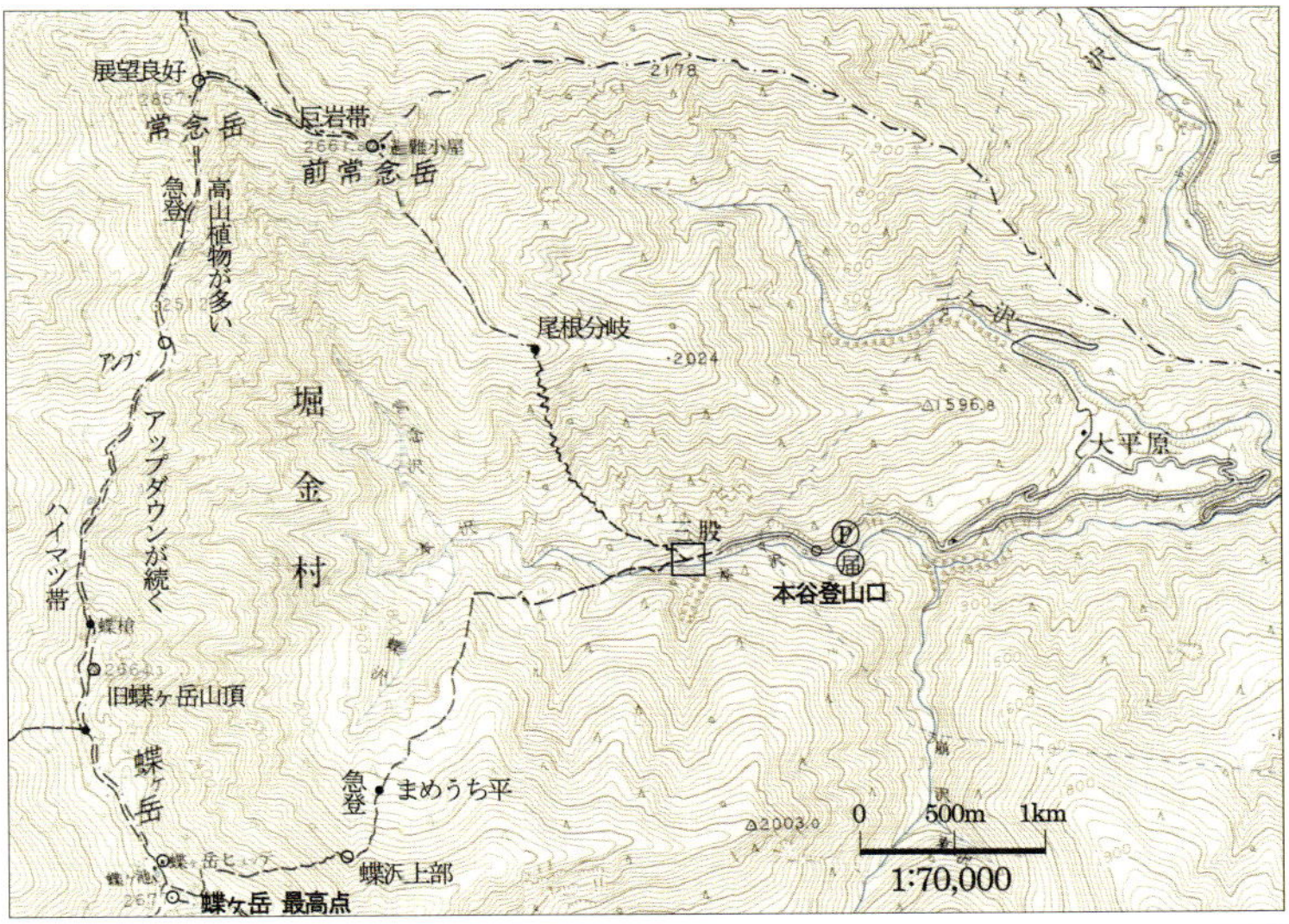

歩程◉ 13 時間 20 分　17.4km

H=1280m		H=2014m		H=2180m		H=2677m		H=2660m
三股登山口	⇒	**まめうち平**	⇒	**蝶沢上部**	⇒	**蝶ヶ岳**	⇒	**蝶ヶ岳ヒュッテ（泊）**
9:10	2.7k	11:05~11:10	2.2k	12:10~12:45	1.6k	14:35~14:40	0.2k	14:45~5:45

	H=2664.3m		H=2450m		H=2926m		H=2661.8m		H=1280m
⇒	**旧蝶ヶ岳**	⇒	**鞍部**	⇒	**常念岳**	⇒	**前常念岳**	⇒	**三股登山口**
1.2k	6:15~6:25	2.1k	7:45~8:00	2.0k	10:05~10:35	1.2k	11:50~12:30	4.2k	15:50

急坂続きの笠新道から山頂を目指す

66 笠《かさ》ヶ《が》岳《だけ》 2898m ~弓《ゆみ》折《おり》岳《たけ》 2588m

標高差◉1808m 登頂日◉2005・9・23

ルート図◉5万分の1地形図「槍ヶ岳」「上高地」 参加者◉8名

折戸岳の巻き道からダイナミックな笠ヶ岳を仰ぎ見る

昨夜は丹生川の民宿に宿泊し、朝5時過ぎに民宿を出て新穂高へやってきた。すでに7割ほどが駐車された蒲田川左岸の**登山者用駐車場**に車を止め、車内で朝食をとる。

身支度を整え、全国のナンバーが並ぶ駐車場を抜け、新穂高温泉のバスターミナルへと向かう。

登山者センターで入山届を提出し、蒲田川に架かる橋を渡る。一般自動車通行止めのゲートをくぐり、左俣谷沿いの林道を行く。

真っ青な空に残月が浮かび天候は申し分ない。左の穴毛谷の砂防工事現場を眺めて中崎橋を過ぎると、北陸電力の小屋が建つ。さらに進み右のヘリポートを過ぎると**笠新道入口**に着いた。水場の冷たい水で喉を潤し、上りに備えて一息つく。

登山口を入ると、ブナ林の中に累々と重なる奥丸沢花崗岩を踏みながらの急登が始まる。30分足らずで汗が吹き出し、小休止でウェアー調整をする。

樹相はブナからミズナラに替わり、標高1800mあたりまで来るとオオシラビソに替わる。森林限界を抜けて、左の岩小舎沢の上部をトラバースし、旧道と合流して尾根を回り込む。頂を雲に覆われていた穂高連峰も雲が晴れ、槍ヶ岳が姿を現した。

いきなりの急登

すでに花の季節は終わり、シラタマノキが白い実をつけ、タカネナナカマドが赤い実をつけて紅葉している枝尾根のジグザグ道で一息入れる。

標高は2400mを越えたが、全員が足取りも軽く元気である。空腹を覚えだした**折戸岳南尾根乗越**で、転石に腰を下ろして槍・穂高連峰を眺めて昼食をとる。

乗越からはカール地形の杓子平が拡がり、その奥に、折戸岳から笠ヶ岳へと連なる尾根の岩壁が荒々しい表情を見せる。乗越を後にカールの底へ下ってゆくと、道の脇ではオオヒョウタンボクが真っ赤な実つけていた。

槍・穂高連峰を眺めて昼食

上り返すと、岩相が白っぽい花崗岩に替わってきて**稜線出合**に出た。西から東へ薄いガスが流れ、チングルマの花穂を揺らす。稜線上では、すでに花期を終えた多くの高山植物が群落を作る。

40分ほどで抜戸岩をくぐり、最後のピークを越え、野営地を抜け、溶結凝灰岩の岩屑を踏んでゆくと**笠ヶ岳山荘**に着いた。

山荘は最盛期程の混雑はなく、8畳ほどの和室を与えられた。リュックを部屋に置き、夕食前に山頂を踏んでくることになった。

山頂付近は溶結凝灰岩で覆われている。足元でカランカランと乾いた音を立てる岩屑を踏んで15分、祠が祀られた**笠ヶ岳山頂**に到着した。

8名全員が無事登頂できたことに感謝し祠に手を合わせ、二等三角点にタッチする。

10分ほどの山頂滞在で山荘に戻り、夕暮れの槍・穂高の景観を楽しむ。

翌朝5時に起きだすと、空には星が輝いていた。6時過ぎ、山荘を後に往路を辿り下山を始める。

アルプスの峰々は青空に映え、美しい姿を見せる。尾根道をさわやかな空気を感じながら下り、折戸岳手前の笠新道分岐に着いた。ここから希望が多かった弓折岳経由のコースへ直進する。

祠が祀られた 笠ヶ岳山頂

抜戸岳の西を巻いて過ぎると、道は尾根を離れて右下の秩父平へ下ってゆく。花崗岩質の秩父平南縁の岩塔群は、まるで恐竜の背中を見るようで、氷河が削り残した険しい姿が並ぶ。

大ノマ岳へ上り返し、タテヤマリンドウの咲く巻き道を下る。大ノマ乗越から再び登り返すと**弓折岳**に着いた。

弓折岳からほんの一足で、双六岳への分岐を右折して鏡平へと下る。正午前に**鏡平山荘**に着き、山荘前のテーブルで昼食をとる。

鏡平から高山植物が咲き残る小池新道を**ワサビ平**まで下り、左俣林道を辿り新穂高へ戻ってきた。

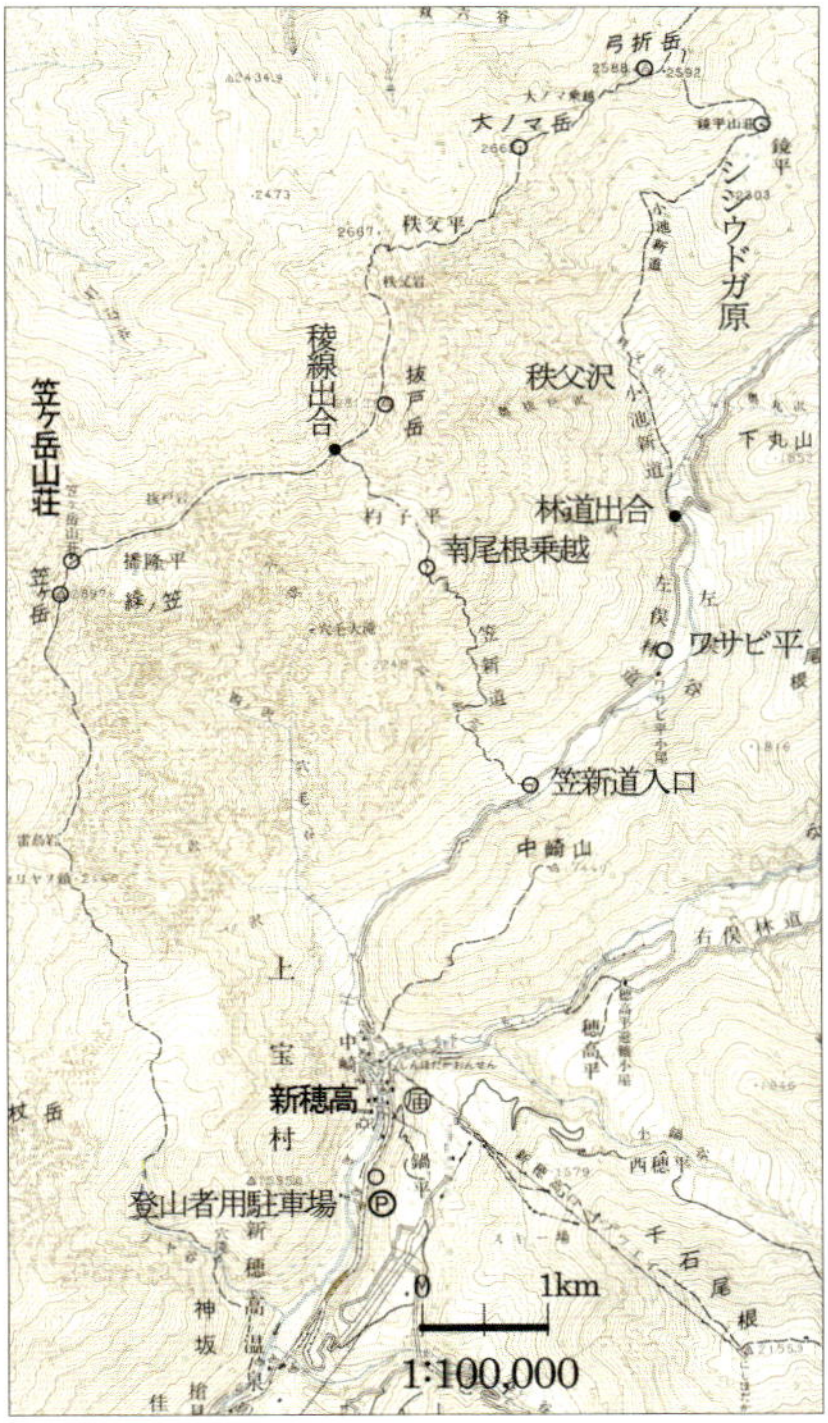

青空の下、岩屑帯を下る

恐竜の背中のような岩峰群

歩程◉ 18時間00分　26.9km

H=1090m **新穂高** 6:20 ⇒ 3.5k ⇒ H=1360m **笠新道入口** 7:45~7:55 ⇒ 2.7k ⇒ H=2455m **南尾根乗越** 1 1:45~12:30 ⇒ 1.3k ⇒ H=2770m **稜線出合** 14:00 ⇒ 2.0k ⇒ H=2810m **笠ヶ岳山荘** 15:30~15:55 ⇒ 0.3k ⇒

H=2897.5m **笠ヶ岳** 16:10~16:20 ⇒ 0.3k ⇒ H=2810m **笠ヶ岳山荘（泊）** 16:30~6:15 ⇒ 2.5k ⇒ H=2812.8m **抜戸岳** 7:35~7:45 ⇒ 2.5k ⇒ H=2662m **大ノマ岳** 9:45~9:55 ⇒ 1.0k ⇒ H=2592m **弓折岳** 10:45~10:55

⇒ 0.3k ⇒ H=2560m **双六岳分岐** 11:05 ⇒ 1.3k ⇒ H=2285m **鏡平山荘** 11:50~12:25 ⇒ 4.5k ⇒ H=1402m **ワサビ平** 15:20~15:40 ⇒ 4.7k ⇒ H=1090m **新穂高** 17:00

紅葉のリンドウ平から白煙を望む

67 焼岳《やけだけ》 2393m

標高差◉808m 登頂日◉2007・10・6
ルート図◉5万分の1地形図「上高地」 参加者◉7名

紅葉の始まったリンドウ平から白煙を上げる焼岳を仰ぎ見る

高山から国道158号線で平湯を目指し、平湯トンネルを抜けると前方に笠ヶ岳が姿を見せる。安房トンネルには入らず、平湯バスセンター前を抜け、安房峠へ向かって旧道を上る。

峠付近の木々の紅葉はまだ少し早いようだ。峠を過ぎると道は下りになり、白骨温泉との間を繋ぐ上高地乗鞍スーパー林道を右に見送ると、路肩に登山者の車が並んだ**新中の湯登山口**に着いた。

山頂までの距離が短いこのコースは、自動車利用の場合に最適で、全国からのナンバーをつけた車が多く止められている。駐車スペースを見つけて車を止め、身支度を整えて登山口を入る。

国道に沿って右へ山裾の登山道を行くとゴゼンタチバナが真っ赤な実をつけていた。程なく、上の道路から転落した事故車の残骸が朽ち果てて放置されている。まだ笹の切株が残った土手を登り、焼岳から南へ延びた尾根に取りつく。

このコースは比較的新しく開かれたコースで、原生林の中を急登が続く。樹林に入ると紅葉し始めたブナやダケカンバが、コメツガやモミなどの針葉樹の間に混在する。やっと小さな平地を見つけて小休止をとり一息入れる。

5分ほどの立休みの後、いくらか傾斜がゆるくなった原生林を行く。私の後についてきたS子さんが、いつの間にか最後尾に下がっていて体調不良を訴えていた。ペースメーカーを装着してから調子を取り戻していたS子さんだが、急登続きで対応できなかったのか…?ご主人のA氏が付き添って下山すると連絡がきた。

S子さんはご主人に任せ、残りの5名は**リンドウ平**まで上り、焼岳を望みながら休憩をとる。紅葉の最盛期には少し早いようだが、色づき始めた木々の奥で焼岳が白い噴煙を上げていた。休憩しているとA氏がやってきて、下山時刻までどこかで時間をつぶすから行ってくれという。

残りの5名が再び山頂を目指す。赤く色づいたタカネナナカマドの間を進むと、右から上ってくる中の湯コースと合流する。

大正時代に焼岳の噴火によって流れ下った泥流が、梓川を堰き止めて大正池をつくった。その泥流が流れ下った幾つかの沢のうち、最大規模のものが目の前に現れた下堀沢で、深い谷となって横たわっている。しばらくはこの沢に沿って進む。

泥流の流れた跡の“下堀沢”

登山道はいたるところで火山灰が流されていて、道に段差ができ丸太で組んだハシゴが架けられている。いくつかのハシゴを乗り越えて**下堀沢上部**に出る。あたりにシラタマノキが群生し、白い実をつけていた。その中に同じツツジ科のクロマメノキとアカモノが実をつけて混ざる。

路肩にヤマハハコが咲き、山肌に点在する巨岩の間をさらに上り詰め、北峰と南峰の間にある**鞍部**近くまで来たときA氏がひとり登ってきた。S子さんは一人で車へ戻ったとのことである。

噴気孔から上がる白煙

岩壁を湖水に映した火口

鞍部から振り返ると乗鞍岳のコロナ観測所のドームまで望まれた。鞍部から火口を覗くと、険しい火口壁に囲まれた火口湖はエメラルドグリーンの湖水を湛え、火口壁の姿を映していた。

火口壁に沿って分岐を右折すると、硫黄の噴気が勢いよく上がる。噴気孔近くを抜けて、山頂へのコースを辿る。

北峰直下を反時計回りに巻いてゆくと、狭い岩の間を上り下りする登山者が行き交い大渋滞だ。中尾峠からの登山者も多く、合流点付近や到着した山頂広場は登山者で混雑していた。

焼岳北峰の山頂広場からは、槍・穂高連峰を含め北アルプスの展望を心行くまで満喫できる。しかし、余りの混雑で山頂広場での昼食はあきらめ、20分ほどの滞在で山頂を後にする。

火口湖にも別れを告げて下ってゆくと、今度はS子さんが上ってきた。体調が戻ったようだ。

やっと全員が揃い、下堀沢上部の岩に腰を下ろして焼岳頂上の噴煙を眺めながら昼食をとる。

昼食後は、リンドウ平の紅葉を眺めながら往路を辿り、樹林帯を抜けて登山口へ下山した。

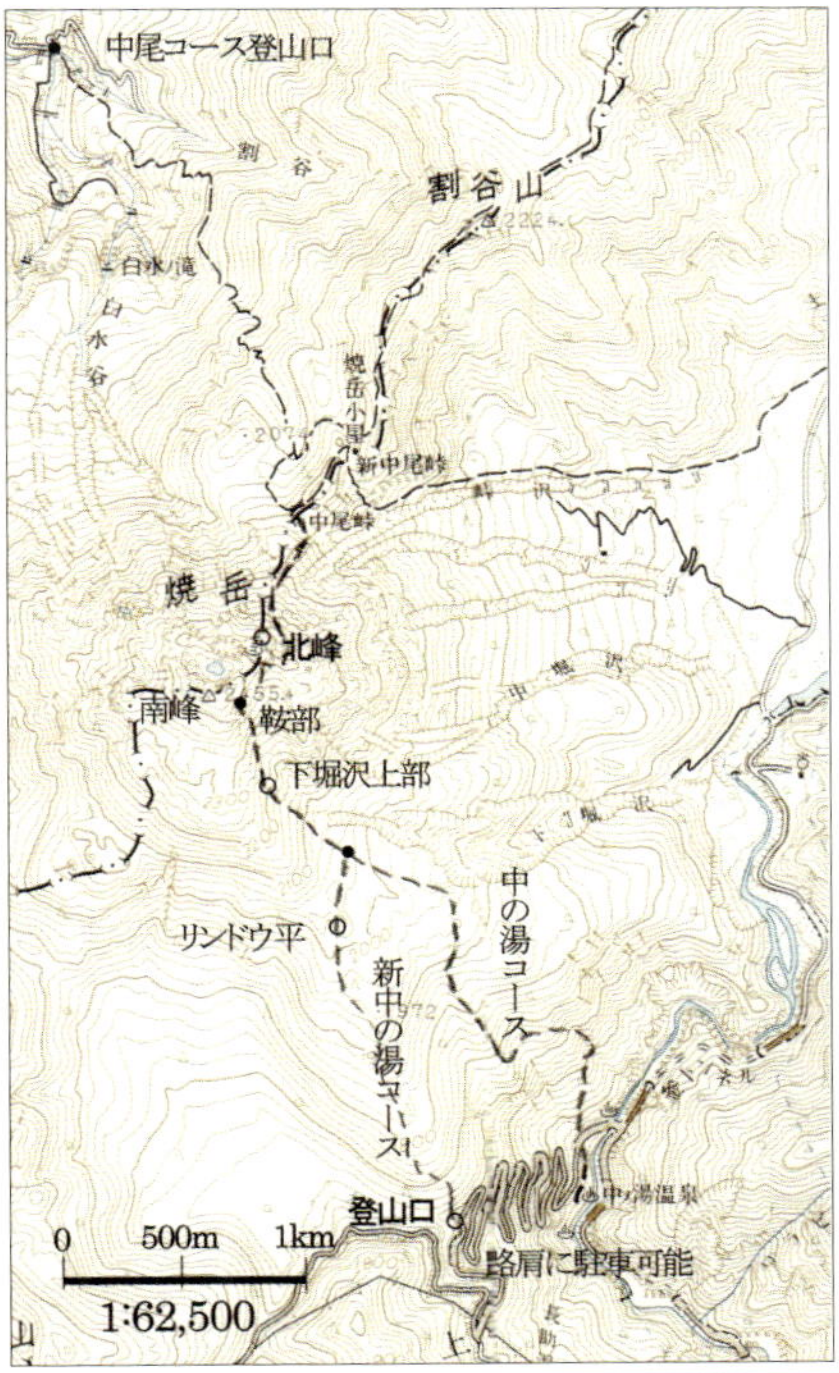

山頂から 槍・穂高連峰を望む

歩程◉5時間45分 6.4km

地点	標高	時刻	区間距離
新中の湯登山口	H=1585m	7:30	
⇒ リンドウ平	H=2005m	9:05~9:10	1.4k
⇒ 分岐	H=2020m	9:30	0.4k
⇒ 下堀沢上部	H=2250m	9:55	0.6k
⇒ 鞍部	H=2295m	10:30	0.4k
⇒ 焼岳（北峰）	H=2393m	10:55~11:15	0.4k
⇒ 下堀沢上部	H=2250m	11:40~12:40	0.8K
⇒ リンドウ平	H=2005m	13:20~13:30	1.0k
⇒ 登山口	H=1585m	14:50	1.4k

シャトルバスで雲上の別天地へ

68 乗《のり》鞍《くら》岳《だけ》　3026m

標高差◉316m　登頂日◉2008・8・7
ルート図◉5万分の1地形図「乗鞍岳」　参加者◉5名

蚕玉岳から 主峰剣ヶ峰を望む

　夏休みで我が家に遊びに来ていた小学1年と3年の孫たちが「お山へ上りたい」という。その希望を叶えるため乗鞍岳へ上ることにした。彼らにとって日本百名山は、この年春に連れて行った筑波山以来である。標高差316m、歩行距離5・2kmは彼らにとって手ごろなレベルである。

　朝6時、まだ眠気の覚めやらぬ孫たちを急かして自宅を出る。途中、自動車道を利用して高山へ。国道158号線に入り乗鞍岳の登山基地である**ほおのき平バスターミナル**に到着した。

　以前は登山口の畳平まで車で入ることができた乗鞍岳だったが、余りにも多くの観光客が押し掛け、慢性的な道路渋滞と大量の排気ガスが高山植物に悪影響をもたらしていた。

　そして平成17年にマイカー規制が敷かれ、ほおのき平及び白骨温泉などからシャトルバスによる旅客輸送に切り替えられた。

　上空には青空が拡がり、申し分ない山日和である。バスターミナルに移動して、それほど多くもない観光客に混ざりバス乗車の列に並ぶ。

　定刻にやってきた満員の車両を見送り、臨時増発便に乗り込みほおのき平を出る。バスは平湯峠を経て乗鞍スカイラインへ入る。眼下に拡がる雲海を眺めて進み、**畳平**に到着した。

　ターミナルの建物わきの階段を使って鶴ヶ池へ下り、池の周囲を時計回りに進む。

孫たちを間に、雪田の脇を行く

大雪渓の奥に主峰剣ヶ峰を望む

　雪解けが済んだばかりの鶴ヶ池周辺には高山植物が一斉に花開き、ハクサンイチゲ、チングルマ、などのお花畑が拡がる。バスを降りた観光客は、高山植物を求めて鶴ヶ池の周囲に巡らされた木道を辿る。我々は雪田の脇に延びる登山道を進み、乗鞍岳の主峰である剣ヶ峰を目指す。

　畳平の生活水源である不消ヶ池の脇から階段を上がり、業務用の車道に出る。左の富士見岳の山裾には、〝高山植物の女王〟と呼ばれるコマクサが紅紫の花をつけ、イワツメクサが群生する。

　平坦な車道を進むと、前方に見

える大雪渓の奥に主峰の剣ヶ峰が望まれ、ほどなく車道の終点となる**肩の小屋**に着いた。宿泊設備を備えたこの小屋は、大雪渓でサマースキーを楽しむ人たちの宿泊所としても利用されている。

ここからは本格的な登山道になる。何万年か前の噴火で降り積もった火山礫や火山灰の中を、滑らないように孫たちに注意を与えて上ってゆく。登山道の脇には次々と高山植物が姿を見せる。

色鮮やかな黄色の大きな花をつけたウサギクが虫たちを呼び寄せ、イワギキョウが青紫の筒型の花を空に向けて咲く砂礫地を抜けてゆく。

大雪渓で楽しむスキーヤーたち

僅かに硫黄の匂いがして**蚕玉岳**《こだま》の上に出る。蚕玉岳は淡い黄色の硫黄で出来た塊である。前方に見える主峰剣ヶ峰は一段と間近になり、そのピラミダルな姿が印象的である。

朝日岳と蚕玉岳の鞍部から右に、火口湖である権現池を囲むように剣ヶ峰、大日岳、屏風岩、薬師岳、雪山岳と連なる飛騨側の尾根が見渡せる。

蚕玉岳から硫黄交じりの道を少し下って登り返すと、岩場のコースが左右に分かれる。左に道をとり頂上小屋の前を過ぎ、**剣ヶ峰山頂**に着いた。

山頂に建つ祠に手を合わせ、時計回りに回り込むと、背中合わせに建てられた**本宮神社奥宮**の前に出る。孫たちに登頂記念バッジを買い与え、剣ヶ峰標識で記念写真を撮る。

山頂東の岩場に移動して岩に腰をおろし、山頂火口群を眺めながらコンビニで買ったおにぎりを食べる。

下山時、山頂直下のザレ道で小学1年の孫がかなり苦戦をしていたが、何とか肩の小屋にたどり着く。頑張ったお駄賃にソフトクリームを買ってもらい、再び元気を出して畳平のバスターミナルへ戻り、初めての本格的な山登り体験を終える。

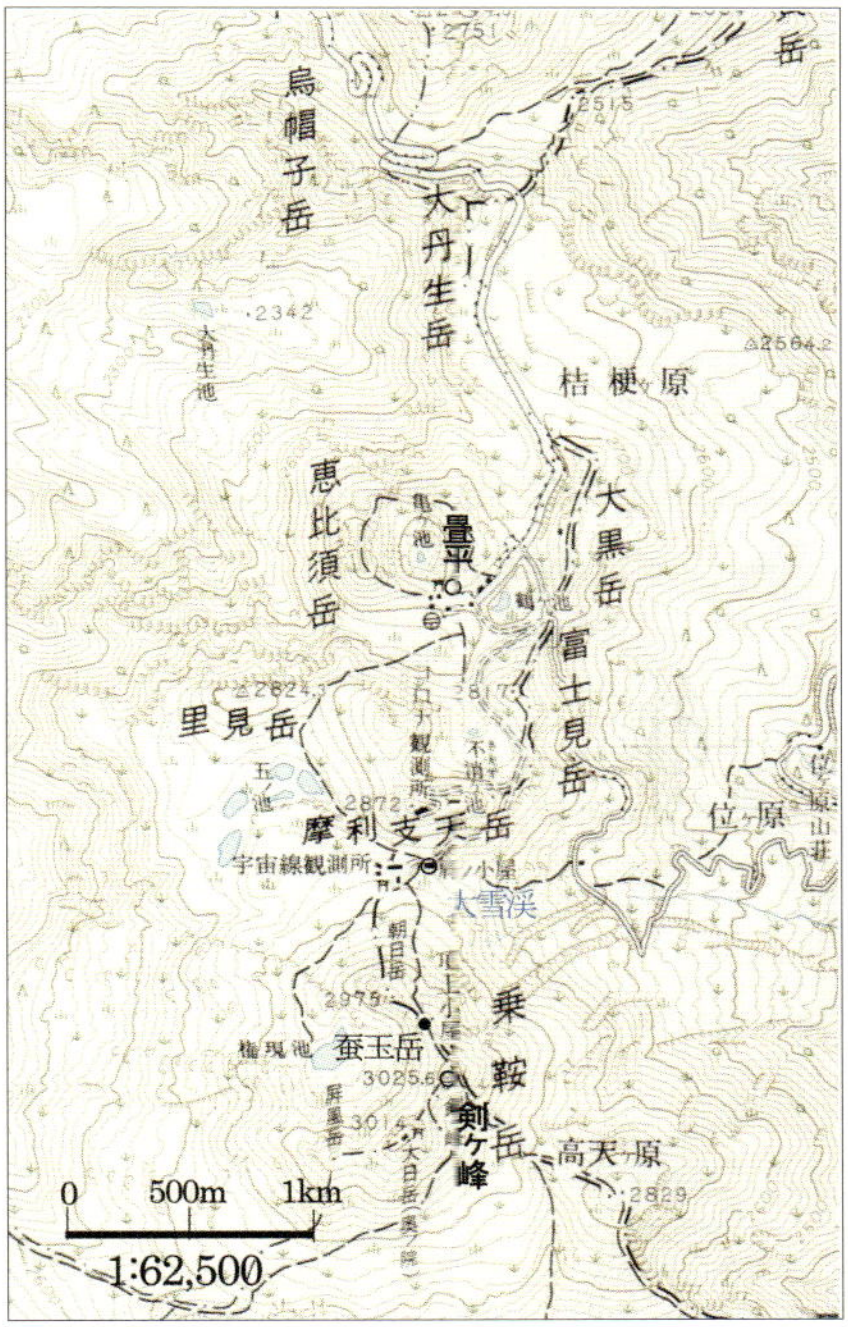

剣ヶ峰標識で 頑張った孫たちと記念写真

歩程◉ 3時間15分 5.2km

H=2710m		H=2760m		H=3025.6m		H=2760m		H=2710m
畳平	⇒	**肩の小屋**	⇒	**剣ヶ峰**	⇒	**肩の小屋**	⇒	**畳平**
9:55	1.6k	10:25	1.0k	11:35~12:15	1.0k	13:15~13:30	1.6k	14:05

北アルプス　スナップ集

標高 2100m にある雲上の露天風呂・白馬鑓温泉

立山駅から標高差 500m を 10 分で美女平へ

折立登山口に建つ愛大山岳部の遭難慰霊碑

水晶小屋付近から鋸のような水晶岳を望む

扇沢に造られた駐車場に黒四ダム観光客の車が並ぶ

五竜岳の岩場から雲海の奥に富士山を望む

中岳のピークから仰ぎ見る険しい表情の赤岳

八ヶ岳・中央アルプス

八ヶ岳と中央アルプスには多様な名山がある。これらの山々にはその他の山と同様に、御嶽山や八ヶ岳の赤岳など火山に起因する山と、木曽駒ヶ岳や空木岳など花崗岩の隆起による中央アルプスの峰々などの二つに大別される。

また美ヶ原や霧ヶ峰など、素人目には火山とは関係ないように思える山も、永い地球的時間を経た、火山のなれの果ての姿なのである。

広大な山域を持つ御嶽信仰の霊山

69 御嶽山《おんたけさん》（剣ヶ峰《けんがみね》） 3067m

標高差◉867m　登頂日◉2013・8・18
ルート図◉5万分の1地形図「御嶽山」「木曽福島」　参加者◉17名

北西からは一ノ池を挟み 穏やかな表情の 主峰剣ヶ峰

岐阜県側から御嶽山を目指す場合は、濁河から飛騨頂上を目指すことが多い。今回は、会の月例山行として、**田の原**から王滝頂上を経て御嶽山の主峰剣ヶ峰を目指すことになった。

田の原山荘に前泊して、朝7時に山荘を出る。今回のコースは、山岳信仰の御岳教会の信者たちが多く上るコースでもある。

山荘のすぐ前に御嶽神社の鳥居が建つ**王滝頂上登山口**を入る。左に田の原天然公園の園地が拡がり、東屋が建つ。真っすぐに延びる登山道（参道）はほとんど勾配のない坦々とした道が続く。

すでに花の季節は終わり、ヤツタカネアザミやヤマハハコなどの秋の高山植物が路肩に花開く。

出発から20分。左に祀られている大江権現の横を抜けると、道は次第に傾斜を強める。

17名の大所帯のため、グループを二分する。オクヤマオトギリソウやキオンが黄色の花をつける道を行くと、道は森林限界を出て**八合目石室**に着いた。石室の手前には御岳教会が建てた意波羅天宮像が祀られ、休憩をしていると白装束の信者たちが下山してきた。

王滝頂上に建つ御嶽神社

八合目からは溶岩の露岩帯を上る。程なく、左にほとんど涸れた状態の一口水の清水を見送り、溶岩の道を行くと九合目の標石が立つ**九合目石室**に着いた。後続グループとの間が空いているので、リュックを下して小休止。

この辺りから高山植物が多くなりオヤマソバ、イワツメクサ、トウヤクリンドウなどが咲く。花を楽しみながら、**王滝頂上**直下の山荘に着いた。立派な鳥居が建つ御嶽神社下のベンチで、後続を待ちながら少し永めの休憩をとる。

下の方に後続グループの姿を認めたので、列が重ならないように王滝山頂を離れる。

御嶽神社に参拝し、神社の前から階段を下る。剣ヶ峰との間に**八丁ダルミ**と呼ばれる鞍部が拡がり、ガスが流れる。

階段を下りて鞍部を行くと、御岳教会が建てた仏像群とモニュメントが建つ。鞍部から上り返すと山頂直下に剣ヶ峰山荘が建ち、山頂の御嶽神社に向かって立派な石段が続く。

御岳教会の 仏像群

王滝に留まった一人を除き後続の到着を待ち、熔岩の間に設けられた長い石段を上り詰めると、正面に御嶽神社が祀られた**剣ヶ峰頂上**に着いた。

山頂広場は多くの登山者で溢れ、皆が集まって食事がとれる場所はない。三々五々と広場に散って、岩に腰を下ろして昼食を終える。

昼食後は〝おはち巡り〟をする予定だが、5名がここから下山するという。山頂標識で記念写真を撮り、

二ノ池に残る万年雪

剣ヶ峰の頂上は登山者で溢れていた

残りの11名が神社裏手から〝36童子おはち巡り〟へ向かう。

〝おはち巡り〟は一ノ池の火口壁を辿る。火口壁を行くと、すぐに硫黄の臭いが強くなり、荒々しい岩肌の地獄谷から白い噴煙が上がる。

稜線のピークに向かって登り返すと、コースのいたるところに○○童子と刻まれた石碑が置かれている。コースは硫黄分と鉄分を含んだ赤茶けた土が溶岩の間を埋める。巨岩のピークを過ぎると火口内壁の巨岩帯を縫って進む。剣ヶ峰が一ノ池越しに表側とは違った穏やかな表情を見せる。

再び火口壁の上に出て、外壁を下ると二ノ池に出た。池の西には大きな万年雪が残り、近くにはイワギキョウが群生し、ミヤマトウキも花開く。

他ではあまり見られないクモマグサが、万年雪からの水分補給を受けて群生し、われわれを迎えてくれた。

鮮やかなコバルトブルーの水を湛える二ノ池を、時計回りに辿って**二ノ池小屋**の脇を抜ける。御岳ロープウェイの飯盛駅への道を左に見送り、**剣ヶ峰分岐**に設けられた社の前で小休止をとる。

剣ヶ峰の稜線を越えて八丁ダルミの分岐で往路に戻り、登山口へ下山した。なお、2014年9月の水蒸気爆発以降、山頂から3km以内の立ち入りが禁止されている。

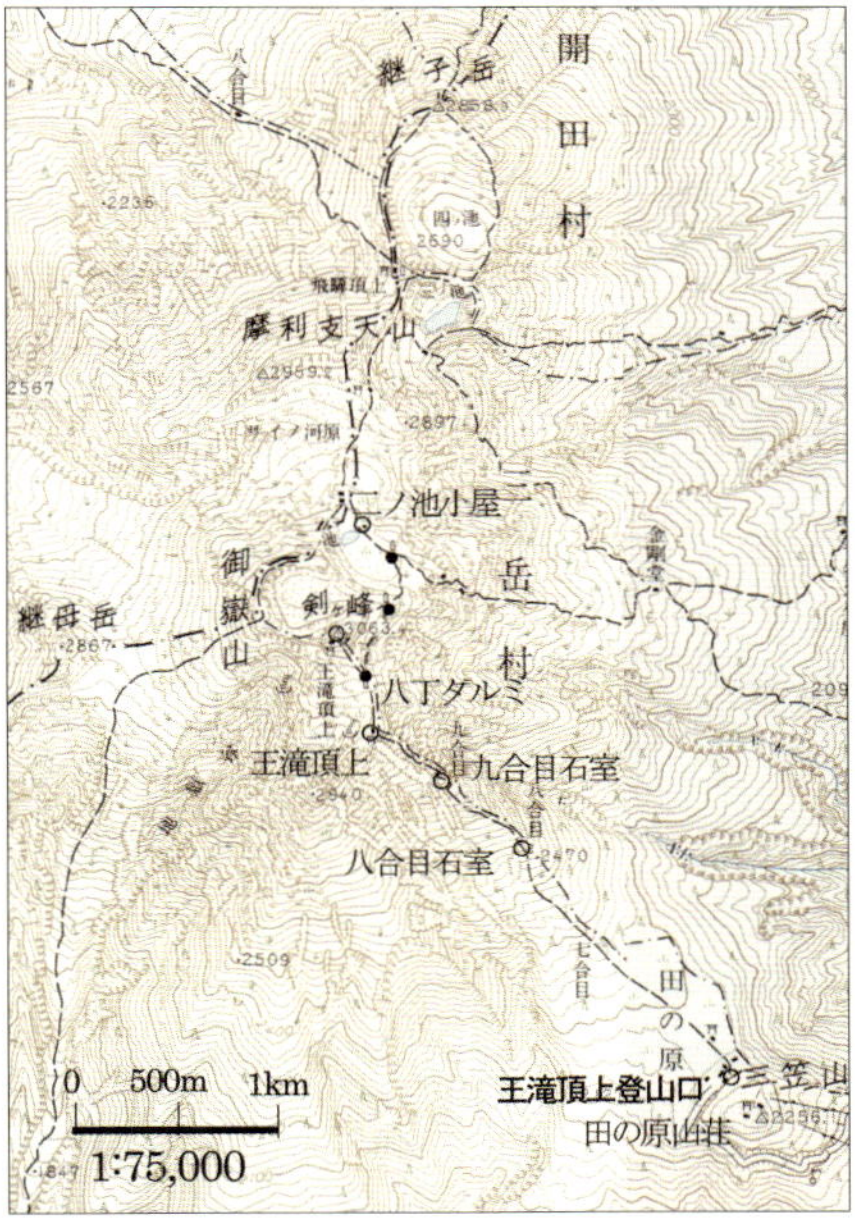

歩程◉ 6 時間 05 分　9.4km

H=2200m		H=2470m		H=2700m		H=2937m		H=3067m	
王滝頂上登山口	⇒	八合目石室	⇒	九合目石室	⇒	王滝頂上	⇒	御嶽山（剣ヶ峰）	⇒
7:10	1.7k	8:05~8:10	0.7k	9:00~9:10	0.5k	9:50~10:10	0.6k	10:40~11:25	1.5k
H=2910m		H=2930m		H=2950m		H=2936m		H=2200m	
二ノ池小屋	⇒	剣ヶ峰分岐	⇒	八丁ダルミ	⇒	王滝頂上	⇒	王滝頂上登山口	
12:35~12:40	0.6k	12:55~13:10	0.7k	13:25	0.2k	13:30~14:00	2.9k	15:25	

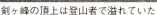

平安時代から放牧が行われた高原

70 美ヶ《うつくしが》原《はら》 2034m

標高差◉129m　登頂日◉2011・8・11
ルート図◉5万分の1地形図「和田」　参加者◉3名

“美しの塔”の奥に中継アンテナが林立する 王ヶ頭

　3年前、小学1年生のときに初めて乗鞍岳へ上った孫が、今年もどこかへ上りたいという。そこで昔上ったものの、百名山をまとめるにあたって資料がない**美ヶ原**へ孫を連れて行くことになった。

　6時少し前、眠気の残る彼を車に乗せ、中央自動車道で松本を目指す。今回は、美ヶ原の頂上がある王ヶ頭の北側から入るため、松本ICを出て市街地に入り、浅間温泉を抜け、美鈴湖の脇から美ヶ原スカイラインに入る。

　以前は有料道路だったのか、きれいに整備された舗装道路を上ってゆく。道は森林限界を出て、緩やかな起伏の高原を進み、**美ヶ原自然保護センター**前の駐車場に入る。

　車から降りると、標高1905mの高原は少し肌寒い。身支度を整えて駐車場を後にする。

　センター前から林道に入る。道路わきにはアキノキリンソウ、ハクサンフウロ、ヤマホタルブクロなどの夏から秋への花々が迎えてくれる。5分ほどで林道左に立つ案内板から登山道に入る。

　腰丈までの低い笹原を分け入ると、ヒメシャジン、ヤナギラン、ウメバチソウなどが咲く。

　ハクサンフウロの群生地には、マツムシソウが長柄の先に紫色の頭花を開き、キバナノヤマオダマキが淡い黄色の花をつける。

　多くの高山植物が自生する草原を抜け、放牧牛の侵入を防ぐ防護柵を通り抜けると、丘の上に多くの中継アンテナ群が林立する**王ヶ頭**に着いた。

　丸い丘の上は7～8本の中継アンテナと付帯設備で埋め尽くされている。王ヶ頭ホテルの前を通り、目の前に拡がる美ヶ原高原へと向かう。ホテル前の広場には八ヶ岳中信高原国定公園美ヶ原の大きな標識が立つ。目の前の景観に興奮した孫は、この景観を母親に電話で伝えていた。

　高原には乳牛が放牧され、牧柵に沿って遊歩道を辿る。牧草地には鋸のような葉をしたノコギリソウが咲く。美ヶ原は第四紀に噴出した火山から成り立っていて、現在の姿は安山岩の組成を持つ火山の浸食地形と理解されている。台地一帯の牧場は平安時代から放牧がおこなわれていたという。

　遊歩道を進むと美ヶ原のシンボルともいえる〝美しの塔〟が見え、手前には放牧牛に塩を与える**塩クレ場**がある。

塩クレ場で塩をなめる牛たち

　塩クレ場を過ぎると、美ヶ原のシンボルである**美しの塔**の前に出る。この塔は悪天候時の標識と避難小屋の役目を持たせて建てたという。

　美しの塔に吊るされた鐘を突き、観光客に混ざって遊歩道を行くと、

松本平野を見下ろす 王ヶ鼻

旨かった“きのこ汁”

王ヶ頭 (美ヶ原) 頂上標識で

10分ほどで**山本小屋**に着いた。時刻も正午近くになり、ここで昼食をとる。

先ずは〝搾りたての牛乳〟を飲み、天然なめこがいっぱい入った〝きのこ汁〟をすすりながら、途中で買ってきたおにぎりでエネルギーを補給する。

昼食後は往路を引き返し、塩クレ場を過ぎたところの**分岐**を左折する。さらに5分ほどの分岐で右折して風衝地帯の巻き道を辿る。デイサイト質の火砕岩の道が続き、ヒナウスユキソウやハナイカリなどが松本平野から吹き上げる風に揺れる。

孫の脚が止まり、**烏帽子岩**で少し永めの休憩をとり、持ってきた菓子を食べさせて元気を取り戻す。

王ヶ頭の山腹を巻いて進み、ピークを過ぎると林道に出た。林道を進み再び脇道に入ると、多くの石仏が祀られ、麓の松本平野を見下ろす**王ヶ鼻**に着いた。

王ヶ鼻からの展望を十分に楽しみ、王ヶ頭の山頂標識へ向かう。丘の南西角の分かりにくい場所に**美ヶ原山頂**標識はあった。標識の台座に腰を下して記念写真を撮る。

王ヶ頭ホテルに入り、エネルギーの切れた孫にアイスクリームを食べさせ、元気を取り戻して自然保護センターへ下山した。

歩程◉ 3 時間 30 分　10.6km

H=1905m 自然保護センター 10:05 ⇒ 1.1k ⇒ H=2030m 王ヶ頭 10:45~10:50 ⇒ 1.8k ⇒ H=1965m 塩クレ場 11:15~11:25 ⇒ 0.2k ⇒ H=1960m 美しの塔 11:30~11:35 ⇒ 0.8k ⇒ H=1940m 山本小屋 11:45~12:20 ⇒ 1.1k

⇒ H=1950m 分岐 12:45 ⇒ 1.0k ⇒ H=1950m 烏帽子岩 13:00~13:20 ⇒ 2.4k ⇒ H=2008m 王ヶ鼻 14:10~14:20 ⇒ 1.1k ⇒ H=2034.1m 王ヶ頭（頂上） 14:40~15:15 ⇒ 1.1k ⇒ H=1905m 自然保護センター 15:35

71 霧《きり》ヶ《が》峰《みね》 1925m

標高差◉279m　登頂日◉2008・7・13
ルート図◉5万分の1地形図「諏訪」　参加者◉5名

物見岩から望む女性的なラインの車山

梅雨の晴れ間に、ニッコウキスゲを求めて**霧ヶ峰**へ向かう。長野自動車道の**岡谷IC**を降りて国道20号線から142号線へ入る。**新和田トンネル**手前から左折して旧道に入り、ビーナスラインを経て8時頃に**八島高原**に到着した。

時間が早く、まだ空きが多い駐車場に車を止める。快晴の好天気のため日焼け対策もしっかりと、身支度を整えて駐車場奥の湿原入口へ向かう。

八島ビジターセンターあざみ館の前からビーナスラインの下をくぐり抜けると、**八島ヶ原湿原展望台**に立つ。別名を七島八島ともいわれる八島ヶ池を前に、広大な八島ヶ原湿原の景観が拡がる。

八島ヶ原湿原は1万2千年の時を経てできたという、世界的にもあまり例を見ない高層湿原である。清涼な気候のために枯れた植物が腐らずに泥炭化し、それが8mほど堆積して水面から5mほどの高さの浮き島を形成している。

湿原を時計回りに辿ると、木道の脇には多くの高山植物が咲く。タテヤマウツボグサが濃い紅紫の花穂をつける横には、アヤメ科の中でも一番水辺を好むと云われるカキツバタが、外花被片の白い斑紋を見せて咲いている。

八島ヶ池と八島ヶ原湿原

葉に鋭い棘を多くつけたノアザミの群落を過ぎて、木道が途切れると「山小舎の灯」の歌碑が建つ**鎌ヶ池キャンプ場**に着いた。

キャンプ場を過ぎて湿原を離れると、小さな流れを横切る。道は上りになり、やがて高原の中で唯一の岩が露出した**物見岩**に着き、一息つく。

湿原を時計回りに辿ると、木道の脇には多くの高山植物が咲く。タテヤマウツボグサが濃い紅紫の花穂をつける横には、アヤメ科の中でも一番水辺を好むと云われるカキツバタが、外花被片の白い斑紋を見せて咲いている。

前方にはなだらかな曲線を描く車山を望み、振り返ると八島ヶ原全体を俯瞰することができる。

一息ついて、車山へ向かって真っすぐ延びる道を行く。この辺りまで来るとニッコウキスゲの橙黄色の花が見られ始め、独特の香気があるトウキが白い小さな花をつける。

物見岩に着き、八島ヶ原を展望して一息つく

蝶々深山を過ぎ、車山乗越を越えて右折する。多くの観光客を分けて進み、山頂に建つ気象観測レーダー

気象観測レーダーが建つ車山山頂

の横に立つ**車山山頂標識**に着いた。
　四角な建物に白く丸いドームが載ったレーダー施設の周りは、観光客も含め多くの登山者で溢れ、山頂からは360度の展望が開ける。東には八ヶ岳連峰を望み、蓼科山が端正な姿を見せる。
　山頂で昼食を終えて、霧ヶ峰へ向かって草原を下る。まだ最盛期には少し早かったニッコウキスゲだが、青空に映えて見事に咲く花を眺めてゆく。草原にはニッコウキスゲに混ざり、キンポウゲ科のウマノアシガタが光沢のある黄色の花をつけ、ミヤマモジズリが淡い紅紫色の花をつける。
　道は草原を大きく蛇行して**霧ヶ峰**に着いた。ニッコウキスゲの群落を巡る遊歩道と別れて沢渡を目指す。30分ほどで道路を走る車の音が大きくなると**沢渡**に着き、沢に架かる橋を渡り林道を登る。
　分岐を左にとると**諏訪神社**の下社へと下る。神社左には、平安時代から鎌倉・室町を経て元禄時代まで続いた旧御射山遺跡がある。五穀豊穣を祈願した祭が最も盛んになった鎌倉時代には、全国から鎌倉武士たちが集い、流鏑馬や笠懸の武術を競い合った、いわば国体発祥の地でもある。
　八島高原に向かって湿原を辿ると、アヤメ科のキリガミネヒオウギアヤメとノハナショウブなどの花を眺めながら、出発点の駐車場に戻った。

山頂から 蓼科山を含む八ヶ岳連山を望む

歩程◉ 4 時間 05 分　8.8km

H=1646m **八島高原** 8:25 ⇒ 1.2k ⇒ H=1640m **鎌ヶ池** 8:50 ⇒ 1.4k ⇒ H=1780m **物見岩** 9:30~9:40 ⇒ 0.9k ⇒ H=1836m **蝶々深山** 9:55 ⇒ 1.4k ⇒ H=1925m **車山** 10:45~11:45 ⇒ 1.8k ⇒

H=1804m **霧ヶ峰** 12:20~12:50 ⇒ 1.0k ⇒ H=1660m **沢渡** 13:20 ⇒ 0.4k ⇒ H=1620m **諏訪神社** 13:35~13:45 ⇒ 0.7k ⇒ H=1646m **八島高原** 14:20

八ヶ岳北端に立つ孤高の成層火山

72 蓼《たて》科《しな》山《やま》 2530m

標高差◉630m　登頂日◉2012・8・19
ルート図◉5万分の1地形図「蓼科山」　参加者◉14名

車山から望む蓼科山（2013年8月撮影）

中央自動車道の**諏訪IC**から国道152号線で白樺湖に入り、蓼科スカイラインを経て蓼科神社の一の鳥居が建つ**7合目登山口**へ。時間も遅く、すでに駐車場は満車状態である。道路わきの車列に並べて車を止める。

身支度を整えて登山口へ向かう。路肩にはハクサンフウロやホタルブクロに混ざり、ここが生育地のヤツガタケアザミが頭花を下向きにつける。

一の鳥居をくぐって登山口を入ると、道は樹林内を緩やかに上ってゆく。路肩にはカニコウモリなどの林床を好む植物がわずかに花をつける。

15分ほど上り、右から御泉水自然園からの合流点をすぎると、安山岩の礫が多い登山道は傾斜がきつくなってくる。体中から汗が吹き出し、急坂の途中で立休みをして息を整える。

将軍平に建つ 蓼科山荘

メンバーの一人が持ち上げてくれたよく冷えたヨーグルトを頂き、元気を出して上を目指す。

蓼科山は、その完全な円錐形の山容から、諏訪富士とも呼ばれる成層火山である。蓼科山が八ヶ岳に含まれるか否かは異論のあるところだが、八ヶ岳中信高原国定公園に含まれ、八ヶ岳連峰からは少し北に離れた独立峰である。

円錐形の山容は外から見れば美しいが、このコースは直線的な上りが続きかなりきつい。土止めの丸太も雨に流されたままの道を、安山岩の礫を踏んで上り詰めること1時間半で、将軍平に建つ**蓼科山荘**に着いた。

山荘前には三々五々と登山者がベンチに腰を下ろして休憩していた。日当たりのよい広場にはミヤマアキノキリンソウやハクサンフウロが咲き、山荘前にはアマニュウの大株が小さな白い花が集まった花房をつけていた。

一息ついていると、長距離の渡りをすることで知られる蝶のアサギマダラがTさんの指に止まり、飛び立つかと思えば今度は私の胸に止まる。しばし蝶と戯れて過ごす。

10分ほどの休憩の後、山頂を目指す。山頂までの道は累々と巨岩が重なり合うゴーロの急坂を上る。中ほどでクサリを張ったひときわ大きな岩の間を上り、樹林が途切れると山頂は近い。白い小さな花をつけるオヤマソバやヤマハハコを見るようになると、**蓼科山頂ヒュッテ**に着いた。

手に止まったアサギマダラ

ヒュッテの上は草木がまったく生えていない荒涼と

した溶岩台地が拡がる。一角に蓼科山の山頂標識が立ち、多くの登山者が集まっていた。巨岩の間を進み、岩の間に設けられた**蓼科山山頂**の一等三角点にタッチし、山頂標識に集まって記念写真を撮る。

巨岩が重なり合う山頂には、ゆっくりと昼食をとる場所もない。周囲よりも数メートル低くなった火口原に下り、岩の間に小さな草地を見つけて昼食場所とする。あちこちの岩に腰を下ろし、食事を始めて5分ほどで次第にガスが濃くなる。

火口原の中心に祀られた蓼科神社も見えいほどガスが濃くなり、本格的な雨に替わる。

雨はなかなか止みそうにない。食事も食べかけで雨具を羽織り、山頂を後にする。

雨に濡れた巨岩の間を上りよりも慎重に、時間をかけて将軍平へと下る。

将軍平の蓼科山荘へ着いたときには雨はすでに上がっていた。リュックを下して、山荘の周辺で少し永めの休憩をとり一息つく。

再び急斜面の登山道を下り、登山口近くの東屋に入り、雨具を脱いで帰り支度を整える。

下山後は白樺湖のすずらん温泉に立ち寄り、温泉でさっぱりと汗を流す。

帰路、自動車道から振り返ると、八子ヶ峰の奥に蓼科山が、雲のとれた姿を見せていた。

ガスが雨に替わり、急いで山頂を撤収

ガスが濃くなり、蓼科神社も煙る

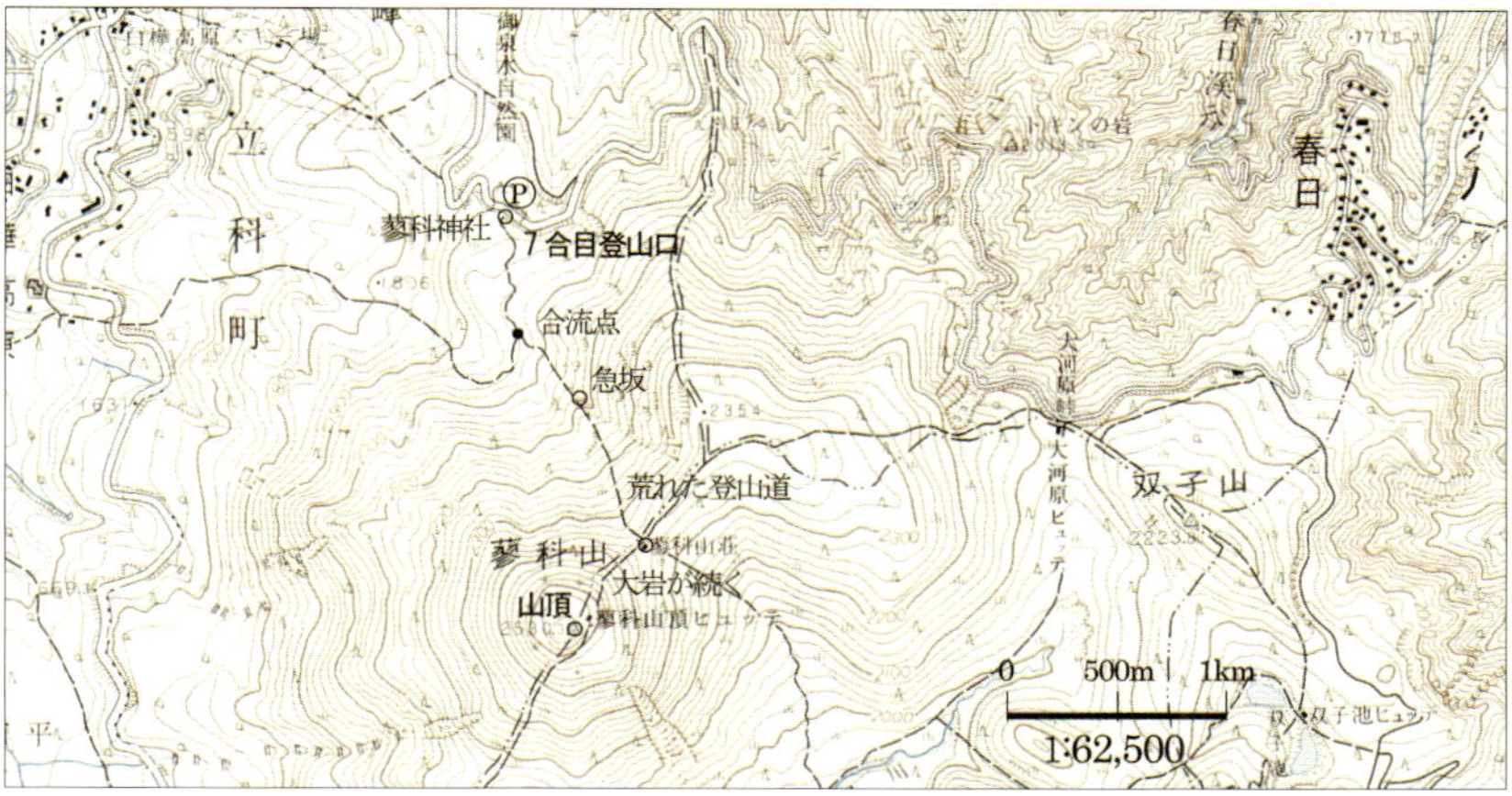

歩程◉ 3時間50分　4.8km

H=1900m　**7合目登山口** 9:35 ⇒ 0.7k ⇒ H=1960m　**合流点** 9:50 ⇒ 0.4k ⇒ H=2075m　**急坂** 10:05~10:15 ⇒ 0.8k ⇒ H=2350m　**将軍平 蓼科山荘** 11:05~11:15 ⇒ 0.5k ⇒ H=2530m　**蓼科山** 11:55~12:40

⇒ 0.5k ⇒ H=2350m　**蓼科山荘** 13:25~13:45 ⇒ 1.9k ⇒ H=1960m　**7合目登山口** 14:50

73 八《やつ》ヶ《が》岳《たけ》（赤《あか》岳《だけ》） 2899m

標高差◉1009m　登頂日◉2013・7・28
ルート図◉5万分の1地形図「八ヶ岳」　参加者◉6名

地蔵尾根から望む赤岳と赤岳展望小屋

梅雨明けの不安定な天候の中、二日間の晴れ間を得て八ヶ岳を目指す。**諏訪南IC**を出て県道107号線を北上し、八ヶ岳美術館を右に見て、**美濃戸口の標識**から右へ林道に入る。程なく登山者の車が多く止められた美濃戸口に着く。

当初はここからスタートする予定だったが、赤岳山荘に駐車することができるという情報を得て、美濃戸口から左折して林道を進む。1時間の歩程のところ5分ほどで**赤岳山荘**に到着。山荘の駐車場に車を止めて身支度を整える。

山荘を出ると5分ほどで多くの登山者で溢れる美濃戸山荘の前を抜ける。すぐに八ヶ岳のコース案内が立つ行者小屋との分岐を右に見送る。

北沢沿いの林道を行き、北沢の流れを2～3度渡り返して樹林の中を進むと2時間と少しで広い敷地に数棟の建物が建つ**赤岳鉱泉**に着いた。

鞍部に建つ 硫黄岳山荘

休憩所のベンチに腰を下ろして昼食をとり、山荘前に立つ標識から硫黄岳目指して樹林内の登山道に入る。バイケイソウやタカネグンナイフウロが咲く急坂を行くと、今が花時のキバナシャクナゲも淡い黄色の花をつけていた。

前方に硫黄岳が姿を見せると、硫黄分を含んだ黄土がむき出しの**赤岩ノ頭**に着いた。ハクサンシャクナゲが群生する鞍部で硫黄岳を見上げ、南に赤岳を望みながら一息つく。

15分ほど稜線を辿ると、板状安山岩が拡がり簡素な避難小屋が建つ**硫黄岳山頂**に着いた。広い山頂の北東側は大きく崩壊した断崖を見せる。

保護されたコマクサの群生地を行く

山頂から石塔が並ぶ登山道を下り、チシマギキョウやコマクサの群生地を抜けると、鞍部に建つ**硫黄岳山荘**に到着した。

夕方から降り出した雨も夜半には上がった。

翌朝、薄い霧の中へと山荘を後にする。火山灰砂礫の尾根を行くと、クモマユキノシタが群生する。

やがてコマクサの大群生地に入る。尾根に網を張って保護された群生地には一面に紅紫色のコマクサが花をつけ、中に一株の白花が目を引いた。

コマクサの群落地を過ぎるころガスは晴れて視界が拡がる。横岳へと痩せ尾根を行くと、オヤマノエンドウが紅紫色の花をつけて地を這う。

岩場に取りつき登りきると**横岳**

の山頂標識に着いた。再び尾根を下り、左に杣添尾根への分岐を見送ると、前方に靄にかすんだ富士山が姿を見せた。

この辺りも花が多くミヤマオトコヨモギが花穂を立て、ミネズオウが赤みを帯びた花をつける。花穂ばかりで、なかなか花に出合えなかったチョウノスケソウが、やっとここで花を見せてくれた。

目の前の赤岳頂上が間近になり、その中腹に建つ**赤岳展望荘**に着いた。一息ついて、いよいよ頂上アタック。鉄分を多く含んだ安山岩の壁をよじ登ると**赤岳頂上山荘**に着き、少し離れた赤岳頂上に立つ人影が一段と近くなる。

山荘から5分足らずで、赤嶽神社が祀られた狭い**赤岳山頂**に着いた。

一等三角点にタッチし、赤嶽神社に無事登頂の参拝をする。靄にかすんだ周囲の山々を展望し、岩場に腰を下ろして行動食で腹ごしらえをする。

40分の滞在で山頂を後に阿弥陀岳へと向かう。クサリ場の続く岩場を下り、権現岳への分岐を左に見送る。文三郎道の分岐で女性二人が行者小屋へ下るのを見送り、男性4名は中岳に取りつく。

更に中岳のコルで男性2名がリタイア。残りの2名で急斜面に取りつき、**阿弥陀岳**に登頂した。

山頂滞在10分。山頂を後に先行したメンバーを追って**行者小屋**へ下り、メンバーと合流して休憩をとる。

休憩後、南沢沿いを下り、赤岳山荘に戻った。

ガスが晴れた横岳へ

赤岳山頂は狭い岩山のピーク

歩程◉ 13時間35分　16.1km

H=1720m		H=2220m		H=2760m		H=2660m		H=2829
赤岳山荘 ⇒		赤岳鉱泉 ⇒		硫黄岳 ⇒		硫黄岳山荘（泊）⇒		横岳 ⇒
8:50	3.7k	11:10~11:45	2.2k	14:10~14:20	0.8k	14:50~6:00	1.2k	7:00~7:05	1.2k

H=2805		H=2899.2m		H=2805m		H=2640m		H=2345m		H=1720m
赤岳展望荘 ⇒		赤岳 ⇒		阿弥陀岳 ⇒		コル ⇒		行者小屋 ⇒		赤岳山荘
8:35~8:45	0.5k	9:35~10:15	1.3k	11:50~12:00	0.3k	12:20	1.2k	13:10~13:45	3.7k	16:00

74 木《き》曽《そ》駒《こま》ヶ《が》岳《たけ》 2956m ～宝《ほう》剣《けん》岳《だけ》 2931m

標高差◉344m　登頂日◉2013・7・14
ルート図◉5万分の1地形図「赤穂」　参加者◉11名

中央自動車道の**駒ヶ根IC**から2キロで**菅ノ台**の350台収容の大きな駐車場に着く。5時前に

千畳敷駅から望む宝剣岳（2007.7.22 撮影）

到着したがすでに満車に近く、バス停は長蛇の列である。

何台かの増便を見送り、やっと車中の人となる。バスは35分かけて駒ヶ岳ロープウエイの**しらび平駅**に到着。ここでも45分待ちとなった。

ゴンドラは標高差950mを7分ちょっとで登りきる。**千畳敷駅**で入山届を出して駅舎を出ると、千畳敷カール上部の宝剣岳はガスに包まれていた。

駅前に建つ駒ヶ岳神社に参拝して、大きな雪渓が残る千畳敷カールへ向かう。雪渓を越えて行くと雪解け跡に高山植物が芽吹き始めていた。剣ヶ池方面への遊歩道を右へ見送り、乗越浄土への花崗岩砂礫の登山道を上る。

道は乗越に向かって傾斜を増す。路肩に咲くハクサンイチゲ、イワベンケイ、タカネミミナグサなどの高山植物を眺めながら**乗越浄土**に着いた。

一息ついて尾根を辿り、**宝剣山荘**を左から巻いて山荘の裏に出る。広尾根にはエゾノミヤマツメクサ、シコタンハコベなどが咲く。巻き道を左に見送り、岩の間を上り詰めると**中岳**に着いた。

巨岩の間を抜けてピークを離れる。砂礫地には鮮やかな紅紫のミヤマシオガマやオヤマノエンドウが花をつける。ハイマツの中にキバナシャクナゲが群生する巨岩帯を登りきると、この山の特有種であるコマウスユキソウが咲いていた。

敷石の遊歩道を行く

やがて、石垣の中に駒ケ嶽神社が祀られた**木曽駒ヶ岳**の広い山頂広場に着いた。生憎のガスで、山頂からの展望は全く効かない。

広場の片隅で昼食をとり、往路を辿り宝剣山荘まで戻る。山荘の裏手から宝剣岳への分岐へ入ると、入山規制の表示板が立つ。ここからは、滑落事故が多い厳しい岩場が続く。女性メンバーが多いため、時間をかけてゆっくりと岩場を上る。何か所かの鎖場を慎重

木曽 駒ケ岳 一等三角点にタッチ

岩尾根のアップダウンが続く

宝剣岳への岩場を 慎重に上る

に過ぎると**宝剣岳**に着いた。山頂は、2~3人がかろうじて立てるという広さの岩場で、交替で記念写真を撮り、10分ほどでピークを後にする。極楽平への岩尾根は、更にクサリ場が続く。標準の倍ほど時間をかけ、三ノ沢への分岐を経て、広尾根を辿り**極楽平**に着いた。

大きな雪渓を迂回し、雪解け間もない登山道を辿り、千畳敷駅に戻った。

歩程◉ 4時間55分 5.0km

地点	標高	時刻	距離
菅ノ台	H=860m	6:45	
= バス =			
しらび平	H=1640m	7:20~8:05	
= ロープウエイ =			
千畳敷	H=2612m	8:12~8:20	
⇒			0.8k
乗越浄土	H=2840m	9:15~9:25	
⇒			1.4k
木曽駒ヶ岳	H=2950m	10:20~11:00	
⇒			1.4k
宝剣山荘	H=2860m	11:50~12:00	
⇒			0.2k
宝剣岳	H=2931m	12:30~12:40	
⇒			1.2k
千畳敷	H=2612m	14:25~16:00	
= ロープウエイ =			
しらび平	H=1640	16:07~16:20	
=バス=			
菅ノ台	H=860m	16:50	

尾根上に立ちはだかる花崗岩の巨岩群

75 空《うつ》木《ぎ》岳《だけ》 2864m

標高差◉2004m　登頂日◉2001・8・5〜6
ルート図◉［74木曽駒ヶ岳］参照　参加者◉13名

駒石から望む白い花崗岩の山肌を見せる空木岳

この会の結成後、2000年7月の富士山以来二度目の百名山を目指すことになった。そんなわけで、メンバーの中には百名山クラスは初めてというものも多い。行程中の休憩も多すぎるほど時間を割き、百名山山行の慣らし運転といった感があった。

駒ヶ岳ロープウエイの中から青空に映える宝剣岳を望み、**千畳敷駅**に降り立つ。（千畳敷までは「74木曽駒ヶ岳」参照）駅前に建てられたテントで入山手続きして、青空の下を出発する。

経験豊富なSさんが先達を務め、そのあとに女性メンバーが続き、男性たちがしんがりを務める。駒ヶ岳神社前の分岐を左折し、整備された登山道を行く。登山道わきには多くの高山植物が咲き乱れ、鮮やかな黄色のウサギギクの花が目を引く。

道は中ほどから急こう配となり、なだらかな稜線鞍部の**極楽平**に出る。各自が持ってきた弁当を開き、千畳敷を見下ろしながら朝食をとる。

ここから木曽殿山荘まで、長い稜線歩きが続く。この一帯には、全体に白い綿毛が生えたコマウスユキソウの群落が多い。チングルマと同じ仲間の、チョウノスケソウはすでに花を終わり、痩果の先に筆状に伸びた花柱を風に揺らす。極楽平からほどなく島田娘のピークを経て、道は鞍部の濁沢大峰まで300mほど下る。

山頂駅と 宝剣岳

鞍部周辺には高山植物が多く咲き、鞍部から登り返すと**檜尾岳**に着いた。檜尾岳から眺める熊沢岳の頂上付近には大きな岩塊が聳え、道の険しさが思いやられる。

尾根の東を辿る道は、西からの風が尾根に遮られて花が多い。その中に花の色が白いシロバナオニシオガマが咲いていた。

道は再び尾根の西側に移り、中間ピークに着いた。目の前の熊沢岳と、奥に姿を見せる空木岳を眺めて昼食をとる。

中間ピークからは巨岩が重なる山腹を行き、熊沢岳北の岩場に着いた。巨大な花崗岩の岩塊が重なり合い、見るものを威圧する。岩陰にはミヤマダイモンジソウが風に揺れ、気持ちを和らげる。

石切り場のような中を進み、ひときわ大きく聳える花崗岩のモニュメントの横をよじ登ると**熊沢岳**の山頂に出た。山頂にはいくつもの巨岩が並んで壮観である。山荘への到着時間も十分に確保されているので、ここで大休止をとり山

島田娘のピークから 檜尾岳を望む

空木岳山頂の巨岩に上がって

池山尾根のハイマツ帯を下る

頂でのコーヒータイムを楽しむ。

熊沢岳から東川岳までの稜線は起伏が少なく、花崗岩砂礫の中に咲く高山植物を楽しみながら**東川岳**に着いた。

ここから今夜の宿である木曽殿山荘までは、一気に200mのザラ場の下りとなる。足を滑らせないように慎重に下り、**木曽殿山荘**に着いた。

山荘に荷物を置き、少し離れた「義仲のちから水」へ水汲みに出かけ、明日の水を確保する。

山荘前には唯一の広場であるヘリポートがあり、夕食前のひと時を歓談して過し、夕食後は早々と布団にもぐり込んで明日への英気を養う。

翌朝、6時前に山荘を出て空木岳を目指す。山荘前のヘリポート脇から、いきなりの急登が始まる。稜線を吹き抜ける風とガスの中、ただ黙々と足を運ぶ。山荘から50分で第一ピークの岩場に着き、一息ついて山頂を目指す。

頂上が近づくに従い、オベリスクと呼ばれる巨大な岩塊が行く手を阻む。女性メンバーの間に男性メンバーが入り、足場を支えたり上から引き揚げたりしながら岩場をよじ登り、**空木岳山頂**に到着した。山頂の二等三角点にタッチし、大岩に上り互いに記念写真を撮りあう。

空木山頂からは360度の展望が拡がる。昨日歩いた稜線は雲の下となり、雲海上に宝剣岳と木曽駒ヶ岳が浮かび、その左に北アルプスの峰々を望む。岩の上に腰を下ろして、少し長めの休憩をとる。

山頂からの展望を十分に楽しみ、東に延びる池山尾根を駒ヶ根高原へと向かう。花崗岩砂礫の道を駒峰ヒュッテまで下り、ハイマツ帯に露岩が点在する台地上の広い尾根を行く。花崗岩の巨岩が絶妙なバランスで重なった**駒石**を過ぎ、トウヤクリンドウの群生地を下り、合流点で一息つく。

ハイマツ帯を過ぎるとツガの灌木帯に入り、空木平への道を右に見送り、分岐を左折する。シラビソが目立ち始め、クサリやアルミ製の橋と木のハシゴが多くなり、**大地獄・小地獄**を慎重に下る。

新池山小屋で一息つき、旧池山小屋への分岐を過ぎると道は広くなり、池山自然歩道を行く。

タマガワホトトギスが咲く道を辿ると、**タカウチ場**を過ぎ、林道入口を経て駒ヶ根高原を横切り、**菅ノ台バスセンター**に戻った。

歩程◉ 13時間45分　19.0km

H=2612m **千畳敷** 7:10 ⇒ 0.6k ⇒ H=2612m **極楽平** 7:45~8:00 ⇒ 2.7k ⇒ H=2727.7m **檜尾岳** 10:35~10:55 ⇒ 0.6k ⇒ H=2708m **中間ピーク** 11:35~12:05 ⇒ 1.0k ⇒ H=2778m **熊沢岳** 12:50~13:25 ⇒ 1.7k ⇒

H=2671m **東川岳** 14:40~15:00 ⇒ 0.4k ⇒ H=2495m **木曽殿山荘（泊）** 15:30~5:55 ⇒ 1.0k ⇒ H=2863.7m **空木岳** 7:25~8:10 ⇒ 1.6k ⇒ H=2535m **合流点** 9:20~9:30 ⇒ 1.7k ⇒ H=2200m **大地獄・小地獄** 10:30~10:50 ⇒ 3.2k ⇒

H=1750m **新池山小屋** 12:15~12:40 ⇒ 1.7k ⇒ H=1360m **タカウチ場** 13:50 ⇒ 2.8k ⇒ H=860m **菅ノ台** 15:00

天照大神が産湯をつかった時の胞衣《えな》を埋めたという伝説の山

76 恵《え》那《な》山《さん》 2191m

標高差◉622m　登頂日◉2002・6・2
ルート図◉5万分の1地形図「中津川」　参加者◉12名

下山後に御坂峠から西日を受ける恵那山を振り返る

槍ヶ岳山行を8月に控え、まだ長時間歩行に慣れていないメンバーが多い中、訓練山行として御坂峠から恵那山を目指す。

中央自動車道の**中津川IC**を出て国道19号線に入り、落合から県道7号線へ右折する。湯舟沢川沿いを行く県道は自動車道の橋梁をくぐり、やがて左折して馬篭宿へ向かう。

御坂峠へはここで県道と別れて直進し、日帰り温泉のクアリゾート湯舟沢の前を過ぎる。すぐに湯舟沢川支流の冷川に架かる橋を右折し、霧ヶ原の高原台地を行く。欅平を最後に人家も途絶え、ヘアピンカーブを幾つも曲り、古い歴史を持つ東山道の中でも難所の一つである**御坂峠**に着いた。

多くの車が路肩に止められ、その車列に空いたスペースを見つけて駐車する。車外に出ると標高の高い峠を吹く風は肌寒く、急ぎ準備を整えて登山口から笹原の登山道に入る。

緩やかな上りが続きコメツガが芽吹き、笹の間にヒロハユキザサが花芽をつける。少し標高が上がると分岐標識が立つピークに着いた。前方に長い稜線の恵那山がどっしりと構える。

恵那山の山名は、天照大神が産湯をつかったとき、その胞衣（えな）をこの山に埋めたという伝説に由来し、山頂の恵那神社にはイザナギ・イザナミの二神が祀られている。

ピークを過ぎると下りが続き、登山口よりも標高の低い**鳥越峠**へとコメツガやダケカンバの樹林を抜けてゆく。峠からは尾根沿いの巻き道になり、過去に木材搬出に使った木馬道が朽ちて残る。

ウバナギの崩落地

道が再び痩せ尾根に出ると、足元の岐阜県側が大きく崩れた**ウバナギの崩落地**に出る。

尾根の表土が崩れ落ち、何本かの先のとがった花崗岩が天を突くさまは壮観である。

恵那山は8500万年前に堆積した第一期濃飛流紋岩の溶結凝灰岩に覆われ、その濃飛流紋岩を押し上げるように、下半分は数百万年前から隆起した伊奈川花崗岩で形成されている。馬籠辺りには、世界的に有名になった阿寺断層の南端があり、恵那山の西には枝分かれした断層が多く存在する。

尾根にはコイワカガミの中にイチヨウランも花をつけ、長野県南部を中心に多く自生するというキヨウマルシャクナゲの群生地をゆくと**大判山**の小広場に出た。間近になった恵那山を眺めながら、水

恵那山を望む大判山で一息

分を補給して一息つく。

大判山から一度下ってなだらかな尾根を行き、再び登り返すと天狗ナギのピークである。ウバナギ同様に尾根の右手は大きく崩落して思わず足がすくむ。ここから稜線出合までが今日一番の難所である。バイカオーレンが群生する急坂を1時間半で稜線出合に上り詰めた。

稜線上は緩やかな尾根道が続く。ショウジョウバカマが咲き残り、イワウチワやコバイケイソウの群生地を抜けて行くと**山頂避難小屋**に着いた。

避難小屋から矮小化したトウヒやコメツガの間を行き、ほどなく大勢の登山者が腰を下ろして休む**恵那山頂**に出た。

一等三角点のある山頂からは、周囲の樹林が視界を遮り展望は利かない。一等三角点にタッチし、山頂広場の一角に席を占めて昼食場所とする。

昼食を終え山頂標識に集まり記念写真を撮る

天然アユのから揚げ

長良川の川漁師でもあるOさんが、今年初の鮎を山頂でから揚げにしてくれた。

回りの登山者の羨望の眼差しの中、鮎を肴に昼食を終える。

歩程◉ 8時間15分　13.6km

H=1569m	H=1550m	H=1695.9m	H=1820m	H=2170m	H=2191m
御坂峠登山口 ⇒	鳥越峠 ⇒	大判山 ⇒	天狗ナギ ⇒	稜線出合 ⇒	山頂避難小屋
7:45 1.5k	8:30 1.6k	9:20~9:25 1.0k	10:05 1.5k	11:30 0.7k	11:50

H=2189.8m	H=1695.9m	H=1550m	H=1569m
⇒ 恵那山	⇒ 大判山	⇒ 鳥越峠	⇒ 御坂峠登山口
0.5k 12:00~13:15	3.7k 15:25~15:25	1.6k 16:30	1.5k 17:20

八ヶ岳・中央アルプス　スナップ集

岐阜県側の白草山から望む残雪の御嶽山

美ヶ原の山頂に建つ NHK を始め民放各社のアンテナ群

車山のリフト正面に望む蓼科山

硫黄岳から赤岳へ。稜線にはコマクサの大群落が拡がる

中央アルプスの玄関口、ロープウエイの千畳敷駅

五畿七道の一つ東山道の脇に祀られている御坂神社

馬ノ背から藪沢カールの奥に仙丈ケ岳を望む

南アルプス

南アルプスには多くの名山がある。日本第二の標高を誇る北岳を始め、「南アルプスの貴公子」と呼ばれる甲斐駒ケ岳や同じく「南アルプスの貴婦人」と呼ばれる仙丈ケ岳など日本を代表する名山が多い。

また仙丈ケ岳の藪沢カールを中心とした周氷河円谷群は、日本の氷河地形を代表するものである。

77 甲《か》斐《い》駒《こま》ヶ《が》岳《たけ》 2967m

標高差◉934m　登頂日◉2004・8・7

78 仙《せん》丈《じょう》ヶ《が》岳《たけ》 3033m

標高差◉1000m　登頂日◉2004・8・8

ルート図◉5万分の1地形図「市野瀬」　参加者◉20名

花崗岩の白い岩肌に覆われた 甲斐駒ヶ岳

この年の百名山計画は、7月に遠征した北海道に続き、今回、会員の要望が多かった南アルプスの甲斐駒ヶ岳と仙丈ヶ岳を計画した。

深夜3時に岐阜を発ち、中央自動車道の伊那ICを出る。国道361号線で高遠を経て国道152号線に入り、南アルプスの玄関口となる**戸台口**に入る。

戸台口には温泉付きの宿泊施設仙流荘があり、前泊して北沢峠へ向かうこともできる。マイカーは河原に整備された広い駐車場に止め、南アルプス林道を村営バスで北沢峠の登山口へ向かう。

バスの乗車券を求めに窓口に向かうと、20名の団体のため臨時便が用意された。ワンマンバスに乗り込み、運転手の説明を聞きながら北沢峠へと向かう。戸台川の深い谷に沿って35分で**北沢峠**のバス停に着いた。

バス停周辺は登山者で溢れ、大変な混雑である。バス停のすぐ上に建つ、今夜宿泊する**長衛荘**に不要な荷物は一時預けをして、長衛荘横から**双児山コース登山口**を入る。

北沢峠 長衛荘

このコースは駒ヶ岳山頂から南西に延びる稜線を、双児山を経て駒津峰まで上りが続くコースである。トウヒの樹林内を単調な上りが続き、花が少ない中で唯一花をつけたセリバシオガマを慰みに、二度の休憩をはさみ**双児山**に到着した。

双児山標識で写真を撮ったりして一息つき、鞍部に向かって緩やかに下る。

鞍部からは左下に戸台川の流れを眺め、稜線を雲に覆われた中央アルプスの峰々を望む。鞍部から登り返すと、右から仙水峠コースを併せる**駒津峰**のピークに着いた。

広場に腰を下ろして行動食をとり、少し永めの休憩をとる。駒津峰から望む甲斐駒ヶ岳は山頂部分を雲に覆われ姿は見えない。

ここから痩せ尾根になるため、グループを二つに分けてハイマツの中を下る。秋咲きの高山植物キオンが黄色の花をつける鞍部へ下りると、それまで雲に隠れていた気難しい〝南アルプスの貴公子〟駒ヶ岳が、花崗岩に覆われた白い山肌を現す。その山容の素晴らしさは、名山多しといえども日本一に推す人が多いというだけに、他

双児山標識に集まった女性メンバー

山頂直下は風化した花崗岩の砂地

痩せ尾根の岩場の下り

を寄せ付けない風格を備えている。

六方石手前でKさんの左脚が攣った。**六方石**で脚の手当てをしたが、山頂までは無理のようだ。

思案をしていると、突然、雷雨が襲ってきた。急ぎ雨具をつけ、雷雨の収まるのを待つ。雷雲の位置はやや離れていて落雷の心配は少ないが、どの顔も不安顔である。

やがて雨は小止みになり雷も納まった。Kさんに付き添いのためMさんが残ることになり、残りのメンバーは山頂を目指す。

山頂への直登コースから右へ巻き道に入る。山頂直下の南西面には、板状に重なりあった花崗岩が天に向かって突き上げ、険しい表情を見せる。

摩利支天への道を右に分け、砂浜のようなコースを山頂へ向かう。前方の大岩の左側から回り込むと、大岩が点在する意外に広い**甲斐駒ヶ岳**の山頂広場に着いた。

雨の甲斐駒ヶ岳山頂で 立って昼食をとる

先行していたグループと合流し、一等三角点にタッチし、山頂標識前で記念写真を撮る。再び雨脚が強くなり、腰を下ろすことも儘ならず、立ったままで昼食を終える。

山頂滞在20分。再びグループを二つに分けて下山。六方石に戻ると、Kさんからの「脚が回復したので先に下山する」とメモが残されていた。

駒津峰で二分していたグループが合流し、分岐から左の仙水峠へ向かって尾根を急降下する。岩場にはイワシャジンが咲き、この地方に多いというコウシュウヒゴダイが花をつけていた。

標高差500mを一気に下り、傍らにホツツジが白い花をつける**仙水峠**につき、立休みで一息つく。

相変わらず霧雨が降り続く中、仙水峠を後に岩石が累々たる北沢源流部を下る。

仙水小屋で飲料水を補給し、いくつかの堰堤が設けられた樹林帯を行く。やがて丸木橋を渡ると、

歩程◉（1日目）7時間50分　7.9km　（2日目）7時間15分　8.8km

H=2033m		H=2649m		H=2740m		H=2700m		H=2967m		H=2740m	
北沢峠	⇒	双児山	⇒	駒津峰	⇒	六方石	⇒	甲斐駒ヶ岳	⇒	駒津峰	⇒
7:20	1.4k	9:05~9:15	0.8k	10:00~10:20	0.4k	10:50~11:15	0.6k	12:10~12:30	1.0k	13:55	1.0k

H=2264m		H=2140m		H=1990m		H=2033m		H=2230m	
仙水峠	⇒	仙水小屋	⇒	北沢長衛小屋	⇒	北沢峠 長衛荘（泊）	⇒	藪沢大滝	⇒
15:05~15:10	0.9k	15:40	1.0k	16:20~16:30	0.8k	16:40~5:20	1.8k	6:30~6:50	1.4k

H=2630m		H=2885m		H=3032.7m		H=2690m		H=2520m		H=2033m
馬ノ背ヒュッテ	⇒	仙丈小屋	⇒	仙丈ヶ岳	⇒	小仙丈ヶ岳	⇒	大滝ノ頭	⇒	北沢峠
8:20~8:30	1.1k	9:30~9:40	0.5k	10:20~11:05	1.5k	12:10~12:15	0.8k	12:50~13:00	1.7k	14:15

仙水峠で一息

藪沢に沿って進む

北沢長衛小屋の前に出た。カラフルなテント群を眺めて坂を上ると南アルプス林道へ出て、北沢峠の長衛荘に戻ってきた。

翌朝3時に起きだして屋外に出ると、空には満天の星が輝いていた。昨日脚が攣ったKさんは上るのを止めるという。もし攣ったら、戻ればいいからと説得し、全員で上ることになった。

長衛荘を出て林道を大平山荘へと向かう。山荘への入り口を入ると、樹林帯を下ってゆく。かなり標高が下がり再び林道に出合うと、林道脇に建つ**大平山荘**の前に出た。

山荘前を過ぎると、山腹に沿って巻き道が続く。やがて山腹のジグザグ道になり標高を稼ぐ。通行止めになっている藪沢大滝展望台への分岐を過ぎ、大滝を見下ろす**藪沢大滝**に着き、尾根の広場で朝食休憩をとる。

朝食を終えて広場を後に、ギンリョウソウが生える尾根を登りきると、道は藪沢の右岸から左岸へと渡り返す。ミヤマシシウドの大きな白い花が咲き、トリカブトのこの地方特有種であるキタザワブシが咲き、青紫色が濃いタカネグンナイフウロも花をつける。

沢の幅も次第に狭くなり、沢に付かず離れずに道は延びる。その水も伏流になるころ藪沢の分岐を右折すると、ほどなく**馬ノ背ヒュッテ**に着いた。

ヒュッテの横から矮小化したダケカンバの樹林を抜け、ヒメコゴメグサやマルバタケブキが花をつける山腹を登りきると馬ノ背の尾根に上がる。

馬ノ背に上がると展望が開け、振り返ると雨の中を上った甲斐駒ヶ岳が間近に迫り、北アルプスや中央アルプスの峰々が雲間に姿を見せた。

目前には〝南アルプスの貴婦人〟仙丈ヶ岳の山頂部分が顔を見せ、南アルプス最大の氷河地形で、1～2万年前の最終亜氷期にできた藪沢カールの全貌が次第に姿を現す。カール地形が次第にV字谷に変貌する谷をトラバースしてゆくと、カールの真中に建てられた**仙丈小屋**に着いた。

しばし休憩をとり、小屋の裏手から右の尾根へと延びる道に入る。尾根に立ち仙丈小屋を見下ろすと、小屋の右手に三日月形の小高い土手のような地形が望まれる。プロテーラス ランパートと呼ばれる氷河が運んだ岩屑の高まりである。

馬ノ背から望む 藪沢カール(奥の左が仙丈ヶ岳)

仙丈小屋で小休止

尾根の岩場にはチシマギキョウやイワツメクサが張り付き、ミヤマダイコンソウが花をつける尾根を行き、コブを二つ越えると**仙丈ヶ岳**に着いた。

二等三角点にタッチをして、青空をバックに山頂標識に集まり記念写真を撮る。

一時は登頂をあきらめていたKさんの脚も問題はなく、皆がそろって山頂に立つことができて、まずは一安心。北沢峠発のバスの予約時間に合わせて、いつもの半分ほどの時間で昼食を終えて山頂を後にする。下りのコースは藪沢カールを反時計回りに巡る。

再びグループを二つに分け、お花畑の尾根を下る。**小仙丈ヶ岳**を経て、砂岩や粘板岩などの岩屑の中を下り、5合目の**大滝ノ頭**に着き小休止をとる。

5合目から北沢峠までは標高差500m。バスの時間まであまり余裕はないが、急がせて怪我をしないよう、北沢峠へと向かう。予定より少し遅れて北沢峠に下り、予約したバスで戸台口へ戻った。

仙丈ヶ岳の山頂標識に集まる登山者

藪沢カールを見下ろす（小屋の右に三日月形の地形）

仙丈ヶ岳を後に小仙丈ヶ岳へ

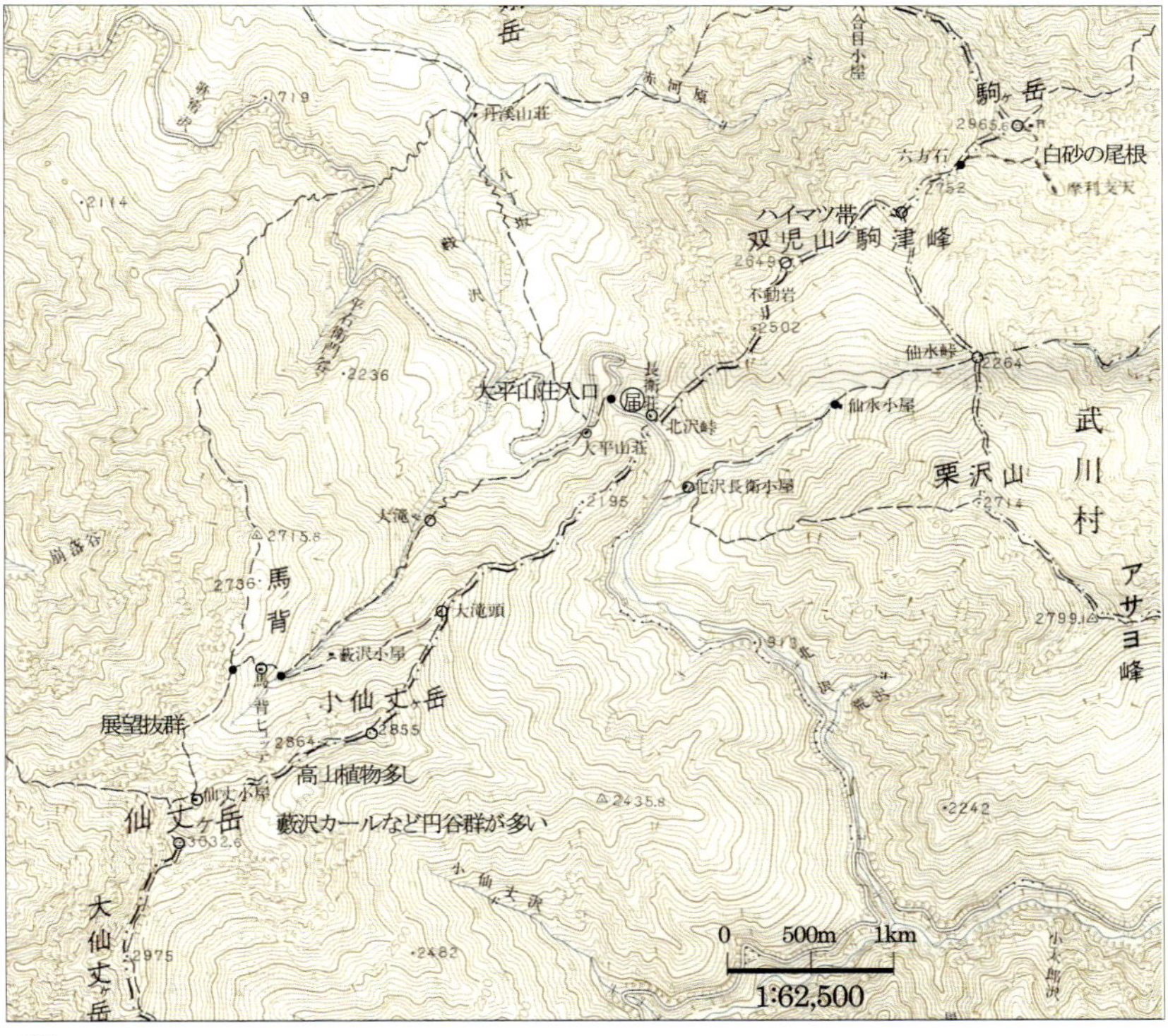

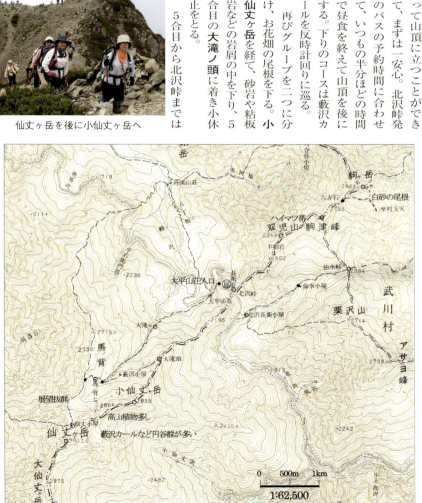

79 鳳凰山《ほうおうざん》（観音岳《かんのんだけ》） 2840m

標高差◉1750m　登頂日◉2013・8・4　参加者◉6名
ルート図◉5万分の1地形図「韮崎」

鳳凰三山のシンボルである地蔵岳のオベリスク

南アルプスにただ一つ上り残してあった**鳳凰山**。8月初めの週末を利用して計画した。

鳳凰山を目指すには、西からは広河原、南からは夜叉神峠、そして東からは御座石鉱泉からと青木鉱泉からがある。今回は、前日に**青木鉱泉**に入り、ひなびた温泉宿で前泊して登頂に備えた。

翌朝5時、青木鉱泉前のポストに入山届を投函してドンドコ沢登山道に入る。小武川沿いの登山道を行くと、大規模な河川改修工事の現場に入る。

工事現場で左岸から右岸へ渡り、堰堤の下で再び左岸へ渡り返す。ムラサキセンブリが咲く堰堤横の急坂を上り、山腹の巻き道を行く。

途中、サワシバが実をつける広場で一息つき、再び巻き道を進む。薄暗い樹林の巻き道を進むと、山腹にはセンジュガンピやタマガワホトトギスなどの樹林内を好む花々が咲いていた。

樹林を出ると燕頭山から流れ込む**支谷**に出た。河原の石に腰を下ろし、手早く朝食休憩をとる。

谷から山腹を上り詰めると、南精進ヶ滝まで150mの標識が立つ。程なく滝の音が聞こえ、登山道を少し外れると豪快に落ちる**南精進ヶ滝**に出た。滝の音を聞きながら一息つく。

五色ノ滝

南精進ヶ滝

滝を離れ、水のない空谷を渡る。再び山腹に戻るとコウモリソウ、ノブキ、アラシグサなどの樹林内を好む植物が多くなる。

続いて**白糸ノ滝**の前に出たが、ガスが立ち込めて滝はベールに包まれていた。**五色ノ滝**も木々の間から望み、道を先へ進む。

ドンドコ沢の上流部に入り、ヒメミヤマウズラやイワウメなどを眺めながら行く。道はいったん花崗岩砂礫の堆積した河原に下り、目印のテープを拾いながら行く。再び樹林に入ると、敷地内に多くの高山植物が植えられた**鳳凰小屋**に着いた。

受け付けをして部屋に荷物を置き、小屋で待つA氏を除いた5名が地蔵岳へと向かう。小屋の左から地蔵岳コースに入る。樹林が途切れると、蟻地獄のような花崗岩の砂礫地を上る。

前方のガスの中から、山岳誌などで見知った**地蔵岳**のオベリスクが姿を現した。岩山を登りきることはできないが、途中から圧倒的な花崗

蟻地獄のような砂礫地を上る

岩の塊を見上げ、言葉もなし。

帰りは砂走り状態で、半分の時間で小屋に戻り、屋外のテーブルに出て、地蔵岳登頂を祝し乾杯。

翌朝は4時40分に小屋を出る。小屋の前から沢へ下り、対岸の山腹に取りつく。急な登山道が続き、1時間ほどで**稜線分岐**に上がる。花崗岩砂礫が拡がる広場で朝食をとり、主峰観音岳を目指す。

巨岩の間にはこの山域に多いタカネビランジが数多く咲く。振り返ると昨日上がった地蔵岳のオベリスクが天を衝く。ゆったりとした尾根を辿り、登山者で溢れる**観音岳**に着いた。山頂から北岳などの南アルプスの大展望を楽しみ、山頂標識で記念写真を撮り、薬師岳へと向かう。

観音岳から薬師岳までは緩やかに尾根を下ってゆく。30分ほどで花崗岩が風化した白砂に覆われた**薬師岳**に着いた。

20分ほどの長めの休憩をとり、中道コースの登山口へ向かって下山を始める。

巨岩の間を下り、コメツガの樹林に入ると、途端に視界は遮られてひたすら樹林内を下る。道はシャクナゲのトンネルに入り、山腹に巨大な花崗岩が鎮座する**御座石**に着いて一息つく。

下るにつれて樹相はダケカンバからカラマツに替わり、朽ちた山荘が建つ**中道登山口**へ下山した。

そこから更に2・5kmの林道歩きが続き、小武川を渡ると青木鉱泉の駐車場に戻ってきた。

青空が拡がる観音岳標識で

薬師岳から望む観音岳

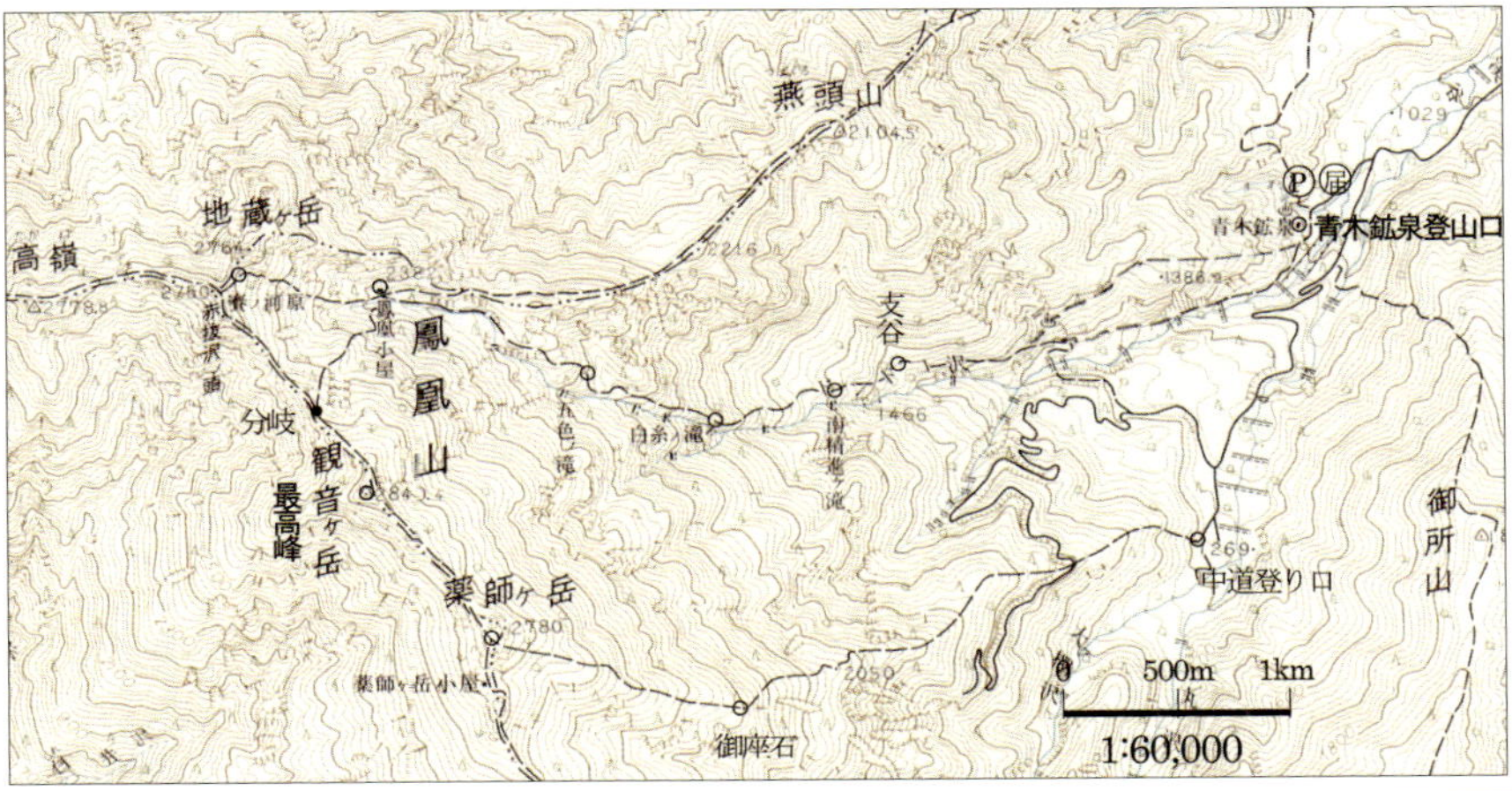

歩程◉ 14時間45分　18.0km

H=1090m 青木鉱泉 5:00 ⇒ 2.4k ⇒ H=1460 支谷 6:50~7:10 ⇒ 0.4k ⇒ H=1580m 南精進ヶ滝 7:45~7:50 ⇒ 1.8k ⇒ H=1900m 白糸ノ滝 9:50~10:00 ⇒ 1.2k ⇒ H=2160m 五色ノ滝 11:00 ⇒ 1.2k ⇒ H=2382m 鳳凰小屋 12:00~12:30
⇒ 0.8k ⇒ H=2710 地蔵岳 13:40~14:00 ⇒ 0.8k ⇒ H=2382m 鳳凰小屋（泊）14:35~4:40 ⇒ 0.7k ⇒ H=2700m 稜線分岐 5:50~6:15 ⇒ 0.5k ⇒ H=2840.4m 観音岳 6:50~7:10 ⇒ 0.9k ⇒ H=2780m 薬師岳 7:40~8:00 ⇒ 1.8k
⇒ H=2280m 御座石 8:50~9:00 ⇒ 3.0k ⇒ H=1300m 中道登山口 11:40~11:45 ⇒ 2.5k ⇒ H=1090m 青木鉱泉 12:35

標高二位と四位の日本百名山を一日で踏破

80 北岳《きただけ》 3192m

標高差◉1682m　登頂日◉2007・7・28

81 間ノ岳《あいのだけ》 3189m

標高差◉1679m　登頂日◉2007・7・28

ルート図◉5万分の1地形図「市野瀬」「韮崎」「大河原」「鰍沢」

参加者◉15名

“北岳バットレス”と呼ばれる断崖を見せる 険しい表情の北岳

（北沢峠までは［77甲斐駒ケ岳］［78仙丈ケ岳］参照）

標高2033mの**北沢峠**で村営バスを降り、山梨県側の南アルプス市営バスに乗り換える。林道の崩落があり、10日ほど前まで不通となっていた南アルプス林道を、標高1520mの広河原まで野呂川に沿ってゆっくりと下ってゆく。

泥岩などの堆積岩で出来た山肌は非常に崩れやすく、いたるところに崩落の跡が見られる。やがて建設重機が止められた工事現場を通り抜け、25分ほどで**広河原**のバスターミナルに着いた。

バスを降り、左に野呂川を見ながら林道を引き返し、川に架けられた吊り橋を渡る。

吊り橋を渡り登山口へ

橋を渡るとすぐ右に**広河原山荘**が建ち、山荘前のボックスに入山届を投函し、山荘左の登山口を入る。すぐに尾根に取りつき樹林の中で、高度を上げて行くと**白根御池小屋分岐**に出る。ここで昼食のための休憩をとる。

この分岐を左にとれば大樺沢コースで、沢伝いに二股を経て山頂を目指す。こちらは下りに使う予定になっているので、右へ白根御池小屋へと向かう。樹林内の道は直射日光を遮ってくれるが、急登に次ぐ急登で額に噴出した汗をぬぐいながらの上りが続く。

道は山腹から小さな枝尾根に移り傾斜を増す。先頭から振り返ると、足元を次々とメンバーが上ってくる。休憩をとる場所もなかなか当たらず、やっとのことで巻き道手前の平地で一息つく。

痩せ尾根の急坂を上る

ここから小屋まではなだらかな巻道が続く。小屋までの距離もあとわずかで水音が聞こえ、豊富な水量の水場に到着した。冷たい水を思いっきり飲んで、空になったボトルに冷水を補充する。

水場を過ぎると数分で真新しい建物の**白根御池小屋**に到着した。前年改築されたこの山小屋は、山小屋では珍しく水は十分に使うことができる。わざわざ水場で補充してくる必要はなかった。

宿泊手続きを済まして部屋にリュックを置くと、時刻はまだ2時を少し回ったところである。小屋前のテーブルに場所を移して、前祝いをする。

ゆっくりとした午後を過ごし、夕食を終えても5時少し過ぎ。他にすることもなく、明日に備えて早々と床に就き長い夜を過ごす。

夜中に何度も目を覚ました末に、3時半に起きだして小屋の外に出る。上空には満天の星空が拡がり、夏の星座〝はくちょう座〟が天の川に浮かぶ。

やがて起きだす人々の物音が小屋中に満ち、4時半には朝食をとり、5時に小屋を後にする。

白根御池小屋のすぐ南には小屋の名前にもなった白根御池があり、緑の水面に北岳の姿を映している。池の右に立つ分岐標識を右にとり、肩ノ小屋へと草地の急斜面を上る。

小屋の前のテーブルでビールを飲んで英気を養う

日当たりのよい斜面には、見慣れた花々に混ざってキタダケキンポウゲやミヤマルリソウなどが咲き、振り返ると鳳凰三山の峰から朝日が昇る。草地を抜けてダケカンバの樹林に入る。左に視界が開け、目の前に朝日を受けて北岳が聳える。

森林限界を超えると、〝草すべり〟と呼ばれる草地に出る。多くの高山植物に混ざり、日本特有種で自生地が少ないというニョホウチドリが鮮やかな紅紫色の花をつけていた。

大樺沢二俣への分岐を過ぎ、シナノキンバイの大群生地を過ぎると、前方に甲斐駒ケ岳が聳える**小太郎尾根**に出た。仙丈ケ岳や甲斐駒ケ岳が大きな山容を見せ、背後には北岳が聳える。遠く富士山も姿を見せ、360度の大展望は実にすばらしい。

タカネヤハズハハコが咲いている小太郎尾根の分岐を左へ、右に仙丈ケ岳を眺めながら尾根を辿る。前方の北岳は、〝北岳バットレス〟と呼ばれる険しい表情の北東壁が姿を見せる。恐竜の背のような黒色片麻岩の岩場を過ぎると前方が開け、北岳手前の広場に建つ**肩ノ小屋**に着いた。

小屋の前にリュックを下して一息つく。小屋の東に残る雪渓には、小屋が管理するお花畑に季節を過

肩ノ小屋から 北岳山頂を望む

歩程◉ 17時間30分　17.3km

地点	標高	時刻	次までの距離
広河原	H=1510m	10:15	0.8k
白根御池小屋分岐	H=1630m	10:55~11:25	2.2k
白根御池小屋（泊）	H=2236m	13:55~5:00	1.0k
小太郎尾根	H=2850m	7:10~7:20	0.7k
肩ノ小屋	H=3010m	8:10~8:25	0.8k
北岳	H=3192.4m	9:15~9:45	1.2k
北岳山荘	H=2880m	11:05~12:00	0.8k
中白根山	H=3055m	12:40~12:45	1.5k
間ノ岳	H=3189.3m	14:00~14:15	2.3k
北岳山荘（泊）	H=2880m	16:00~6:15	0.3k
巻道分岐	H=2920m	6:35	1.2k
八本歯のコル	H=2370m	7:40~7:50	0.8k
大雪渓	H=2440m	9:00~9:10	0.6k
二俣	H=2220m	9:55~10:00	1.0k
大樺沢	H=2033m	10:40~10:50	2.1k
広河原	H=1510m	12:20	

ぎたキタダケソウが白い花をつけていた。

肩ノ小屋を後に頂上を目指す。尾根も広くキタダケヨモギやチョウノスケソウなどの高山植物が斜面を埋める。花々を愛でながら岩場を進むと、山頂直下の岩場から間ノ岳と北岳山荘を望む。肩ノ小屋から50分。右から回り込むと、黒色片麻岩の露岩が点在する意外に広い**北岳山頂**に到着した。

広場の中央には意外や意外、三等三角点が設けられていた。日本で2番目に標高が高い北岳の頂上に、まさかの三等三角点である。三角点にタッチをして、次々と登ってくるメンバーと山頂標識に集まり記念写真を撮る。

北岳直下から望む間ノ岳

快晴の空のもと 北岳山頂で健闘をたたえあう

北岳山頂滞在30分。山頂からの展望を十分に楽しみ、登頂の興奮も納まり、北岳山荘へと向かう。

片麻岩の間を下り、八本歯のコルへの分岐を左に見送る。更に手摺が付けられた岩場を下ると、お花畑の拡がる尾根に出た。

岩場の緊張から解放され尾根を下ってゆくと尾根の左下に北岳山荘が建ち、山荘を見下ろす小高い丘に〝平和の鐘〟が吊るされていた。かわるがわる鐘を鳴らして山荘への斜面を下る。

片麻岩の中を下る

11時に**北岳山荘**に到着し、山荘前の幕営地で、白根御池小屋で作ってもらった弁当を広げる。

食後、小屋で宿泊手続きを済ます。まだ時間も早く、小屋に荷物を置き、雨具と飲料水程度の軽装で間ノ岳へ向かう。山荘の西に残る雪渓を踏んで尾根道へ出る。雪渓の脇にはコイワカガミやアオノツガザクラが群生し、タカネシオガマやミヤマオダマキなども花をつけている。

山荘の奥に望む 間ノ岳

尾根道は北岳の上り下りに比べれば、なだらかで歩きやすい。荷物がない分、足取りも軽やかに岩屑帯を越えて行く。

途中、**中白根山**のピークを越え、山頂手前のニセ山頂を巻いていく。山荘から2時間でガスがかかり始めた日本第四位の標高を誇る**間ノ岳山頂**に到着した。

晴れていた空は乳白色のガスに覆われ、全く視界が利かない。15分の山頂滞在で往路を辿り北岳山荘へ戻り、夕食までの時間を興奮の内に懇談して過ごす。

翌朝は6時に山荘を後にする。北岳への尾根を上り返し、分岐から八本歯への巻き道に入る。

巻き道にはお花畑が拡がり、シロウマオオギ、トダイハハコ、ミヤマムラサキなどが花をつける。

軽快なお花畑の道は、大岩壁に架けられたスリリングな長いハシゴに替わる。手摺をにぎりながら慎重に下り、分岐を経て痩せ尾根をハシゴで下り、**八本歯のコル**で一息つく。

コルから左折し、朽ちかけた

岩壁に架けられたハシゴを下る

一日に２山目の百名山の山頂に立つ

ハシゴを幾つも下ると**大雪渓**に出る。左に〝北岳バットレス〟を眺めて雪渓を下り、**二俣**を経て大樺沢を下ってゆく。

ハシゴの岩場が多かったために思いのほか時間がかかり、予定時刻を大幅に過ぎて広河原のバスターミナルへ無事下山した。

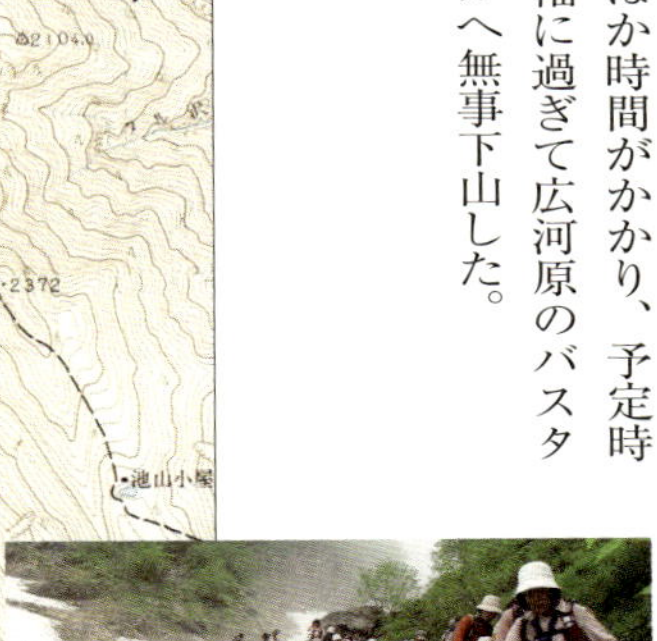

大樺沢の雪渓に沿って谷を下る

どこから攻めても奥が深い双耳峰

82 塩見岳《しおみだけ》 3052m

標高差◉1422m　登頂日◉2009・9・6
ルート図◉5万分の1地形図「大河原」　参加者◉11名

中央自動車道の**松川IC**で下り、県道59号線から県道22号線に入る。大鹿村で国道152号線へ右折、2キロで小渋橋東詰を左折し鳥倉林道に入る。

三伏山から眺める塩見岳

集落を過ぎると舗装された林道が延びる。標高差900mほどを上り詰めると**越路**に着いた。駐車場に車を置き、ゲート脇から舗装された林道に入る。

右の寺沢を回り込んで豊口山に沿って進むと、40分ほどで**鳥倉登山口**に到着した。

登山口を入ると、整然と植林されたカラマツ林の中を行く。シソ科のセキヤノアキチョウジが群生する樹林を抜け、マルバタケブキが黄色の花をつける山腹を上りきる。尾根道を左折して**豊口山間のコル**でリュックを下し一息つく。

コルの辺りはジュラ紀から白亜紀の地層が露出し、スレートと呼ばれる粘板岩が多い。北斜面の巻き道には日陰を好む植物が多く、

巻き道を行く

その中には、喘息の薬になるというズダヤクシュも白い花をつける。コルから50分で、このコース唯一の水場に着き、ペットボトルに給水し喉を潤す。

しばらくは丸太のハシゴが架けられた北斜面の巻き道が続き、水場から30分で左に展望が拡けて**豊口山分岐**に着いた。

分岐を右折し急坂を上ると、南アルプス北部の展望が拡がり、**三伏峠小屋**に着いた。小屋の前で少し長めの休憩をとり、幕営地の脇を抜けて緩やかに下ってゆく。

穏やかな尾根を辿ると、北海道などでよく見るユキバヒゴダイが咲いている。峠から15分で視界が

三伏峠小屋

拡がり、尾根続きの塩見岳を展望する。

樹林帯とハイマツ帯を繰り返しながら尾根を辿る。マツムシソウが咲く尾根を行くと、トリカブトの一種のキタザワブシが咲く**お花畑**に着いた。

お花畑からいったん下って、クロトウヒレンが咲く斜面を登り返すと**本谷山**に着き、本谷山を通り過ぎるとシラビソの縞枯れ地帯に入る。

途中、ゴーロの直登と呼ばれる巨岩帯を登りきると、今夜宿泊する**塩見小屋**に着いた。

割り当てられた三角兵舎型のバンガローに入り、持ち寄った飲み物で夕食前のひと時を過ごす。

夕食は、質素ながらも心のこもった食事をとる。食後のひと時、暮れゆくアルプスの展望を

塩見小屋

楽しみ、午後7時には早々と寝袋に潜り込んだ。

　夜中に何度も目覚めながらも3時には起きだし、出発の準備を整える。夜中に通り雨があり、先頭の私は露払いのための雨具をつけて小屋を出る。

　ハイマツ帯を進み、岩場に取りつく。天狗岩の上に出ると、塩見岳の主峰西峰が眼前に聳える。

　天狗岩から鞍部に下り、西峰の岩壁に取りつく。コマウスユキソウが咲きイワツメクサがマット状に拡がる中に、イワベンケイの雌株についた子房の赤褐色がひときわ目立つ。

　岩角に手をかけ、足場を確認しながら岩壁を這い上がる。西峰直下の稜線に出ると、雲間から朝日が昇ってきた。稜線を少し登ると二等三角点が立つ**塩見岳西峰**に到着した。塩見岳は西峰が主峰だが、更に5分ほど先に5mほど高い東峰がある。

　西峰で記念写真を撮った後、東峰へ向かう。あまり広くない**東峰頂上**で、雲海のかなたに富士山を望みながら朝食の弁当を広げる。

　すっかり日が高くなった山頂を後に、再び岩場の難所を下り塩見小屋に戻る。30分ほどの休憩をとり、往路を辿り登山口へと向かう。途中の尾根から振り向くと、塩見岳が見送ってくれていた。

塩見岳の主峰・西峰直下で日の出を待つ

難所の岩場を下る

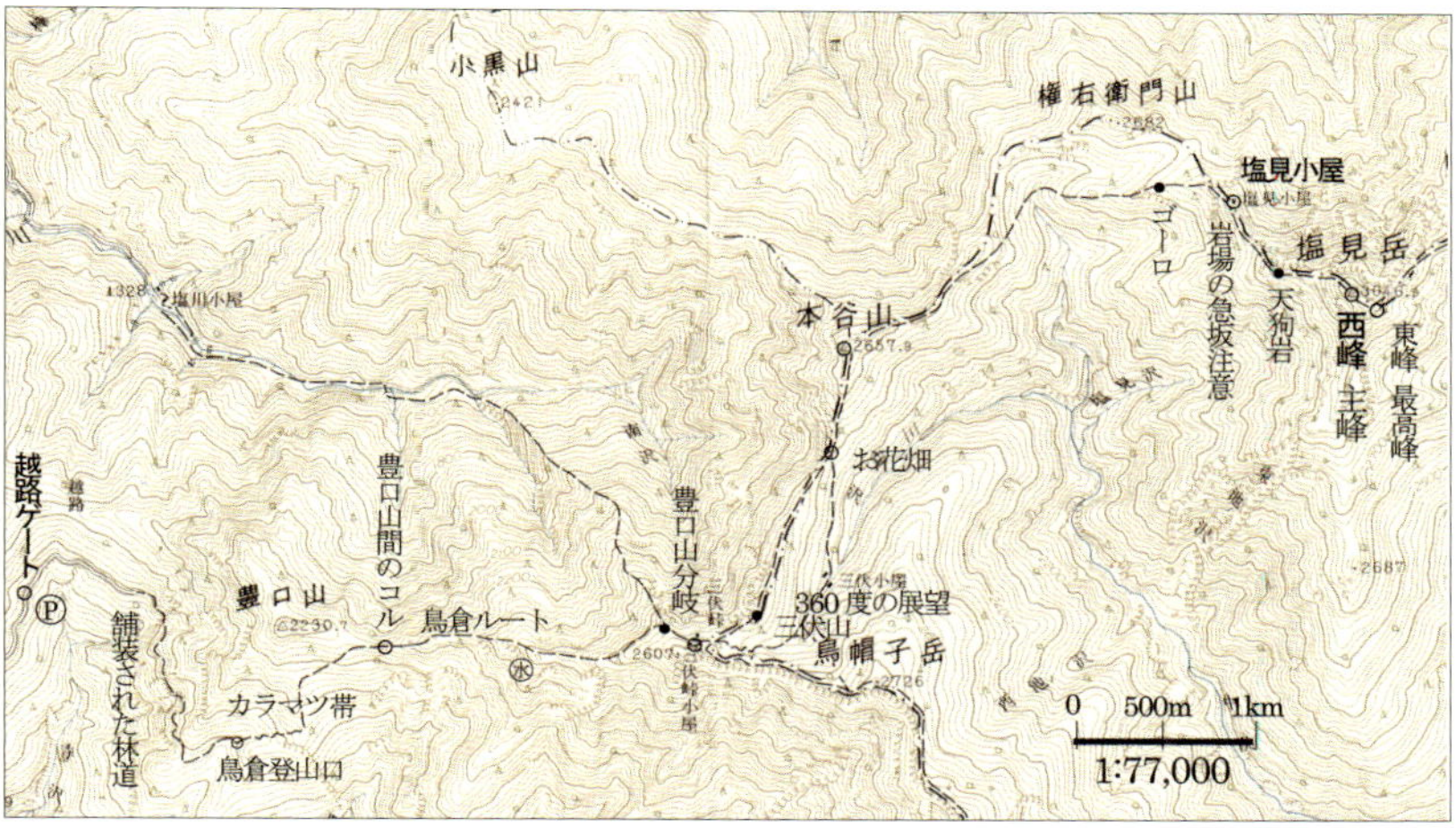

歩程◉ 15 時間 45 分　23.6km

標高	地点	時刻	次まで
H=1630m	越路ゲート	6:55	2.0k
H=1800m	鳥倉登山口	7:35~7:50	1.4k
H=2160m	豊口山間のコル	8:55~9:05	2.0k
H=2460m	豊口山分岐	10:30~10:35	0.6k
H=2590m	三伏峠小屋	11:00~11:15	1.4k
H=2500	お花畑	12:05~12:45	0.5k
H=2658m	本谷山	13:10	2.9k
H=2760m	塩見小屋（泊）	15:10~4:25	0.8k
H=3046.9m	塩見岳西峰	5:55~6:00	0.2k
H=3052m	塩見岳東峰	6:05~6:30	1.0k
H=2760m	塩見小屋	7:35~8:05	2.9k
H=2658m	本谷山	10:00~10:10	1.9k
H=2590m	三伏峠小屋	11:25~12:00	2.6k
H=2160m	豊口山間のコル	13:35~13:45	3.4k
H=1630m	越路ゲート	15:15	

南ア南部の広大な山域を巡る

83 荒《あら》川《かわ》東《ひがし》岳《だけ》（悪《わる》沢《さわ》岳《だけ》） 3141m

標高差◉2018m　登頂日◉2010・8・30

84 赤《あか》石《いし》岳《だけ》 3120m

標高差◉1997m　登頂日◉2010・8・31

85 聖《ひじり》岳《だけ》 3013m

標高差◉1890m　登頂日◉2010・9・1

ルート図◉5万分の1地形図「大河原」「赤石岳」　参加者◉2名

小赤石岳から望む荒川三山（右のピークが東岳）

南アルプス南部の**荒川三山**と**赤石岳**、更に**聖岳**を加えた全長37km歩行時間28時間という、一昨年の雲ノ平周回コースに次ぐ2番目に長いコースの山旅を組んだ。参加者はM氏と二人。安定した天候をまって、**静岡IC**から国道362号線に入り、県道を経て**畑薙第一ダム駐車場**に入る。

バス停を兼ねた山岳相談所に入山届を提出し、登山基地である椹島行きの送迎バスを待つ。

南アルプス南部エリアは、百名山の各ピークも含めて東海パルプ㈱の社有林になっている。明治の実業家で、ホテルオークラなど多くの企業のオーナーである大倉喜八郎氏が私財で買い求めたものという。そんなわけで、今夜宿泊する椹島ロッジを含めて13ほどある各山小屋はすべて関連会社の㈱東海フォレストが管理運営し、この送迎バスもその一部である。

井川山岳相談所

バスは基本的に無料だが、今夜の宿泊料の一部3000円を前納してバスに乗り込む。畑薙ダムの堰堤上を左岸へ渡り、一般車通行止めのゲートを通過して林道に入る。

異常渇水で干上がり湖底を現したダム湖と、そこに架かる畑薙大吊橋を左に見送り、ダム湖の上流で右岸へ渡る。赤い湖面の赤石ダム湖を過ぎ、聖岳への聖沢登山口を見送り、**椹島ロッジ**に着いた。

早い時刻の到着のため、午後はのんびりと過ごして明日への英気を養う。夕方には入浴でさっぱりと汗を流し、夕食後は早々と床に就いた。

翌朝は5時40分に椹島ロッジを出る。施設の奥に大倉喜八郎の案内表示板があり、椹の木と井川山神社の間から土手を上り林道に出る。

シナノナデシコやマツヨイグサが生える林道を行くと、程なく大井川本流に架かる**滝見橋**に着いた。橋の手前左が登山口で、鉄製のスロープを下る。

大井川支流に沿って進むと、岩壁に流れ落ちる〝千古の滝〟の前を過ぎ、赤旗が付けられた崩落地の傾いた渡り板を慎重に渡る。

登山口から右岸沿いを10分ほど辿り吊橋に出た。板が2枚並べてあるだけの吊橋は、下の谷川が覗かれてスリリングである。橋を渡り、急斜面の山腹を上り詰めると送電鉄塔の下に出た。

一息ついて尾根を辿る。尾根はイワカガミなどが咲く岩尾根が続き、丸太の桟橋や長い鉄の階段を上ると林道に出た。少し右から登山道に戻る。

小石下の三角点を過ぎ、再び林道を横切ったところで朝食弁当を開き一息つく。

更に1時間ほどでこのコース唯一の水場**清水平**に着く。山腹に湧き出す清水をカップに受けて喉を潤し、ほっと一息つく。

この辺りからシラビソが混ざった樹林を辿り、蕨段の三等三角点に着く。千枚小屋まで残り3時間の標識が立つ。標識を横目に過ぎると再び林道に出た。林道脇の**見晴台**からは、荒川三山や赤石岳が青空の下に望まれた。

見晴台から望む 荒川三山

日差しがまぶしい見晴台から樹林の登山道に戻ると尾根は広尾根となり、明治時代の木馬道跡の案内板が立つ。ここまで延びていた林道は、当時の荷馬車が木材を運び出す産業道路だったのだ。

さすがは明治の実業家大倉喜八郎氏、伊達や酔狂で南アルプスを買い占めたわけではない。

やがて右の尾根に緑の水を湛えた**駒鳥池**が現れる。その先が木材を林道へ下した場所で、現在は千枚小屋への荷揚げロープウエイとなっている。

清水平の水場で 喉を潤す

登山道の脇には高山植物が多く目立つ。シダの群落に隠れてミヤマヤブタバコが黄色の花をつける。シラビソの樹林にはキタダケトリカブトが群生し、シラネアザミやハクサンボウフウも混生して花をつける。

午後1時を回ったころ、三叉路に立つ標識を左折すると視界が拡がり、山腹のお花畑に囲まれて建つ**千枚小屋**に着いた。管理棟は昨年の火事で焼失し、仮小屋で営業していた。このエリアの山小屋はすべて予約なしで宿泊ができ、受け付けをして指定さ

歩程◉（1日目）6時間35分　8.3km　（2日目）5時間25分　6.7km
（3日目）4時間40分　6.9km　（4日目）7時間20分　8.2km
（5日目）3時間55分　7.2km　合計27時間55分　37.3km

H=1123m **椹島ロッジ** 5:40 ⇒ 0.5k ⇒ H=1170m **滝見橋** 5:55 ⇒ 2.0k ⇒ H=1586.4m **小石下三角点** 8:00~8:15 ⇒ 2.0k ⇒ H=1860m **清水平** 9:20~9:35 ⇒ 1.3k ⇒ H=2120m **見晴台** 10:30~10:55 ⇒ 2.5k ⇒

H=2610m **千枚小屋（泊）** 13:10~5:00 ⇒ 1.0k ⇒ H=2879.8m **千枚岳** 5:45~5:55 ⇒ 1.5k ⇒ H=3141m **荒川東岳** 7:30~7:50 ⇒ 1.6k ⇒ H=3070m **中岳避難小屋** 9:00~9:25 ⇒ 0.5k ⇒ H=3068m **前岳** 9:40~10:40

⇒ 2.1k ⇒ H=2610m **荒川小屋（泊）** 12:20~6:00 ⇒ 1.2k ⇒ H=2720m **大聖寺平** 6:35~6:40 ⇒ 0.8k ⇒ H=3030m **小赤石岳の肩** 7:35~8:00 ⇒ 0.9k ⇒ H=3120.1m **赤石岳** 8:55~9:25 ⇒ 1.2k

H=2830m **大斜面下のコル** 10:05~10:25 ⇒ 1.3k ⇒ H=2839.6m **百間平** 11:10~11:50 ⇒ 1.5k ⇒ H=2622m **百間洞山の家（泊）** 12:40~5:40 ⇒ 1.4k ⇒ H=2807m **中盛丸山** 6:50~7:00 ⇒ 1.6k

H=2818m **兎岳** 8:55~9:10 ⇒ 1.0k ⇒ H=2630m **聖兎のコル** 10:00~10:15 ⇒ 1.0k ⇒ H=3013m **聖岳** 11:50~12:20 ⇒ 1.0k ⇒ H=2662m **小聖岳** 13:05~13:10 ⇒ 1.2k ⇒ H=2400m **薊畑** 13:50 ⇒ 1.0k

H=2260m **聖平小屋（泊）** 14:15~5:15 ⇒ 2.0k ⇒ H=2160m **岩頭滝見台** 6:35~6:40 ⇒ 5.2k ⇒ H=1100m **聖沢登山口** 9:15

れた宿泊棟の月光荘に入る。

小屋周辺のお花畑を散策すると、センジョウアザミ、オオハナウド、タカネヨモギなど数えきれないほどの花々で埋め尽くされていた。

千枚小屋 月光荘

夕食後は、霧が晴れて姿を現した〝赤富士〟を眺めて過ごし、7時過ぎに寝袋に入る。

日没前の“赤富士”

朝日を受けて雲海に浮かぶ富士山

翌朝は4時に目覚めて荷物をまとめ、4時半からの朝食をとる。5時に他のグループに先駆けて千枚小屋を出る。計画では百閒洞まで行く予定だが、荒川小屋泊まりになるかもしれない。

小屋を出てしばらくすると朝日が昇り、富士山は昨日とは違った表情で雲海に浮かぶ。

今日からのコースは稜線歩きだ。植物もウスユキソウやタカネマツムシソウなどが多くなる。板状に風化した泥岩が目立ち始めて**千枚岳**に着いた。荒涼とした岩山の千枚岳から南には、赤石岳が存在感を示し、その左奥に聖岳が顔を出す。

岩尾根を辿ると、ミヤマオトコヨモギ、タカネビランジ、トウヤクリンドウなどの荒れ地を好む花々が咲く。地下水が浸みだす山腹ではコウメバチソウやカワラナデシコも咲いている。

手前の小赤石岳を従えた 赤石岳（左奥は 聖岳）

花々に目を奪われながらもコルへ向かって急な岩場を慎重に下る。

道は一転、ハイマツ帯の穏やかな稜線を行く。千枚岳とは様子の変わった丸い丘の丸山を過ぎ、右に南アルプス北部の峰々を望みながら進む。タカネヤハズハハコやチシマギキョウなどの花に癒されながら、緑色岩の岩稜帯を上り詰めると、**南アルプス南部の最高峰**である**荒川東岳**（悪沢岳）の山頂に着いた。

山頂は緑色岩といわれる泥岩質の岩塊が重なり、悪沢岳の別名にふさわしい雰囲気を持っている。

岩場を下る

今日の行程は荒川小屋までとして、日本第六位の標高を持つ山頂からの展望をゆっくりと楽しむことにした。

東岳を後に中岳へと向かう。草付きから緑色岩の急斜面を下り、崩壊の激しい枝尾根の岩場を越える。30分ほどでコルに下り、岩稜とハイマツの痩せた稜線を登り返し、チシマギキョウが群生する砂礫の斜面をトラバースする。フタナミソウが黄色の舌状花をつけ、荒れ地を好むオンタデが小さな白い花をつける道を行くと、コルから40分で**中岳避難小屋**に着いた。

話好きの管理人と話し込み、少し長居をして中岳へと向かう。5分で**中岳**に到着するが通過して前岳へ。中岳から少し下ると前岳への分岐に出る。リュックをデポして前岳へ向かう。5分ほどでなだらかな山頂広場の**前岳**に着いた。南西側は小渋川の支流である荒川の浸食を受けた大崩壊地となっている。

その崩壊地の縁に沿って、成鳥間近の雷鳥の雛鳥が数羽歩いている。数メートルの距離に近づいても驚く様子もなく、じっくりと撮影できた。

分岐に戻り昼食の弁当を開く。昼食を終えて出発しようとすると、雲にデコレートされた富士山が現れる。このコースはいたるところから富士山が展望できるが、富士山もいろいろな表情を見せてくれるものだ。

分岐から荒川小屋までは標高差460mの下降が始まる。左に中岳カールを眺めながら前岳の南面を下ってゆく。このお花畑は南アルプス最大のお花畑と云われ、この時期はウサギギク、タカネヨモギ、コバノコゴメグサなど多くの高山植物が咲いていた。

前岳から延びる尾根に沿って下ってゆくと、下の方に荒川小屋が見える。緑色岩のザレた道を下り、小さな流れの水場で給水する。水場付近に群生するミソガワソウの中を下ってゆくと、矮小化したダケカンバの中に荒川小屋が見えてきた。

正午少し過ぎ**荒川小屋**へ到着した。建物はまだ新しく、母屋の前では冬季避難小屋が建設中だった。今日われわれを追い抜いて行ったグループは、次の山荘を目指していったか、まだ誰もいない。

この荒川小屋は、千枚小屋と赤石小屋または百閒洞山の家に挟まれていて、通り過ぎる登山者が多い。したがってこの日も宿泊者は少なく、午後の時間を持て余し気味に過ごすことになった。

やっと夕方の5時になり、夕食にカレーライスを頂くと、また長い夜が始まる。この夜も満天の星空が、しばし時を忘れさせてくれた。

翌朝もまた素晴らしい朝を迎えた。今朝の富士山は薄いベールのような雲をまとい、さながら貴婦人の装いといった趣である。

6時に小屋を出て冬季避難小屋の前からコースに入り、ダケカンバの林を抜けて行く。振り返ると、昨日辿った荒川中岳と前岳の山腹が朝日に輝き、荒川小屋がダケカンバに囲まれて建っていた。

砂礫の斜面をトラバースしてゆくと、ハイマツの中にアズマシャクナゲが混生する。35分ほどで**大聖寺平**に着き、右に中央アルプスが望まれる。

大聖寺平の標識から、右に小渋川コースを分けて岩屑の斜面を上る。上空を飛び去る荷揚げヘリを見送り、ハイマツの間を行く。小赤石岳への取りつきから砂礫の大斜面を登りきると、**小赤石岳の肩**に着いた。振り返ると荒川三山がどっしりと構え、前岳の大崩壊地が大きく口を開ける。

小赤石岳の肩で岩に腰を下ろして休憩をとる。小赤石岳のピークと赤石岳が重なり、左へ大倉尾根とも呼ばれる赤石東尾根が椹島へと延びる。

荒川東岳(悪沢岳)山頂で

泡のような雲に覆われた 富士山

本谷に建つ 荒川小屋

ベールをまとった 富士山

小赤石岳から赤石岳

小赤石岳山頂を経て赤石岳へ向かう。椹島分岐を左に見送り、山頂直下の斜面を登りきると**赤石岳**の山頂に着いた。逆光の中で山頂標識に立ち、今回二山目の百名山登頂を祝う。

赤石岳山頂に設けられた一等三角点は、標高において日本一高いところにあるという。山の標高は第七位ながら日本一高い一等三角点という、その価値ある一等三角点に改めてタッチする。

長めの休憩をとり、赤石岳を後にチャボヤハズトウヒレンが咲く砂礫の道を下る。前方には聖岳から兎岳が連なり、大きく切れ込む聖兎のコルが初めて全貌を見せる。ザラ場を下り緑色岩の崩壊斜面を横切り、**大斜面下のコル**で休憩をとる。

標高日本一の一等三角点

休憩を終えて、馬ノ背と呼ぶ気持ちの良い尾根歩きが続く。**百間平**は平坦なチャートの台地が拡がり、岩に腰をおろして昼食をとる。

昼食の後、台地から窪地に入る。大沢岳への尾根から左の樹林に入ると、足元の不安定なゴーロの下りが続き、谷川沿いの**百間洞山の家**に着いた。

受け付けをして二階の部屋に荷物を置き、山荘の横を流れる谷川で椹島以来3日ぶりの汗を拭う。

午後2時過ぎ突然雨が降り出し、入山以来初の本格的な雨になった。ずぶ濡れの登山者が次々と到着し、山荘内は急にあわただしくなる。

午後のあわただしさも納まり、夕食の時間となる。食堂に向かうと、噂の通り〝揚げ立てのトンカツ〟に山盛りの千切りキャベツが添えられた、この山の家自慢のメニューがテーブルに並ぶ。

百間洞山の家

この夜は、家庭料理のような夕食に満足し、渓流の音を聞きながら過ごす。

翌朝は5時から朝食をとり、5時40分に山荘を出る。山荘の裏から樹林の中の道を行く。水源の前を通り、樹林帯を抜けると、大沢岳の山腹を巻いて行く。ハイマツ帯の道にはキタダケトリカブトやセンジョウアザミが咲く。山荘から1時間で大沢岳分岐に着いた。

分岐から15分で**中盛丸山**に着いて一息つき、途中、小兎岳を経てコルへ向かって下降する。左に聖岳を眺めて行くと**兎岳**に着いた。

兎岳から望む聖岳の右側は、聖岳大崩壊地と呼ばれる浸食が尾根を削る。兎岳避難小屋を右に眺め鞍部へ岩稜帯を下ってゆく。岩場を下り、左の山腹を巻き、**聖兎のコル**に着いた。コルの右側は激しい崩壊がV字谷を刻む。

一息ついて、再び聖岳への上り返しが始まる。崩壊しやすい泥岩帯を抜け、山頂近くになるとチャートの岩脈が目立ち始め、コルから1時間半、聖岳の主峰**前聖岳**の標識に着いた。広い山頂には泥岩とチャートの互層が露出し、南アルプスの複雑な地層の縮図のようである。

“聖兎のコル” と呼ばれる大崩壊地を見せる 聖岳

安定していた天候も下

り坂で雲が拡がりだした。山頂を後に、これから山頂へ向かう人達とすれ違いながら大斜面を下る。

チャートやスレートの岩脈が露出した岩稜帯を抜けると、**小聖岳**に着いた。小聖岳からは針葉樹林帯に入る。トリカブトの群生する広尾根を下ると、易老渡との分岐となる**薊畑**に着いた。

薊畑を左へ尾根を辿り、立ち枯れが目立つ聖平に入り、木道を辿ると**聖平小屋**に着いた。

ここまでくれば後は下山のみ。外のテーブルで、途中に何度か出会った若者とグラスを交わして過ごす。

翌朝、4時半からの食事が済むと、皆早々と出発していった。我々も5時過ぎに小屋を出る。

幕営地を抜け谷川沿いを下る。遭難碑を過ぎ、**岩頭滝見台**を越えて一息つく。その後は意外に順調に下り、9時過ぎには**聖沢登山口**へ下山した。

予定より早いバスに乗り、駐車場に戻った。

前聖岳山頂標識

聖平に建つ聖平小屋

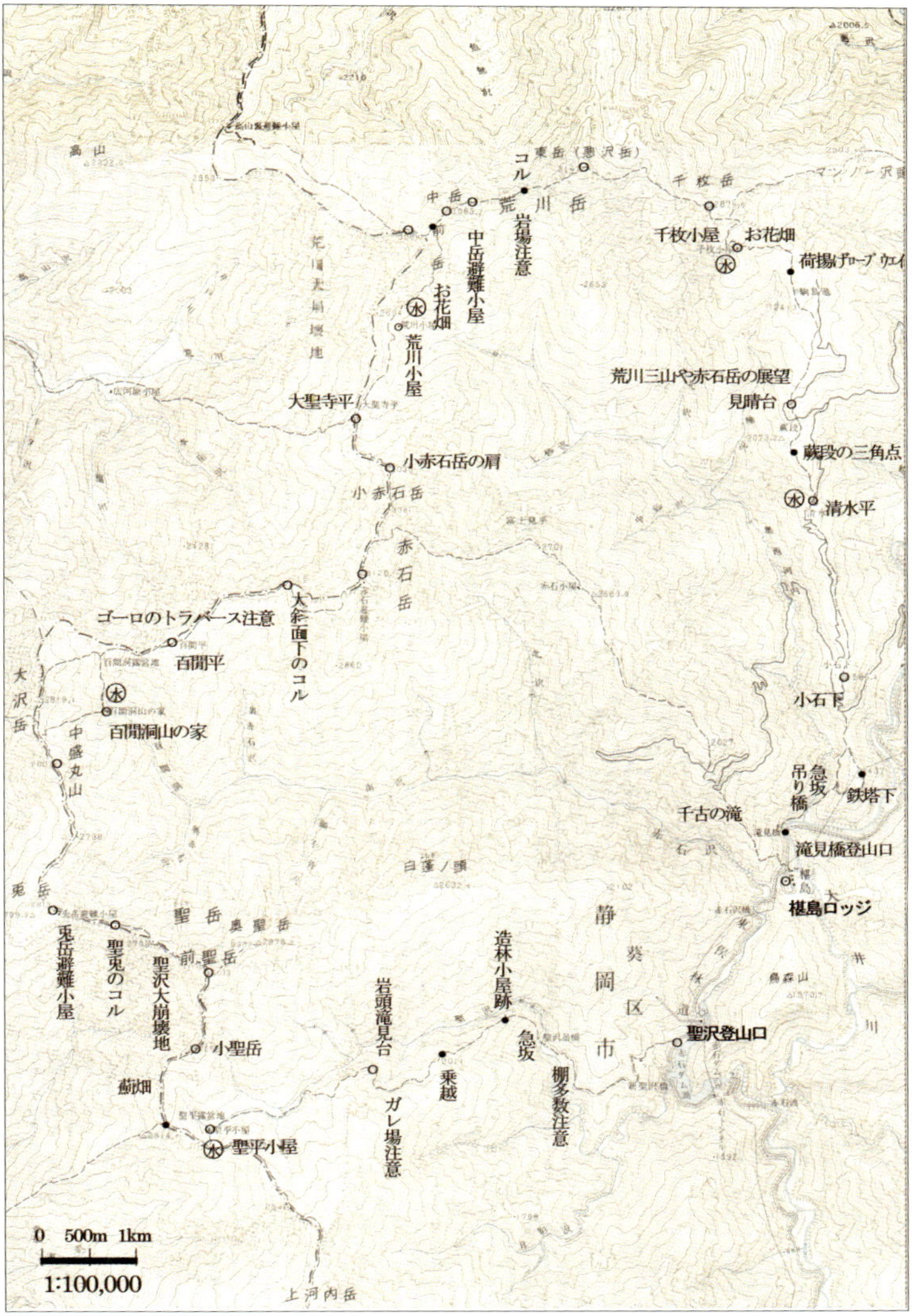

山名の由来となった石灰岩のピーク〝光石〟を望む

86 光岳《てかりだけ》 2591m

標高差◉1711m　登頂日◉2009・8・22
ルート図◉5万分の1地形図「赤石岳」　参加者◉4名

山頂から光岳の由来となった光石を望む

中央自動車道の**飯田IC**で下り、国道153号線から県道251号線に入る。三遠自動車道の矢筈トンネルを出て、国道152号線を右折する。15分ほど行き、光岳登山口の案内板から左へ林道に入る。林道を20kmほどで**易老渡の光岳登山口**に着いた。

遠山川に登山口となる吊橋が架かり、その少し先の林道わきに20台ほどの駐車スペースがある。

車内で朝食をとり、雨具をつけて降り出した雨の中へ出て行く。ポストに入山届を入れ登山口の吊橋を渡ると、すぐに山腹の急斜面に取りつく。

泥岩が散在する登山道は、山腹をジグザグに延びて行く。雨は止んだが、先ほどまで降っていた雨のしずくが枝からまとまって落ちてくる。

光岳登山口となる吊橋

1時間ほどで枝尾根に上がり雨具を脱ぐと、火照った体に冷えた空気が気持ち良い。

更に1時間で平坦な尾根の**面平**に着き、休憩をとり一息つく。霧が多い場所なのか、木立には苔が拡がり、苔寺の庭園のような雰囲気である。

再び尾根は急登になり、ダケカンバの林を抜け、**倒木帯**を抜けたところで早めの昼食をとる。

30分ほどの休憩の後、再び尾根を辿る。花の少ない北斜面にも、わずかにカニコウモリやセリバシオガマが登山道わきに顔を見せる。馬の背と呼ばれる痩せ尾根を過ぎると、三角点ピークに出た。

易老岳より100m下に設けられている三角点で、易老岳頂上に三角点はない。

互いに根を絡ませて登山道をふさぐ木の間を抜け、ガスが立ち込める岩場を巻くと、周りを木立に覆われた**易老岳頂上**に着いた。

6時間近くをかけて上り詰めた易老岳頂上は、展望がまったく利かない尾根上の一点でしかない。15分ほどの休憩で、山頂を後に三吉平へと向かう。

平坦な尾根を行く

ガスが晴れた草原を下ると、日当たりのよい草原にアキノキリンソウが咲き、南アルプスに生育するトリカブトのキタザワブシが花をつける。

光小屋へ向かって上り返しが始まる。岩陰にダイモンジソウが咲きシナノオトギリが黄色の花をつける。ゴーロの谷筋を抜けるとキタザワブシの群落が続き、ハクサンフウロやシラネニンジンが顔を見せる。静高平の標識を過ぎるとこのコース唯一の水場に着いた。今夜の炊事用の水を補給し、泥まみれの靴やズボンの泥を落とす。

水場の先がセンジヶ原で、やや乾燥した湿原に木道が延びる。

木道を辿ると**光小屋**が見えてきた。

受付をして荷物を置き、光岳へと向かう。寸又峡への道を左に見送り、ダケカンバ帯を抜けると、15分ほどで樹木に覆われ展望の利かない**光岳山頂**に着いた。

山頂で記念写真を撮り、右へ少し行くと展望台に出る。左下に光岳の名の由来となった、石灰岩のピーク〝**光石**〟が尾根上に姿を見せた。

いつの間にか空は晴れて、木曽駒ヶ岳や空木岳などの中央アルプスの峰々を展望し、小屋に戻る。

樹木に覆われた易老岳山頂

周囲を樹林に覆われた光岳山頂

光小屋

光小屋は自炊で、寝袋持参になっている。今回わがメンバーは、初めて自炊による素泊まりを体験。
夕食の準備しながら、ビールで乾杯をする。7時半に寝袋に入り、消灯前に眠りにつく。
翌朝、3時半に起きだすと星空が拡がっていた。5時半に光小屋を出て、富士山に架かった笠雲を眺め、長い尾根を辿り、易老渡へ下山した。

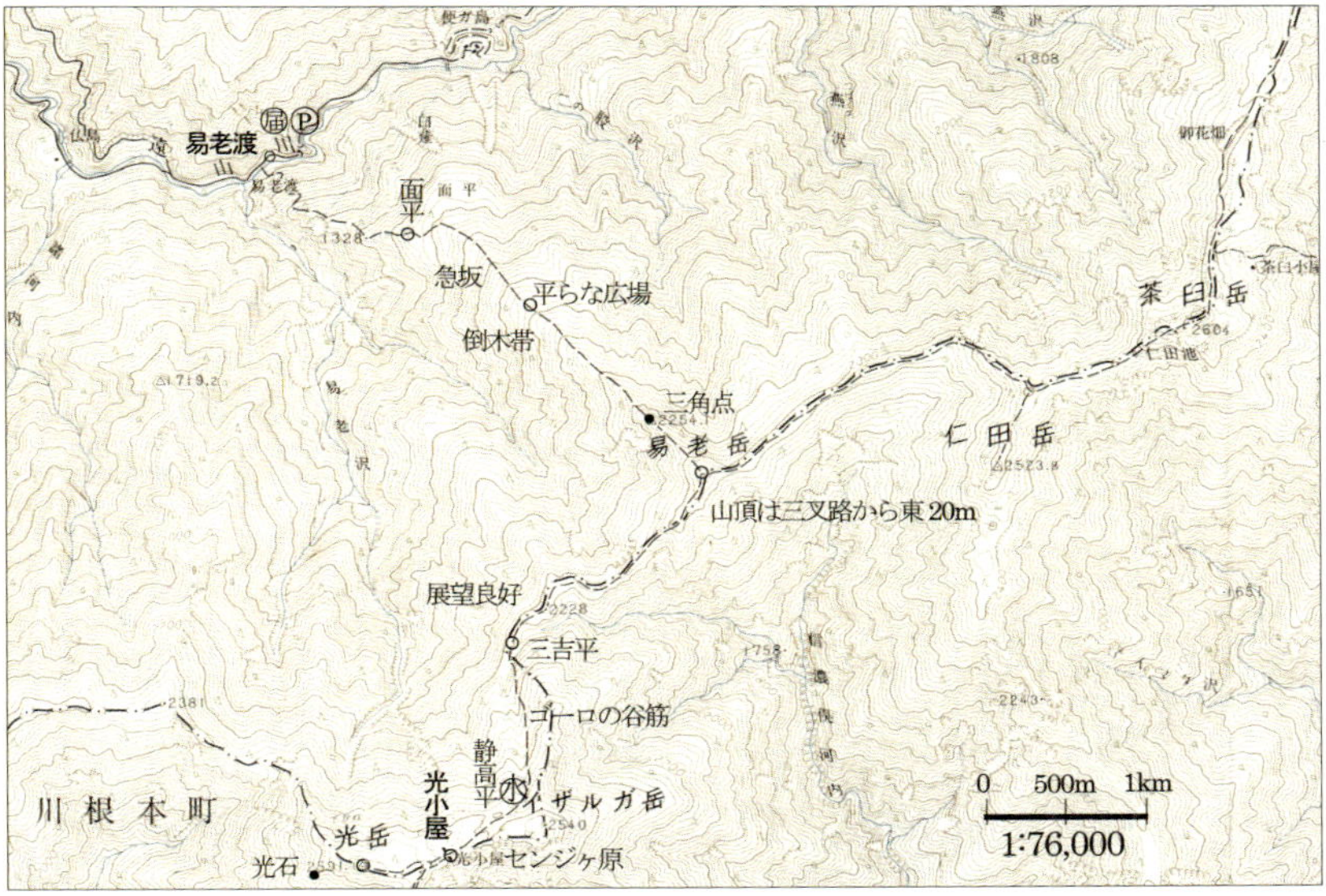

歩程◉ 15時間25分　19.8km

H=880m		H=1490m		H=1880m		H=2354m		H=2200m	
易老渡	⇒	**面平**	⇒	**倒木帯**	⇒	**易老岳**	⇒	**三吉平**	⇒
6:50	3.0k	8:50~9:00	1.0k	10:25~10:55	1.6k	12:35~12:50	2.0k	14:20~14:30	1.8k

H=2500		H=2591.1m		H=2500m		H=2354m		H=1880m		H=880m
光小屋	⇒	**光岳**	⇒	**光小屋（泊）**	⇒	**易老岳**	⇒	**倒木帯**	⇒	**易老渡**
16:10~16:25	0.5k	16:40~16:50	0.5k	17:05~5:30	3.8k	7:55~8:05	1.6k	9:35	4.0k	12:20

南アルプス　スナップ集

北沢峠のバスターミナルに集う中高年登山者たち

北岳への登山口・広河原バスターミナル

明治初年操業のロマン芳しき山の名湯・青木鉱泉

南アルプス小赤石岳から望むベールに包まれた富士山

南アルプスの山小屋・百間洞山の家名物のトンカツ

大井川上流域・畑薙湖に架かる畑薙大吊橋

弥山の頂上から立ち入りが禁止されている剣ヶ峰を望む

近畿・北陸・中四国

近畿・北陸・中四国とその範囲は広い。しかし、ここには日本三大霊山の白山と大山が含まれ、更に大峰山や石鎚山といった山岳信仰の中心的な山々も含まれる。写真は大山の弥山から望む、崩壊が激しい剣ヶ峰の表情である。

三大霊山の一つ。花の名山でもある

87 白山《はくさん》 2702m ～別山《べっさん》 2399m

標高差◉1685m　登頂日◉2008・8・9～10
ルート図◉5万分の1地形図「越前勝山」「白山」　参加者◉14名

油坂の中腹より望む白山御前峰

今回は、月例山行として岐阜・石川県境に位置する**白山**を目指す。白山へは岐阜・石川両県側から登山ルートがあるが、今回は一般的な、石川県の白峰から入山することになった。

岐阜県に住む私たちは、東海北陸自動車道の**白鳥IC**から油坂峠を経て福井県内を抜けて行く。国道158号線から157号線に入り、登山口の**白峰**へ。白峰から県道33号線で登山基地の**市ノ瀬駐車場**に入る。白鳥から100kmおよそ2時間の距離である。

この他にも、北陸自動車道の福井北ICから60km・1時間20分のルートもある。

市ノ瀬駐車場から登山口の別当出合まではシャトルバスの利用となる。バスはヘアピンカーブの多い林道を上り詰め、10分ほどで立派な石碑の登山口標識の立つ**別当出合登山口**に着いた。

多くの登山者に混ざって入山準備を整え、登山口を後にする。すぐに、別当谷に架かる大吊橋を渡り砂防新道に入る。登山道は、尾根の北側を行き、やがて南側へ移る。ガクアジサイやシシウドが花をつける尾根を行き、トイレや水場を備えた**中飯場**に着き、広場で一息つく。

大吊橋を渡る

休憩を終えて広場の端から石段を登る。シモツケソウがピンクの花をつけ、タマガワホトトギスが黄色に紫褐色の斑点のある花をつける。

右の柳谷には、山容を変えるほどの大規模な砂防堰堤が、10年以上も前から建設中で、巨大なブロックが並ぶ姿は異様な景観である。

道は再び樹林帯へ入り、急な坂道が続く。多くの登山者が上り下りして登山道は大混雑である。

甚之助谷上部の火山灰の山腹は大きく崩落し、砂防堰堤工事はまだまだ続くことだろう。中飯場から1時間半で、多くの登山者が休憩している**甚之助避難小屋**に到着し、小屋の前に設置されたテーブルで昼食をとる。

柳谷の巨大な砂防堰堤

昼食を終えて登山道に戻る。左へ巻道を行き急な斜面をジグザグに上り詰める。カンチコウゾリナやヒトツバヨモギが生える草原の中を上り南竜道分岐に出る。ここで5名が南竜道で南竜山荘へ向かい、残り9名は左へ室堂を目指す。

分岐から黒ボコ岩までは緩く巻き気味に上ってゆくと、山腹にはお花畑が拡がる。ハクサンフウロ、ミヤマカラマツ、シナノオトギリ、カワラナデシコなど枚挙にいとまがない。左から観光新道を併せると、大きな溶岩の**黒ボコ岩**に着いた。

黒ボコ岩は火山活動で飛んできた火山弾といわれ、その名の通り黒い大きな玄武岩の塊である。

黒ボコ岩からは平坦な草原に木道が延び、弥陀ヶ原を横切り、五葉坂をひと上りすると**室堂**に着く。

室堂にはビジターセンターと宿泊棟が建ち並び、ビジターセンター前の広場は多くの登山者で溢れている。御前峰へは過去に上ったものが多く、今回は3名が上り、残り6名は南竜山荘へ向かう。

初めて御前峰を目指す2名と、同行する私の3名が広場を横切り、鳥居をくぐり白山比咩神社に参拝して登山道に入る。奥宮への参道となる道は、敷石の階段が続く。

参道わきにはイワギキョウが群生し、イワツメクサやミヤマトウキが花をつける。室堂から35分で山頂の白山神社奥宮に参拝し、神社左の岩場に設けられた**御前峰**の標識に立つ。

山頂からは剣ヶ峰、大汝峰などの白山連峰の峰々を眺める。薄い雲がかかり日本海までは展望できないが、室堂平とその奥には弥陀ヶ原の高原状の台地が拡がる。山頂からの展望を満喫して山頂を後にする。

室堂からはトンビ岩コースを辿り南竜ヶ馬場へと向かう。宿泊棟の間を抜けて草原に出る。分岐を直進して木道を進み、ビジネスセンターの水源となる雪田の脇を行く。すぐにミヤマクロユリの群生地に入る。アオノツガザクラ、ハクサンコザクラ、ミヤマキンバイ

大きな玄武岩の黒ボコ岩

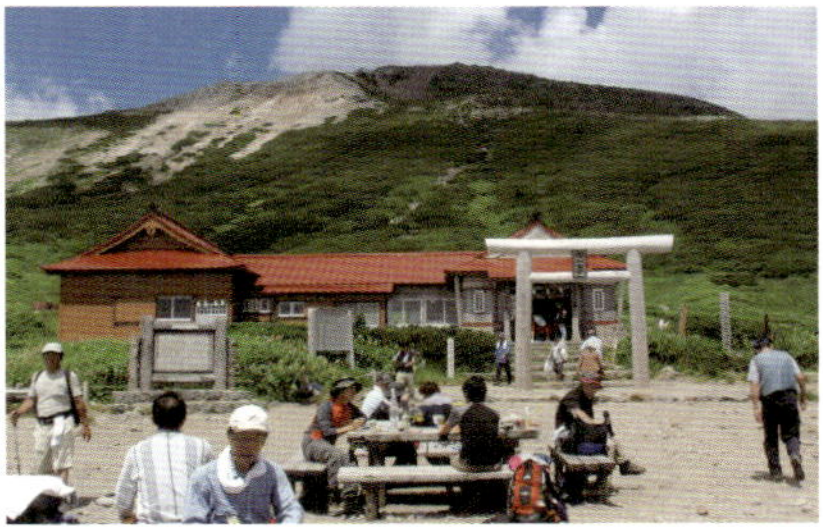

白山比咩神社の奥に 御前峰を望む

御前峰の一等三角点にタッチ

歩程◉ 13時間35分　20.9㎞

H=1250m		H=1490m		H=1562m		H=2450m		H=2702.2m	
別当出合	⇒	**中飯場**	⇒	**甚之助避難小屋**	⇒	**室堂**	⇒	**御前峰**	⇒
7:55	1.5k	8:40~8:50	1.7k	10:20~11:00	2.3k	12:40~13:00	1.0k	13:35~13:45	1.0k
H=2450m		H=2070m		H=2340m		H=2300m		H=2399.4m	
室堂	⇒	**南竜山荘（泊）**	⇒	**油坂ノ頭**	⇒	**池塘**	⇒	**別山**	⇒
14:15~14:25	1.7k	15:40~7:05	1.2k	8:15~8:25	1.2k	9:00~9:15	1.3k	10:15~10:30	0.5k
H=2370m		H=1900m		H=920m		H=850m			
御舎利山	⇒	**チブリ尾根避難小屋**	⇒	**猿壁堰堤**	⇒	**市ノ瀬駐車場**			
10:40~11:25	1.8k	12:30~12:45	4.5k	15:35	1.2k	16:05			

など多くの花が咲いている。

やがてコースの名称になった**トンビ岩**に出ると、尾根に沿って浅い谷を下る。谷の奥には今夜の宿である南竜山荘が見えてきた。

南竜山荘に着くと、先着していたメンバーが二階のデッキから歓迎の声をかける。部屋に荷物を置くのももどかしく、皆でデッキに出てビールのコップを傾ける。

デッキからは明日別山へ向かうときに通る南竜ヶ馬場を眺め、ゆったりとした時間を過ごす。

夕食後はイベントホールで開かれた「白山の四季」のスライドを鑑賞し、早々に就寝する。

翌朝、5時に起きだすと、空は快晴。まさに山日和である。食事を終え、出発準備を整えて山荘をバックに記念写真を撮り、山荘を後にする。

山荘下の分岐を左折する。木橋を渡りキャンプ場の中を抜け、南竜庭園に出て木道を辿る。なだらかな木道歩きの後、道は赤谷へ向かって下る。

南竜山荘を後に別山を目指す

赤谷はこのコース唯一の水場である。澄んだ水が流れる谷川を渡渉し、目の前に立ちはだかる油坂の山腹に取りつく。

油坂という名の通り、急峻な坂をジグザグに上ってゆく。樹木が途切れた草原の斜面には、ハクサンシャジンやミヤマクロユリの群生地が拡がり、振り返ると御前峰と南竜ヶ馬場が望まれる。

山腹に取りついて30分。今日一番の急坂を登りきると、見晴のよい尾根に出た。尾根上には**油坂ノ頭**と呼ばれるピークがあり、咲き競う高山植物を楽しみながら休憩をとる。

東斜面となる尾根の草原にはイブキトラノオやニッコウキスゲが群生し、足元にはカライトソウやマツムシソウも咲いている。

油坂ノ頭からはなだらかな尾根歩きが続く。日当たりのよい尾根道にはお花畑が拡がり、40分で小さな池がある平地に出た。

池の周辺は池塘になり、ミヤマクロユリが群生し、ミツバノバイカオーレンなどが咲いている。

更に道を辿ると、前方になだらかなピークが姿を見せる。別山かと見まごうが、これは御舎利山で、別山はその左奥に姿を見せていた。

なだらかな御舎利山腹には草原が拡がり、ハクサンフウロやハクサンシャジンが群生する。やがて**市ノ瀬分岐**の標識に着いた。ここにリュックを置いて別山山頂をピストンすることにする。

分岐から別山山頂までは10分ほど。丈の短いハイマツの中を行き、山頂直下に祀られた別山神社に参拝する。丸い坊主頭の**別山山頂**は意外に広く、中央に山頂標識の石柱が立ち、そのわきに二等三角点が設けられていた。

山頂からは360度の展望が開けるが、晴れ上がっていた空もいつの間にか湧き出した雲が覆い、視界を遮る。大倉尾根コース

急斜面を上り　油坂ノ頭へ

丈の低いハイマツに覆われた 別山山頂ドーム

の登山口がある大白川も靄にかすむ。山頂標識に集まり記念写真を撮り、15分ほどの山頂滞在で分岐へ戻る。

分岐から、すぐ目と鼻の先にある**御舎利山**まで上り、ハイマツの間にある広場で、転石に腰かけて昼食をとる。

昼食を終えて、御舎利山を後にハイマツのなかを長い下りが始まる。時折、上りの登山者に出合うが、大勢の登山者が上り下りする砂防新道に比べると、全く静かな山歩きである。その砂防新道の方を見やると、火山灰の山腹のいたるところに崩落跡が望まれる。

やがて尾根上に小屋が見え、尾根の鞍部から少し上り返すと**チブリ避難小屋**に着いた。小屋は通年開放されている無人小屋で、その小屋の周りに腰を下ろしてしばし休憩をとる。

小屋を出ると笹原の気持ちよい尾根歩きが続く。やがてブナやミズナラの樹林帯に入り、道は尾根から山腹に移る。

柳谷川の水音が聞こえるようになると、柳谷に設けられた**猿壁堰堤**のある林道に出て、30分ほどの林道歩きで市ノ瀬駐車場に下山した。

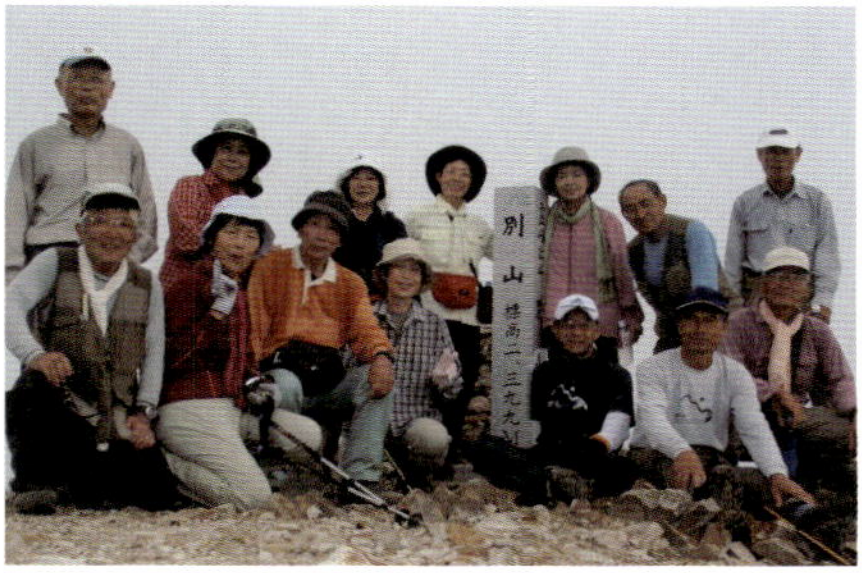

別山山頂で

チブリ避難小屋で一休み

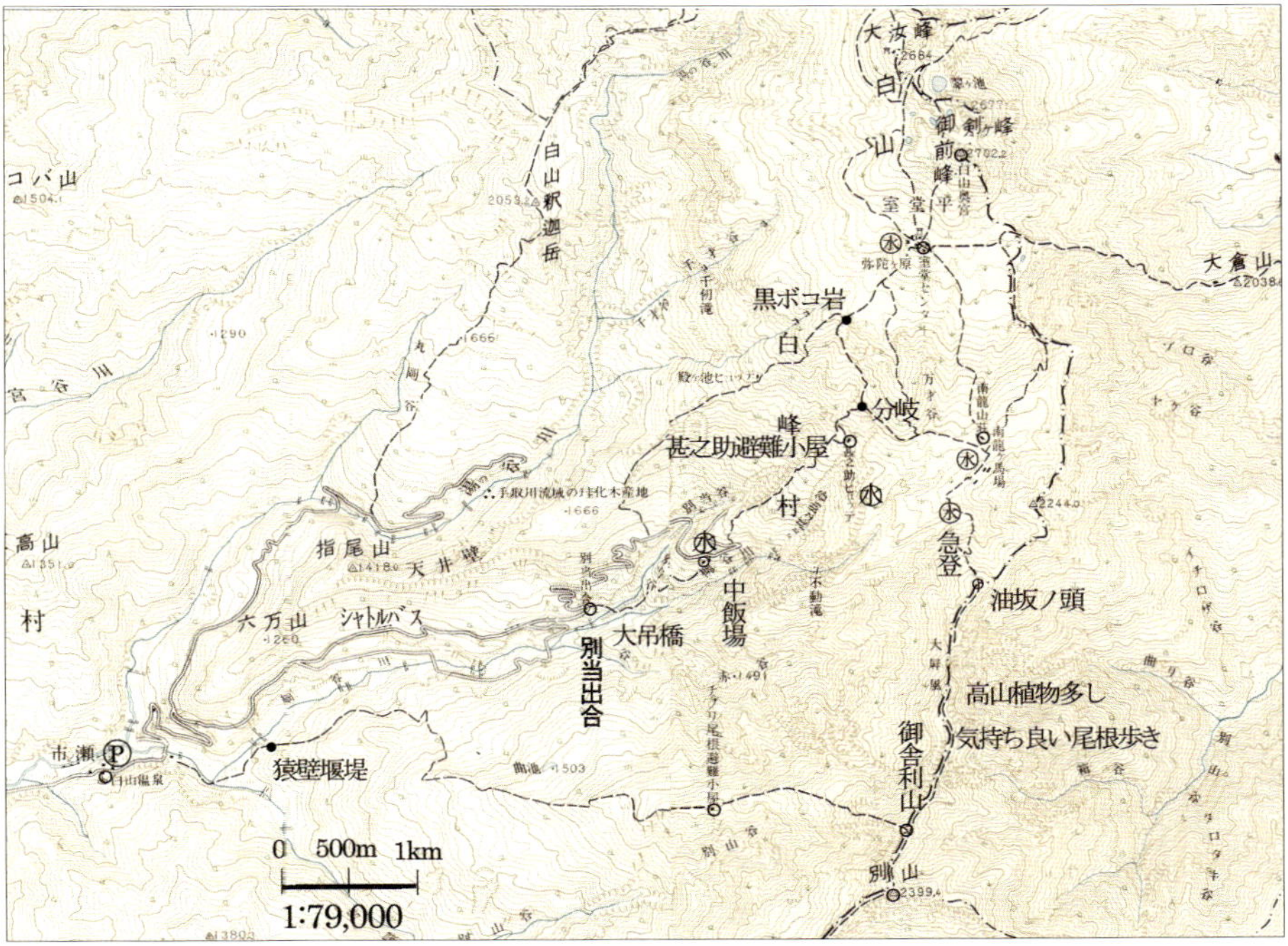

今の山体は２０００万年前のカルデラ火山の一部といわれる

88 荒《あら》島《しま》岳《だけ》 1523m

標高差◉1173m　登頂日◉2005・6・12
ルート図◉5万分の1地形図「荒島岳」　参加者◉20名

平家岳北尾根から望む 荒島岳（2009.10.12 撮影）

所属する山岳同好会の例会山行として、**荒島岳**に上ることになった。東海北陸自動車道の**白鳥ＩＣ**から油坂峠道路に入り、**油坂峠ＩＣ**を出て国道１５８号線を大野市方面へ向かう。途中、九頭竜ダム湖畔で休憩をとり、2時間弱で登山口の**勝原スキー場**の駐車場に入る。

駐車場に止められた車はあまり多くはないが、観光バスが1台止められていて入山者は多そうだ。

登山口にある電話ボックス内に置かれた入山届に記入し、ゲレンデ内に延びる工事用のコンクリート舗装された道に入る。

梅雨入り直後で天候が心配されたが、今朝方降った雨は上がり、山肌に低い雲がかかる。湿った空気の中での上りはきつく、すぐに体中から汗が噴き出してきた。道は短いリフトの上で右折し、深成岩の礫を踏みながら急坂を上る。

荒島岳は単体の成層火山ではなく、２０００万年前の大きなカルデラ火山の一部が残ったものといわれている。１８００万年前には、勝原を中心に深成岩が貫入し、それが、スキー場あたりに露頭として表れている。

スキー場にある登山口

ゲレンデのあちこちにムラサキツメクサが群生し、北米原産で大正時代に帰化したマメ科の植物イタチハギが黒紫色の花穂を伸ばす。岩礫が累々と続く急坂を上り詰めると**リフト最高部**に着いた。

麓の大野平野がガスに見え隠れするリフト終点駅で一息ついて後続を待つ。最後尾を遅れ気味にくるS子さんの体調が今一つで、ご主人のA氏ともども別行動をとることになった。

薄いピンク色をしたヤマボウシが咲くリフト駅から、本格的な登山道に入る。うっそうと茂った灌木の中に白から紅色に花の色が変わるハコネウツギが咲き、コアジサイが淡青色の散房花序を出す。落葉低木の下にはハナニガナが鮮やかな黄色の花をつける。

ブナの樹林は、時折、ガスに煙り、幻想的な演出をする。雨宿りができそうな洞ができたものや、大きなコブがあるものなど樹齢数百年のブナの巨木が続く。

延々と続くブナの尾根をひたすら上り、シャクナゲ平までの中間点に位置するブナ林で、水分を補給して一息つく。

展望の効かない樹林帯はまだまだ続く。しばら行くと、やや湿った林内を好むというコケイランが二株、笹の影にひっそりと咲いていた。

次第に長くなりがちな隊列を整え、蕨生から小荒島岳を経て延びてきたコースとの合流点である**シャク**

ブナの原生林を行く

荒島岳山頂から雲に包まれたは白山連峰を望む

荒島岳山頂広場から展望を楽しむ

小荒島岳との分岐シャクナゲ平

丸太の階段“もちが壁”

ナゲ平に到着した。

広場の真中に立つ分岐標識の周りで10分ほどの休憩をとり、再び、山頂を目指す。

シャクナゲ平から道はいったん下りになる。佐開からの道を右から併せ、程なく鞍部に下り、上り返しが始まる。前方に太い鎖が下げられ、丸太で組まれた急な階段が立ちふさがる。〝**もちが壁**〟と呼ばれる難所である。

下から見上げると、まさに壁というにふさわしい急坂である。延々と続く〝壁〟をただ黙々と上り詰める。20分ほどの上りで、左が大きく開けて**白山展望**に出た。あいにくなことに、白山には雲がかかり峰々を展望することができない。

少し行くと、観光バスで来ていた団体と坂の途中ですれ違う。団体をやり過ごすと、見晴のよい笹原に出た。イワカガミが花をつける緩い起伏の笹原を行くと、古びた小さな祠が祀られた**荒島岳**の山頂広場に着いた。

祠に手を合わせて、一等三角点にタッチする。雲に隠れていた白山連峰も姿を現し、北アルプスの峰々もうっすらと姿を見せる。展望は今一つだが、穏やかな山頂からの展望を十分に楽しみ、広場の中央にシートを広げて昼食をとる。

下山は、往路を辿る。途中、体調が戻ってゲレンデ上部まで下っていたS子さんと合流し、全員がそろって登山口へ戻った。

歩程◉ 5時間50分　9.6km

地点	標高	時刻	距離
勝原スキー場登山口	H=350m	8:15	
⇒ リフト最上部	H=670m	9:00~9:10	1.2k
⇒ ブナ林	H=880m	9:45~9:55	1.0k
⇒ シャクナゲ平	H=1204m	10:50~11:00	1.3k
⇒ 白山展望	H=1400m	11:30	0.8k
⇒ 荒島岳	H=1523.5m	12:10~13:45	0.5k
⇒ シャクナゲ平	H=1204m	14:30~14:40	1.3k
⇒ リフト最上部	H=670m	15:50~16:05	2.3k
⇒ 勝原スキー場登山口	H=350m	16:35	1.2k

織田信長が薬草の栽培を奨励した花の名山

89 伊《い》吹《ぶき》山《やま》 1377m

標高差◉1157m 登頂日◉2013・5・26
ルート図◉5万分の1地形図「長浜」 参加者◉8名

3合目付近から望む どっしりとした山容の伊吹山

今までに何度でも上った伊吹山だが、今回、日本百名山の登頂記録をまとめるに当たり、資料を得るために再度上ることになった。各務原から国道21号線を西へ向かい、大垣を経て関ヶ原の古戦場跡を抜け、伊吹山ドライブウェー入口の交差点を左折して国道365号線に入る。

2キロほど先で広域農道へ右折する。10分ほどで、「**伊吹山登山口**」の表示版を右折して登山口へと進むと、民家の庭先で駐車場の呼び込みが続く。道は**三ノ宮神社**前に出て、右が**登山口**になる。

三ノ宮神社横の駐車場に車を入れて身支度を整える。神社を回り込むように神社裏にも道があり、われわれは神社裏から登山道へ向かう。道路わきには帰化植物のイモカタバミが群生し、杉の植林に入るとヒメシャガが淡い紫色の花をつけていた。

程なく登山口から上ってきた登山道に合流する。石灰岩の露岩が多い登山道を右へ左へと蛇行しながら上り詰めて行く。樹林帯を抜けて林道を横切ると、目の前に伊吹山スキー場のゲレンデが拡がり**1合目**に着く。ここからは木陰がなくなり、まともに日差しを受けながらの上りが続く。

植林の中を行く

幸いなことに今日は、高層の巻層雲が拡がり日差しを遮ってくれている。大部分が木陰のないこのコースは、夏場には厳しい暑さとの戦いとなるため、夏は夜中に上る〝ご来光登山〟も多い。

ゲレンデにはキンポウゲ科のウマノアシガタが黄金色の花をつけ、アヤメが紫色の花を開く。ゲレンデを抜けると2合目の標識から左へ巻道になり、ゲレンデの奥に湖東の田園風景が拡がる。

木陰のないゲレンデを行く

右の徳蔵山を時計回りに巻くと、路肩にチシマオドリコソウの淡紫色が目につく。前方に伊吹山が姿を現し**3合目**の標識が立つ石灰岩台地に出る。トイレが建ち、木陰もあり休憩適地になっている。

3合目から4合目まではなだらかな草原を行く。4合目標識から右折して回り込むと**5合目**の山小屋に着き、伊吹山頂が一段と大きく迫る。

山頂までの見通しが利く山腹には、多くの登山者の列が続く。山腹を辿るとヤマガラシの黄色の花が咲き、7合目を過ぎると石灰岩の〝さざれ石〟が目立つ。伊吹山は石灰岩の山であり、その礫が雨で溶けだした石灰分で再び固まったも

一段と展望が拡がった８合目で

石灰岩の“さざれ石”

伊吹山頂に建つ 日本武尊像で

のが〝さざれ石〟である。伊吹山の東山麓には〝さざれ石公園〟などもある。

小さな祠が祀られた**8合目**に着き、3合目の草原の奥に拡がる麓の景色を眺めて一息入れる。

8合目を出ると、急斜面の山腹にイブキハタザオの群生地が拡がる。露岩が多くなった道を上り詰めて行くと、9合目を過ぎて山頂台地に上がる。

山頂には多くの高山植物が自生し、植物群落を巡る遊歩道が整備されている。まだ花の季節には早いが、遊歩道を行くと黄色の花をつけたエチゴキジムシロが咲き、ニリンソウが大群落を作る。

山頂台地を行くと、登山者と観光客が混在する**伊吹山**の山頂広場に着いた。広い山頂には立派なトイレのほか伊吹山寺や伊吹山頂資料館が建ち、5軒の土産物屋を兼ねた山小屋が建つ。山頂標識の横には日本武尊の像が建てられている。伊吹山は日本武尊が東征の折、最後に立ち寄ったところであり、このあと病に侵され病没したという。

山頂広場で昼食後、東へ少し離れた旧測候所跡近くにある一等三角点にタッチし、山頂を後に下山。登山口横の三ノ宮神社に参拝して帰路に着いた。

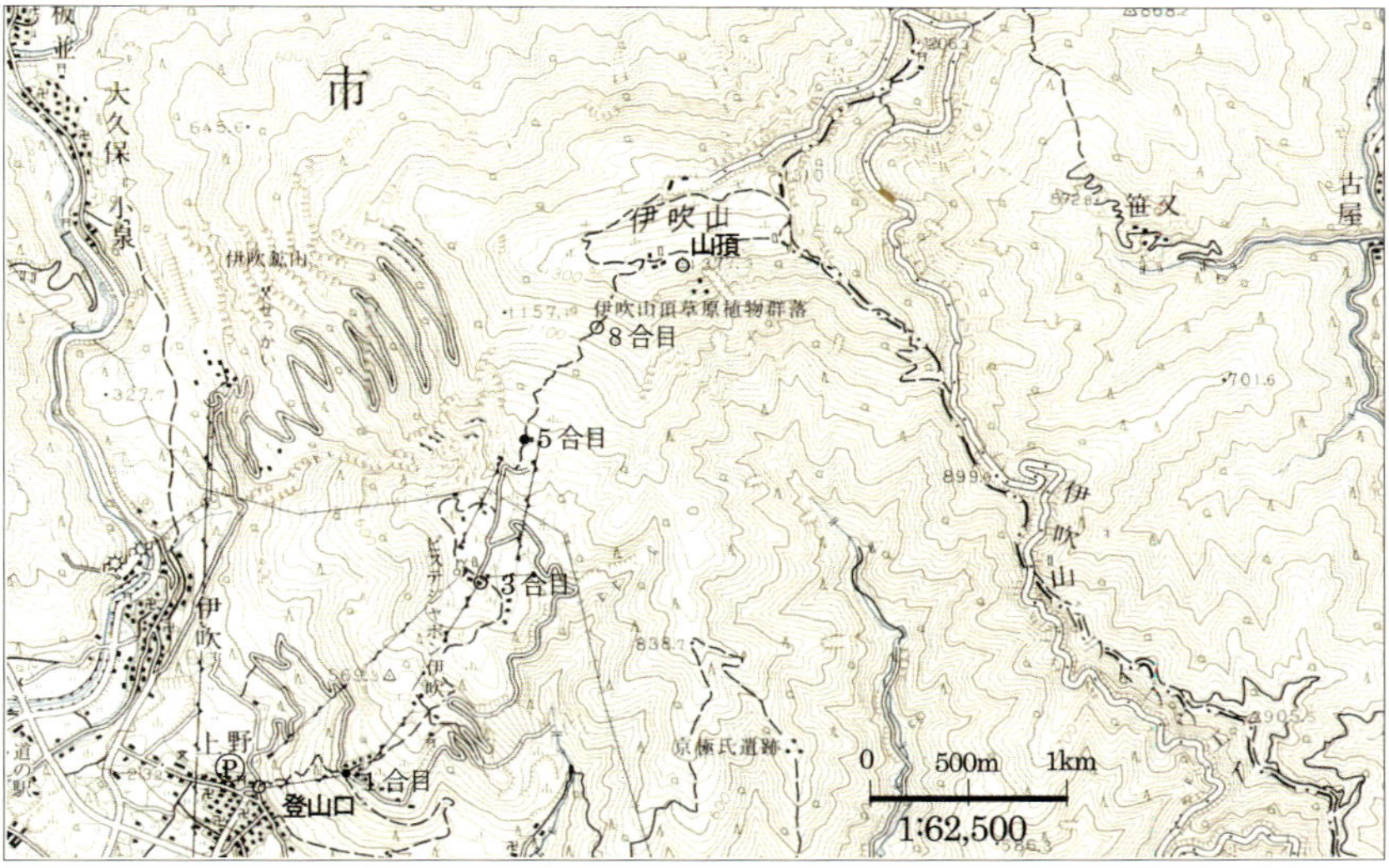

歩程◉ 5時間45分　12.0㎞

H=220m		H=420m		H=720m		H=880m		H=1220m	
登山口	⇒	**1合目**	⇒	**3合目**	⇒	**5合目**	⇒	**8合目**	⇒
8:35	0.9k	9:05~9:10	1.5k	10:05~10:15	1.2k	10:45	1.5k	11:40~11:50	0.9k

H=1337.3m		H=880m		H=720m		H=220m
伊吹山	⇒	**5合目**	⇒	**1合目**	⇒	**伊吹山登山口**
12:20~13:50	2.4k	14:55~15:05	2.7k	16:00	0.9k	16:25

降雨量日本一、秋の紅葉も日本一

90 大《おお》台《だい》ヶ《が》原《はら》山《やま》(日《ひ》出《で》ヶ《が》岳《たけ》) 1695m

標高差◉264m　登頂日◉2010・10・16
ルート図◉5万分の1地形図「大台ケ原山」　参加者◉6名

紅葉真っ盛りの大台ケ原山の主峰 日出ヶ岳

紅葉の最盛期を迎えた**大台ヶ原山**と、その西隣にある**大峰山**へ、一泊二日で出かける。大台ヶ原といえば雨の多いことで知られ、年間5000ミリという桁外れの降雨量は、もちろん日本一である。

西名阪自動車道と呼ばれる国道25号線の**針IC**からおよそ2時間。国道と県道を繋いで**大台ヶ原駐車場**に入る。紅葉の最盛期ということで駐車場は満車状態である。何とか空きを見つけて車を止め、身支度を整える。

すでに11時を過ぎているが、主峰日出ヶ岳までは1時間足らずで到着できる。駐車場の北東隅の**登山口**を入り、ブナ林の中に延びる散策路を行く。

ブナの葉が日差しを受けて黄金色に輝き、林床のイトザサが絨毯のように拡がる。散策路沿いには、ブナの他にもシロヤシやオオイタヤメイゲツなどのカエデ類が多く自生する。

錦秋の散策路を行く

散策路は右へ大きく迂回し、シオカラ谷の源流部で階段道を上がる。階段道を進むと、木々は更にその色を増す。倒木はあるがままの姿で遺され、紅葉した木々と対照的な姿を見せる。

道はやがて鞍部の展望台に着いた。多くの人が休憩をしている展望台からは、遠く尾鷲方面の熊野灘が靄にかすむ。展望台から山頂までは、山腹に長い階段が続く。立ち枯れになったトウヒを横目に、一段一段上り詰めて行くと**日出ヶ岳山頂**に建てられた展望台に着いた。

展望台の裏側に一等三角点が設けられているが、山頂標識は見当たらない。取りあえず三角点にタッチをして、展望台に上がって360度の展望を楽しむ。

山頂に建つ展望台

山頂広場の片隅にシートを広げて昼食をとり、三角点で記念写真を撮り、山頂を後にした。再び鞍部まで下り、階段道を登り返す。上りきった**正木嶺**は、笹原が拡がりトウヒの立ち枯れが目立つ。

尾根伝いに延びる階段道を辿ると、いたるところで紅葉が迎えてくれた。正木嶺から25分で、広い平地に一本の立ち枯れたトウヒが立ち、トウヒの生育南限とされる**正木ヶ原**に着いた。

さらに進むと、神武天皇が東征の折に魔物を封じたという牛岩が鎮座する**牛石ヶ原**に着く。神武天皇は熊野から八咫烏(やあたから

神武天皇像

枯れ木が林立する 正木嶺を下る

シオカラ谷の 吊り橋を渡る

草を食むニホンジカ

す）に先導され、この大台ヶ原を越えて橿原宮に入ったという。

神代時代が色濃く残る牛石ヶ原を後にする。シロヤシオの樹林に入ると、そこここに人馴れしたニホンジカがのんびりと草を食む。

分岐からシオカラ谷へ道を辿ると、九州・四国地方とこの紀伊半島に自生するツクシシャクナゲの群生地が拡がる。

しばらく平坦な歩きが続き、**シオカラ谷**へ一気に下降する。吊橋を渡り急坂を登り返すと、今日一番の大汗をかき坂の途中で一息入れる。

前半のハイキング気分も一気に消え、樹林の散策路を辿り、出発点の駐車場へ戻る。

今夜は駐車場の前にある宿泊施設に予約がしてある。宿舎に入り、5時からの入浴前に部屋に集まり、ビールで乾杯して明日への英気を養う。

歩程◉ 3 時間 15 分　8.0km

H=1570m		H=1693.9m		H=1680m		H=1620m		H=1580m
大台ヶ原駐車場	⇒	日出ヶ岳	⇒	正木嶺	⇒	正木ヶ原	⇒	牛石ヶ原
11:15	2.0k	12:00~13:00	0.3k	13:20	1.5k	13:45	1.3k	14:20

	H=1430m		H=1570m
⇒	シオカラ谷	⇒	大台ヶ原駐車場
1.5k	14:55~15:00	1.4k	15:35

91 大峰山《おおみねさん》（八経ヶ岳《はっきょうがたけ》） 1695m

標高差◉1915m　登頂日◉2010・10・17　参加者◉9名
ルート図◉5万分の1地形図「弥山」

大峰奥駈道の尾根から望む八経ヶ岳（左）と弥山

昨夜は早い時間からぐっすりと眠ったので、山行二日目の朝はすっきりと目覚める。大台ヶ原の駐車場に面した宿泊施設は通常の山小屋とは違い、6時を過ぎても静まり返っている。

宿で作ってもらった朝食用のおにぎりを持ち、**大峰山**へ向けて大台ヶ原を後にする。県道40号線大台ヶ原ドライブウエーを下り40分ほどで国道169号線を左折する。

5キロほど先で国道309号線に右折すると、国道とは名ばかりの山岳道路がグングンと高度を上げてゆく。周りを見下ろす高さまで来ると、目の前に突然鹿が現れ、ガードレールを飛び越して姿を隠す。さらに子供のイノシシが車の前を横切り、10数匹の猿に迎えられ行者還トンネルに入る。

1キロほどのトンネルを抜けると、路肩に登山者の車が並び、今朝ここで合流する3名の仲間が待っていた。仲間と合流し、身支度を整える。

出発前に朝食のおにぎりを食べて腹ごしらえをして登山口へ向かう。**大峰山登山口**と書かれた標識が立ち、脇に設けられた登山届ボックスに登山計画書を入れて階段を上る。

キャンプ地を抜け、沢に架けられた桟橋を渡り、左の山腹に取りつき、ブナ林にシロヤシオが混生する斜面を上る。

ブナの枯れ木に有毒のツキヨタケがびっしり生え、ツクシシャクナゲが山腹に群生する。

登山口から70分で**大峰奥駈道出合**に着いた。この道は、奈良県吉野山から和歌山県熊野三山を結ぶ尾根に開かれた修験道修行場の道である。

沢に架けられた桟橋を渡る

広場に祀られた　聖宝大師像

ここからは最盛期の紅葉を楽しみながら、快適な尾根歩きが始まる。尾根にはブナの他にも、シロヤシオやカエデの仲間のオオイタヤメイゲツが多く自生し、いずれも紅葉の最盛期を迎えている。

尾根を辿ると奥駈道の宿跡が残り、**石林ノ宿跡**には今も修験者が収めて行った木札が残る。降雨量の多さを物語る苔むした倒木を横目に進むと、三角点のある**弁天の森**を過ぎ、道は鞍部へ少し下る。

見上げると、紅葉の上に八経ヶ岳と弥山が姿を見せ、やがて、理源大師像が祀られた**聖宝宿跡**に着いて小休止をとる。

聖宝宿跡を出ると、弥山に向かって長い階段の上りが始まる。あまりの階段の長さに、途中で休憩を入れながら1時間かけて**弥山小屋**に到着した。

小屋周辺の広場には多くの登山者が休憩をとっていた。小屋の脇にリュックをデポして最高峰の八経ヶ岳を目指す。

小屋の横から左へ道をとり鞍部へ下る。目の前に三角錐の頂上を持つ八経ヶ岳が聳え、道は左へ迂回して稜線を辿る。

尾根には顔も赤く染まるほどの、オオイタヤメイゲツが見事に紅葉する。弥山小屋から25分で山頂直下のトウヒとシラビソの林を抜けると**八経ヶ岳**の山頂に着いた。二等三角点にタッチをして、山頂標識で記念写真を撮る。

山頂からは360度の展望が拡がる。大台ヶ原は薄い靄にかすみ、目の前の弥山は縞枯れによる虎刈り頭を見せていた。

山頂からの展望を十分に楽しみ、リュックをデポした弥山小屋に戻る。

弥山小屋前の広場で昼食をとり、再び長い階段を下り、大峰奥駈道を辿り登山口へ戻った。

弥山小屋

大峰山の主峰・八経ヶ岳山頂で

山頂から間近に弥山を望む

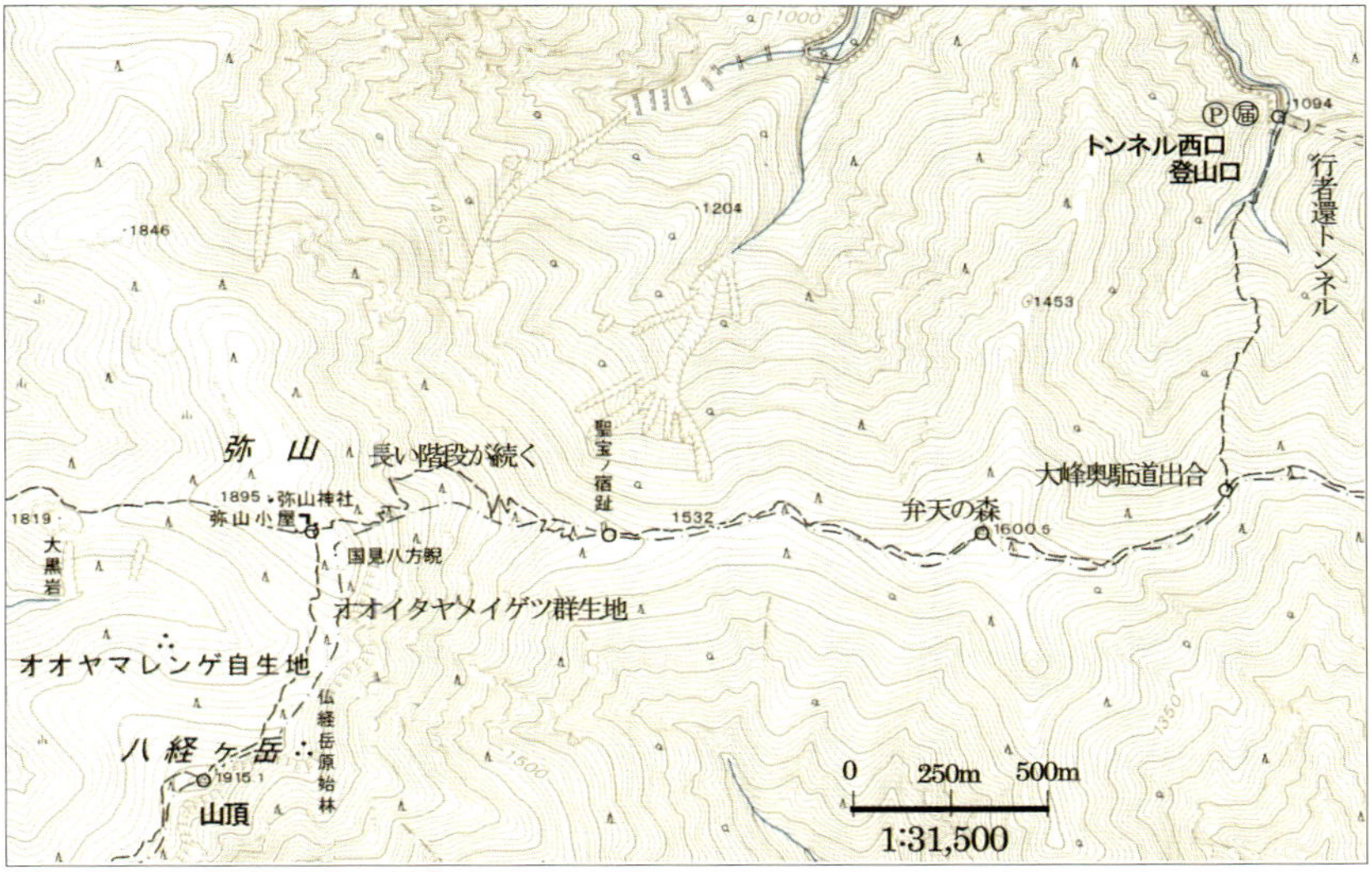

歩程◉ 6時間25分　11.6㎞

H=1094m 行者還トンネル西口 7:35 ⇒ 1.5k ⇒ H=1495m 大峰奥駈道出合 8:45~8:55 ⇒ 2.0k ⇒ H=1555m 聖宝宿跡 9:50~9:55 ⇒ 1.5k ⇒ H=1885m 弥山小屋 10:55~11:05 ⇒ 0.8k ⇒ H=1915.1m 八経ヶ岳 11:30~11:45

⇒ 0.8k ⇒ H=1885m 弥山小屋 12:10~12:45 ⇒ 1.5k ⇒ H=1555m 聖宝宿跡 13:35~13:40 ⇒ 1.5k ⇒ H=1600m 弁天の森 14:05~14:10 ⇒ 2.0k ⇒ H=1094m 行者還トンネル西口 15:25

「伯耆富士」。望む方角により山容は大きく変わる

92 大山《だいせん》（弥山《みせん》） 1711m

標高差◉961m　登頂日◉2003・10・25
ルート図◉5万分の1地形図「大山」　参加者◉15名

大山駐車場から仰ぐ大山の主峰弥山

　立山、白山と並び**日本三大霊山**の一つ**大山**。大山は見る方向によりその山容を大きく変える。西側の米子からは「伯耆富士」と呼ばれるように、穏やかな姿を見せる。南からは、稜線から中腹にかけて崩落の激しい山肌を見せ、北の日本海側からは、火口が崩れ落ちた火山としての姿を見せる。

　真夜中にマイクロバスで岐阜を発ち、東海北陸、名神、中国、米子の各自動車道を経て**米子IC**を出ると、県道20号線に入り20分で**大山駐車場**に着いた。駐車場にバスを止めて仮眠をとる。

　やがて車外も明るくなり、車内で朝食をとり身支度を整える。駐車場の奥には、左側の火口部分が激しく崩落した大山が姿を見せる。

　駐車場から佐蛇川沿いを行き、大山寺橋を渡り県道を少し進むと左へ**登山口**を入る。石段の道を進み、阿弥陀堂への道を右に分ける。登山道は丸太で土止めをした階段状の道が延々と続く。黄色が多いブナやカエデの紅葉の中を上ってゆくと、**3合目標識**に着いた。

階段状の道を行く

　3合目からは階段道は更に傾斜を増すが、見ごろを迎えたブナの原生林が疲れを癒してくれる。

　前方に「山の神さん」と呼ばれる祠が祀られていた。東の尾根から上がる日の出を拝んだ遥拝所跡だそうだ。5合目を過ぎると、左の元谷からの行者コースを併せる。しばらくすると視界が開け、**6合目避難小屋前**の広場に出た。

　ベンチに腰をおろし、麓の大山寺から日本海へと拡がる展望をしばし楽しむ。

　6～8合目は険しい北壁を左に見ながらの道となる。木の根や枝をつかみながら、赤茶色の安山岩質の凝灰岩が幾重にも重なった岩の間を抜け、ガラ場の急斜面を上る。

日本海に向かって展望が拡がる

　8合目からは頂上台地に上がる。台地上には、国の天然記念物に指定されたダイセンキャラボクというイチイの変種が群生し、キャラボクの保護のため頂上台地全域に木道が整備されている。

　そのキャラボクの観察も儘ならぬほど深い霧の中を行くと、霧の中から**山頂避難小屋**が浮かび上がり、すぐその先に山頂標識と展望台が設けられた大山の主峰である**弥山の頂上**に到着した。

　山頂を覆う濃い霧を避けて、すぐ下にある山頂避難小屋へ向かう。混みあった小屋の中で何とかスペースを見つけて昼食をとる。

　昼食を終えて屋外に出ると、い

つの間にか霧は晴れて青空が広がっていた。改めて明るい山頂周辺を散策する。

山頂には競技場の観客席のような木製のベンチが設けられ、登山者たちが腰をおろして昼食をとっていた。山頂から50メートルほど東の一等三角点があるピークへと向かう。

ピークに向かって狭い尾根を行くと、一等三角点が設けられた小広場に着いた。三角点にタッチして登頂を祝す。

ピークからは崩壊した北斜面の奥に日本海が望まれ、すぐ東には大崩落のため通行禁止になっている剣ヶ峰の荒々しい岩峰が続く。

青空が広がった山頂からの展望を十二分に楽しみ、山頂を後に下山を始める。

再び木道を辿り8合目まで戻る。高山植物の季節であれば、ダイセンキャラボクの他にも、頭にダイセンの名をつけた多くの花々が出迎えてくれたことだろうが、時はすでに紅葉の季節。

6合目避難小屋から再び日本海を眺め、5合目上の**分岐**から元谷への行者コースを下る。

紅葉に包まれた**元谷小屋**で一息つき、**大神山神社**に参拝し、登山口を経て駐車場に戻った。

山頂から少し離れた一等三角点があるピーク

一等三角点にタッチ

8合目付近の木道を下る

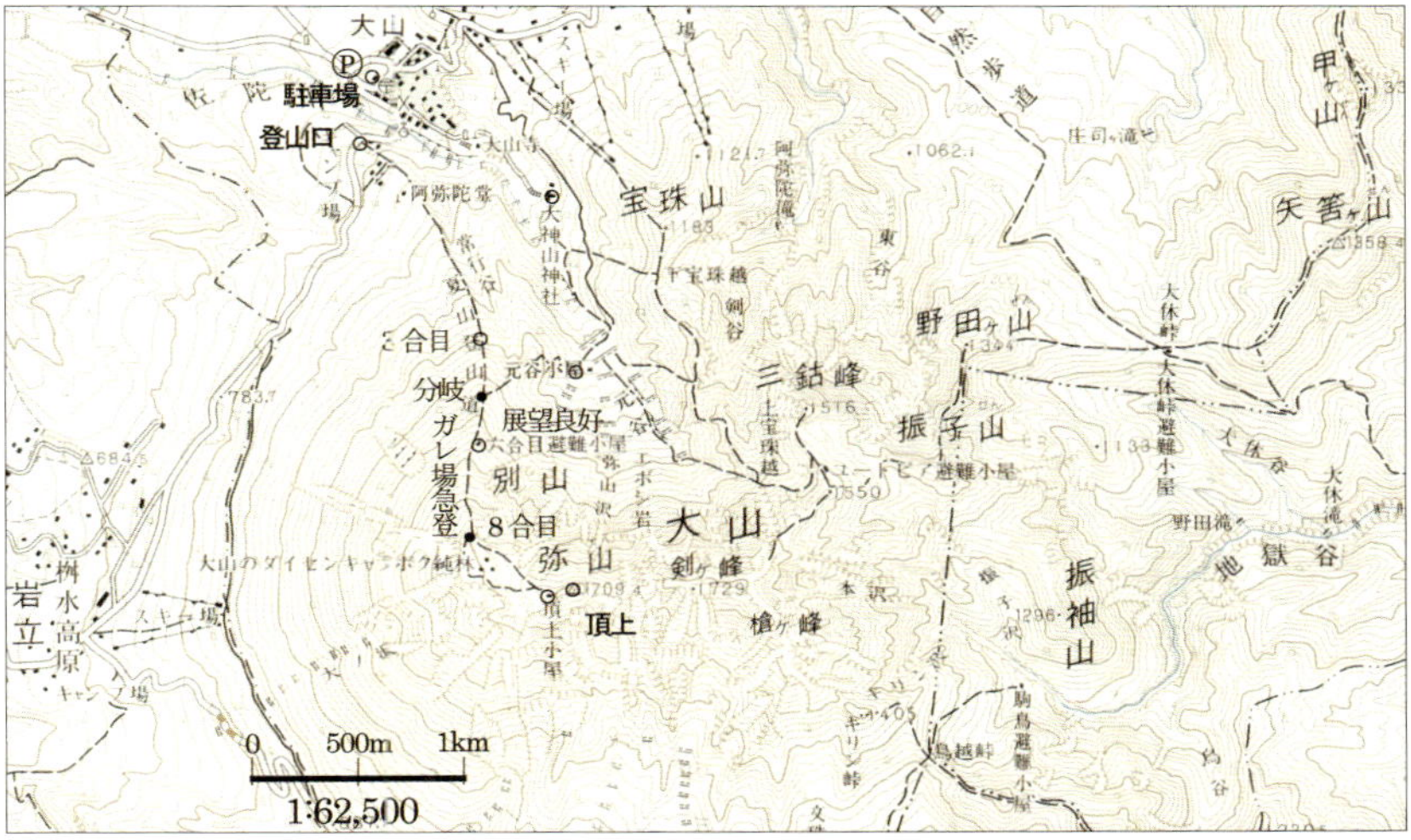

歩程◉ 5時間05分 7.9km

H=750m		H=780m		H=1080m		H=1350m		H=1711m	
大山駐車場	⇒	**夏山登山口**	⇒	**3合目**	⇒	**6合目避難小屋**	⇒	**大山（弥山）**	⇒
7:00	0.5k	7:10	1.0k	7:55~8:00	0.9k	8:45~9:00	1.1k	10:00~11:45	1.1k

H=1350m		H=1250m		H=1020m		H=880m		H=810m		H=750m
6合目避難小屋	⇒	**分岐**	⇒	**元谷小屋**	⇒	**大神山神社**	⇒	**大山寺**	⇒	**大山駐車場**
12:40~12:50	0.3k	13:05	0.8k	13:35~13:45	0.9k	14:05~14:15	0.6k	14:30	0.7k	14:40

93 剣《つるぎ》山《さん》 1955m

標高差◉245m　登頂日◉2001・10・21
ルート図◉5万分の1地形図「剣山」　参加者◉19名

剣山頂近く大岩に抱かれる本宮神社

今回の山行はマイクロバスをチャーターして、一泊二日で**石鎚山**と**剣山**を巡る山旅である。前日に石鎚山へ上り、坂出にある某社の保養所に宿泊。

生憎降り出した雨の中、8時前に保養所を出発する。高松自動車道の坂出ICを入り、川之江JCTを経て徳島自動車道に入る。**美馬IC**を出て美馬市街を抜け、吉野川を渡り国道192号線を左折する。2キロほど進み、右折して国道438号線に入る。貞光川に沿って山間部の狭い道をおよそ1時間半、剣山の観光登山リフト駅がある**見ノ越駐車場**に着いた。

雨は本降りとなり、山頂でいつものような昼食時間は取れない。雨具をつけ、最低限の飲食物以外は持たず、身軽になって駐車場を後にする。

先ずは登山口のある剣神社への石段を登り参拝をする。当初の予定では、リフトは使わずに山頂を目指すつもりだったが、この雨である。計画を変更してリフトを使って上ることにした。

剣神社へ。階段を上る

上った石段を再び下り、剣山観光登山リフトの**見ノ越駅**へと向かう。

スキーリフトに乗り、この標高1420mの見ノ越駅から西嶋駅まで標高差290mを15分かけてゆっくりと登る。

登り始めてすぐに、われわれが上る予定だった登山道の上を横切る。

スキーリフトで西嶋駅へ

神社の脇を抜けて山頂へ

リフトに揺られて行くと、両側には、すでに紅葉の最盛期を終えたブナの大木が続く。すれ違うリフトには簡易雨具に身を包んだ観光客が、寒そうに身を縮めて乗っている。

西嶋駅からは、当初の予定では大剣神社を経て山頂へ向かうはずだったが、直登コースに変更する。丈の低いミヤコザサが拡がる狭い尾根を直線的に上り、20分ほどで**剣山本宮神社**の前に出る。

神社に参拝して、頂上ヒュッテと神社の間を上ると、平家の馬場と呼ばれる一面にミヤコザサが茂るなだらかな頂上台地に出た。台地上には笹原を保護し、裸地化を防止するため木道が設けられている。

霧雨が吹き付ける木道の上を南西に進むと小さな山頂広場があり、石を1mほど円形に積み上げた中に一等本点三角点があった。

Ｉ氏が代表して三角点に上り、メンバーの人数分だけタッチをする。その手で皆が差し出す手にタッチをして**剣山山頂**への到達を祝す。リフトを降りてから25分での山頂到着という、何とも早いスピード登山となった。

山頂には雨を遮るものは何もない。山頂での長居は無用と、雨の中で記念写真を撮り、10分間の山頂滞在で木道を引き返す。

本宮神社まで戻ると、上りには気付かなかったが、神社裏手には高さ５ｍほどの黒色片岩らしき大岩が神社を抱いて鎮座していた。

一等本点三角点にタッチ

雨の剣山山頂で

再び神社に手を合わせて、リフトの西嶋駅まで戻る。ここで持ってきたおにぎりで昼食をとろうとＫ氏のリュックを開けると、持ってきたはずのおにぎりがない。仕方なく、持ち合わせた行動食を分け合って食べ、リフトで下山。

駐車場で昼食をとり、すぐに出発したため、数人が車酔いとなり、大変な山行となった。

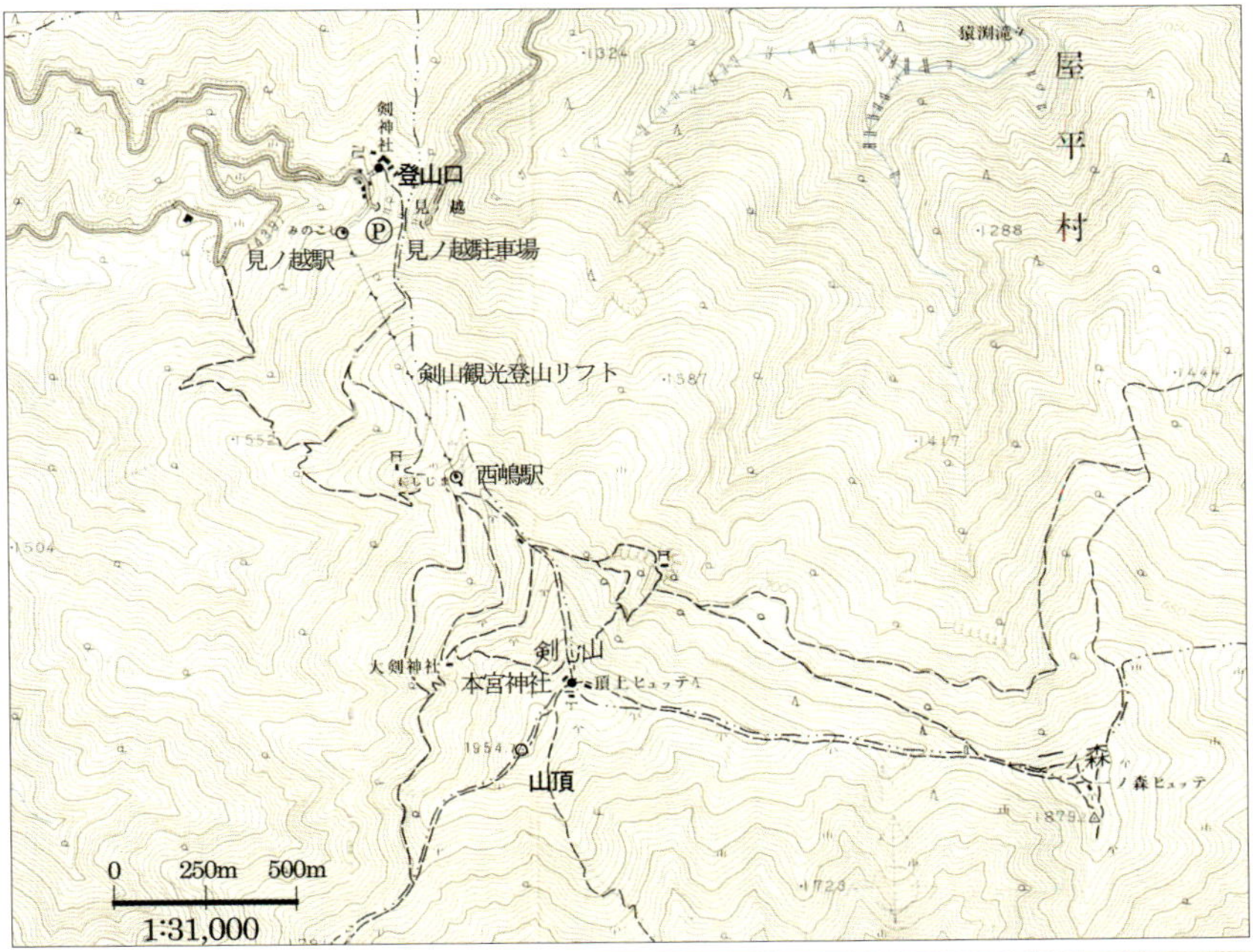

歩程◉ 1 時間 00 分　2.5km

H=1410m **見ノ越駐車場** 11:20 ⇒ 0.2k H=1420m **剣神社 登山口** 11:25 ⇒ 0.2k H=1415m **見ノ越駅** 11:30~11:35 **=リフト=** H=1710m **西嶋駅** 11:50~11:55 ⇒ 0.7k H=1940m **剣山本宮神社** 12:15

⇒ 0.3k H=1954.7m **剣山** 12:20~12:35 ⇒ 1.0k H=1710m **西嶋駅** 12:55~13:00 **=リフト=** H=1420m **見ノ越駅** 13:10~13:15 ⇒ 0.1k H=1400m **見ノ越駐車場** 13:20

岩場に架けられた太い鎖で名高い修験道場の山

94 石鎚山《いしづちやま》（弥山《みせん》） 1974m

標高差◉694m　登頂日◉2001・10・20
ルート図◉5万分の1地形図「石鎚山」　参加者◉19名

夜明峠から望む男性的表情の石槌山

今回の山行は、一泊二日で**石鎚山**と**剣山**とを目指す、四国の名山を巡る山旅である。当会の本拠地、岐阜県各務原市を夜中に出発し、自動車道を乗り継ぎ瀬戸中央自動車道を経て四国に入る。

高松、松山両自動車道を乗り継ぎ、**いよ西条IC**を出る。国道11号線から194号線へ左折し、県道12号線に右折する。左に黒瀬ダム湖を見て山間の狭い道を進むと、登山口の**石鎚山ロープウエイ山麓駅**の駐車場に入る。

駐車場で朝食をとり、始発のロープウエイに乗る。標高差830mを7分30秒でつなぐロープウエイから眺める山腹の木々は色を増し、遠く輝く瀬戸内の海を眺めていると**山頂成就駅**に着いた。

〝石鎚山レクリエーションの森〟として整備された遊歩道は、ウリハダカエデやシロモジが紅葉の見ごろを迎える。山腹を巻いて、数軒の旅館の前を過ぎると、**石鎚神社成就社**の社殿前に出た。

紅葉の八丁坂を行く

社殿左手の山門を出ると、紅葉の盛りを迎えた**八丁坂**を緩やかに下る。途中、石鎚山遥拝所の鳥居をくぐり、しばらく行くと前方に石鎚山の切り立った峰々が望まれた。

標高1300mの鞍部まで下り、割った丸太が並べられた階段を上り返すと〝**ためしの鎖**〟に着いた。直径3センチほどの太い鉄棒で作られた、今までに見たこともない大きな鎖である。

長さ74mの鎖場は予想以上に長く、中ほどからは岩が切り立ち、足がかりも少ない。女性たちには負担が大きく、間に入った男性たちの助力で何とか壁の上まで登る。

慎重に“ためしの鎖”を上る

岩場上部からの展望を楽しむ余裕もなく、再び下りの鎖にしがみつき、**前社森**の小屋に着いた。

小屋の前から右に巻いてゆくと、**夜明峠**と呼ばれるなだらかな峠に着く。道は樹林帯を抜け、前方に石鎚山の弥山と山頂小屋を望む笹原を行く。

やがて一の鎖から三の鎖まで本格的な鎖場が現れる。〝ためしの鎖〟で体力を消耗した女性たちは鎖場を避け、迂回コースに入り山頂を目指す。

迂回コースにはメッシュ鋼板の渡し板などもあったが、鎖場の上部へは直登組よりは早く、二の鎖、三の鎖と迂回して稜線まで上り詰める。前方には石鎚山から西ノ冠岳、更に堂ヶ森へと続く尾根の連なりが望まれる。

稜線出合を左へ5分で、石鎚神

社が祀られた**弥山頂上**に着いた。山頂では小屋の建設工事が行われ、狭い山頂は大勢の登山者で溢れていた。

目の前には、左側が大きく崩れた天狗岳が屹立し、立ち入り禁止の表示がされていた。

山頂の石鎚神社に参拝をして、山頂からの展望を楽しみながら後続を待つ。

数分遅れて上ってきた直登組と合流し、狭い山頂で昼食場所を探す。腰を下ろすような広場はないが、神社の石垣に、電線に止まったツバメのように並んで昼食場所を確保する。

毎回、それぞれが持ち寄ってくれる手料理のパックも、いつものように右から左へとはいかず、上下左右に手渡されながら昼食を終え、下山する。

途中の夜明峠でコーヒータイムをとり、前社森小屋で「しょうが湯」を飲み一息つく。山頂成就駅へ下ると、ロープウエイの臨時便を出してくれて、順調に駐車場まで戻ることができた。

明日の剣山山行に備え、今夜の宿舎である某社健康保険組合の保養所がある坂出へ向かう。

立ち入りが禁止されている天狗岳

石鎚神社の石垣に並んで 昼食をとる

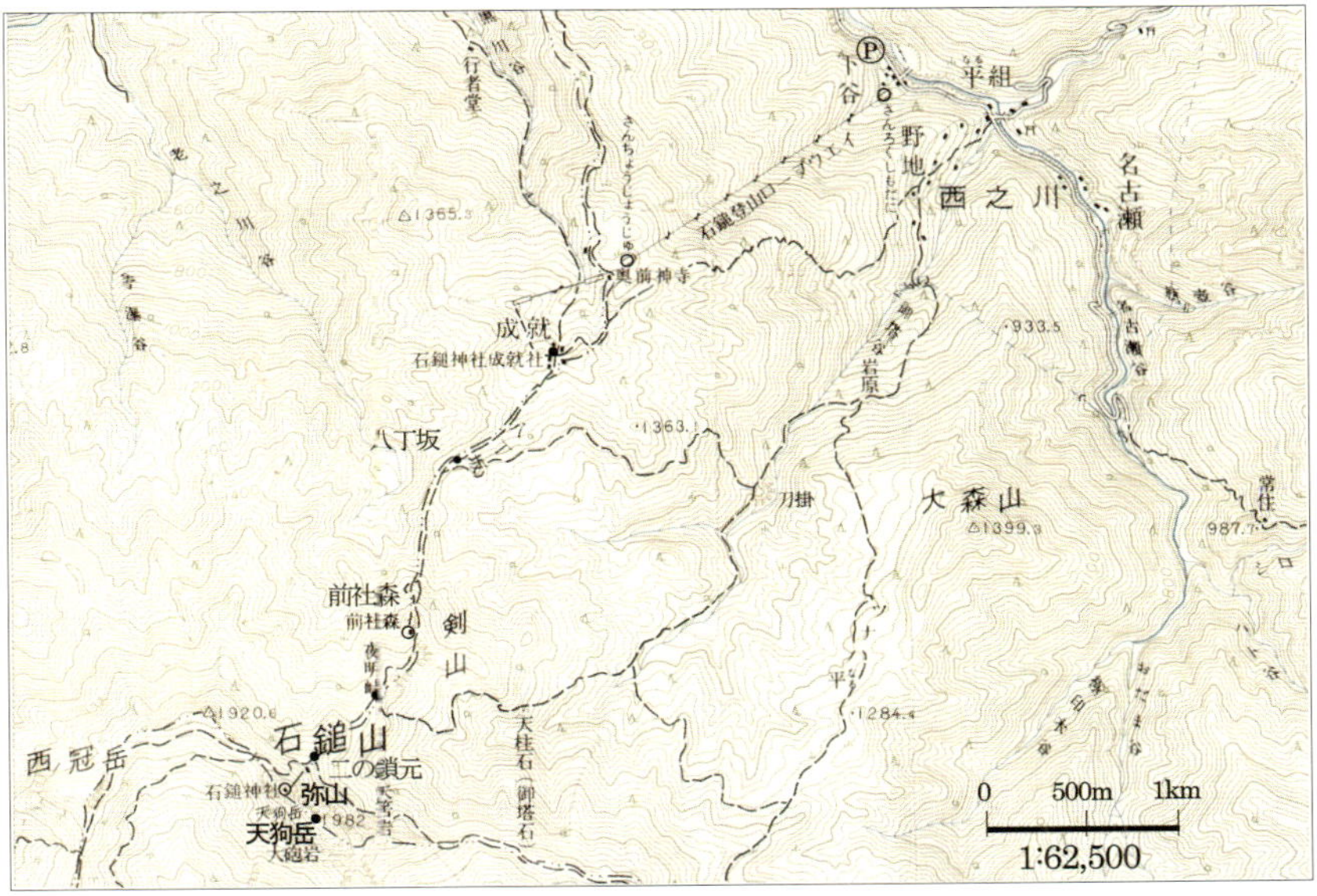

歩程◉ 5時間25分 7.2km

H=450m **山麓下谷駅** 7:50 **=ロープウエイ=** H=1280m **山頂成就駅** 8:00~8:05 ⇒ 0.6k H=1400m **石鎚神社成就社** 8:25 ⇒ 0.9k H=1300m **八丁坂** 8:40 ⇒ 1.1k H=1592m **前社森** 9:40~9:50 ⇒ 0.3k

H=1652m **夜明峠** 10:20 ⇒ 0.4k H=1810m **二の鎖元** 10:50 ⇒ 0.3k H=1982m **石鎚山(弥山)** 11:20~12:25 ⇒ 3.6k H=1280m **山頂成就駅** 14:55~15:10 **=ロープウエイ=** H=450m **山麓下谷駅** 15:20

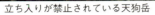

近畿・北陸・中四国　スナップ集

国道 158 号線の道の駅に展示されている恐竜像

10 月中旬の大台ケ原は 燃えるような紅葉に包まれる

大台ケ原ドライブウエーから西に大峰山を望む

全国最大規模の権現造りを誇る大山の大神山神社

石鎚山の修験者たちによって建立された仏像群

石鎚山中腹に石鎚山登拝の拠点として祀られた成就社

中岳から活動を続ける第二火口を始め第一～第四火口群を望む

九州

九州には、その成り立ちも多種多様な多くの名山がある。中でも規模の大きさでは群を抜いているのが阿蘇山である。阿蘇カルデラの内径は東西18㎞、南北24㎞と世界最大の規模を持つ。写真は噴煙を上げる第二火口と第三、第四火口である。

阿蘇のほかにも九重連山や霧島連山のように、現在も活動を続ける活火山も多い。

また、屋久島の代名詞である屋久杉には古木が多く、縄文杉や翁杉など推定樹齢3000年の杉が多く、他では見られない生育環境を備えている。

火山性ガスに注意が必要な活火山

95 九《く》重《じゅう》山《さん》（久《く》住《じゅう》山《さん》） 1787m

標高差◉457m　登頂日◉2008・5・19
ルート図◉5万分の1地形図「宮原」「久住」　参加者◉15名

九重ハイランドから九重連山を望む白煙を上げるのは硫黄山

　昨夜宿泊した**湯平温泉**の宿を8時半に出て、県道537号線を行き県道11号線へ左折する。やまなみハイウエーと名付けられた県道は、久住高原へ向かって高度を上げて行く。長者原の九重ハイランドを過ぎると、前方に**九重連山**が姿を見せ、硫黄山が白煙を上げる。

　九重連山は15～14万年前から活動が始まり、11万年前に沓掛山などが形成され、続いて8～7万年前には中岳や久住山などの中央部の主だった山体が形成されたという。山名の呼称も竹田市久住町では久住山と呼び、玖珠郡九重町では九重山と呼んでいるが、現在では、山域全体を九重連山と呼び、主峰を久住山と呼ぶことが一般的である。

　湯平温泉から40分で標高1330mにある**牧ノ戸峠**の登山口に着いた。レストハウス前にある大駐車場に車を止め身支度を整える。今のところ雨は降っていないが、見渡す峰々は雲に覆われている。

　レストハウス脇の**登山口**を入ると、大きな文字で書かれた警告版が立つ。この九重連山で唯一の活動を続けている硫黄山で発生する火山性ガスに対する注意である。北から風が吹くと西千里浜あたりが危ないが、今日は幸い南東の風である。

　登山道を入るとコンクリート舗装された真っすぐな道が延びる。舗装面がなぜか波打っていて歩きにくい。20分ほどで東屋が建つ**沓掛山第一展望所**に着いた。

　ここからは階段と木道が延び、沓掛山の稜線に出る。一般観光客が入ることができるのはここまで。阿蘇五岳や雲仙普賢岳までも見渡せるという展望台があるが、今日は生憎、ガスに煙る九重連山を望むのみである。

　ミヤマキリシマが紅紫の花をつける稜線を行くと、コヨウラクツツジが小さなつぼ型のつぼみをつけ、アセビがお馴染みの白い花房を下げる。

　玄武岩の間を縫って行き、**沓掛山**のピークがある大岩の前を通り抜け、岩場を下ってゆく。ツクシシャクナゲの紅紫の花が咲き、その横にはイワカガミも咲いていた。

沓掛山から岩場を下る

　階段を下りきると、火山灰の単調な尾根を行く。強風のため木々は風下へ枝を伸ばし、余り花も咲いていない中にニガイチゴの木が一本立ち、白い小さな花を枝いっぱいにつけていた。

　ガスが立ち込めてきて、本来なら前方に見えるはずの久住山の姿も全く見えない。扇ヶ鼻の分岐を過ぎ、星生山への道を左に見送る。**西千里浜**で休憩をとり、冷え込みに対して防寒対策をとる。

ほとんどアップダウンのない西千里浜を行くとガレ場に入る。いよいよ立ち込めていた霧が雨粒に替わってきて、急いで雨具をつける。

雨混じりの霧の中で視界が利かない。時々コンパスで方向を確認しながら、岩の間の踏み跡を辿ると**久住分れ**の避難小屋が建つ平地に出た。

分岐から北千里浜への道を左に見送り、右へ道をとる。次第に濃くなったガスの中、後方の人影も定かでない。岩につけられたペンキの印を拾いながら行くと、**久住山頂**の一等三角点に着いた。

山頂から南側には九重高原の先に祖母・傾山群が望まれ、その右側には阿蘇五岳が横たわるはずだが、あいにくの天候では何も見えない。ガスのなかで記念写真を撮り、10分間の滞在で山頂を後にする。

久住分れまで戻り、**避難小屋**で昼食をとり、ますます雨脚が強くなった往路を辿り、牧ノ戸峠へ下山した。

一等三角点

西千里浜で雨具をつける

雨まじりのガスが立ち込めた久住山山頂で

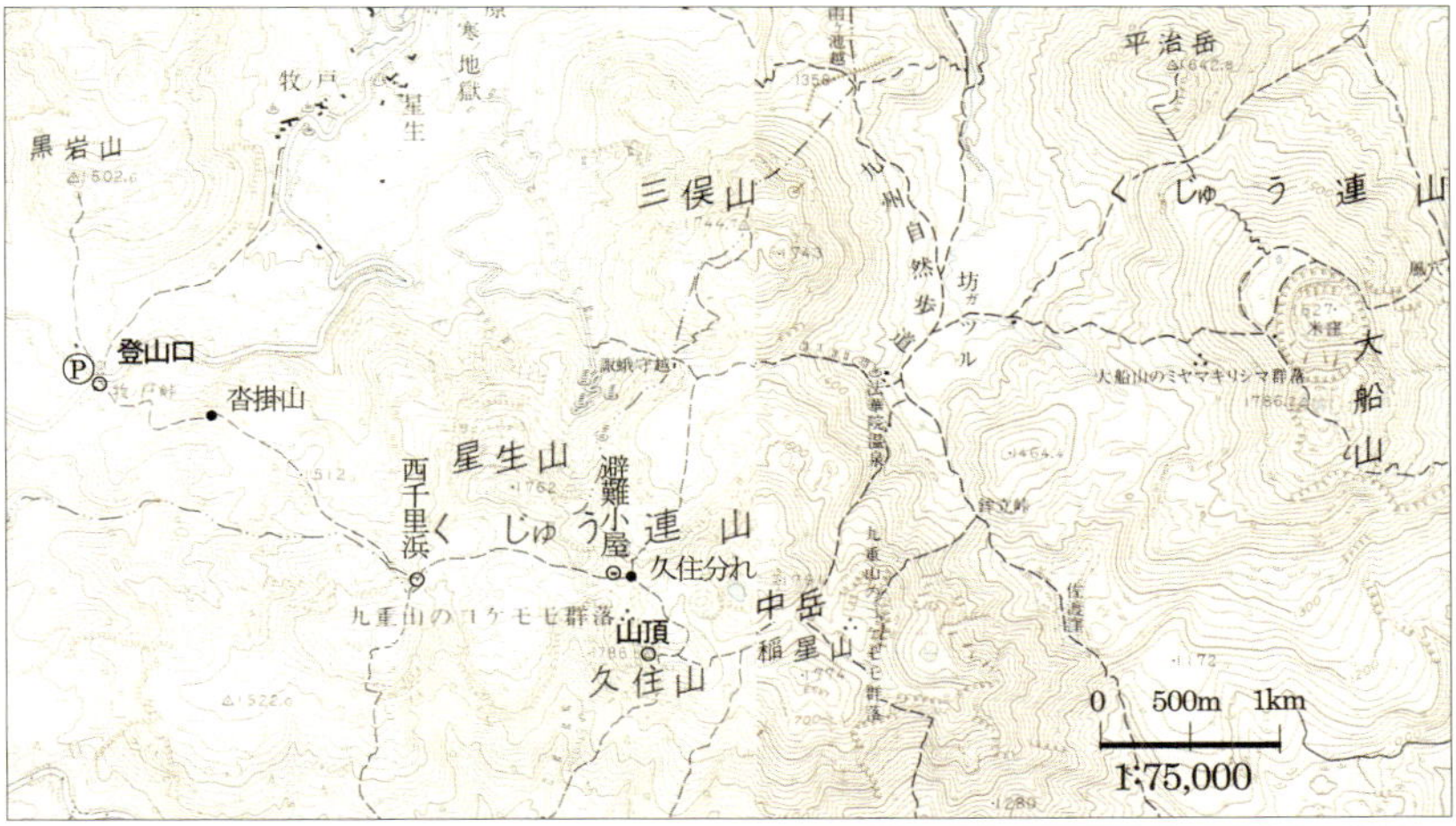

歩程◉ 4時間 15分　8.2km

H=1330m		H=1503m		H=1620m		H=1640m	
牧ノ戸峠	⇒	**沓掛山**	⇒	**西千里浜**	⇒	**久住分れ**	⇒
9:25	0.7k	9:55	2.0k	10:45~11:00	0.8k	11:40	0.6k

H=1786.5m		H=1640m		H=1330m
久住山	⇒	**久住山避難小屋**	⇒	**牧ノ戸峠**
12:00~12:10	0.6k	12:25~13:05	3.5k	14:45

山頂に神武天皇の祖母豊玉姫が祀られる

96 祖母山《そぼさん》 1756m

標高差◉1166m　登頂日◉2008・5・20
ルート図◉5万分の1地形図「三田井」　参加者◉12名

険しい岩肌を見せる九州の最高峰・祖母山

昨日は、久住山で雨の中を下山後、尾平鉱山跡がある**祖母山麓青少年旅行村**へ移動した。

今日の**祖母山**は、今回の九州山行中で最大の行程となるため、出発時間も予定を1時間繰り上げて5時とした。また、3名の女性メンバーが登頂を断念し、12名で青少年旅行村を出発した。間もなく日の出を迎える上空には青空が拡がる。

祖母山は、山頂に神武天皇の祖母の豊玉姫と兄の彦五瀬命が祀られていることから祖母山の名があるという。

また、祖母山の成り立ちは1300万年前、火砕流を伴った火山活動が始まり、コールドロン(祖母カルデラ)を形成したことが始まりである。その後1290万年前に再びコールドロンが始まり、火山活動は1000万年前までに終息した。カルデラは浸食により準平原になったのち、300万年前に花崗岩の隆起が始まり現在に至っているという。

尾平集落のもみじ屋旅館の駐車場わきにある**登山口**を入る。登山届を提出し、標識に従い奥岳川の右岸を行く。大規模な護岸工事跡を左に見て上流へ向かうと、10分で**吊橋**に着いた。

吊橋を渡り杉林に入ると分岐標識が立つ。右の谷コースは下山時に予定し、尾根コースへと左へ向かう。少し荒れた杉林を行くと尾根の先端に取りつき、急斜面を上り詰めると花崗岩の大岩の上に出た。

大岩を越えて行くと、サンショウの仲間で樹高が15mにもなるカラスザンショウが、幹にトゲのあとのいぼ状突起をつけて生えている。

尾根上には火山活動で出来た安山岩が、その後の花崗岩に押し上げられて散在する。その岩尾根を行くと、尾根の傾斜が厳しくなる。ほどなく右から谷コースが合流する二合目の**尾根分岐**に着き、標識の周辺に腰を下ろして朝食をとる。

尾根上の花崗岩の大岩で

分岐を後に尾根を行くと、小さな白い花が一面に散り敷いている。その時には解らなかったが、帰宅後に調べると、主に西南日本に分布するハイノキ科でハイノキ属一種のハイノキと解った。

日当たりのよい土手には、四国九州地方に多いシコクスミレが白い花をつける。急登が続き、尾根の巻き道で小休止をとる。山腹から尾根へ笹の中を這い上がり、尾根を辿ると**宮原**の分岐に出た。

ミツバツツジの咲く分岐で休憩をとり、左へ山頂を目指す。尾根にはツクシシャクナゲが淡い紅紫色の花をつける。左が開けた尾根からは、太古のカルデラを覗く。

展望地を離れ、安山岩の間を抜

馬の背を一人ずつ通過

けると、**馬の背**の難所に出た。刃物のように狭い岩尾根を、張り渡されたロープを頼りに、緊張した面持ちで一人ずつ慎重に渡る。

無事に難所を過ぎると、強風のため捻じ曲げられたブナの尾根を進む。ツクシアケボノツツジが淡い紅紫色の花をつけ、ほどなくコース唯一の水場がある**九合目避難小屋**に到着した。傍らに咲く満開のツクシシャクナゲの前でしばし休憩をとる。

九合目からは、オブジェのように曲がったイワシデが生える山腹を辿る。国観峠への分岐を右に分けると、意外に広い**祖母山頂**に着いた。

山頂広場の中央には豊玉姫と彦五瀬命が祀られた祠があり、その傍らに立つ一等三角点にタッチをして登頂を祝す。山頂からは展望が拡がり、南に高千穂の峰々を望み、西にはやや離れて阿蘇五岳が霞にかすむ。

山頂広場の岩に腰をおろして昼食をとり、標識に集まり記念写真を撮り山頂を後にする。

往路を辿り尾根分岐まで戻り、左の谷コースへ入る。谷川を渡渉し林道に出て再び谷へ下り、凝灰岩の崖の前を通る。

杉林に入り尾平鉱山時代の屋敷跡を過ぎ、再び吊橋を渡り登山口へと戻った。

九合目避難小屋

豊玉姫と彦五瀬命が祀られた 祖母山山頂

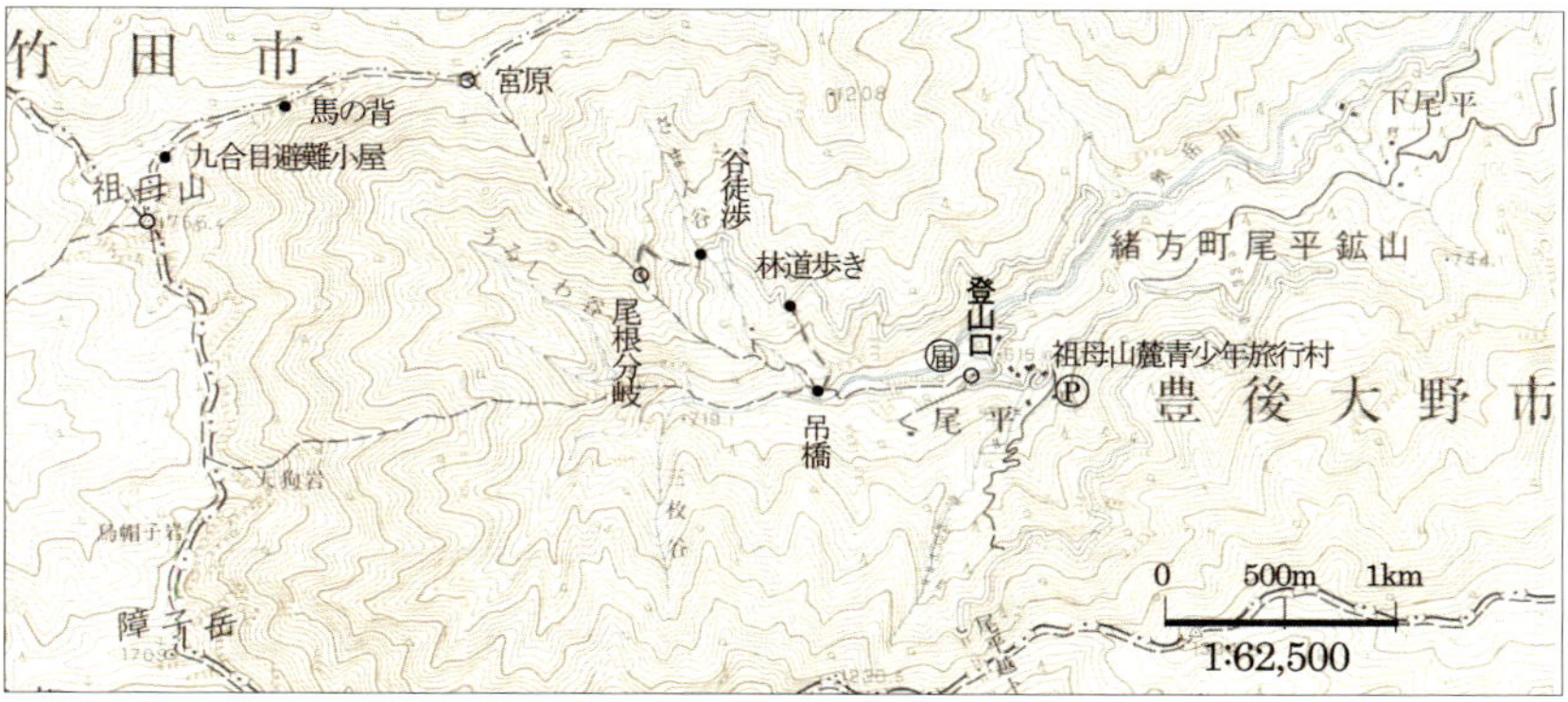

歩程◉ 7 時間 10 分　10.5km

H=590m	H=600m	H=940m	H=1402m	H=1573m	H=1756.4m
尾平登山口 ⇒	**吊橋** ⇒	**尾根分岐** ⇒	**宮原** ⇒	**馬の背** ⇒	**祖母山**
5:15 0.7k	5:25 1.0k	6:25~6:45 1.4k	8:10~8:15 1.0k	9:00 0.8k	9:45~10:35

H=1402m	H=940m	H=770m	H=600m	H=590m
⇒ **宮原**	⇒ **尾根分岐**	⇒ **谷渡渉**	⇒ **吊橋**	⇒ **尾平登山口**
1.8k 11:40~11:50	1.4k 12:45~12:55	0.5k 13:10	1.2k 13:50	0.7k 14:00

世界一の規模を持つ巨大カルデラ

97 阿蘇山《あそざん》（高岳《たかだけ》） 1592m

標高差◉697m　登頂日◉2008・5・21
ルート図◉5万分の1地形図「阿蘇山」　参加者◉15名

ミヤマキリシマの裾模様を纏い 荒々しく口を開ける高岳火口

第一回九州山行の最終日は**阿蘇山**を目指す。阿蘇の南東に位置する、**南阿蘇国民休暇村**の朝は快晴の内に明けた。阿蘇五岳の姿をしっかりと記憶にとどめるため朝の散歩に出ると、宿舎の目の前に阿蘇連山が圧倒的な姿で迫る。

阿蘇の成り立ちは30万年前の火山活動から始まり、以後14、12、9万年前と4回の大規模な噴火を繰り返したといわれる。また、この噴火によって形成された阿蘇カルデラの内径は、東西18km南北24kmに及び世界一の規模となっている。

昨日と違い、今日はゆっくりとしたスケジュールである。8時に休暇村を出て、刻々と変化する阿蘇山の姿を左に眺めて進む。国道265号線から仙酔峡道路に入ると、道は標高を上げながら笹原を行く。前方に仙酔峡ロープウエイの阿蘇山東駅が見え、駅手前300mにある**登山者用駐車場**に入る。

車外に出ると、高岳を中心にした阿蘇の山肌が迫る。仙酔峡の真上にあるお椀を伏せたような仙酔山は満開のミヤマキリシマに埋め尽くされ、山腹が紅紫色に染まる。

駐車場から10分で**阿蘇山東駅**の観光客用駐車場を抜け、**仙酔峡**に架かる橋を渡る。

ミヤマキリシマの群生地を行く

体が紅紫色に染まりそうなミヤマキリシマ群落の間を上り詰める。季節が早いのか、他の高山植物は目につかない。

仙酔峠に着き、一息ついて仙酔尾根を辿る。幾重にも重なった溶岩の表面には、餅のように火山弾がくっつき、でこぼこして歩きにくい。短い間隔で休憩をとりながら急坂を上り詰め、振りむくと広大な阿蘇カルデラの景観が拡がっていた。

頭上に迫る火口壁を見上げて一息つき、右へ迂回して**高岳火口壁**の上に出ると、穏やかな稜線上を行く。

稜線上を右へ10分ほど行くと、大岩の上に設けられた**高岳山頂**の一等三角点に着いた。山頂で記念写真を撮り、隣に見える中岳へ向かう。

眼下には 広大な阿蘇カルデラの景観が拡がる

険しい火口壁を見せる中岳の奥には、端正な姿の烏帽子岳が鎮座する。火口壁の上を辿ってゆくと、ここにも餅を叩きつけたような溶

阿蘇の南東にある 南阿蘇国民休暇村から望む 阿蘇連峰 (右から根子岳、高岳、中岳、杵島岳、烏帽子岳と続く)

噴煙を上げる 中岳第二火口と火口群

高岳山頂で (左奥が高岳山頂標識)

岩が並んでいた。

　阿蘇五岳の内で今も活動を続けている中岳の頂上は、意外なほど穏やかな表情をしていた。しかし、頂上西には第一から第七の火口群が並び、第二火口からは白い噴煙が上がっていた。

　展望所から中岳を仰ぎ見ると、ピラミダルな山頂に荒々しい火口壁を纏い、まさに名山にふさわしい姿を見せていた。**火口東展望所**からロープウエイの**火口東駅**へ舗装された道を下る。20分間隔で運行されるロープウエイに乗り、ゴンドラから中岳と高岳の刻々と変わる表情を楽しみながら、阿蘇山東駅へ下山した。

ピラミダルな姿の 口岳

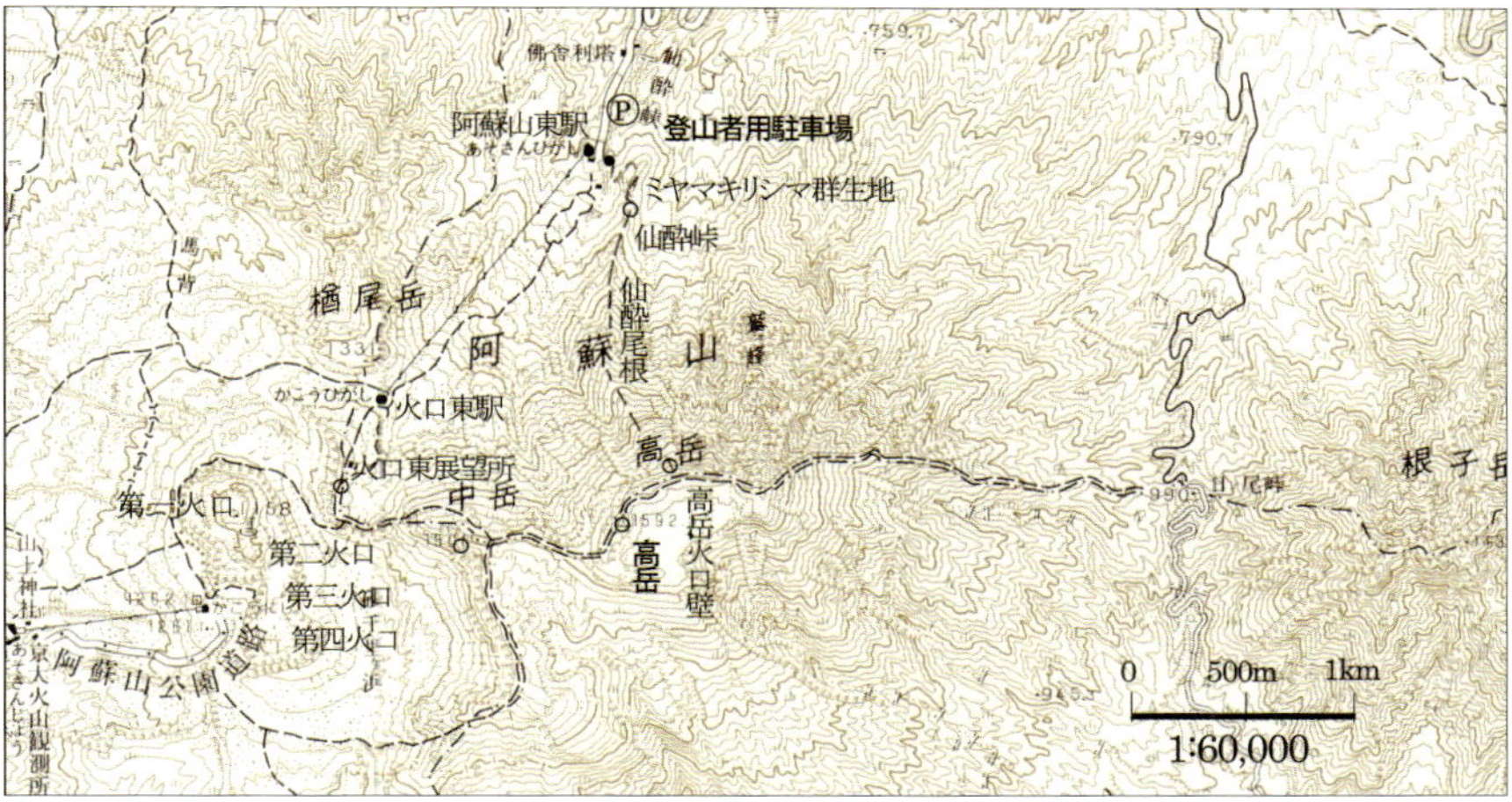

歩程◉ 3 時間 05 分　5.5km

H=895m		H=900m		H=960m		H=1500m		H=1592.3m
登山者駐車場	⇒	阿蘇山東駅	⇒	仙酔峠	⇒	高岳火口壁	⇒	高岳 ⇒
8:50	0.3k	9:00	0.8k	9:20~9:30	1.1k	10:50~11:00	1.0k	11:20~11:30　0.7k
H=1506m		H=1350m		H=1280m		H=900m		H=895m
中岳	⇒	火口東展望所	⇒	火口東駅	=ロープウェイ=	阿蘇山東駅	⇒	登山者駐車場
11:50~12:10	0.8k	12:30~12:35	0.5k	12:45~13:00		13:10	0.3k	13:15

天孫降臨の神話が伝わる霧島連山の主峰

98 霧《きり》島《しま》山《やま》（韓《から》国《くに》岳《だけ》） 1700m

標高差◉420m　登頂日◉2009・5・17

ルート図◉5万分の1地形図「韓国岳」　参加者◉10名

ガスと強風が吹き抜ける 韓国岳山頂で

昨年は第一回九州山行として、九州北部の九重山、祖母山、阿蘇山の三山を巡った。今年は、第二回九州山行として、九州南部に位置する**霧島山**、**開聞岳**、そして屋久島の**宮之浦岳**の三山を巡る。

前日の夕方、大阪南港から宮崎カーフェリーに乗り、翌朝9時前に**宮崎港**に上陸した。

上陸後、**宮崎ＩＣ**から路側帯にソテツが植えられ、南国ムードが漂う宮崎自動車道に乗る。自動車道を走る車両は少ない。この時点では空には薄い雲はかかっているが日差しはあり、まずは山日和の感じだった。

車が都城を過ぎると、左前方に霧島山塊が見えてきた。複合火山である霧島連山の数多い峰々はすべて頭を雲に覆われ、天気は下降気味である。**小林ＩＣ**を出て県道1号線に入り、えびの高原を目指して山腹を上り詰めて行く。

えびの高原に入ると、あたり一面濃いガスが漂い10m先も見えない状態である。フォグランプをつけて、ゆっくりと進むと**硫黄山駐車場**に着いた。

本来ならばいくつか見える火口群も、まるで見えない。雨具をつけて身支度を整え、天候の回復を祈りながら**登山口**を入る。

登山口には1768年の噴火によって形成されたという硫黄山の自然研究路案内板が立てられている。登山口の近くにあるはずの硫黄山の姿は、霧に隠れて定かでない。

霧島火山の活動には前期と後期の活動があり、現在、前期についてはあまりよく分かっていない部分もあるが、後期の活動は30万年前から始まり現在みられる多くの火口群を形成したという。有史以来もたびたび活動があり、享保元年（1716）、明和8年（1771）、文政5年（1822）と続き、近年では昭和34年に続き、平成23年1月の新燃岳の噴火は記憶に新しいところである。

登山口から階段を上ってゆくと、山腹には強い横風が吹き付ける。女性たちは、そのたびにストックで体を支えながらの上りが続く。

長い階段が途切れるとコース標識が立ち、霧島山縦走路に入る。霧の中からお目当てのミヤマキリシマが、鮮やかな紅紫色の花を枝一面につけて迎えてくれた。

1合目、2合目と7～8分ごとに標識が立ち、行程の把握はしやすい。

3合目に来ると、佐賀・鹿児島に自生するが、本場は屋久島というサクラツツジがピンクの花を満開につけていた。

霧が流れる登山口を入る

満開のミヤマキリシマ

大峰山の主峰 八経ヶ岳山頂で

ピンクの花のサクラツツジ

高度を上げるに従い、時折見るミヤマキリシマもガスに覆われてはっきりとは見えない。**5合目**で一息つき、火山礫が濡れて滑りやすくなった道を辿る。

8合目を過ぎて、韓国岳の火口付近まで来ると、吹き付ける風は更に風速を増してきた。身の軽い女性たちは、風に飛ばされないように互いに腕を組みながら、やっとの思いで**韓国岳山頂**に着いた。

山頂は巨岩が積み重なりあう。女性たちは、岩の間に設けられた一等三角点にタッチし、互いに抱き合って登頂を喜ぶ。

写真を撮ろうにも強風で三脚は使えず、何とか記念写真を撮り、5分間という短い滞在で山頂を後にする。

山頂から下り始めるころ、霧はついに雨に替わり、持って行った昼食もそのままに、登山口へ向かって雨の中をひたすら下山した。

火山礫に足をとられながら 火口壁付近を行く

三角点にタッチ

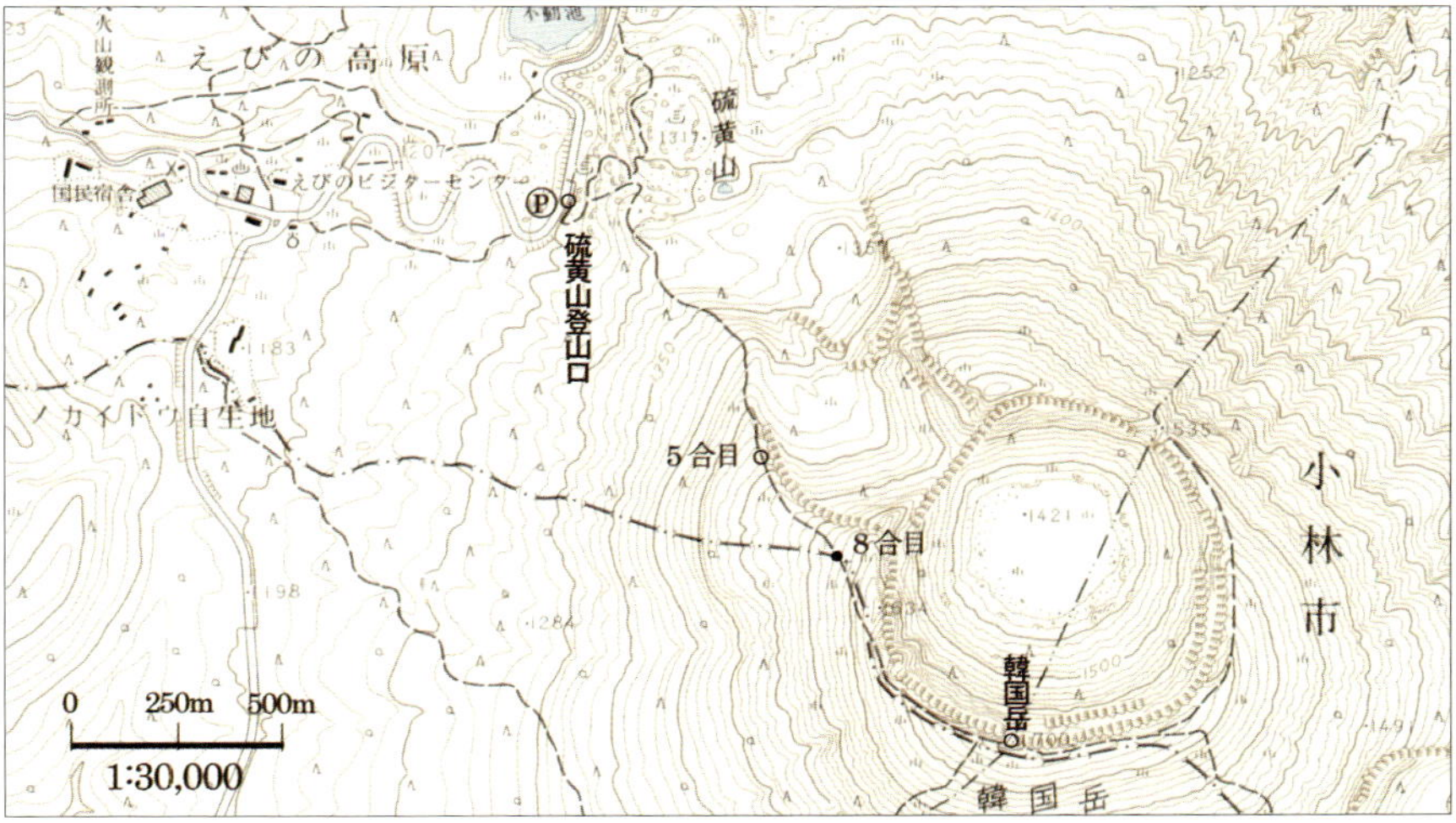

歩程◉2時間35分 4.2㎞						
H=1280m		H=1490m		H=1700m		H=1280m
硫黄山登山口	⇒	**5合目**	⇒	**韓国岳**	⇒	**硫黄山登山口**
10:30	1.2k	11:20~11:30	0.9k	12:00~12:05	2.1k	13:20

海にせり出した三角錐の二重式火山

99 開《かい》聞《もん》岳《だけ》 922m

標高差◉802m　登頂日◉2009・5・20

ルート図◉5万分の1地形図「開聞岳」　参加者◉10名

山行当日朝7時に、屋久島の安房港で高速船トッピーに乗り、船上から開聞岳を眺めながら2時間半をかけて鹿児島本港に戻ってきた。

ふれあい公園から眺めた開聞岳

10時少し前、鹿児島本港のパーキングに預けておいた車に乗り込み、国道225号線から指宿スカイラインを経て、開聞岳の登山口である**ふれあい公園**の駐車場に入った。

駐車場で昼食をとり、正午過ぎに駐車場を出発する。午後からの出発は、私の百名山記録の中で最も遅い出発となる。幸い、今夜の宿泊先である休暇村指宿までは30分ほどで行ける距離なので、あえて午後からの登頂を敢行した。

公園の管理棟の前を通り、広い芝生広場を横切ってゆく。広場からは、コニーデ型の上にトロイデ型が乗った二重式火山という、端正な姿の開聞岳が聳える。広場を抜けて道路に出ると、駐車場から10分ほどで**2合目登山口**に着いた。

2合目登山口

登山口を入ると、鬱蒼とした樹木に覆われた薄暗い登山道を行く。足元の登山道はスコーリアと呼ばれる粒子の細かな火山灰で、その上に木々が茂っている。

3合目付近の登山道は火山灰が流され、深い溝が続いている。火山灰は少し大粒の火山礫に替わり、足が滑って歩きにくいことこの上ない。

4合目の急登を過ぎると道は緩やかになる。登山口から50分、**5合目**の小さな広場に出て一息つく。

5合目を出ると木道なども設けられた坦々とした上りが続く。ベンチが設けられた7合目から、樹木はこの地方に多いコバノガマズミなどに替わり、左に開け始めた展望を楽しみながら進む。

火山灰が流され 溝状の登山道

登山道には所々に巨岩が顔を見せ始める。玄武岩の巨岩は雨が降れば滑りやすいが、岩の上をペース良く踏んでゆくと意外に高度は稼げる。

8合目の標識で一息つき、持ってきた〝干し柿〟を分け合い、難所に向かってパワーアップを図る。

枕崎から東シナ海方面への展望が拡がる

8合目を出ると巨岩が多くなり、女性たちには厄介な道になる。登山道は山頂へ向けて時計回りに巻いて進む。半周

ロープを頼りに巨岩を越える

池田湖（カルデラ湖）をバックに

を過ぎたころから前方が開けて、枕崎方面を展望する。足元の海岸線を眺めると、開聞岳が海に突き出している様子がよく分かる。展望は更にその先に続く東シナ海へと開け、日本の最南端にいることを実感させられる。

前方にロープとハシゴが架けられた巨岩が現れる。女性たちもロープを握り、ハシゴを踏みしめて次々と巨岩を越えて行く。

コース最大の難所を過ぎると山頂は近い。山頂近くの急坂は上り下りのコースが分けられている。その上りコースを上り詰めて行くと、右手に山頂が見えてきて、安山岩の巨岩が累々と重なり合う**開聞岳**の山頂に到着した。

山頂は岩が積み重なり広場はない。岩に腰を下ろして山頂からの展望を楽しむ。イッシー伝説が残る池田湖をバックに山頂標識で記念写真を撮り、25分の滞在で山頂を後にする。登山口へ下山後、指宿の宿舎へと向かう。

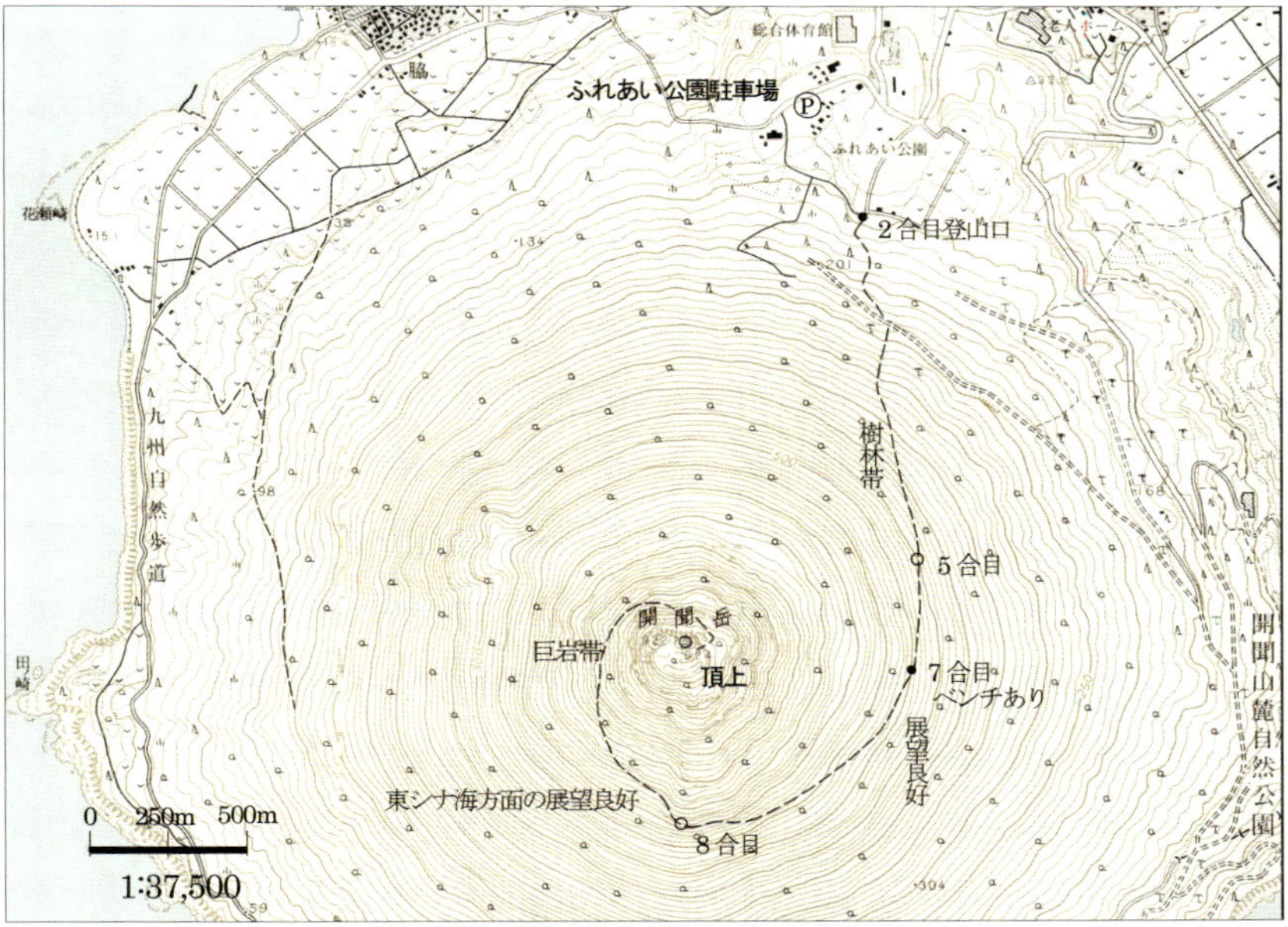

歩程◉ 4時間45分　8.2㎞

H=120m		H=160m		H=520m		H=600m		H=922.2m
ふれあい公園	⇒	**2合目登山口**	⇒	**5合目**	⇒	**8合目**	⇒	**開聞岳**
12:05	0.6k	12:15	1.0k	13:05~13:10	1.2k	13:55~14:00	1.3k	14:40~15:05

	H=520m		H=120m	
⇒	**5合目**	⇒	**ふれあい公園**	
2.5k	16:25~16:30	1.6k	17:30	

中央部に花崗岩が隆起した山体群

100 宮之浦岳《みやのうらだけ》 1935m

標高差◉575m　登頂日◉2009・5・19
ルート図◉5万分の1地形図「屋久島東南部」　参加者◉6名

山腹の笹原に花崗岩の奇岩が多く点在する 宮之浦岳

早朝4時、安房の民宿が貸与してくれた年代物のワゴンに乗り、**宮之浦岳**を目指す。今日のコースは歩行距離・時間ともに日帰りコースとしては最大級である。したがって、11名でやってきた九州南部山行だったが、5名は山行をパスして島内観光に、残り6名で山頂を目指すことになった。

屋久杉センター前を通り県道592号線を上り詰めて行く。真っ暗闇の中をライトの明かりを頼りに進んでゆくと、霧が濃くなってきて、いつしかウィンドウに雨粒が付いてきた。

尾立峠の三叉路を左にとり、ヤクスギランドと紀元杉前を通り抜ける。ここから道は町道淀川線となり、ほどなく**淀川登山口**に着いた。

屋久島は中生代の終わりに、海底の裂け目から花崗岩マグマが上昇し、堆積岩の地層を貫くように海底が隆起し、その後、新生代に入り造山活動が活発となり、1400万年前頃、海面に岩塊の一部が現れ屋久島の原型になったという。花崗岩には、堆積岩を貫いた時の長石が取り込まれている。

全島が花崗岩の屋久島中央部には1800m以上の峰々が集まり、それらの頂は永田岳を除き海岸部の人里からは望むことができない。

車内で朝食をとり、雨具で身を固め、屋久島名物の雨の中へと登山口を入る。

屋久島が本場というサクラツツジがピンク色の花をつける緩やかな道が続き、淀川大杉の前を抜ける。原生林の中に風化した花崗岩砂礫の道が続き、少し下ると**淀川小屋**に着いた。

淀川を渡り、階段を上り、整備された木道をゆくと、左の高盤山の頂上には、包丁で切り分けられたような〝トーフ岩〟と呼ぶ、他では見られない形の花崗岩が現れる。

淀川大杉

泥炭湿原の花之江河

小ピークを越えて下ると小花之江河で、日本庭園のような景色が拡がる。

更に10分で泥炭湿源の**花之江河**に着いた。周辺は温帯性雲帯林と呼ばれ、ハイノキ、コメツツジ、ヤクシマシャクナゲやヤクシマアセビが茂る。

幾つかの道が交わる花之江河を後に緩やかな道を行く。黒味岳への分岐を過ぎ、前方に見える滑滝を左から巻くと**投石平**に出て一息つく。

樹林帯を過ぎて、あたりの山腹はヤクシマダケに覆われ、花崗岩の奇岩が点在する。花崗岩は見方によっていろいろな形に見えて面白い。

洋上に横たわる種子島

山頂直下の巨岩

一等三角点にタッチをして 山頂標識で記念写真

すでに雨は上がり周囲の景観が拡がる中、投石岳、安房岳と過ぎて翁岳近くの最後の水場に着き、いろいろな形の花崗岩を眺めて一息つく。

翁岳から栗生岳を経て笹原を進むと、前方に三つの巨岩が立ち並ぶ。岩の隙間が格好の避難場所になり、数名の登山者が休憩していた。

巨岩を過ぎ笹原を辿ると、多くの花崗岩に覆われた**宮之浦岳**の頂上に到着した。

岩の間に設けられた一等三角点にタッチをして、山頂からの展望を十分に楽しむ。山頂からは屋久島のすべての峰々が望まれ、間近には永田岳が険しい表情で横たわる。東の海上には種子島が浮かび、洋上を行く連絡船が航跡を引く。

山頂の岩の間で昼食をとり、40分の山頂滞在で山頂を後に往路を下る。途中の花之江河ではヤクシカにも出合い、満足のいく山行となった。

歩程◉ 8時間20分　16.0km

H=1360m		H=1380m		H=1600m		H=1680m		H=1680m	
淀川登山口	⇒	**淀川小屋**	⇒	**花之江河**	⇒	**投石平**	⇒	**最後の水場**	⇒
5:45	1.5k	6:20~6:40	2.7k	8:00~8:10	1.2k	8:50~9:00	1.6k	9:55~10:00	1.0k
H=1935.3m		H=1680m		H=1600m		H=1380m		H=1360m	
宮之浦岳	⇒	**投石平**	⇒	**花之江河**	⇒	**淀川小屋**	⇒	**淀川登山口**	
10:40~11:20	2.6k	12:45~12:55	1.2k	13:40~14:00	2.7k	15:20~15:35	1.5k	16:15	

九州　スナップ集

九州の番外編で登頂した由布岳

すっかり観光地と化した湯布院。足湯ならぬ手湯が

霧島山（韓国岳）登頂後宿泊した霧島温泉の湯けむり

屋久島世界遺産センター入口の屋久杉サンプル

知覧特攻平和会館で。特攻機と同型機の一式戦闘機「隼」

通りの両側に整然と並ぶ知覧武家屋敷群

北海道で出合った花たち

アオノツガザクラ　羅臼岳
（ツツジ科　７～８月）

アポイヤマブキショウマ　斜里岳
（バラ科　６～８月）

イソツツジ　トムラウシ
（ツツジ科　６～７月）

イワウメ　幌尻岳
（イワウメ科　７月）

イワキンバイ　旭岳
（バラ科　６～７月）

イワヒゲ　羅臼岳
（ツツジ科　７月）

イワブクロ　雌阿寒岳
（ゴマノハグサ科　７～８月）

ウラジロナナカマド　トムラウシ
（バラ科　７～８月）

エゾアジサイ　羊蹄山
（ユキノシタ科　６～８月）

エゾイソツツジ　利尻岳
（ツツジ科　６～７月）

エゾイチヤクソウ　利尻岳
（イチヤクソウ科　６～７月）

エゾイワツメクサ　トムラウシ
（ナデシコ科　７～８月）

エゾゼンテイカ　利尻岳
（ユリ科　７～８月）

エゾコザクラソウ　羅臼岳
（サクラソウ科　７～８月）

エゾツツジ　利尻岳
（ツツジ科　７～８月）

エゾノシモツケソウ　羊蹄山
（バラ科　７～８月）

エゾノツガザクラ　羅臼岳
（ツツジ科　７～８月）

エゾノハクサンイチゲ　利尻岳
（キンポウゲ科　７～８月）

エゾノマルバシモツケ　羊蹄山
（バラ科　７～８月）

エゾノヨロイグサ　羊蹄山
（セリ科　７～８月）

オオレイジンソウ　斜里岳
（キンポウゲ科　７～８月）

キバナシャクナゲ　旭岳
（ツツジ科　７～８月）

クチバシシオガマ　斜里岳
（ゴマノハグサ科　７～８月）

コケモモ　トムラウシ
（ツツジ科　６～７月）

サマニヨモギ　幌尻岳
（キク科　７～９月）

ジムカデ　旭岳
（ツツジ科　７～８月）

シロバナハコネウツギ　トムラウシ
（ユキノシタ科　６～７月）

チシマオドリコソウ　利尻岳
（シソ科　７～８月）

チシマキンレイカ　トムラウシ
（オミナエシ科　７～８月）

チシマクモマグサ　羅臼岳
（ユキノシタ科　７～８月）

チシマヒョウタンボク　利尻岳
（スイカズラ科　７月）

チシマフウロ　斜里岳
（フウロソウ科　７～８月）

ノコギリソウ　利尻岳
（キク科　７～８月）

ヒメイソツツジ　雌阿寒岳
（ツツジ科　７～８月）

ホソイワベンケイ　羊蹄山
（ベンケイソウ科　７～８月）

マルバシモツケ　雌阿寒岳
（バラ科　7～8月）

ミツバオーレン　旭岳
（キンポウゲ科　6～8月）

ミネヤナギ　十勝岳
（ヤナギ科　6～7月）

ミヤマアズマギク　幌尻岳
（キク科　7～8月）

ミヤマオダマキ　斜里岳
（キンポウゲ科　6～8月）

ミヤマキンバイ　斜里岳
（バラ科　7～8月）

ミヤマハルガヤ　幌尻岳
（イネ科　6～8月）

メアカンキンバイ　雌阿寒岳
（バラ科　7～8月）

メアカンフスマ　雌阿寒岳
（バラ科　7～8月）

東北で出合った花たち

アカモノ　会津駒ヶ岳
（ツツジ科　7～8月）

イイデリンドウ　飯豊山
（リンドウ科　7～9月）

イブキゼリモドキ　八甲田山
（セリ科　7～9月）

イワイチョウ　鳥海山
（ミツガシワ科　7～8月）

イワギキョウ　鳥海山
（キキョウ科　7～8月）

イワショウブ　月山
（ユリ科　8～9月）

ウコンウツギ　岩木山
（スイカズラ科　6～7月）

オオヨモギ　磐梯山
（キク科　8～9月）

オノエイタドリ　朝日岳
（タデ科　7～8月）

オヤマソバ　安達太良山
（タデ科　7～8月）

オヤマボクチ　飯豊山
（キク科　10～11月）

カワラナデシコ　磐梯山
（ナデシコ科　6～8月）

クガイソウ　早池峰
（ゴマノハグサ科　7～8月）

クモマユキノシタ　会津駒ヶ岳
（ユキノシタ科　7～8月）

コウメバチソウ　八甲田山
（ユキノシタ科　7～9月）

コバイケイソウ　会津駒ヶ岳
（ユリ科　8～9月）

コマクサ　岩手山
（ケシ科　7～8月）

ザオウアザミ　蔵王
（キク科　7～8月）

サワオトギリ　岩木山
（オトギリソウ科　6～8月）

サワラン　蔵王
（ラン科　7～8月）

シウリザクラ　安達太良山
（バラ科　5～6月）

シラネニンジン　朝日岳
（セリ科　7～8月）

シロバナトウウチソウ　早池峰
（バラ科　7～9月）

ソバナ　那須岳
（キキョウ科　8～9月）

タチアザミ　吾妻山
（キク科　8～10月）

タテヤマウツボグサ　月山
（シソ科　7～8月）

タマガワホトトギス　早池峰
（ユリ科　7～9月）

チャボヤハズトウヒレン　朝日岳
（キク科　8～9月）

チョウカイアザミ　鳥海山
（キク科　8月）

チョウカイフスマ　鳥海山
（ナデシコ科　7～8月）

ツバメオモト　岩手山
（ユリ科　5～7月）

ツマトリソウ　八幡平
（サクラソウ科　6～7月）

トリアシショウマ　蔵王
（ユキノシタ科　6～7月）

ナナカマド　岩手山
（バラ科　5～7月）

ナンブタカネアザミ　朝日岳
（キク科　8月）

ナンブトラノオ　早池峰
（タデ科　7～8月）

ネバリノギラン　蔵王
（ユリ科　6～8月）

ハクサンイチゲ　鳥海山
（キンポウゲ科　7～8月）

ハクサンオミナエシ　那須岳
（オミナエシ科　7～8月）

ハクサンシャクナゲ　八甲田山
（ツツジ科　6～7月）

ハクサンチドリ　八幡平
（ラン科　7～8月）

ハクサンボウフウ　八幡平
（セリ科　7～8月）

ハッコウダシオガマ　八甲田山
（ゴマノハグサ科　7～8月）

ハナチダケサシ　安達太良山
（ユキノシタ科　6～8月）

ハナヒリノキ　朝日岳
（ツツジ科　7～8月）

ハヤチネウスユキソウ　早池峰
（キク科　7～8月）

ヒナザクラ　八甲田山
（サクラソウ科　7～8月）

ヒメイワカガミ　会津駒ヶ岳
（イワウメ科　5～6月）

ベニバナイチヤクソウ　岩手山
（イチヤクソウ科　6～8月）

マルバキンレイカ　朝日岳
（オミナエシ科　7～8月）

ミツバノバイカオーレン　月山
（キンポウゲ科　4～8月）

ミネウスユキソウ　磐梯山
（キク科　7～8月）

ミミコウモリ　吾妻山
（キク科　8月）

ミヤマガマズミ　蔵王
（スイカシズラ科　5～6月）

ミヤマカラマツ　岩手山
（キンポウゲ科　5～8月）

ミヤマココゴメグサ　飯豊山
（ゴマノハグサ科　8～9月）

ミヤマシャジン　鳥海山
（キキョウ科　8～9月）

ミヤマハンショウズル　岩手山
（キンポウゲ科　6～8月）

ミヤマホツツジ　月山
（ツツジ科　7～8月）

ミヤマヤナギ　岩木山
（ヤナギ科　5～7月）

ミヤマヤマブキショウマ　早池峰
(バラ科 7月)

ミヤマリンドウ　吾妻山
(キキョウ科 7～9月)

ヤマアジサイ　安達太良山
(ユキノシタ科 6～7月)

ヤマガラシ　岩木山
(アブラナ科 5～8月)

ワタスゲ　岩木山
(カヤツリグサ科 6～8月)

上信越で出合った花たち

アカヤシオ　巻機山
(ツツジ科 5月)

アズマシャクナゲ　巻機山
(ツツジ科 6～7月)

イブキトラノオ　谷川岳
(タデ科 7～8月)

イブキボウフウ　谷川岳
(セリ科 7～8月)

イワカガミ　巻機山
(イワウメ科 7月)

イワシモツケ　至仏山
(バラ科 5～7月)

エゾリンドウ　平ヶ岳
(リンドウ科 9～10月)

オオシラヒゲソウ　高妻山
(ユキノシタ科 8～9月)

オオバキスミレ　雨飾山
(スミレ科 6～7月)

オオバツツジ　巻機山
(ツツジ科 7月)

オゼコウホネ　至仏山
(スイレン科 7～8月)

オニシオガマ　苗場山
(ゴマノハグサ科 8～9月)

オヤマリンドウ　火打山
(リンドウ科 8～9月)

カトウハコベ　至仏山
(ナデシコ科 7～8月)

キジムシロ　雨飾山
(バラ科 6～7月)

キッコウハグマ　平ヶ岳
(キク科 9～10月)

ギンリョウソウモドキ　平ヶ岳
(イチヤクソウ科 8～9月)

クモマニガナ　妙高山
(キク科 7～8月)

コオニユリ　苗場山
(ユリ科 7～9月)

コブシ　巻機山
(モクレン科 3～5月)

シナノキンバイ　燧ケ岳
(キンポウゲ科 7～8月)

シモツケソウ　谷川岳
(バラ科 7～8月)

ジョウシュウオニアザミ　苗場山
(キク科 7～8月)

シロバナエンレイソウ　燧ケ岳
(ユリ科 4～6月)

チョウジギク　高妻山
(キク科 8～9月)

テガタチドリ　苗場山
(ラン科 7～8月)

トキソウ　魚沼駒ヶ岳
(ラン科 6～8月)

ナンタイブシ　谷川岳
(キンポウゲ科 8～9月)

ニリンソウ　燧ケ岳
(キンポウゲ科 4～5月)

ノブキ　高妻山
(キク科 8～9月)

ノリクラアザミ　妙高山
（キク科　8～9月）

ハルナユキザサ　魚沼駒ヶ岳
（ユリ科　5～7月）

ヒツジグサ　至仏山
（スイレン科　6～9月）

ヒメシャガ　魚沼駒ヶ岳
（アヤメ科　5～6月）

ホソバヒナウスユキソウ　至仏山
（キク科　7～8月）

ミズチドリ　苗場山
（ラン科　6～7月）

ミズバショウ　燧ケ岳
（サトイモ科　5～7月）

ミツガシワ　燧ケ岳
（ミツガシワ科　6～8月）

ミツバオーレン　巻機山
（キンポウゲ科　4～8月）

ミヤマキタアザミ　高妻山
（キク科　8月）

ミヤマママコナ　魚沼駒ヶ岳
（ゴマノハグサ科 7～8月）

ムラサキタカネアオヤギソウ　至仏山
（ユリ科　6～8月）

ヤマジノホトトギス　谷川岳
（ユリ科　8～10月）

ヤマハハコ　火打山
（キク科　7～8月）

リュウキンカ　燧ケ岳
（キンポウゲ科　4～7月）

北関東で出合った花たち

エイザンスミレ　筑波山
（スミレ科　3～5月）

オゼヌマアザミ　赤城山
（キク科　8～9月）

カタクリ　筑波岳
（ユリ科　3～5月）

キオン　赤城岳
（キク科　7～8月）

キクザキイチゲ　筑波山
（キンポウゲ科　3～5月）

ギンリョウソウ　皇海山
（イチヤクソウ科 5～8月）

クルマユリ　皇海山
（ユリ科　7～8月）

コイワカガミ　武尊山
（イワウメ科　7月）

コキクザキイチゲ　筑波山
（キンポウゲ科　3～5月）

ゴゼンタチバナ　男体山
（ミズキ科　6～8月）

サンリンソウ　筑波山
（キンポウゲ科　5～7月）

ジャコウソウ　浅間山
（シソ科　8～9月）

ショウキラン　皇海山
（ラン科　7～8月）

シラネアオイ　奥白根山
（シラネアオイ科 5～7月）

シロヨメナ　草津白根山
（キク科　8～11月）

スダヤクシュ　武尊山
（ユキノシタ科　6～8月）

タムラソウ　浅間山
（キク科　8～10月）

チングルマ　奥白根山
（バラ科　7～8月）

ツクバネソウ　武尊山
（ユリ科　6～8月）

ツリガネニンジン　四阿山
（キキョウ科　8～9月）

ナワシロイチゴ　赤城岳
（バラ科 5～8月）

ノコンギク　赤城岳
（キク科 8～10月）

ノリウツギ　男体山
（ユキノシタ科 7～9月）

バイケイソウ　皇海山
（ユリ科 7～8月）

ハクサンフウロ　浅間山
（フウロソウ科 7～8月）

ハンカイソウ　皇海山
（キク科 6～8月）

ヒメイチゲ　奥白根山
（キンポウゲ科 5～7月）

マイズルソウ　皇海山
（ユリ科 5～7月）

マツムシソウ　四阿山
（マツムシソウ科 8月）

ミヤマカタバミ　筑波山
（カタバミ科 5月）

ミヤマヨメナ　赤城岳
（キク科 5～6月）

ミョウコウトリカブト　浅間山
（キンポウゲ科 8～9月）

モミジカラマツ　武尊山
（キンポウゲラ科 7～8月）

ヤマハハコ　草津白根山
（キク科 8～9月）

ワレモコウ　四阿山
（バラ科 7～9月）

秩父・多摩・南関東で出合った花たち

アサマリンドウ　雲取山
（リンドウ科 9～11月）

アマギアマチャ　両神山
（ユキノシタ科 5～6月）

イワオウギ　富士山
（マメ科 7～8月）

イワツメクサ　富士山
（ナデシコ科 7～9月）

エゾムラサキ　両神山
（ムラサキ科 6～7月）

オウレン　瑞牆山
（イチヤクソウ科 3～5月）

オドリコソウ　両神山
（シソ科 3～6月）

オンタデ　富士山
（タデ科 7～8月）

コヨウラクツツジ　瑞牆山
（ツツジ科 5～6月）

タカネスミレ　甲武信岳
（スミレ科 6～7月）

タテヤマギク　丹沢山
（キク科 8～10月）

タニマスミレ　瑞牆山
（スミレ科 5～7月）

ナンブアザミ　丹沢山
（キク科 8～10月）

バイカオーレン　金峰山
（キンポウゲ科 6～8月）

ハシリドコロ　甲武信岳
（ナス科 4～5月）

ヒメレンゲ　両神山
（ベンケイソウ科 5～6月）

フジアザミ　富士山
（キク科 8～10月）

ホンシャクナゲ　甲武信岳
（ツツジ科 4～6月）

マツカゼソウ　丹沢山
（ミカン科 8～10月）

ミヤマハコベ　両神山
（ナデシコ科 5～7月）

ミョウコウトリカブト　丹沢山
（キンポウゲ科　8～9月）

ムラサキヤシオ　甲武信岳
（ツツジ科　4～7月）

ヤツガタケキンポウゲ　雲取山
（キンポウゲ科　7～8月）

ヤマザクラ　甲武信岳
（バラ科　3～5月）

ラショウモンカズラ　両神山
（シソ科　4～5月）

北アルプスで出合った花たち

イブキジャコウソウ　白馬岳
（シソ科　7～8月）

ウサギギク　乗鞍岳
（キク科　7～8月）

ウツボグサ　白馬岳
（シソ科　7～8月）

ウルップソウ　白馬岳
（ウルップソウ科　7～8月）

エゾシオガマ　常念岳
（ゴマノハグサ科　8～9月）

オオヒョウタンボク（実）　笠ヶ岳
（スイカズラ科　7月）

オトギリソウ　常念岳
（オトギリソウ科　6～8月）

オニシモツケ　常念岳
（バラ科　7～8月）

カイタカラコウ　薬師岳
（キク科　7～8月）

カニコウモリ　常念岳
（キク科　8～9月）

カノツメソウ　鹿島槍ヶ岳
（セリ科　8～10月）

カライトソウ　鹿島槍ヶ岳
（バラ科　7～9月）

カンチコウゾリナ　立山
（キク科　7～8月）

キクバクワガタ　白馬岳
（ゴマノハグサ科　7～8月）

キヌガサソウ　黒部五郎岳
（ユリ科　7月）

キンコウカ　太郎兵衛平
（ユリ科　7～8月）

クモマグサ　鷲羽岳
（ユキノシタ科　7～8月）

クロツリバナ　奥穂高岳
（ニシキギ科　7月）

クロトウヒレン　立山
（キク科　8～9月）

クロマメノキ（実）　焼岳
（ツツジ科　6～7月）

クロユリ　乗鞍岳
（ユリ科　6～8月）

グンナイフウロ　常念岳
（フウロソウ科　7～8月）

コマウスユキソウ　黒岳
（キク科　7～8月）

シコタンソウ　黒岳
（ユキノシタ科　7～8月）

シラタマノキ（実）　笠ヶ岳
（ツツジ科　6～7月）

シラネセンキュウ　立山
（セリ科　9～11月）

シロウマオウギ　白馬岳
（マメ科　7～8月）

シロウマタンポポ　白馬岳
（キク科　7～8月）

センジュガンピ　奥穂高岳
（ナデシコ科　7～8月）

タカネイワヤナギ　奥穂高岳
（ヤナギ科　7月）

タカネツメクサ　鷲羽岳
（ナデシコ科 7～8月）

タカネトリカブト　剱岳
（キンポウゲ科 8～9月）

タカネミミナグサ　鷲羽岳
（ナデシコ科 7～8月）

タカネヤハズハハコ　黒部五郎
（キク科 7～8月）

タカネヨモギ　鹿島槍ヶ岳
（キク科 7～8月）

タテヤマリンドウ　笠ヶ岳
（リンドウ科 6～7月）

チョウノスケソウ　黒岳
（バラ科 7～8月）

トウヤクリンドウ　鹿島槍ヶ岳
（リンドウ科 8～9月）

トモエジオガマ　薬師岳
（ゴマノハグサ科 8月）

ニッコウキスゲ　太郎兵衛平
（ユリ科 7～8月）

ハッポウウスユキソウ　八方尾根
（キク科 8～9月）

ハッポウワレモコウ　八方尾根
（バラ科 7～9月）

ハンゴンソウ　奥穂高岳
（キク科 7～9月）

ヒトツバヨモギ　鹿島槍ヶ岳
（キク科 7～9月）

ヒナリンドウ　太郎兵衛平
（リンドウ科 6～7月）

ヒメクワガタ　黒岳
（ゴマノハグサ科 7～8月）

ヒメヒゴダイ　八方尾根
（キク科 8～10月）

ミソガワソウ　笠ヶ岳
（シソ科 7～8月）

ミヤマクロユリ　白馬岳
（ユリ科 6～8月）

ミヤマクワガタ　黒岳
（ゴマノハグサ科 7～8月）

ミヤマシシウド　奥穂高岳
（セリ科 8～9月）

ミヤマセンキュウ　奥穂高岳
（セリ科 7～8月）

ミヤマダイコンソウ　奥穂高岳
（バラ科 7～8月）

ミヤマダイモンジソウ　立山
（ユキノシタ科 7～8月）

ミヤマバイケイソウ　薬師岳
（ユリ科 7～8月）

ミヤマリンドウ　薬師岳
（リンドウ科 7～9月）

モイワシャジン　八方尾根
（キキョウ科 7～9月）

モミジカラマツ　剱岳
（キンポウゲ科 7～8月）

ヤツガタケアザミ　槍ヶ岳
（キク科 8～9月）

リシリオウギ　白馬鑓ヶ岳
（マメ科 7～8月）

八ヶ岳・中央アルプスで出合った花たち

アマニュウ　蓼科山
（セリ科 7～9月）

イチヨウラン　恵那山
（ラン科 5～7月）

イワウチワ　恵那山
（イワウメ科 4～5月）

ウメバチソウ　美ヶ原
（ユキノシタ科 7～9月）

エゾノミヤマツメクサ　木曽駒ヶ岳
（ナデシコ科 7～8月）

オクヤマオトギリ　御嶽山
（オトギリソウ科 7〜8月）

オヤマノエンドウ　木曽駒ヶ岳
（マメ科 7〜8月）

カキツバタ　霧ヶ峰
（アヤメ科 7〜8月）

キバナノヤマオダマキ　美ヶ原
（キンポウゲ科 6〜7月）

キョウマルシャクナゲ　恵那山
（ツツジ科 5〜6月）

キリガミネヒオウギアヤメ　美ヶ原
（アヤメ科 7〜8月）

シコタンハコベ　木曽駒ヶ岳
（ナデシコ科 7〜8月）

シロバナオニシモツケ　空木岳
（ゴマノハグサ科 7〜8月）

ダイモンジソウ　空木岳
（ユキノシタ科 7〜9月）

ノハナショウブ　霧ヶ峰
（アヤメ科 7〜8月）

ハナイカリ　美ヶ原
（リンドウ科 8〜9月）

ヒナウスユキソウ　美ヶ原
（キク科 7〜8月）

ヒメナミキ　霧ヶ峰
（シソ科 6〜8月）

ミネズオウ　八ヶ岳
（ツツジ科 6〜7月）

ミヤマオトコヨモギ　八ヶ岳
（キク科 8〜9月）

ミヤマシオガマ　木曽駒ヶ岳
（ゴマノハグサ科 7〜8月）

ミヤマモジズリ　霧ヶ峰
（ラン科 8〜9月）

ミヤマヤブタバコ　御嶽山
（キク科 8〜10月）

ヤナギラン　美ヶ原
（アカバナ科 6〜8月）

ヤマホタルブクロ　蓼科山
（キキョウ科 6〜8月）

南アルプスで出合った花たち

アキノキリンソウ　光岳
（キク科 8〜9月）

アラシグサ　鳳凰山
（ユキノシタ科 7〜8月）

イワシャジン　甲斐駒ヶ岳
（キキョウ科 8〜9月）

イワベンケイ　塩見岳
（ベンケイソウ科 7〜8月）

ウスユキソウ　荒川岳
（キク科 7〜8月）

オオハナウド　荒川岳
（セリ科 7〜8月）

キタザワブシ　塩見岳
（キンポウゲ科 8〜9月）

キタダケキンポウゲ　北岳
（キンポウゲ科 7〜8月）

キタダケソウ　北岳
（キンポウゲ科 6〜7月）

キタダケヨモギ　北岳
（キク科 7〜8月）

コウシュウヒゴダイ　甲斐駒ヶ岳
（キク科 8〜10月）

コウモリソウ　鳳凰山
（キク科 7〜9月）

コバノコゴメグサ　荒川岳
（ゴマノハグサ科 8〜9月）

サラシナショウマ　荒川岳
（キンポウゲ科 8〜10月）

シナノオトギリ　光岳
（オトギリソウ科 6〜8月）

シナノナデシコ　荒川岳
(ナデシコ科　7～8月)

セキヤノアキチョウジ　塩見岳
(シソ科　8～9月)

セリバシオガマ　甲斐駒ヶ岳
(ゴマノハグサ科　8～9月)

センジョウアザミ　荒川岳
(キク科　8月)

タカネグンナイフウロ　仙丈ヶ岳
(フウロソウ科　7～9月)

タカネシオガマ　間ノ岳
(ゴマノハグサ科　7～8月)

タカネビランジ　鳳凰山
(ナデシコ科　7～8月)

タカネマツムシソウ　荒川岳
(マツムシソウ科　8～10月)

チシマギキョウ　荒川岳
(キキョウ科　8月)

チャボヤハズトウヒレン　赤石岳
(キク科　8～9月)

トダイハハコ　北岳
(キク科　8～9月)

ニョホウチドリ　北岳
(ラン科　6～7月)

ヒメコゴメグサ　仙丈ヶ岳
(ゴマノハグサ科　7～8月)

ヒメミヤマウズラ　鳳凰山
(ラン科　7～8月)

フタナミソウ　荒川岳
(キク科　6～7月)

ホツツジ　甲斐駒ヶ岳
(ツツジ科　5～6月)

マルバタケブキ　仙丈ヶ岳
(キク科　7～8月)

ミヤマムラサキ　北岳
(ムラサキ科　7～8月)

ムラサキセンブリ　鳳凰山
(リンドウ科　10～11月)

ユキバヒゴダイ　塩見岳
(キク科　7～8月)

近畿・北陸・中四国アルプスで出合った花たち

イタチハギ　荒島岳
(マメ科　5～6月)

イワギク　伊吹山
(キク科　7～9月)

ウマノアシガタ　伊吹山
(キンポウゲ科　4～5月)

エチゴキジムシロ　伊吹山
(バラ科　4～6月)

オウギカズラ　伊吹山
(シソ科　4～6月)

オオバギボウシ　白山
(ユリ科　7～8月)

オトコエシ　白山
(オミナエシ科　8～10月)

ガクアジサイ　白山
(ユキノシタ科　6～7月)

コアジサイ　荒島岳
(ユキノシタ科　6～7月)

コイワカガミ　白山
(イワウメ科　7月)

コケイラン　荒島岳
(ラン科　5～6月)

シシウド　白山
(セリ科　8～11月)

ツボスミレ　伊吹山
(スミレ科　4～5月)

ハクサンコザクラ　白山
(サクラソウ科　7～8月)

ハクサンシャジン　白山
(キキョウ科　8月)

ハコネウツギ　荒島岳
（スイカズラ科 5～6月）

ハナニガナ　荒島岳
（キク科 5～7月）

ヒトツバヨモギ　白山
（キク科 7～9月）

ヒメマイズルソウ　白山
（ユリ科 5～7月）

ヒョウタンボク　白山
（スイカズラ科 4～6月）

ホタルカズラ　伊吹山
（ムラサキ科 5～6月）

ミヤマアキノキリンソウ　白山
（キク科 8～9月）

ミヤマキンバイ　白山
（バラ科 7～8月）

ミヤマトウキ　白山
（セリ科 7～9月）

ヤマブキショウマ　白山
（バラ科 6～8月）

ヤマボウシ　荒島岳
（ミズキ科 5～7月）

ヨツバシオガマ　白山
（ゴマノハグサ科 7～8月）

九州で出合った花たち

アセビ　九重山
（ツツジ科 3～5月）

コバノガマズミ　開聞岳
（スイカズラ科 4～5月）

コメツツジ　宮之浦岳
（ツツジ科 6～7月）

サクラツツジ　宮之浦岳
（ツツジ科 2～5月）

シコクスミレ　祖母山
（スミレ科 4～5月）

ツクシアケボノツツジ　祖母山
（ツツジ科 4～5月）

ツクシシャクナゲ　祖母山
（ツツジ科 4～6月）

ツクシタツナミソウ　開聞岳
（シソ科 5～6月）

ニガイチゴ　開聞岳
（バラ科 4～5月）

ハイノキ　祖母山
（ハイノキ科 4～5月）

ミツバツツジ　祖母山
（ツツジ科 4～5月）

ミヤマキリシマ　九重山
（ツツジ科 4～6月）

ムシカリ　九重山
（スイカズラ科 4～6月）

ヤクシマアセビ　宮之浦岳
（ツツジ科 3～4月）

ヤクシマシャクナゲ　宮之浦岳
（ツツジ科 5～6月）

日本百名山の造山成因分け

火山性の日本百名山（46山）

第四紀（258万8000年前）以降に活動した火山活動によるもの。

常時観測対象火山（32山）

火山は気象庁による火山活動ランクによりA　B　Cの常時観測対象火山と、ランク分け対象外の火山に区分されている。

Aランク　十勝岳　浅間山　阿蘇山

Bランク

羅臼岳　雌阿寒岳　岩木山　岩手山　鳥海山　蔵王山

吾妻山　安達太良山　磐梯山　那須岳　草津白根山　富士山

焼岳　九重山　霧島山

Cランク

大雪山（旭岳）　利尻山　後方羊蹄山　八甲田山　八幡平

燧ケ岳　妙高山　日光白根山　赤城山　立山　乗鞍岳

御嶽山　白山　開聞岳

観測対象外火山（14山）

斜里岳　トムラウシ山　月山　男体山　苗場山　火打山

皇海山　武尊山　四阿山　美ヶ原　霧ケ峰　蓼科山

八ヶ岳　大山

非火山性の日本百名山　（54山）

花崗岩の隆起に起因するなど、地殻変動により形成されたもの。

幌尻岳　早池峰　朝日岳　飯豊山　会津駒ヶ岳　魚沼駒ヶ岳

平ヶ岳　巻機山　至仏山　谷川岳　雨飾山　高妻山　筑波山

両神山　雲取山　甲武信岳　金峰山　瑞牆山　大菩薩嶺

丹沢山　天城山　白馬岳　五竜岳　鹿島槍ヶ岳　剱岳

薬師岳　黒岳　鷲羽岳　黒部五郎岳　槍ヶ岳　穂高岳

常念岳　笠ヶ岳　木曽駒ヶ岳　空木岳　恵那山　甲斐駒ケ岳

仙丈ケ岳　鳳凰山　北岳　間ノ岳　塩見岳　荒川東岳

赤石岳　聖岳　光岳　荒島岳　伊吹山　大台ケ原山　大峰山

剣山　石鎚山　祖母山　宮之浦岳

参考文献

日本百名山を登る　上・下巻　昭文社
花の百名山　上・下巻　るるぶ社
日本百名山 登山ガイド　山と渓谷社
分県登山ガイド　山と渓谷社
国土地理院2万5千分の1地形図　国土地理院
国土地理院5万分の1地形図　国土地理院
山と高原地図　昭文社
地球の構成と活動　Paul G.Hewitt　小出昭一郎 監修　黒星瑩一 訳　共立出版　1998年
地球の歴史と環境　Paul G.Hewitt　小出昭一郎 監修　本田健 訳　1997年
濃飛流紋岩　地学団体研究会
ひだ・みの 活断層を訪ねて　岐阜県活断層研究会　岐阜新聞社　2008年
みの・ひだ 地質99選　小井戸由光編著　岐阜新聞社　2011年
山が楽しくなる地形と地学　広島三朗著　山と渓谷社　1991年
超火山「槍・穂高」　原山智・山本明著　山と渓谷社　2003年
かわらの小石の図鑑　千葉とき子・斎藤靖二著　東海大学出版会　1996年
イラストでわかる天気のしくみ　饒村曜　新星出版社　1998年
山渓ハンディ図鑑1　野に咲く花　林弥栄監修　山と渓谷社　2013年
山渓ハンディ図鑑2　山に咲く花　畔上能力編・解説　山と渓谷社　2013年
山渓ハンディ図鑑3　樹に咲く花　解説 石井英美・崎尾均・吉山寛ほか　山と渓谷社
山渓ハンディ図鑑3　樹に咲く花　解説 太田和夫・勝山輝男・高橋秀男ほか　山と渓谷社
山渓ハンディ図鑑3　樹に咲く花　解説 城川四郎・高橋秀男・中川重年ほか　山と渓谷社
日本の高山植物　山崎敬編　平凡社　1996年

◉本書で使用した国土地理院地形図一覧（山番号順）

1　5万分の1地形図「利尻島」
2　5万分の1地形図「羅臼」
3　5万分の1地形図「斜里岳」
4　5万分の1地形図「上足寄」「阿寒湖」
5　5万分の1地形図「旭岳」
6　5万分の1地形図「旭岳」「十勝川上流」
7　5万分の1地形図「十勝岳」
8　5万分の1地形図「幌尻岳」
9　5万分の1地形図「倶知安」「留寿都」
10　2万5千分の1地形図「岩木山」
11　5万分の1地形図「八甲田山」
12　5万分の1地形図「八幡平」
13　5万分の1地形図「八幡平」「沼宮内」
14　2万5千分の1地形図「早池峰山」
15　5万分の1地形図「鳥海山」
16　5万分の1地形図「月山」
17　5万分の1地形図「朝日岳」
18　5万分の1地形図「蔵王」
19　5万分の1地形図「飯豊山」「玉庭」「大日岳」「熱塩」
20　5万分の1地形図「吾妻山」
21　5万分の1地形図「二本松」
22　5万分の1地形図「磐梯山」
23　5万分の1地形図「会津駒ヶ岳」
24　5万分の1地形図「那須岳」
25　5万分の1地形図「八海山」
26　5万分の1地形図「八海山」「桧枝岐」「藤原」「燧ヶ岳」
27　5万分の1地形図「越後湯沢」
28　5万分の1地形図「藤原」「燧ヶ岳」
29　5万分の1地形図「藤原」
30　5万分の1地形図「越後湯沢」「四万」
31　5万分の1地形図「小滝」
32　5万分の1地形図「苗場山」
33・34　5万分の1地形図「妙高山」
35　5万分の1地形図「戸隠」
36　5万分の1地形図「男体山」「日光」
37・38　5万分の1地形図「男体山」
39　5万分の1地形図「追貝」
40　5万分の1地形図「沼田」
41　5万分の1地形図「草津」
42　5万分の1地形図「須坂」
43　5万分の1地形図「上田」「軽井沢」
44　5万分の1地形図「筑波」
45　5万分の1地形図「万場」
46　5万分の1地形図「三峰」「丹波」
47　5万分の1地形図「金峰山」「三峰」
48・49　5万分の1地形図「金峰山」
50　5万分の1地形図「丹波」
51　5万分の1地形図「上野原」
52　5万分の1地形図「富士山」「富士宮」
53　2万5千分の1地形図「天城山」
54　5万分の1地形図「白馬岳」
55　5万分の1地形図「白馬岳」「大町」
56　5万分の1地形図「立山」「大町」
57・58　5万分の1地形図「立山」
59　5万分の1地形図「有峰湖」「槍ヶ岳」
60・61・62　5万分の1地形図「有峰湖」「槍ヶ岳」
63・64　5万分の1地形図「槍ヶ岳」「上高地」
65　5万分の1地形図「上高地」「松本」
66　5万分の1地形図「槍ヶ岳」「上高地」
67　5万分の1地形図「上高地」
68　5万分の1地形図「乗鞍岳」
69　5万分の1地形図「御嶽山」「木曽福島」
70　5万分の1地形図「和田」
71　5万分の1地形図「諏訪」
72　5万分の1地形図「蓼科山」
73　5万分の1地形図「八ヶ岳」
74　5万分の1地形図「赤穂」
76　5万分の1地形図「中津川」
77・78　5万分の1地形図「市野瀬」
79　5万分の1地形図「韮崎」
80・81　5万分の1地形図「市野瀬」「韮崎」「大河原」「鰍沢」
82　5万分の1地形図「大河原」
83・94・85　5万分の1地形図「大河原」「赤石岳」
86　5万分の1地形図「赤石岳」
87　5万分の1地形図「越前勝山」「白山」
88　5万分の1地形図「荒島岳」
89　5万分の1地形図「長浜」
90　5万分の1地形図「大台ケ原山」
91　5万分の1地形図「弥山」
92　5万分の1地形図「大山」
93　5万分の1地形図「剣山」
94　5万分の1地形図「石鎚山」
95　5万分の1地形図「宮原」「久住」
96　5万分の1地形図「三田井」
97　5万分の1地形図「阿蘇山」
98　5万分の1地形図「韓国岳」
99　5万分の1地形図「開聞岳」
100　5万分の1地形図「屋久島東南部」

■著者紹介

坂本 朝彦（さかもと・ときひこ）

百山目の四阿山山頂にて

1938年10月9日生まれ。

1998年、永年勤めた川崎重工を定年退職する。

1999年、退職を機に、以前行っていた山登りを再開。地図とコンパスをもって里山めぐりを始める。

2000年3月、現在所属する山岳同好会 山遊会（会員数30名）の結成立ち上げに誘われて参画する。事務局として2008年12月までの9年間、月例山行計画の立案および山行の実施などを管理する。

2000年7月 一部会員と共に富士山に登頂。以後、会員の要望に応える形で日本百名山巡りを始める。

2003年5月 岐阜大学が行っていた一般社会人向けの「岐阜の地学を学ぶ会」に参加し、講習会の聴講や現地見学会に参加。以降、この会が続いた9年間に、地質に対する知識を蓄積する。

富士山登頂から13年2カ月。2013年9月の四阿山登頂をもって、自身の日本百名山全山登頂を達成する。

60歳からの日本百名山

2015年5月24日 第1刷発行
（定価はカバーに表示してあります）

著　者　坂本　朝彦
発行者　山口　章

発行所　名古屋市中区上前津2-9-14　久野ビル
振替00880-5-5616 電話052-331-0008
http://www.fubaisha.com/
風媒社

乱丁・落丁本はお取り替えいたします。
＊印刷・製本／シナノ・パブリッシング・プレス
ISBN978-4-8331-0163-9

風媒社のガイドブック

あつた勤労者山岳会

新・こんなに楽しい愛知の130山

定価（1505円＋税）

歴史散策と展望を楽しむファミリー登山から、緑濃い奥山の自然を満喫できる深山ルートまで、初心者から登れる愛知県内の低山を徹底ガイド！最新情報をもりこみ、ますます充実の待望の〈新版〉！

吉川幸一 編著

［増補改訂版］こんなに楽しい岐阜の山旅100コース〈美濃上〉

定価（1500円＋税）

待望の岐阜登山ガイドに残雪期の山々も増補し大幅改訂。親切MAPと周辺情報も多彩に、低山歩きから本格登山まで楽しい山行を安心サポート。ファミリー登山から中高年愛好者まで必携のガイドブック。

吉川幸一 編著

こんなに楽しい岐阜の山旅100コース〈美濃下〉

定価（1500円＋税）

登りごたえあるアルペン級の山、知る人ぞ知る低山ハイキングの楽しみ等、岐阜の山の魅力を一挙に紹介する、大好評の山歩きガイドの下巻。楽しい山行をサポートするファミリー登山から中高年愛好者まで必携のガイドブック

全国登山口調査会

東海登山口情報300

定価（1800円＋税）

愛知・岐阜・静岡＋鈴鹿エリアの登山口308箇所を網羅した待望のガイドブック。アクセスや道路状況、駐車場、トイレから通信状況、周辺施設、立ち寄り湯まで！登山 計画に必携、必須の詳細情報を満載。

中根洋治

愛知の巨木

定価（1500円＋税）

ヒノキ、スギ、カヤ、ケヤキ、ムク、サクラ等、愛知県内の樹木31種類について、丹念に調べあげた初めての巨樹・巨木ガイド。自然の記念碑を訪れるあなただけのエコツアーに出かけよう。

加藤敏明

東海花の寺めぐり

定価（1500円＋税）

信仰を育む山や森などの自然環境に恵まれた仏教寺院。その魅力は、永い歴史が育んだ自然美と人工美がほどよく調和した景観にある。四季の花々が醸し出す古雅なたたずまいを紹介する、こころ和む花の寺ガイド。

荻須昭大

スイス・アルプスへの招待

●花とグルメと絶景の旅

定価（1800円＋税）

あなただけに、魅惑の旅への招待状！ゆったり、のんびり楽しむハイキングコース、プラスアルファの旅の楽しみ、訪れたいホテルと絶品料理のレストラン…。アルプスに魅せられた著者がとっておきの情報をすべて教えます。